中华传世藏书

【图文珍藏版】

墨子

[战国] 墨翟·原著

刘凯·主编

诠解

第一册

线装书局

图书在版编目（ＣＩＰ）数据

墨子诠解：全6册 / (战国) 墨翟原著；刘凯主编
. -- 北京：线装书局, 2016.3
ISBN 978-7-5120-2152-5

Ⅰ . ①墨… Ⅱ . ①墨… ②刘… Ⅲ . ①墨家②《墨子
》- 注释 Ⅳ . ①B224.2

中国版本图书馆CIP数据核字(2016)第019754号

墨子诠解

原　　著：［战国］墨　翟
主　　编：刘　凯
责任编辑：高晓彬
装帧设计：博雅圣轩藏书馆 Boyashengxuan Cangshuguan
出版发行：线装书局
　　　　　地　址：北京市西城区鼓楼西大街41号（100009）
　　　　　电　话：010-64045283（发行部）　64045583（总编室）
　　　　　网　址：www.xzhbc.com
经　　销：新华书店
印　　制：北京彩虹伟业印刷有限公司
开　　本：787mm×1092mm　1/16
印　　张：150
字　　数：1826千字
版　　次：2016年3月第1版第1次印刷
印　　数：0001－3000套

定　　价：1580.00元（全六册）

墨子降生

目夷国原为商王朝建立的同姓方国，入周之后，目夷国变成小邾国，先后曾为宋、邾、鲁、齐等国的附庸。随着历史的变迁，目夷氏从贵族降为平民。约在春秋末年（公元前480年），墨氏喜添贵子，墨子应运而生。虽然先祖是贵族，但墨子却是中国历史上唯一一位农民出身的哲学家。

墨子得名

据史书记载与滕州民间传说，墨子出生前，"其母梦日中赤乌飞入室中，光辉照耀，目不能正，惊觉生乌"。乌即翟，是凤凰的别名，因而取名墨翟。"子"是后人对墨翟的尊称。今滕州市木石村有目夷亭，村西为狐骀（即目夷）山、目夷河；村东是落凤山，传说墨子出生时，凤凰落于此山，因此得名。

墨子学艺

墨子的父亲是位能工巧匠，母亲非常贤惠。先进文化环境的影响和良好的家庭教育，加上他的勤奋、纯朴与灵敏，很快学会了木、车、皮革、制陶、冶金等手工工艺。同时，他拜师求教，学习文化科学知识，逐渐成为一位深沉、博大、既有理论知识、又有实践经验的杰出人才。

技艺精湛

墨子是一个很聪明能干的木工师，他的木工技术很高，有很多发明创造可与鲁班媲美。有一天墨子看到鸢（鹰）在空中翱翔，就用木片等材料精心制作了一只木鸢（即风筝）。木鸢在空中飞翔，三天不落，受到人们的赞扬。这次试验成功，为墨子以后进行科学技术研究增添了信心和力量。

制定法则

经过学习与实践，墨子提出了正确的客观标准："天下从事者，不可无法仪"不同的手工业工匠各有特殊的技巧，但都要遵守共同的标准、法则，制方要用矩尺，制圆要用圆规，取直要绷紧墨线，取平要用水平仪，取垂直要用悬挂的垂线，这五种标准，是各类工匠遵从的普遍法则。

博览深思

墨子不仅重视实践，而且重视理论。他好学深思，苦读博览。最初学习古代传统文化和当时有影响的儒学，曾跟周朝礼官史角的后代学习周礼，遍读百国《春秋》。墨子平日言谈、讲学、辩论，经常引用《诗经》、《书经》和周、燕、宋、齐等国的《春秋》，对中国传统文化典籍非常娴熟。

墨子学儒

墨子在学儒的同时，发现了儒家的缺点，"以为其礼繁扰而不悦，厚葬靡财而贫民，久服伤生而害事，故背周道而用夏政"。孔子推崇周公，墨子效法夏禹。他称颂夏禹亲自拿着木锹疏通江河，治理洪水，奔波劳累得股上没有肉，腿上没有毛，是为天下利益艰苦奋斗的圣人。

辩论儒家

墨子多次与儒家弟子巫马子辩论。一天，巫马子对墨子说："你行义，没见有人帮助人，也没见鬼神赐福给你。但是你还在做，你有疯病？"墨子回答："假若你有两个家臣，一个表里不一，一个表里如一，你看重哪个？"巫马子说："我看重后者。"墨子说："既然这样，你也看重有疯病的人。"

学术讨论

公盂子多次与墨子讨论学术、人生等问题。一次，公盂子头戴礼帽，腰间插笏，穿着儒者服饰来见墨子，问服饰与行为有何联系。墨子说："前齐桓公、晋文公、楚庄王、越王勾践四位国君，服饰好孬贵贱不同，但作为都一样。我以为有作为不在于服饰。"用事实折服了公盂子。

诋毁儒家

墨子对程子说，儒家学说有四个方面足以丧亡天下。程子说墨子诋毁儒家。墨子说此为告闻，绝非诋毁。数日后，墨子又与程子辩论，称赞孔子。程子问："您一向攻击儒家，为什么又称赞孔子？"墨子答道："孔子也有合理而不可改变的地方，应予区别对待。"墨子一生真正做到了"不以言废人"。

言盈天下

墨子以"兴天下之利，除万民之害"为己任，到处奔走，宣传行义。经过几年的实践，他深感靠一个人的力量不够，必须组织更多的人为义献身。约在三十岁之前，他创办了人类历史上第一个设有文、理、军、工等科的综合性平民学校，培养了大批人才。史称"弟子弥丰，充满天下"，其学说成为"言盈天下"的显学。

墨家团体

墨子知道，仅靠说教不行，还必须有坚强的实力作后盾才能成功。于是，他组建了有纲领、有组织和严密纪律的墨家团体。墨子要求成员身穿粗布衣，脚登木屐子，以自苦为荣；不仅要有知识和专业技能，多数成员还要接受军事训练，并随时准备打仗，为实行义的事业献身。墨家学派是中国最早的民间武装团体。

周游列国

　　墨子除聚徒讲学、组织团体之外，还周游列国。弟子魏越说："先生见到各国之君说什么呢？"墨子答道："每到一国必须选择那些急需的事先讲。国家混乱则语之尚贤、尚同；国家贫穷则语之节用、节葬；国家喜好声乐沉迷于酒，则语之非乐、非命"。他四处奔走，北游齐，西游卫、郑，南游宋、蔡、楚、越等国。

墨子说卫

　　墨子到卫国后，对公良桓子说："卫国是小国，处在齐、晋两国之间，就象穷家处在富家之间一样。现在看看您的家族，好车好马数百，穿文绣的妇人数百，如果国家有难，用这些妇女抵抗，还是用士人？"公良桓子不知所云。墨子又说："如把这些钱财用来养士，可养一千多人，一旦遇到危难，士可以保护您的安全。"公良桓子点头称是。

背禄之人

　　高石子向墨子汇报说："以前先生讲过，天下无道，仁义之士不该处在厚禄之位，现在卫君无道，我不愿在那里贪图俸禄和爵位。"墨子听了很高兴，把禽滑厘召来说道："你听听高石子的话吧！背义而向往俸禄的人很多，拒绝俸禄而向往义的人很少。高石子就是为义背禄之人。"面对优越的生活享受和义之不行的矛盾，高石子果断选择了背禄行义。

墨子讲学

　　一天，墨子对弟子讲解义与利的关系。他说："万事莫贵于义。"为义就是要"兴天下之利，除天下之害"，把"国家百姓人民之利"作为衡量价值高低的标准。要"兼相爱、交相利"，做到"兼而爱之，从而利之"。他用利来规定义的内涵，把仁、义和爱的道德观念同利益、功利直接联系起来，表现了义利统一和重视功利的思想。

墨子劝战

墨子主张"非攻"的和平主义。齐国将要攻打鲁国，墨子听到消息后急忙劝阻。墨子对大将项子牛说："攻打鲁国，是齐国的大错。以前吴王夫差先后攻打越国、楚国、齐国，获得胜利。后来诸侯报仇，吴王大败。所以大国攻打小国，是互相残害，灾祸必定反及于本国。"项子牛遂罢兵。

参政宋国

墨氏为宋国的宗族，墨子与宋国始终保持着较为密切的联系。墨子聚徒讲学后，极力帮助宋国，推荐弟子到宋国参与政事，曹公子就是其中一个，他到宋国做了仕官，三年之后，曹公子从宋国回到墨子身边，向墨子汇报在宋国的情况。

墨子行义

"义"是墨子思想学说体系的一部分，墨子为了行义，推荐耕柱子到楚国做官。不久，有几个弟子去探访耕柱子。耕柱子请他们吃饭，招待并不优厚。这几个人回来告诉墨子，耕柱子在楚国没有什么好处。墨子答道："这还未可知。"没有多久，耕柱子送给墨子200两黄金，说："弟子不敢贪图财利违章犯法，这200两黄金请老师使用。"

墨子救宋

公元前 440 年前后，楚国准备攻打宋国，事先请鲁国著名工匠鲁班制造攻城的云梯等器械。墨子正在鲁国讲学，听到消息后非常着急；一面安排大弟子禽滑厘带领三百名精壮徒弟，帮助宋国守城；一面亲自出马劝阻楚王发兵。墨子急急忙忙，日夜兼行，鞋破脚烂，毫不在意，十天后到达楚国的国都郢都（今湖北宣城）。

墨子说楚

到郢都后，墨子先找到鲁班，说服他停止进攻宋的准备工作，请他引荐去见楚王。墨子见到楚王说："现在有一个人，丢掉自己的彩饰马车，却想偷邻居的破车；丢掉自己的华丽衣裳，却想偷邻居的粗布衣，这是什么人呢？"楚王不假思索地答道："这个人一定有偷窃病吧！"

墨子辞行

在墨子止楚攻宋取得成功的第二年，恰值楚惠王当政五十年，墨子为宣传"义"，专程到楚国献上自己的著作。楚惠王读了此书后，对墨子说："您的大作很好，请您留在楚国，做我的顾问，每年俸禄一百钟，委屈您这位贤人了。"墨子看出楚惠王不准备实行自己的学说，于是决意辞行回家。

墨子回鲁

墨子是一个理想主义者，楚惠王封地五百里的厚禄，没有动摇墨子坚持自己学说的决心，毫不犹豫地拒绝封地，他对鲁阳文君说："我听说贤人进谏，君王不听，不接受赏赐；仁义学说不被采用，不滞留于朝廷。现在我的观点未被采用，所以我决定回鲁国去，请你向楚王转达我的谢意。"

墨子辞世

墨子（公元前468年～公元前376年）是我国战国时期著名的思想家、教育家、科学家、军事家、社会活动家，墨家学派的创始人。创立墨家学说，并有《墨子》一书传世。墨家十大主张，即"兼爱"、"非攻"、"尚贤"、"尚同"、"尊天"、"事鬼"、"非乐"、"非命"、"节用"、"节葬"。

前　言

在法家崛起以前,墨家是和儒家对立的最大的一个学派,被时人并称为"孔墨显学"。

墨子(公元前 476 或 480 年~公元前 390 或 420 年),名翟,春秋时期鲁国人,相传做过宋国大夫,曾到过楚、卫、齐等国。相传早年受孔子的儒家教育,后弃儒学而开创与儒学相对独立的墨家学派,这是一个组织严密的学派性政治团体,其宗旨是推行墨子的主张。墨家的政治主张,都是以解救时弊为目的,倡导兼爱、非攻、尚贤、尚同,宣传天志、明鬼,针对当时流行的命定论,墨家又主张"非命"。在真理的原则上,主张经验论。伦理思想上,墨家的根本观念是"义","义"的观念来源于"天",在此基础上,建立了义利统一的道德观。《墨子》确立了"三表法"作为立论说理的准则,在中国哲学史和逻辑史上占有重要地位,其体裁虽保留了对话的形式,但基本上已具论说文的雏形。

墨子是中国历史上唯一一个农民出身的哲学家,穿草鞋,是墨子的大众形象。这说法出自《庄子·天下篇》:"使后世之墨者多以裘褐为衣,以跂𫏋为服。"《史记》上说,墨子在宋国任过大夫,与公输班一样也是鲁国人。墨子出身贫寒,自称下等人,走的完全是草根路线。年轻时,墨子也学习过儒家学说,但很快就觉得这套东西礼节太过繁琐,尤其是厚葬死者的规矩,贫民而害事,浪费得一塌糊涂。于是他放弃了这套把戏,"背周道而用夏政",创建了墨家学说,开始另立山头。另立山头之后,墨子建立了一个武功高超的团体,是中国历史上最早的"黑社会"。这个"黑社会"有完整的组织系统、政治纲领和行动宣言。其最高权威的领袖被称为"巨子",拥有绝对权威。墨子是第一任"巨子"。与今天为非作歹的黑社会完全不同,墨子的这个"黑社会"基本上是个天使集团,它们集团的口号是:兼爱,利害,非攻。用今天的话说就是:要博爱,要互助互利,要消灭战争。墨子的这个主张连同墨子的组织,在整个战国影响巨大,鼎盛时期有员工上千人。

墨子平生几次出国,虽然所走国度和出行气派,跟孔孟相比,略显寒碜,但效用却不可同日而语——每出去一趟,都能救回不少人命。墨子一生一直在做着明知不可为而为之的事。墨子与他的天使集团努力要建立一个博爱互利的理想社会,要人类兼而爱之,不应有亲疏远近之差别。班固在《答宾戏》中说:"孔席不暖,墨突不黔",说的是墨子像孔子一样为天下事终日操劳,连将席子坐暖和将炉灶的烟囱染黑的功夫都没有。墨子的一生都是在为扶危济困而奔走呼号。

墨子是一位教育家。人类历史上第一个设有文、理、军、工等科的综合性平民学校,就是墨子在 30 岁前创办的。这个学校培养了大批人才,史称"弟子弥丰充满天下"。

墨子死后,弟子收集其语录,完成了《墨子》一书。全书是先秦时期墨家学派的著作总集，《汉书·艺文志》著录七十一篇，现仅存十五卷，五十三篇。他的信徒组织了一个墨者行会。这个行会里的成员虔诚地秉承墨家的思想传统，躬耕陇亩，身体力行。墨者大多来自社会下层，从事农业和工艺制造，主要职业是教师、工匠等。他们吃苦耐劳，平时一律短衣草鞋，"串足胼胝，面目黧黑"，以劳动吃苦为高尚之事。他们勤于实验，作战勇敢。

墨子的思想非常丰富，其中政治思想、伦理思想、哲学思想、逻辑思想和军事思想都比较突出，尤其是它的逻辑思想，是先秦逻辑思想史的奠基作。墨子的思想代表了广大劳动人民的利益和要求，是劳动人民智慧的结晶。正因为如此，它不被统治阶级所赏识，到了秦汉，墨学已没有多大影响，墨子的事迹已知之甚少，连史学家司马迁为墨子作传，也寥寥数语。

墨子的学说，即使以现代人的观点看，也是光辉灿烂的，但遗憾的是墨子遭遇了一个拒绝天使的时代，他的理想太高贵了，卑微的世道根本没有做好准备去迎接它。战国后期，墨家的信徒们逐渐转化成两支，其一为秦汉社会的游侠，另一支则注重认识论、逻辑学、数学、光学、力学等方面的研究，逐渐远离或者说从来不曾成为政治的中心力量。

本套《墨子诠解》丛书，比较全面地总结了先秦百家争鸣中提出的一些重要哲学问题，是墨子思想的集中体现。本套为《墨子》足本，参考历代学者的研究成果，对其做出了详细注释和今译，并围绕各章主旨，对墨子故事、墨子名言、墨子智慧进行深入阐发，力求将墨子文字优美、体例完整、风格特异的作品及其智慧思想呈现给读者。通过阅读本书，对现代人了解墨家思想的发展以及修身处世都大有益处。

目　录

第一章　墨子与墨家

一、墨子其人

墨子姓墨，名翟，鲁国人。生在周贞定王初年，约当孔子卒后 10 余年，也就是公元前 476 或 480 年；死在周安王中叶，约当孟子生前 10 余年，也就是公元前 390 或 420 年，享寿 80 岁左右。墨子可说是中国历史上一个伟大而又神秘的人物。他创立的墨家学派和孔子所创立的儒家学派是春秋战国时期的诸子百家中最著名的两家。《韩非子·显学》云："世之显学，儒墨也。"毛泽东说："墨子是一个劳动者，他不做官，但他是比孔子高明的圣人。"如此伟大的人物在历史上应享有盛名，然而，与孔子在人们心目中的辉煌传诵成反照，各种史籍对墨子的生平却未有一明确、肯定的记载，以至后人关于墨子本人的情况知道很

墨子

少，使我们无法认清墨子的真面目。墨子出生何地，也有争议，《史记·孟荀列传》说他是宋国的大夫，《吕氏春秋·当染》则认为他是鲁国人。

墨子是伟大的思想家、教育家、科学家、军事家和社会活动家，在中华民族的文明史上，代表了一个时代的高度。

墨子的思想具有极重要的时代价值。他的思想学说博大精深，他的科学思

想前无古人，他的军事技术高于其他诸子，他对世界、对社会的贡献也是多方面的。

墨子有著作传世。《汉书·艺文志》著录《墨子》有71篇，后亡佚18篇，故今本《墨子》仅53篇。其中较能代表墨子学说和思想者有《尚贤》《尚同》《兼爱》《非攻》《节用》《节葬》《天志》《明鬼》《非乐》《非命》等。其余大都为墨家后学所作。其中《经》《经说》和《大取》《小取》，均属名辩之作，以讨论人的认识论和逻辑学等问题为主，可能成书于战国晚期，故为集名辩大成之作，是今天研究战国名辩之学的重要材料（见《墨经》）。《备城门》《杂守》等11篇，主要讲城守之术，应为兵家作品，也是墨家善守御的一种见证。还有如《亲士》《修身》《所染》，前人多疑非墨家所作。

据《墨子》可知，墨子的学说思想主要包括以下几点：

（1）兼爱非攻。所谓兼爱是要求君臣、父子、兄弟都要兼相爱，"爱人若爱其身"，并认为社会上出现强执弱、富侮贫、贵傲贱的现象，是因天下人不相爱所致。指出为官的要"兴万民之利，除万民之害"，为人民的要相亲相爱，交互得利。

（2）天志明鬼。宣扬天命鬼神的思想是墨学的一大特点。墨子认为天是有意志的，它不仅决定自然界星辰、四时、寒暑等的运动变化，还对人世的政治起支配作用。因"天之爱民之厚"，君主若违天意就要受天之罚，反之，则会得天之赏。对于鬼神，墨子不仅坚信其有，而且认为它们对于人间君主或贵族也会赏善罚暴。

（3）尚同尚贤。尚同是要求百姓上同于天子。墨子认为，国君是国中贤者，百姓应以君上之是非为是非。他还认为上面了解下情也很重要，因为只有这样才能赏善罚暴。尚贤是要求君上能尚贤使能，即任用贤者而废抑不肖者。墨子把尚贤看得很重，以为是政事之本。他特别反对君主用骨肉之亲，对于贤者则不拘出身，提出"官无常贵，民无终贱"的主张，认为只要有贤能，不管亲疏远近，贫富贵贱都要任用它们。他认为人民的思想都要向他们长官认同学习，下级的主管必须向上级的主管认同学习。

（4）节用。节用是墨家非常强调的一种观点，他们抨击君主、贵族的奢侈浪费，尤其反对儒家看重的久丧厚葬之俗。认为君主、贵族都应像古代一样，过着极为俭朴的生活，而且要求墨徒在这方面也能身体力行，主张"强本节用"，重视生产，崇尚节俭，人人参与劳作并分工合作，各尽所能。

墨子还是伟大的教育改革家，墨子善于独立思考，长于发现问题，敢于革弊立新，创立代表"农与工肆之人"利益的墨家学派。并对教育目的与方针、教学方法与内容等进行了一系列卓有成效的改革。在这些教育改革中，最重要的是培养什么人和如何提高人的素质。墨子教育最突出的特点就是综合教育加实践锻炼。墨子的综合教育体现在教育思想的全面性和教育内容的广泛性两个方面。墨子在教育方法上注重实践，他所培养的学生能够学以致用，学成以后直接从事拯救社会和普济民生的大业，成为时代的栋梁之材。墨子主张教育的目的是为了实现救世拯民。他是第一个不畏劳苦送教上门的教育家。他很重视教授生产、军事技能、自然科学知识和逻辑知识。他提出了教育上量力性（可接受性）原则、实践性原则等。教学方法有因时（材、人）施教、讲清事物的所以然、以行为本、注重学生个性发展。在自然科学方面他在力学、几何学、代数学、光学等方面，都有重大的贡献。在军事方面，墨子主张"有备无患"，他反对侵略战争，采取防御战争。他主张外交上要"遍礼四邻诸侯"，争取国际上的支持。

墨子的教育思想不仅在古代教育史上有独特的价值，今天仍然能为我们提供多方面的借鉴，有的甚至还有直接针砭时弊的意义。无论是对人人享有完全平等的教育机会的要求，注重培养学生良好道德风范、高尚道德情操，要求磨炼学生意志的思想，广泛的学习与实践的做法，还是师生在教学中积极主动精神的提倡以及创造性思维的培养等等，都对我们有极大的启示。

（一）梦凤生翟

春秋战国时期，在众多的诸侯国中，有一个小邾，位于现在的滕州市城区及东南一带。这小邾国原为邾国的一部分，是东夷族的后裔。邾国先人曾以蜘蛛为图腾，国后即以蛛为国名。后"蛛"演变为"邾"，也成为邾娄国。周灭商后，对邻国采取分而治之的办法，把邾国分为三个小国：邾国、小邾国和滥国，但滥国不久就归附小邾国而称为边滥。

滥邑境内，有个小村庄，村后有一座小山，叫孤驹山。古时读为目克山，孤驹山紧连着一座大山，叫龙山。村前有一条河，河就叫目夷河。村子南首有一座亭，叫目夷亭。这是一个山清水秀、风景宜人的地方。

村子里住着一户人家，夫妻俩，男的姓里，是个远近闻名的巧木匠。里木匠识文断字，心灵手巧，心眼又好，深得乡亲们的尊敬与爱戴。妻子是个贤惠的农家女，两口子过日子，倒也不愁吃穿，但却有一件大心事，使这对夫妻大不安心。

夫妻俩结婚后感情一直很好，相敬如宾，但年近30，却未能生育。他们经常占卜打针，烧香拜佛，求神福佑，但妻子仍未怀孕。

有一年，丈夫去北方为人家做活，回末后告诉妻子：听说，北方有座大山，叫泰山，山上有神仙，人们有什么事要求神仙帮助，只要上山许下愿，神仙就会满足你的要求。妻子听了当然也很高兴。于是，夫妻俩就决定去泰山求子。

一连走了几天，尽管行路辛苦，但他们求子心切，又是过惯了劳苦的日子，所以也并不觉得特别劳累。到了泰山，他们也无心观赏美景，便一气爬到山顶，烧了香，许了愿，然后高高兴兴地下山了。

山脚下有一集市，正好赶上集会日，夫妻俩见天气尚早，就决定顺便逛逛集市。

市场的一角，有个摆摊的江湖医生，招牌上写着"专治久婚不育症"。木匠心里一动，就与妻子商量，是否看看郎中，妻子说："不是求神了吗？"

木匠说："说不定这就是神仙的意思呢？"妻子没再说什么，于是就让医生看了看，医生便给了他们一包药。他们谢了医生，付了钱，便赶回家。

不久，妻子果然怀孕了。夫妻俩高兴极了，盼望孩子生下来。

一天中午，妻子做完家务，感到有点疲劳，就躺在床上休息。朦胧中听到一阵鸟的鸣叫声，优美动听。抬头一看，只见一只色彩斑斓、美丽无比的大鸟在自己头上盘旋，连叫几声之后，便向着龙山的山旁落去。突然，她感到一阵轰鸣，红光四射，惊得她急忙爬起，只觉腹痛难忍，不多时，生下一个男孩，他就是后来的墨子。

古时候，大凡有名望的人出世，都有先兆之说，墨子出生时她母亲的这一梦兆，被一传十、十倍百地传开后，人们便认为她是凤鸟转世。龙山南首的山峰是凤的降落处，所以叫落凤山。元代伊世珍在《琅环记》中引《贾子·说林》："其母梦日中赤鸟飞入室中，光辉照耀，目不能正，惊觉生鸟，遂名之。"清代的周亮工在他的《因树屋书影》一书中，也有类似的记叙。

墨木匠别提有多高兴了，生了个儿子，了却多年的心病，固然使他高兴，而妻子的一梦，更足让他陶醉。他对妻子说："我们是商族的后人，据说我们的祖先契是他母亲吃了一个大燕卵才怀孕生了契，所以，我们商人的图腾就是鸟。"妻子也很高兴，她接过话头说："那咱们干脆就给孩子起名叫鸟吧！"

丈夫笑了："不如叫翟，翟就是耀，就是你梦见的凤鸟。"于是，这个孩子就叫墨翟。

看着一天天长大的小墨翟，墨木匠的心里充满了希望。一天，他出神地看着妻子喂小墨翟，便情不自禁地说："也许，这是神的旨意，我们的家族已经好几代默默无闻了。这孩子要光宗耀祖了。"看到妻子迷惑的眼神，他便讲起了家祖的故事。原来他们家有着不平凡的家世。

春秋战国时期的宋国，是一个很大的诸侯国，宋国的开国君主是商纣王的庶兄微子启。纣王沉湎酒色、昏腐无道，微子数谏不听，愤而出走。周武王灭商后，他为了保护殷商遗民而降周。周公平定武庚的反叛后，为了安抚殷商遗民，把商朝旧都周围地区划封给微子，建国为宋，都城商丘辖今河南东部和山东、江苏、安徽三省毗邻地区的大片土地。

宋桓公是微子的第16世孙，立太子兹父。兹父有庶兄目夷，与兹父年龄相差无几，两人从小就一起玩耍，一起读书。兹父深深感到，目夷各方面的才能远远超过自己，又比自己年长，于是就想把太子的位置让给目夷。目夷则认为，当时许多人为了夺取权位，不择手段，甚至于不顾父子兄弟骨肉手足之情，而互相残害。兹父是法定的国君继承人，竟主动把权位让给别人，实在难能可贵，就凭这种道德品质，也必然能成为一个好国君。何况，目夷毕竟是庶出，根据当时各国通例，也应该是兹父继位。所以，当宋桓公驾崩之后，兹父便当上了国君。这就是宋襄公。

宋襄公当上国君，便任命目夷为相。辅助自己治国，由于目夷很有才干，而襄公又十分信任他，所以他们配合得很好，宋国日益强盛起来。但是，由于宋襄公高高在上，具体事务都是目夷处理。他执政后，宋国又一直处于顺境，渐渐地，他便变得主观武断。对目夷的话，也不像以前那么重视了。

春秋霸主齐桓公死后，宋襄公头脑发热，便野心勃勃地想当霸主。目夷极力劝阻，他认为以宋国的实力，根本没有资格做霸主，硬要去当，于宋国不利，但是襄公不听，一意孤行。就在襄公13年，宋出兵伐郑，郑求救于楚，楚国则伐宋救郑。就在这年的8月，宋襄公与楚成王在泓水作战。

宋军驻在泓水河北岸，以逸待劳。楚军到达泓水，便开始渡河。就在楚国的军队渡河的时候，作为随军主将的目夷认为是歼敌的好机会，便请求襄公下令出击。他说："敌众我寡，趁他们渡河时打他个措手不及，这是天赐良机。"

宋襄公说："君子做事，不乘人之危。"

楚军过了河，未来得及布阵，目夷又向襄公建议："趁其立足未稳，赶紧发起进攻，如失去战机，后果不堪设想。"

襄公说："不鼓不成列。人家还没布好阵，你就进攻，这不是君子的风度。"

直到楚人做好了充分的战斗准备，宋襄公才下令进攻。结果被楚军打得溃不成军，宋军损失惨重，就连宋襄公本人也受了重伤，差一点送了命。

经过这一战，宋国大伤元气。目夷深深感到国家存在的危机，而自己年事已高，无回天之力，于是就借向襄公问病的机会，委婉地表示了辞职的意思。

襄公似乎已经意识到自己的错误，但觉得目夷既然已决心辞职，强留下来也不一定会有好的结果，于是就问他有何打算。

目夷陷入了沉思，"叶落归根哪。"他终于说："让我去追随我们的祖先去吧！"

尽管他说得不是很明白，但宋襄公还是听懂了他的意思。

原来，当时的小邾国一带是殷商族的发源地，殷商西迁后，即将同族的目夷氏封在此地，名为目夷国，到了周代，目夷国沦为小邾国的领地，但仍为宋国的附庸。作为殷商的后代，他们是不会忘记这段历史的。给他起目夷这个名字，很可能就有这个用意。宋国的开国之君微子，死后就葬在那里（现在微山有微子墓，微山原属滕州）。

因小邾国当时还是宋国的附庸，所以，宋襄公就把小邾国境内原来的目夷国封给了他，并在那儿建了一座目夷亭，以表彰他的功劳。

这个目夷，就是墨子的先祖，有人考证，墨子是他的 7 世孙，他死后就葬在微子墓侧。

但是，宋襄公的这次分封，完全是一纸空文。随着宋国的不断衰落，小邾国很快就不再是宋国的附庸，而臣服于鲁。宋襄公在温水战役中负伤后，第二年就死了，宋国从此不振。到了周显王 44 年，即公元前 325 年，鲁国彻底灭掉了小邾国。所以，张知寒教授曾说过："因为小邾为宋所属，墨子为宋公族目夷子之后裔，说他是宋国人，名正言顺。后来宋国日益衰弱，小邾又臣服于鲁，说墨子是鲁国人，也无不可。春秋战国之际，小邾为齐国所有，所以也可以说他是齐国人。总之，不管是宋国也好，鲁国也好，齐国也好，其具体地都在当时的小邾国境内，也就是今天滕州州境内。"

（二）求学之路

墨子所生活的小邾国属于邾娄文化区。这个地区处于泗水两岸，气候温和，雨量充足，光照时间适度，水陆交通方便，自唐虞以来，其经济文化就领先于其他各地。入周以后，又一直是东方的经济文化中心。这个地区人民的文化教养较其他地区为高。据有关文献记载：邾国属于炎族，一直被黄族视为野人，称之为东夷，但邾国人的文化教养却很高，他们文质彬彬，忠厚老实，性格和善，有君子风范。因为黄族是个大族，又一直处于华夏的中心地位，所以，他们鄙视其他民族，对其他民族有许多贬词，但唯独对于他们称之为"东夷"的这个民族，却另眼相看，承认他们的"礼让"风格，承认他们是"仁人"，他们的风俗习惯也"仁"，甚至还称他们的国家为"有君子国"。《山海经·大荒东经》里也有类似的记载："（东方）有君子国，其人衣冠带剑"，"其人好让不争"。

这个君子国在科学技术方面也遥遥领先于当时的世界各地。据史学家考证，古人衣、食、住、行各方面的器物用品，大多为东夷炎族所首创。特别是"舟""车"等重要交通工具，都是郳娄人发明的。今天，"奚仲造车处"和奚仲墓的遗址，尚保存在滕州境内，距墨子故里不过十多里。据《左传》记载，楚国兴兵伐鲁，把鲁国打败，一次就向鲁国要走了三百多名技术工人，足见楚国当时缺乏科技人才。

人杰地灵，在郳娄文化区这个摇篮里，产生了许多划时代的文化名人和科学巨匠，如奚仲、吉光、公输般等。孔子生于郳国的尼山，被称为"邹人之子"，后随其母迁居曲阜。后来的孟子也是邹人，属当时的郳国人。墨子正是在这样一个文化科学最先进的地区成长起来的。

小墨翟是一个乖巧的孩子，三四岁时就把父亲的工具当玩具玩，父亲担心那些斧子、凿子一类的东西会弄伤他，可是他很小心，从来没有出现过被斧凿误伤这类事情。

稍大，他就模仿父亲做器具。父亲做床几、户牖，他就为自己打个小几置放物品。尽管他打造的小几只有几天就垮倒了，甚至开始做的小几根本就不能凭靠，但这丝毫不影响他的兴致。有一天他看到父亲为人家造车，他就对父亲说他也要做一辆车。父亲问他做车干什么，他说，做个车套上马拉着他出去玩儿。父亲笑了，帮着他做了一个玩具车，让他去圆他的好梦。

九岁那年，父亲把他送到了私塾学校，他从此开始了读书生活。他聪明而又好学，深得老师的喜爱。放了学就帮着父亲干木匠活。等他长到十几岁时，他不仅是个品学兼优的好学生，而且也像父亲那样，是个巧木匠了。

有一天，墨翟对他父亲说，想到鲁国去求学。

孔子是儒家学派创始人，是我国古代伟大的思想家、教育家。他打破了"学在官府"的一统格局，开办私塾学校，首创平民教育，培养了一大批有才能的人才。墨子出生时，孔子虽已去世，但他桃李满天下，各地私塾老师，几乎都是孔门弟子。墨子的私塾老师，就是一个儒家之徒，他认为墨子是一个不可多得的人才，所以极力动员他去曲阜深造，因为曲阜是鲁国的都城，是他心目中的圣地。他认为，墨翟如果能在曲阜深造几年，肯定会成为出类拔萃的人物，为儒家学派增光添彩。

但是父亲却并没有一口答应，因为那些年鲁国与邾国交战，他担心墨翟的安全。后来，听说邾国的都城邹城，有一个很有名的史老师在开办私塾学校。这位史老师不仅有名气，而且有很不一般的来历。

代表周文化的"周礼"是周公制定的，而鲁国是周公的封地，所以鲁国成了周文化的中心。《左传·昭公二年》就说："周礼尽在鲁矣。"但是，鲁国毕竟是诸侯国，为了表示对中央政府的尊重，也是为了保持鲁国的文化中心地位，鲁惠公执政时向周天子提出申请，请求中央政府派人来鲁国专司改良郊庙之礼。所谓郊庙之礼就是在祭祀等重大国事活动时的礼、乐仪式等。天子派了史官史佚的后人史角担任这一重要使命。史角到了鲁国，就被鲁君留住，专门负责研究、传播周王朝的礼仪制度。后来，他就在鲁国定居下来。邹城的这位史老师，就是史角的后代。由于这种家世，这位史老师在当时以博学多艺而闻名。

墨翟按了父亲的要求，不久就去邹城拜了老师，从此就跟着这位史老师学习。

这位史老师所教的课程，基本上就是儒家的那一套，所以《淮南子》里说："孔墨皆修先圣之术，通六艺之论。""墨子学儒者之业，受孔子之术。"意思是说，孔子和墨子都专门研究古代圣贤的学说，精通六艺。墨子原来是儒家弟子，接受的是孔子思想的教育。所谓六艺是中国古代传统文化的基本内容，初级的六艺是礼、乐、射、御、书、数，较高深的六艺是孔子自己搜集整理修订的六本教科书《礼》《乐》《诗》《书》《易》《春秋》。因为孔子办学所开的课程就是六艺，而墨子确是精通六艺，尤其是孔子所制定的六本教科书，墨子在谈话中更是经常引用。墨子的老师史氏祖辈所从事的职业就是儒者之业。所以，《淮南子》的说法还是有道理的，尽管有人表示怀疑。

由于墨翟才华出众，而又求学若渴，非常尊重老师，所以很快便成为老师的得意门生。教师经常把他叫到跟前单独教诲。

有一天，老师和他谈到了《春秋》，问他对学习这部书有什么想法。墨翟犹豫了一下，终于说："这《春秋》只是鲁国的历史，又经过孔子的删改，而

孔子的'微言大义'更使它费解。"见老师点点头，表示赞许，墨翟便大胆地说："老师教导我们以天下为己任，我们应该了解天下，而不能只了解鲁国。"墨翟的意思就是，不能只学鲁国史，而应该学天下各国的历史。当然，他所认为的天下各国，也就是周王朝所统治的领域，即中华民族所生活的范围。

老师笑了，他走进内室，拿出一捆简书，把它交给墨翟。墨翟打开一看，最前面的简片上是四个墨书篆字：百国春秋。老师说，这部简书是他祖上传下来的，现在世间已很难见到，要墨翟尽快看完还上。墨翟谢过老师，如饥似渴地仔细阅读一遍，并且和孔子的《春秋》进行了对比。通过对比他发现两部简书对历史的记载竟有许多不一致处。这使他的思想产生了很大的震动，他认为学知识不能只从简编上学，也不能只从老师那里学，对于简书和老师以及一切权威都不能迷信。

《百国春秋》对他的影响很大，很久之后他曾向别人谈到过这部简书："吾见《百国春秋》。"遗憾的是这部书没有留传下来，我们对它的内容已不得而知。

从此，墨子更注重实践知识。当时他生活的邾国正是科技文化最发达的地区，他本人又是木匠出身，所以他学习实践知识具备了优越的条件，除了木器制作外，他对皮革、制陶、冶金、缝衣、织布、制鞋等各种手工工艺都极感兴趣，并且很快就能成为行家里手。他关心生产，热衷科学，精通城防工程和军事器械制造，这些都为他后来所创立的墨家集团所继承发扬，他的这种精神也深深地影响了历代后学。

（三）平民圣人

尽管墨子有着不平凡的家世，但自先祖目夷子辞官后，这个家族便逐渐衰落。墨子以上几代都是靠做木匠活为生，所以有人说他出身木匠世家。作为下层劳动人民，墨子经常自称为"鄙人""贱人"，直到成为与孔子齐名的显学领袖之后，他对自己的贫贱出身仍直言不讳。

墨子从小聪明过人，勤奋好学，为人热情，善于交往。他经常参加各种社会活动，因此他不仅有丰富的书本知识而且有各种生产活动的实践经验。学成之后，他创立了自家的学说体系和学派组织。

作为墨家学派的领袖，墨子有着极高的威信和巨大的社会影响力，他在当时就被称为"北方贤圣人"。尽管如此，他一直没有忘记自己是下层劳动人民，他在言谈中经常提到"农与工肆之人"与"农与工肆"之事，并一直是他们的忠实代言人。他常常说，老百姓有三个最大的忧患："饥者不得食，寒者不得衣，劳者不得息。"他始终把解决老百姓的这三个忧患作为自己的职责。

他把自己的学说比喻为农民种的粮食或采集的草药。大儒荀子则称墨子的学说是"役夫之道"，这正好从反面说明墨子是下层劳动人民利益的代表。

墨子创立学说的目的就是为了救世济民，他的所有主张都直接产生于社会现实，因此，他的学说在当时具有极大的社会现实意义，也产生了巨大的社会影响。

1. 创立学派

《淮南子》说："墨子学儒者之业，受孔子之术，以为其礼繁扰而不说，厚葬久表而贫民，久服伤生而害事，故背周道而用夏政。"墨子受的是儒家思想的教育，在学习中发现了儒学的许多弊端，于是非儒自立，创建了墨家学派。

墨家学派不是一个单纯的学术团体，而是一个有政治目标、有严密的组织和纪律的社会集团。

墨家学派以墨子的"兼爱"理论为指导思想，以行义为己任，栖栖惶惶，救世济民。学派成员不仅要学习各种理论知识，而且要参与各种生产活动，甚至直接参与反侵略战争。这个学派有许多成员被推荐到各国去做官，但不管当多大的官，都必须按照墨家的宗旨办事，如果违反了组织纪律，就会被召回，受到纪律处分。这个组织的领袖被称为"巨子"。

（1）读书与教书

墨翟外出求学多年，学成后回到故乡，就开始教书。他原来的启蒙老师年纪大了，不能再教书了，墨子正好接替他开始了教书的生涯。

当上了老师，墨子仍然保持着勤奋好学的习惯。有一天，他和几个学生一起到卫国去，车中载书甚多，弟子弦唐子问他："老师说过，书不过用来衡量是非曲直罢了，现在你出门还要带这么多书，有什么用呢？"墨子说："过去周公每天要读一百篇书，晚上还要接见七十个读书人，所以他知识渊博，政绩卓著，他身负辅佐天子的重任，还这么注意自身修养，用功读书，我上没有治理国家的责任，下没有耕种土地的劳务，怎么敢不读书呢？"墨子之所以能成为创立学说、建立学派的著名学者，一个重要原因，就是他勤奋好学。庄子就曾夸赞墨子是"好学而博"。他的这种好学精神，也深深地影响了他的学生们。

墨子不仅注重书本知识，更注重实践知识，从读完了《百国春秋》他就有了这种想法。现在，他更加坚定地认为，不能光让学生学儒家的书本知识，要教给学生一些新东西，比如一些劳动技能。

儒家一直不重视生产活动，孔子的学生曾问他怎么种庄稼，他说，我不如老农；问他种菜技术，他说，你可以去找老圃。墨子认为，这种完全脱离生产实际的教学，不利于国计民生。

有一天，外村一位老农来找墨子，一见面就说："先生，我想叫我的孩子跟您上学。"

"好啊！"墨子说，"你叫他自己来就可以了。"

"我们家祖辈没有当官的，我也不想让我的孩子当官，您家祖辈都是木匠，您又精通各种手艺，我想让我儿子跟你学木匠活，或者其他手艺，将来能有本事挣饭吃就行了。"老人说得很恳切。

"学木匠活可以。"墨子说，"但要知书才能达理，我家祖辈为木匠，但我家祖辈都识文断字，都读过书啊！"

"那好，先生，我就把他交给您了，您看该教什么，就教什么吧！"老人告辞了。

这件事给墨子留下了深刻的印象。儒家的培养目标是当官，孔子曾明确表示学生跟他学习就是为了取得做官的资格。儒家的名言就是学而优则仕。但是，墨子想，并不是每个学生都能当官啊！人的才能不一样，并不是每一个人都有当官的才能，再说，即使有了这种才能，也并不一定有这种机遇。但不管当官不当官，人总得生活，所以，首先得教会学生谋生的手段。儒家培养的人，如果当不上官，就会穷愁潦倒，他们肩不能挑担，手不能提篮。如果能有人请他们教书，或请他们帮着操办红白喜事，他们还能有碗饭吃，如没有这种机会，他便没有其他谋生的手段。墨子认为应该培养学生多方面的才能，包括各种生产活动的基本技能。墨子求学时期他的老师并没有教他这些东西，但是他有祖传的手艺，又有心自己学，所以，他在完成学业的同时也成了具备各种生产技能的多面手。

因为墨子是刚开始办学，他本人还没有很大的名气，而且在乡村办学，学生当官的机会并不多。但墨子培养的学生至少有一技之长，可以直接创造社会财富，所以，在当地很受欢迎，他的学校办得特别红火。这使他有了较大的社会影响。

这种情况使墨子由衷地感到高兴，他的信念更坚定了。这也使他对儒家的整个理论体系进行了更深入的思考。

（2）崇尚夏禹

孔子推崇周公，也推崇周公所制定的周礼。孔子生长在鲁国，从幼年时代起就受到了周礼的习惯熏陶，他后来周游列国，发现各地的文物制度，没有哪一处能比得上鲁国，甚至连周期的首都也因王室的衰微而弄得礼乐不兴。因为他决定以鲁国为基地全面恢复周代的礼乐。

墨子出身贱民，生长在乡村，他基本上没有机会见到国家的礼仪场面，更没有条件欣赏乐舞。后来有机会见到，他也不像孔子那样，迷得三月不知肉味，他所感受到的只是统治者为了享乐而给老百姓增加的痛苦，他亲眼看见王公大人们强迫许多青壮年男女抛弃了他们的耕稼树艺纺绩织维的必要工作，去为统治者去撞钟击鼓，弹琴鼓瑟，唱歌跳舞，以供他们享乐。当他听到齐康公竟组织万人演奏名为《万》的大型乐舞时，他气愤地说："这是掠夺老百姓衣食之财。"所以，他主张非乐，不过他非乐非得确实有些过火。据说，他周游列国时，有一次听说前边的城市叫朝歌，他竟恨这个名字起得不好，宁愿绕道走而没有进那个城市。这似乎有点神经质，但由此可以看出墨子非乐的态度。而儒家却宣扬礼乐，墨子认为这是为统治者的行为提供理论根据。还有儒家提倡厚葬久丧的"礼"，也不利于人民的生产和生活，所以，墨子决心非儒立墨。

儒家崇周，周代尚文，商代尚质，孔子说："质胜文则野，文胜质则史"。

质是朴实的意思，过于朴实，专讲实惠，未免显得土气，不能登大雅之堂。文是虚仪，太过于文则虚伪，专讲仪表，则合流于贵族化，不切合实用。所以，孔子主张"文质彬彬"，他也说过："礼，与其奢也，宁俭。"反对奢侈，提倡节俭，然而，他毕竟是强调从周尚文："郁郁乎文哉，吾从周。"而后儒则将他的主张发展到极端，完全丢开了简朴的主张。墨子对此表示了极大的反感。所以他主张节用节葬，发展生产，节约开支，从而提高人民的生活水平。

反对崇周，必然要考虑崇商。墨子身为殷商后裔，而商又恰恰是尚质的。但墨子很慎重，他知道，确立了推崇对象就是树起一面旗帜，那实际上代表了自己的理想。他决心进行实地考察。

宋国是殷商的大本营，宋国人都是殷商遗民，宋国的开国君主微子是殷商的名臣，所以，宋国必然能保存着前代尚质的遗风。墨子带着几个学生，去宋国做了一次考察。他访问了许多学者，与社会各阶层人士接触。通过考察，墨子把宋国和鲁国的情况做了对比，，他认识到，崇周不好，崇商也不行。宋国的殷商遗风自然使他想起了他的先祖目夷子和宋襄公的故事。两军开战，宋襄公的军令竟然是"不重伤，不杀二毛，不鼓不成列"，即不伤害对方伤员。不杀对方年龄大的军人，对方不摆好阵式不开始进攻，这愚蠢的行为，使以宋襄公为代表的宋人付出了惨重的代价。先秦诸子寓言故事中有许多讽刺宋人的，如拔苗助长，守株待兔等。墨子当时就已经认识到，宋人所保留的殷商遗风，已经远远落后于时代。

儒家崇周，我却不能崇商，我应该怎么办？他沉思了良久，突然眼前一亮，我为什么不能崇夏，尧舜禹是古代3位有名的圣君，儒家也是把他们放在同等地位。禹为了使人民过上幸福生活，他亲自拿着工具，率领人民疏通江河，治理洪水。三过家门而不入。由于奔波劳累，使他股上没有肉，腿上没有毛，他是为了天下利益而艰苦奋斗的圣人，这才是我们应该效法的楷模。

这一发现使墨子激动不已。"众里寻他千百度，蓦然回首，那人却在灯火阑珊处。"墨子像是一下子找到了知音，他觉得他的心境和大禹贴得那么近。是呀！他想，大禹所做的事是为天下兴利除害，他为的是天下所有的人，墨子对儒家的"亲亲有术，尊贤有等，强执有命，繁饰礼乐"早就十分反感，而大禹的所作所为和儒家的这一套正好相反。我应该提倡兼爱，以反对儒家的别爱。

此后，墨子在他的讲坛上公开掀起了反儒的大旗。他把自己多年来思想的结果，总结为十大主张：

兼爱、非攻、尚贤、尚同、节用、节葬、天志、明鬼、非乐、非命。并把这十大主张，作为学生的思想教育课。

《淮南子·要略训》曾有记载："墨子学儒者之业，受孔子之术。以为其礼繁扰而不悦，厚葬靡财而贫民，久服伤生而害事，故背周道而用夏政。"墨子受的是儒家的教育，但对儒家过于注重礼仪，提倡的厚葬久丧等主张非常不满，所以立志非儒立墨。这种说法有道理，基本上符合历史事实，为文学界所公认。

墨子公开反儒，在社会上产生了极大影响。儒家之徒有不少人找墨子辩论。但墨子反儒是经过多年思考并进行过实地考察的结果，所以通过辩论他的影响更大。

（3）师生知己

有一天，学生向他报告说："有一个自称禽滑厘的人求见。"墨子不知来者为何许人，心想，可能又是儒家之徒来找我辩论的吧！

来人是一个身材魁梧的青年人，面庞方方正正，面色黑里透红。他一见墨子就跪地叩头，说："久闻先生大名，学生禽滑厘愿拜先生为师，恳求先生不弃。"

墨子很高兴，请来人坐下，两个人就攀谈起来。从谈话中墨子知道，禽滑厘是儒门弟子，对于儒家的一些观点有看法，听说墨子原来也是受儒学教育而现在却非儒，他感到很高兴，尤其是墨子的十大主张，他觉得正是自己所思考所追求的东西，于是就决心来追随墨子。

两个人有着一段相同的思想发展历程，所以谈起来特别投机。天已经很晚了，他们都没有睡意，于是秉烛而谈。"现在，许多儒者都是好吃懒做，老天又不会掉馍馍，他们这种德行，当然免不了要挨饿受冻。落到了这个地步，和乞丐没有什么两样。他们仰人之食以为生，好像田鼠一样，把农民种的粮食偷藏起来自己享用。看见人家的食物，贪馋的目光就像公羊，而拼命地抢食就像阉过的公猪。"听到墨子这两个比喻，禽滑厘心领神会地笑了。"老师说得太形象

了，也很准确。"他禁不住说了一句。

墨子受到禽滑厘情绪的感染，他也感到轻松愉快，好像对一个知心朋友拉家常。"儒者就是靠别人的收获过日子，不管你收下什么庄稼，他们就去乞讨。等五谷都收割完毕，他们就去帮助死了亲属的人家发大丧，把子孙都带着，一连在丧主家吃好些日子。他们认为这就是衣食之源，所以，一听说富贵人家死了人，他们便高兴得手舞足蹈，连声说：'又有衣食了。'君子们为此而笑话他们，他们便大为恼火，大言不惭地说：'你们凡夫俗子怎么能理解我们贤明的儒者。'"墨子说到这里，自己也忍不住笑起来，禽滑厘更是乐不可支。

笑了好一会，禽滑厘说："老师，我曾听到关于孔子的一个故事，不知是真是假，请老师指教。"墨子问："什么故事，请讲吧！"于是，禽滑厘就讲了这个故事：

孔子被困在陈国、蔡国之时，只有野菜汤喝，师徒都非常狼狈。后来，实在忍不住了，弟子子路就设法弄来一头小猪，蒸了给孔子吃，孔子根本就没问肉是从哪里来的便大嚼起来。子路又抢了人家的衣服，用来换酒，孔子也不问酒是从哪里来的张口就喝。后来孔子到了鲁国，鲁哀公久闻其大名，待为座上宾。在哀公为他举行的欢迎宴会上，座位摆得不端正孔子不坐，割下的肉不方正孔子就不吃。子路颇为惊异，上前问道："先生为什么跟在陈、蔡时的态度相反呀？"孔子说："过来，让我告诉你，那时我们是苟且偷生，现在我们则是苟且偷义。"

墨子听完，微微一笑说："可以肯定，这不是无中生有。有些细节也可能与事实有出入，但这个故事很能说明问题。"禽滑厘说："老师说得对，这个故事确实是揭示了儒家讲礼仪的真面目。饥饿困难之时，他们不惜妄取以求活命，礼仪就被抛到九霄云外了，到了衣食有余的时候，他们的礼节规矩就来了。"

"是啊！"墨子说，"如果礼仪只在不饥不寒、生活富足的情况下才适用，那么，这种礼仪就该打个问号了。要么礼仪本身是虚伪的，要么鼓吹礼仪的人是虚伪的。"

"我认为，二者都是虚伪的。"禽滑厘也不感到拘谨了，说话也就很随便。"不过，"他突然想到了别的问题，"孔子创立的儒家学派，毕竟还有很大的势力范围，孔子周游列国，目的是想借助国君的力量实现他的政治理想，虽然他没有达到目的，但还是有很大的影响。以老师您的思想、人格，以您的号召力和凝聚力，我们完全可以成立一个学派与儒家相抗衡，我们也可以周游列国，借助国君的力量实现我们的政治思想。"

墨子赞许地点点头："我这一段时间一直在考虑这些问题，正准备实施，但缺少一个得力的助手，你来得正是时候，这真是天助我也。"

远处传来鸡鸣声，原来天快要亮了，他们不知不觉地谈了一个通宵。

2. "为义"大旗

墨子贵义。《墨子·经上》解释："义，利也。"义就是利。所以，墨子又说："仁人之事者，必务求兴天下之利，除天下之害，将以为法乎天下，利人乎即为，不利人乎即止。"《墨子·非乐上》称为义即兴天下之利，除天下之害。这是墨家的行动纲领，是墨家始终高举的大旗。

墨家是实践家，墨子特别反对"坐而言义"，他把义看作是为追求利而进行的过程，他所求的利则是"国家百姓人民之利"（《墨子·非命下》）。《墨子·贵义》中还说："手足口鼻耳目，从事于义，必为圣人。"强调为义必须是全身心地投入。

孔子言仁不言义，他的仁是"亲亲"之意。墨子则把孔子的仁接过来，加以改造，然后加上义，形成了墨家的"仁义"观。至孟子时，墨子的"仁义"思想已有了很大的社会影响，孟子便把墨子的"仁义"接过去，用孔子的"亲亲为仁"加以回复，改造为"亲亲为义"。所以，儒墨两家都讲"仁义"，但却是两个完全不同的概念。墨子的"义"与孟子的"义"也有着明显的区别。至于墨家"为义"的实践活动，更是墨家的特色，与儒家毫不相干。

（1）天下良宝

禽滑厘在墨子门下不久就充分显示了他的才华，他实际上成了墨家集团的第二号领导人，其他弟子都尊称他为禽子。在禽滑厘的协助下，墨子所创立的墨家学派兴旺发达。它不仅是一个学术团体，而且是一个生产团体。它的成员要从事各种生产活动，制造各种生产工具、生活用品，承包各种工程。它还是一个军事集团，因为当时诸侯混战，而墨子主张兼爱、非攻，而要反对侵略战

争，不能只停留在口头上，所以，墨子讲课的内容就有军事知识，而墨家学派的军事课不仅仅理论，而且有军事训练，他们随时准备参与战争，反抗侵略暴行，保护弱小国家和人民。不管干什么，墨家有个行动纲领，就是为义。墨子把为义的道理作为他向学生进行思想教育的一个主要内容。

有一天，他以《贵义》为题，给弟子授课："天下万事中没有比义更可贵的，所以，义是天下之良宝也。"有个弟子刚听了这一句，便忍不住发问：

"老师，义是看不见摸不着的，你说它是天下最好的宝贝，怎么能证明呢？"

"如果有人给你一套新的帽子和鞋子，却要你砍断你的手和脚，你干不干？"墨子没有正面回答，却提出了一个让这个学生摸不着边际的问题，他也只好回答说：

"当然不干。"

"为什么？"

"这很清楚，鞋帽不如手足贵重。"

"很好。再比如，给你整个天下，却要把你杀死，你干不干？你肯定也不会干，为什么？因为对你来说，天下也不如你的生命贵重。"

"老师，我懂了。我经常在大街上看到有人为了一句话而争得面红耳赤，甚至于为了一句话而大动干戈，闹出人命，这就说明人们把义看得比生命还贵重，对吗？"

"很对。"墨子肯定地说，"所以我说，万事莫贵于义，义是天下之良宝也。"

"可是，义到底是什么呀？"这个学生还真是有股钻劲。于是，墨子明确地解释说：

"义就是兴天下之利，除天下之害。"

"儒家主张重义轻利，老师用利来解释义，老师的意思是说，这二者是统一的。"

墨子讲课喜欢用这种讨论式的方法，他喜欢学生畅所欲言，也鼓励学生对老师的观点提出质疑。

"对！"墨子先对这个学生的观点给以肯定。然后又说："我说'义是天下之良宝'，就是因为它对人民有利。诸侯们认为，和氏之璧（和氏璧，宝玉名），隋侯之珠（古代传说中的明珠）这类东西是天下之良宝，但是，这些东西可以富民强国吗？不能。能够使天下太平，人民幸福吗？也不能。所以，这些东西与人民无利，不是天下之良宝。我们之所以贵义，就是因为它对人民有利，如果用义来治理国家，就会国泰民安，人民安居乐业，于国于民都有利，所以，我们要把义作为我们一切行动的纲领。"

"老师经常讲的十大主张，都是有利于民，也都可以纳入'为义'的范畴之中，是吗？"

"很正确。我们墨家的旗帜就是为义，就是为人民兴利除害。不管干什么，只要符合这个原则，就是为义。这就像打墙一样，能挖土的挖土，能填土的填土，能打桩的打桩，能夯的就夯，大家一齐动手，这个墙就筑成了，为义也是如此。"

（2）评价王子间

有一天，学生孟山向墨子讲到王子间的故事。

王子间是楚平王的儿子，名叫启，当时为太子。有个大臣白公作乱，杀害了他的两个兄长西和子期，然后抓住他，把刀架在他的脖子上，逼着他继承王位。白公对他说："你答应做王就能活着，不答应做王，就立即把你杀死。"王子间说："你杀害了我的两个哥哥，又让我做王，想用楚国来讨好我，可是，这实际上是对我的侮辱。你用这种办法来强迫我，不用说把楚国给我，你就是把整个天下都给我，我也不会同意的，因为那是不义的。"于是他就被杀害了。

讲完了这件事，孟山大发感慨，对王子间这种舍身守义的行为赞不绝口。"威武不能屈，富贵不能淫，这真是仁义行为。"

孟山满以为墨子会赞成他的观点，把王子间作为仁义者的典型而大加赞扬，不料，墨子却说："王子间能够这样做，也算是难能可贵了，但是我认为，这还不能说是仁义行为。"

孟山大吃一惊，他睁大眼睛，盯着墨子问："为什么？"

墨子解释说："如果王子间认为楚王为无道，那么他身为王子就应该继位为王，执政治国。如果他认为白公为不义，他就应该顺水推舟，先答应白公的要求继承王位，取得政权之后，就可以利用权力除掉白公，然后把王位还给楚王。这样才于国于民都有利。他这样把命搭上，于事无补，于国于民都不利，这怎么能算仁义呢？"

孟山恍然大悟："先生判断义的标准，是看是否'兴天下之利，除天下之害'。"墨子笑着点点头。他的思想能被人接受他就感到高兴。

（3）为义之难

然而，为义并不是一件轻松愉快的事情。为义者自己需要吃苦，需要奉献，需要舍己为人，这是墨家的宗旨，是墨家成员的自觉行为，倒不难做到，但是他们这样做却不被人理解，这是令人难以忍受的。不要说是弟子，就是墨子本人，也曾为此而苦恼过。

有一天，儒家之徒巫马子对墨子说："你们墨家为了行仁义而到处奔波，但许多人都看不见你们为义的功劳，你们还是那么苦苦干，你们真是疯子。"

墨子打比方说："假设你有两个臣仆，其中一人很狡猾，在你面前就干事，不在你面前就不干事。另一人很老实，不管你在不在面前，他都一样干事，你赞成哪一个？"

巫马子脱口而出："我当然赞成那个老实人，当面干而不当面就不干的是投机取巧。"

"既然如此，你就是赞成疯子的行为，你不是也成了疯子吗？"

巫马子想给墨子戴上疯子的"桂冠"，墨子却机敏地将这顶"桂冠"又回敬给了他。然而，这件事对他的刺激并没有因为驳倒了巫马子而消除，所以，当巫马子走后，他便对弟子发牢骚说："我们苦苦为义，而像巫马子这种世俗君子却不理解，他们对待我们为义者竟不如对待挑担的人。如果有个挑担的人在路边休息，休息完了要挑起担子再走，但一下子又挑不起来，这些世俗君子们见了，肯定会帮他一把，其实，他们这样做也是为义。但是，我们给他们讲为义的道理，劝他们为义，他们却不听；不听也就罢了，他们不该攻击我们，诋毁我们呀！这真叫人伤心。"

发牢骚归发牢骚，墨子和他的弟子们为义的决心却丝毫不为所动，他们为义的热情也丝毫不为之减。墨家这种苦而为义的精神最终还是为多数人所理解，许多人都被他们的精神所感动，有一则关于范蠡的传说故事就说明了这种情况。

（4）故人范蠡

范蠡是河南南阳人，被越王勾践封为上将军。在吴国灭掉越国期间，他甘愿作为越国的人质，与越王勾践一起去吴国当奴隶，含垢忍辱两年多。在那两年多的时间里，他们明地里装出一副甘心当奴隶的样子，对吴国君臣笑脸相迎，暗地里却下定决心，拼上二十年，要复国灭吴，报仇雪耻。

由于他的谋略与精心策划，他们君臣二人终于回到越国。回国后，越王卧薪尝胆，发愤图强。而范蠡则和文仲一起，同心协力，策划经营，终于一举灭掉吴国，范蠡从此而名震天下。

长期与勾践生活在一起，范蠡深深了解勾践的性格品质：可与共患难，难与共欢乐。在庆功宴举行的第二天，他就不辞而别了。

他到了齐国，受到了齐王的厚礼相待，被封为相国。这一天，他正与齐王议事，有侍臣报告说，墨子由鲁国来到齐国。范蠡听到这个消息十分高兴，便对齐王说："大王，我与墨子早就认识，他是个很有才能的人，我要去见见他。"他便向齐王告辞，在自己的官邸里接见了墨子。

故人相见，分外亲热。看到墨子衣衫俭朴，面容憔悴，范蠡便关心地问他何至于此，现在都在干些什么。墨子将他们苦而为义的事简略地做了介绍。范蠡听了深受感动，他说："先生贵义的观点我很赞同，你们为义的行为。我也很钦佩，但是，现在天下哪里还有人为义呢？别人都不干，唯独你们在苦苦地为义，落得如此狼狈，这是何苦呢？我看不如算了吧！"虽然是泼冷水，但毕竟是出于一片同情。"谢谢你的好心，但是，"墨子略一沉思，"这么说吧！比如有这么一个人，他有十个儿子，只有一个在忙于耕种而其他九个却袖手旁观，在这种情况下，这个耕种的就不得不更加紧迫了。为什么呢？因为吃饭的人多，耕种的人少，不加紧耕种，大家都会挨饿。如今，天下没有为义的人，只有我们墨者在苦苦为义，这只能使我们感到任务繁重。你如果劝我，就应该劝我积极努力才是，怎么反而劝阻我呢？"墨子这番话，使范蠡内心深处受到了震撼。这天晚上，他久久不能入睡。他十分钦佩墨子对"义"的忠贞，钦佩墨子"为

义"而坚韧不拔的奋斗精神，这也使他回想起他自己的经历。

在越国为官，在吴国为奴，恢复越国，消灭吴国，他确实是干了些惊天动地的大事业。发现越王的思想倾向，还没等他有行动的表示就及时离开了他，而投靠齐王，自己的选择也可谓明智。然而，自己的所作所为是否是为义？这样做的结果究竟有多少成分是为兴天下之利除天下之害呢？而墨子和他的弟子们，却是只考虑别人的利益而不考虑自己，甚至为了别人的利益而牺牲自己的利益。我范蠡和他们比较起来可是相差太远了。

他又想到自己辅佐过的越王勾践。他为了从吴王手里逃出来，便不择手段地讨好吴王，他曾经亲口尝过吴王的粪便；为了软化吴王的斗志，他挑选美女数千人，还献出了西施和郑旦；为了使吴国贫困，便于他攻打，他把煮熟了的粮食种子献给吴王，使吴国闹了大饥荒……为了恢复他的越国，灭掉吴国，他牺牲了多少人的利益。不光是夫差，当时的各国诸侯，王公大人，他们为人民兴的什么利？实在想不出来。他们都是只顾他们自己的享乐，而不顾人民的死活，与墨子比起来，他们就更显得卑鄙。

他决心要像墨子那样去为义，去为天下兴利除害。于是他弃官而走，去找墨子，但墨子不知又到哪里去了。于是他就到了墨子的家乡，定居下来。为了行义，他选择了经商之路，挣了钱支持墨子的义举，济世救民。

他做了义事也不愿留下真实姓名，人家只知道他是"陶朱公"。他住处附近有座山原叫华采山，人们为了纪念陶朱公的义举，把华采山改名为"朱山"，后来又称"陶山"，并在陶山脚下建了一座陶朱公庙。现在，在滕州市羊庄镇薛河岸边，陶山依旧，陶朱公庙犹存，庙的不远处有个村庄叫钓鱼台，据说那是范蠡隐居后经常钓鱼的地方。

3. 苦行救世

《庄子》中有这样一段记述：墨子曾称道说，从前禹治水时，疏浚江河而沟通了四夷九州三百条大河，三千条支流以及无数小的溪流。当时，禹亲自拿着土筐和锹镐，使天下的河川纵横交错，洪水不再为害人民。由于劳累，禹的股上没了肉，小腿上也没了毛。他整日被暴雨淋着，被疾风吹着。经过艰苦的努力，使天下百姓安居乐业。禹是大圣人，他以自己的劳苦为天下造福。墨者为了仿效禹，便穿着兽皮和粗布制成的衣服，穿木屐草鞋，日夜不停地劳作。他们以自苦为行为准则，并认为如果不能这样做，就不配做墨者。

大禹治水

以墨子为首的墨家成员，以大禹为楷模，一是学习大禹的勤，二是学习大禹的俭。所以，墨子一方面主张强力从事，通过艰苦的劳动创造社会财富；另一方面主张节俭，包括节用、节葬、非乐等，像大禹那样，以救世济民为己任，"以自苦为极"，"刑劳天下"。

当时的统治者穷奢极欲，"厚作敛于百姓"，墨子在《辞过》中从衣食住行等方面对他们的奢侈浪费现象做了深入批判，并提出了一个光辉命题："俭节则昌，淫佚则亡"，这是千古不易之定则，是历史认定之真理。

墨家成员身体力行，苦行救世的精神，令人钦佩，值得赞颂。

（1）强力从事

墨子为义，就是为了"兴万民之利"，救世济民。

墨子认为，要救世济民，首先要非攻，消灭战争，保持天下和平。作为一个国家要尚同尚贤，有开明的政治，才能有国泰民安的稳定局面。这些都是社会发展的前提条件。除此之外，应该大力发展生产，这样才能创造社会财富，才能提高人民的生活水平，所以，不管于什么工作，都要强力从事。每一个人都能做好自己应做的事，社会就能协调稳定地发展。然而，儒家却提倡有命论，认为贫穷富贵等一切都是命定的。这种观点的危害性就在于：它使人们安于现状，不思进取，听天由命而放弃人的主观努力。因此墨子特别反对这种观点，主张非命。

有一天，有个少年人来拜见墨子，他说，他很想跟墨子学习，但是他的父亲却不同意。"求先生帮助我，让我也来上学吧！"

"你父亲为什么不同意呢？是因为家里穷交不起学费吗？"墨子问。

"我们家是不富裕，但我们邻居家比我们还穷，人家的孩子却来上学了。我父亲不让我来，是他的想法有问题。他老是说，命里八尺，莫求一丈，我们是命定的要过穷日子，上学只会使家里更穷。"

墨子一听这话，心里就老大的不高兴，"看来你父亲受了命定论的影响，你成了命定论的受害者。你带我去见见你父亲吧！"

这个少年就住在邻村，墨子跟着他不一会儿就到了他家里。

他家的确不富裕，而且又脏又乱。两间破草房明显该修了，满院子堆放着乱七八糟的东西，屋子里也不整洁。他父亲正闲坐在那里，看见儿子领着先生进来，他马上就明白是怎么回事了。

"先生请坐。"他让墨子坐下，又要倒水。墨子阻止了，开口就问："孩子这么喜欢上学，你为什么不让他去呢？"

"他就是那个命，上学有什么用？"果然，他一张口就是命。

"命？难道你的命就该是这样？"墨子想发火，可是觉得不合适，就尽量缓和一下语气："如果你用半天的时间把院子整理一下，你的院子就不会是这个样子，如果你用一天的时间把你的房子修理一下，你的房子也会大为改观。如果你多费些力气种田，就能多收庄稼，你的生活就会好一些，这是命吗？"见他不吭气，墨子又说："你让孩子去上学吧！也不要交学费，三五年之内，你看看你们的命运能不能改变。"

既然这样，那个父亲也就没有理由再加以阻挡。这个少年就成了墨子的新学生。

墨子的学生有不同的类型，用他自己的话说："能谈辩者谈辩，能说书者说书，能从事者从事。"像这种交不起学费的学生，他就让他们一边学习一边劳动，半工半读。他们在劳动中也可以学习生产技术，学到谋生的本领。

墨子认为，有必要通过这件事对学生进行一次教育，使他们懂得"强力从事"的意义。

"不管什么人，也不管他干什么事，必须得强力从事。"刚说了一句，那个刚来的少年人问道：

"老师，王公大人也要强力从事吗？"

"是的，他们也要早朝晚退，断狱治政，检查下级的工作情况，丝毫不敢偷懒。因为他们知道：强必治，不强必乱；强必宁，不强必危。不仅是王公大人，就是各级官吏，也要强力从事，做好他们该管的事。因为他们知道：强必贵，不强必贱；强必荣，不强必辱。农民也必须强力从事，他们要早出晚归，耕稼树艺，多生产粮食。因为他们知道：强必富，不强必贫；强必饱，不强必饥。"墨子停了一下，看了一眼他的新学生，这个少年人深有所感地说：

"老师，我明白了，我们更应该强力从事。强，才能有饭吃，有学上。不强，除了贫穷便什么也没有。"

墨子就趁此机会向大家介绍了这个新学生。以及他家里的情况，然后他继续说：

"信有命，其患无穷。如果信有命并付诸行动，王公大人就会懒于听狱治政，各级官吏就会懒于本职工作，这样就必然会导致天下大乱。农民如果这样就会懒于耕稼树艺，那样的话，天下衣食之财就会严重匮乏，很多人就会挨饿受冻。至于你们，刚才你们这位新师弟说得很对，只有强力从事，才能改变你们贫穷的命运。"

大家都很激动，纷纷表示不信命运，要靠强力从事创造新生活。墨子又说到那位新学生的父亲，希望大家共同努力，帮助他的父亲改变观点，帮助他们家改变命运。

（2）尚俭反奢

不信命才能强力从事，强力从事才能创造更多的社会财富，然而，如果不节俭，创造的社会财富就会被浪费掉。道理很简单，收入少而支出多，就会入不敷出，有的人就得受冻挨饿。墨子曾经说，当时的社会财富有一半被浪费掉了，如果节用，社会财富就等于增加一倍。所以，墨子一边提倡强力从事，一边提倡节用。

司马迁评价墨子的基本思想之一就是"为节用"，司马谈则称赞墨子的这一思想是"墨子之所长，虽百家弗能废"，认为墨子的节用思想是墨学的长处，是其他各个学派都无法否定的真理。

墨子提倡节俭，首先从自身做起。他自己说他对吃穿的态度是"量腹而食，度身而衣"，即有饭吃有衣穿就满足了，没有更高的要求。在他的影响下，他的学生都是"短褐之衣，藜藿之羹，朝得之而夕弗得"。穿粗布衣服，吃粗劣食物，而且经常是吃了上顿而没有下顿。他对住房的要求是："室高足以避润湿，边足以御风寒，上足以御雪霜雨露，墙高足以别男女之礼。谨此则止。"也没有更高的要求。行的方面，他主张有车坐更好，因为他出发要带许多书，没有车就步行。所以，当时人们都知道墨子和他的弟子们是苦而为义，自觉自愿地损己而利人。

然而，当时的统治者都不顾老百姓的死活，横征暴敛，把侵夺人民的衣食之财，用于无厌的享乐。统治者的奢侈腐化，深深地刺痛了墨子的心，他周游列国，劝说统治者的一个重要内容就是要他们节用。

有一次，墨子到卫国去，沿途看到很多老百姓逃荒要饭，卖儿卖女，心中非常悲伤，暗想，等见了卫国君臣，要建议他们体贴民情，为民兴利，使老百姓能够安居乐业。来到卫国的都城，他发现卫国君臣奢侈浪费的现象达到了惊人的地步。国君正征集了大批老百姓为他改造宫室，"台榭曲直之望，青黄刻镂之饰"，极尽豪华。他还听说，国君每吃一餐饭，都要几十甚至上百种菜肴，大盘小碗摆满一丈见方的台面。当时有人形容国君吃饭的情景是："目不能遍视，手不能遍操，口不能遍味"，美味佳肴多得看都看不过来，更不能每一样都尝一遍。上行下效，卫国的大小官员都竞相效仿，他们互相攀比，奢侈浪费之风越刮越盛。卫国大夫们的生活方式竟和其他国家的国君差不多，穷奢极欲，一味追求享乐。

"金樽美酒千人血，玉盘佳肴万户膏。"卫国君臣所挥霍的正是老百姓的血汗。怪不得卫国百姓都那么穷苦。

墨子首先拜访了公良桓子大夫，向他详细地介绍了古代圣王对于衣、食、住、行等各个方面的规定，他说："古代圣王做事的原则是：凡是增加开支而与人民无利的事，他们坚决不干。可是你们呢？"他加重了语气："我刚进你的家就发现，你家里有用文彩装饰过的车数百乘，有用豆类谷物喂养的肥马数百匹，还有穿着绣花衣服的青年女子数百人。这得要多大的花费啊！"

公良桓子说："大家都这样么。"

"问题就在于卫国的君臣普遍都是这样。你想过没有？卫国是个小国，处在齐晋两个大国之间，就好像贫苦人家处在富户之间一样，眼见人家锦衣肉食的奢侈行为，不自量力硬要学样，那就是俗话所说的'骑马讨饭要紧穷'。而且你们的奢侈程度比起你们邻国的君臣，是有过之而无不及呀！可你们的老百姓呢？"他讲到了一路碰到老百姓的痛苦生活情景。"上不厌其乐，下不堪其苦，这样下去，卫国可是危在旦夕啊！"

公良桓子大夫深有感触，他请墨子和他一块儿去见卫君，说服卫君采取措施，改变卫国君臣追求奢侈生活的恶习，崇尚节俭。

（3）反对厚葬

统治者的奢侈浪费，不仅体现在衣食住行方面，而且还体现在死后的厚葬久丧上。

所谓厚葬，就是要求对死者的丧礼要隆重丰厚，从死亡到安葬举行一系列烦琐的礼仪，修筑高大的陵墓，以无数珍宝器物随葬，甚至杀人殉葬；"天子乐殉，众者数百，寡者数十；将军大夫杀殉，众者数十，寡者数人。"真是惨无人道。

所谓久丧，要求亲属居丧致哀时间要长久，如子女对父母要服 3 年之丧。服丧时间，住在墓地上专为居丧所建造的小屋里，头枕土块，睡在草苫上，忍饥少食，忍寒少衣，以表示痛不欲生的孝心。

墨子所反对的，主要是统治者的厚葬，老百姓的久丧。因为统治者的厚葬，受害的是老百姓，他们挥霍浪费的财物是从老百姓那里搜刮来的衣食之财，殉葬则是直接残害老百姓的生命。当时的王公大人们一有丧事就说："棺椁必重（重迭，套棺），葬埋必厚，衣衾必多，文绣必繁，丘陇必巨。"从这五个"必"我们可以想到当时王公大人们厚葬的情形。1978 年，在湖北随县城关西北五里擂鼓墩，发现战国初期苗国君主曾侯乙大墓，棺室面积 190 多平方米，墓内出土的乐器、青铜礼器、兵器、玉器、漆竹器和竹简多达 7000 余件。曾国只是一个小诸侯国，其国君丧葬尚且如此豪奢，那些大国之君的厚葬就可想而知。

墨子反对久丧，主要是反对一般老百姓的久丧，因为老百姓本来就很穷，没有多少东西可陪葬，但久丧却会耽误他们劳动，会损害他们的身体，从而影响他们的生产和生活。墨子提倡节葬，目的还是为了救世济民，他始终考虑的

中华传世藏书 墨子诠解 墨子与墨家 二七

是国计民生。

有一天，墨子去拜访一位朋友，恰巧他的这位朋友正根据所谓的丧礼"守丧"，墨子想见见他，但守门人却不让进。墨子很生气，便不顾劝阻，直入灵堂，见到了这位朋友。但朋友的样子却使他大吃一惊。

数月前还是一个精神饱满的青年书生，现在却是面黄肌瘦，背弓腰弯，如同一个风烛残年的老人。

"你怎么弄成了这个样子？"墨子关切地问，连问了几声，他只是涕泪满面，不能答话。再看住处是草苫铺地，土坯做枕，破衣遮身，凄苦悲凉，令人惨不忍睹。墨子急得团团转，他抓着朋友的手说："照此下去，守完了年丧，大概就该给你发丧了。"

他的朋友用嘶哑而细微的声音说："我实在不愿意这样做。这个家就靠我这根柱子支撑着，我要是倒下了，这一家老小可怎么办呢？况且，发丧如抄家，原有的一点财物，几乎全部用于丧葬，以后的日子怎么过呀！请您想法救救我吧！"

朋友的诉说，引起了墨子深深地同情："这该死的丧礼，这丑恶的陋习，坑害了多少人啊！"

突然，他灵机一动，"我何不趁此机会主持他家的丧事，实行新的丧葬办法呢？"他把自己的想法给朋友一说，朋友表示全力支持，于是，他把朋友的亲属召集起来，告诉他们，古代圣王早已制定了丧葬的办法："有 3 件衣服就能裹住死者的尸体；3 尺棺材可以让死者的骨肉烂在里面；墓穴不要挖得太深，坟冢也不要太大，只要别让尸体的气味发散出来就行了。死者安葬完以后，活着的人也不要长久地服丧致发，只要 3 天的时间就可以办完丧事，然后就可以正常地过日子。"其实这是墨子的主张，他说是古代圣王的规定，无非是便于新法的推行。

"可是"，原来的那位执事说，"（丧礼）是这样规定的，我们一直都是这么做的。别人也都是这么做的。你说这样做不好，为什么大家都这么做。我们如果按照你说的新办法，人家会笑话我们的。"

墨子说："这是一种风俗习惯，是一种很不好的风俗习惯。"他想了想又说："我给你们说几件事你们就明白这个道理了。从前，越国的东边有个小国叫（车亥）沐国，这个国家的人有个奇怪的风俗习惯，不管是谁，生下的第一孩子就活活地吃掉，他们说这样做'宜弟'。祖父死了，他们就把祖母抛弃，说是'不能和鬼的妻子住在一起。'楚国的南边有个食人国，亲属死了，就把尸体上的肉都剐下来吃了，然后把骨头埋起来，这样做才是孝子。秦国的西边有个国家叫仪渠国，这个国家里的人谁要是死了亲属，就聚集一大堆干柴，把尸体放在火上烧尽，因尸体变成烟飞上天，他们称之为'登霞'，意思是登上云霞进入天堂了。这样的风俗习惯我们认为是不仁义不道德的行为。但是，在那3个国家的人看来，我们的厚葬久丧是不仁义不道德的，他们认为像他们那样做法才是对的。所以，风俗习惯也不是不可以改变的。厚葬久丧对我们只有害处而没有任何好处，大家恐怕都有体会，我们为什么不能改变它呢？"

墨子的话正是大家心里想说而不敢说的话，特别是丧主一家更是深有感受，于是大家一致同意按墨子所说的办法去做。墨子所倡导的节葬法很受广大人民的欢迎，很快就在当地实行开了。滕州一带丧葬习俗一般都比较简约，死了人后，比较普遍的做法都是3天内埋葬，发丧也只穿3年孝服。所谓孝服，埋葬期间灾人的子孙全身都穿白衣服，其余亲属只戴用白布缝成的帽子，埋葬之后就很随便了，死者的子女也只是穿一双白色鞋子表示一下即可，甚至不穿寿服也不会有人觉得奇怪。

据说，这种风俗习惯就是因墨子倡导而一直延续下来的。

（四）治国方略

先秦诸子百家，没有一家不重视政治问题，百家之言，无不归宿于政治。道家主张无为，但最终还是落脚于无为而治，并称为世之显学的儒、墨两家，更是以积极的入世精神而闻名。他们都是把兴邦治国、救世济民作为最高目标，因此，他们的思想言论很多都是治国方略。

墨子的治国方略主要体现在他的十大主张中的尚贤、尚同中。

墨子说：尚贤是"为政之本"，就是治理国家的根本问题。所谓"尚贤"，就是任用贤能。"尚"即崇尚，"贤"即贤人，指才能、德行都好的人。用墨子的话说，贤人就是"贤良之士"是"厚乎德行，辩乎言谈，博乎道术者"，是有道德的"仁人"和能说会道，知识渊博的"智慧者"。

墨子认为贤人是国家的宝贵财富，是社稷的栋梁之材，一个国家的贤良之士多，这个国家就能治理好，贤良之士少了，这个国家就治理不好。所以，一个国家的当务之急是选拔、任用大批贤人，他建议用种种办法来鼓励、提拔众多贤者，这叫作"进贤"。然后根据其能力加以提拔重用，这叫作"使能"。

他明确指出："官无常贵，而民无终贱，有能则举之，无能则下之。"有能力的随时提拔，没有能力的，则随时撤免。"不党父兄，不偏富贵，不嬖颜色。"在提拔官吏的时候，不能考虑血缘关系，富贵贫贱，长相美丑，标准是有能。"虽在农与工肆之人，有能则举之。"墨子的这些主张，反映农民、手工业者和商人要求提高自己的政治地位，参与国家管理的强烈愿望。

尚同是尚贤说的引申。"同"指同一或统一，"尚同"就是崇尚同一。墨子极力主张把贤人政治推广到全国，让德、才兼备的贤人从事国家的各级管理工作。"丝缕之有纪，网罟之有纲"，国家的行政管理应该由贤人用仁义来统一，这就像抓住丝缕和网罟的纲纪一样，纲举目张。因此从天子到各级官吏，都选择贤人来担任，他们必须以身作则，以推行仁义为己任。然后上行下效，下边学着上边的样子做。为了更有效地实行这种统一，还要经常地运用批评、表扬、奖励、处罚等方法，即运用道德评价、行政和法律为手段，以维护政权的良性运转机制。

为了推行他的这一套治国方略，墨子及其弟子们周游列国，向各国的国君们游说，他本人和他的弟子们也都在极力寻找机会掌握一定权力，利用权力来推行其主张。然而，当时历史潮流是：地主阶级已经占了统治地位，正处于上升时期，墨家学说是代表"农与工肆之人"利益的，他们的政治主张必然地不会被统治者所采纳，他们的政治命运也必然是个历史的悲剧。

随着墨子的影响不断增大，名气不断地提高，他越来越受到各国国君的重视。鲁君经常把他召进宫中，询问一些经邦治国的问题，甚至对一些重大的国家事务的处理，也常常先征求他的意见。墨子也非常希望各国能接受他的政治主张，当然，他更希望鲁君能交给他一定的权力，使他有机会实现他的政治理想，所以，他很愿意与鲁君进行更多的接触，以便使鲁君了解他，接受他的主张。

开始的谈话，鲁君只是和他谈谈一般性问题。

"先生是国内外闻名的贤圣人，寡人久闻大名，今特请先生来讲讲治国之计，愿先生不吝赐教。"

墨子首先把他的尚贤尚同的政治主张作了概略介绍。然后强调，全国统一的贤人政治可以使上下通情，提高国家机关的办事效率。他说；"数千万里以外，有人干了好事，他家里的人有的还没有知道，他乡里的人有的还没有听说。但天子却知道了并给予了奖赏。数千万里之外。有人干了坏事，他家里的人有的还不知道，他乡里的人有的还没听说，但天子却知道了，并且给予了惩罚，所以，老百姓都说，天子真是神仙。这样一来，他们就会干好事，不敢干坏事。"

鲁君说："天子本来就是神仙么。"

墨子说："不，天子并不是神，老百姓说天子是神，是因为天子办事像神那么英明，出人意料。然而，天子之所以办事英明是因为他能利用别人，使别人的耳朵、眼睛帮助自己的视听；使别人的喉舌帮助自己的言谈；使别人的大脑帮助自己思考问题；使别人的四肢帮助自己干事。帮助自己视听的越多，自己看到的、听到的范围就越大；帮助自己言谈的越多，自己的思想、主张传播得越远。帮助自己思考问题的越多，自己就会多谋善断。帮助自己干事的多，自己办事的效率就会高。不管是谁，智能都是有限的，天子应该利用众人的智能以弥补个人智能的不足。俗话说，一目之视不如二目之明，一耳之听不如二耳之聪，一手之操不如二手之强。

"先生言之有理，就如我们鲁国，朝廷和地方各级官吏，都是我的手足耳目，他们都在帮助我听，帮助我看，帮助我干事情，不然我怎么能忙得过来呢？"

"不光需要有人帮着干，而且这些人应该是贤人，要有德有才，德才兼备。现在有些王公大人，不知道举用贤人，这真是不可思议。有一件衣服需要做，

他们一定要找好裁缝，有一只牛羊需要杀，他们一定要找好屠夫，有一匹马生病后要医治，一定要找好兽医，有一张弓有毛病，一定要找好工匠，可是国家需要治理，他们却只任用自己的骨肉之亲，大家贵族，长相漂亮的人。做衣服，杀牛羊，医马、修弓这些事情为什么不找这些人呢？因为他们知道，这种人这些都不内行，干不好会造成损失。同样，这些人对于治国也不一定是内行，让他们治损失更大。"鲁君没有说话，他在暗想墨子所说的这些王公大人会不会也是指他。

尽管鲁君对墨子的一些话听得不那么顺耳。但是，在当时没有人能像墨子这样对他说这种话，他手下的那些大小官员、宫妇左右无不对他阿谀奉迎，那种态度使他也感到厌烦。墨子对他则是不卑不亢，而且墨子渊博的学识，那深邃的思想，那精湛的语言表达艺术，尤其是墨子那高尚的人格力量，都使他耳目一新。也使他对墨子产生了敬仰，不久，他又把墨子召进宫来。这一次，他开门见山，向墨子请教他最为关心的一个问题：

"先生知道，我们的北邻齐国，依仗着力量强大，经常挑起事端，侵略我们的领土，掠夺我们的人民和财物，寡人现在最担心的就是这件事，请问先生，怎样才能解除这种危机，使齐国不敢侵略我国。"

"以史为鉴，让我们先回顾一下历史。"墨子慢慢地说："夏、商、周三代的圣王禹、汤、文武，都是封地仅有百里的小诸侯，但是他们依靠仁义而取得了天下。这三个朝代的末代国君桀纣幽厉，都是因为他们不仁义的残暴行为而失去了天下。所以，君主只有依靠仁义，才能使齐国不敢贸然进犯，使我们的国家长治久安。"

鲁君说："请先生说具体些。"

"我希望君主您对上薄天，敬事鬼神，对下要爱护百姓，多做有利于百姓的事，使全国人民都拥护您，愿意和您同心协力，抵抗侵略，保卫国家，一旦发生战争，就要动员全民参战，利用全国的力量，打击侵略者。当然，最好是阻止战争的发生，所以，请君主准备一些丰厚的礼物，如各种珍贵的皮毛，金钱等，派一些善于辞令的外交官带着礼物去拜见各国诸侯，辞令要谦恭、态度要诚恳，争取各国君主的同情与支持。这样，齐国顾虑我国的顽强抵抗和国际社会的压力，就不敢轻举妄动。"墨子说到这里，看了看鲁君说："不知君主以为如何？"

鲁君说："先生说得很有道理，我马上就照先生说的去做，旁观者清，先生以为寡人治国如何？以鲁国现在的情况，有没有被齐国吞掉的可能。"

"肯定不会。"墨子说，"一个国家面临灭亡，必然会有明显的征象。"接着他向鲁君具体地谈论了亡国的七种征象，墨子把这七种征象称之为七患：

其一，城池未能修好，却动用大批人力物力去修筑宫殿。因为城池是国家安全之屏障，宫殿则是君主淫乐之窝粱，身为一国之主，如不关心百姓痛苦，置江山社稷安危于不顾，而一味追求骄奢淫逸的寄生虫生活，国家必然祸患无穷。

其二，敌国军队入侵。而四方邻国不愿救援，平日不与人为善，结交朋友，受难之际自然就无人相助。做人如此，治国也是同样道理。

其三，耗尽民力于无用之事，铺张浪费使国库空虚，赏赐无能之人。于国家于百姓无之事，往往就是有利于君主享乐之事。集财力物力于个人身上，国力必然衰竭。赏赐无能之人，则使有能之士寒心。赏罚不明，不能调动臣下的积极性，长此以往，国家机器就不能正常运转。

其四，当官的只求保住俸禄，游学未仕之人只顾结党营私，国君制定了刑法以惩罚臣下，臣下害怕犯错误而受到惩罚就不敢直言。做官的最常犯的毛病就是明哲保身，官越当越大，而为国为民的思想日益减少，为己为私的思想却日益增多。知识分子不能肩负起天下兴亡的责任，不能为国家治理献计献策，却只顾结党营私。当官的掌握着国家权力，知识分子是国家思想的宝库，如果这两种人不能为国家尽力，国家就会出现危机。

其五，国君自以为神圣聪明而不问政事，自以为国家安定强盛而无防备，邻国已在图谋攻打而自己却毫无防备。因为国君是一国之中职位最高，权力最大的人，他们听惯了阿谀奉承、吹吹拍拍之类的话，时间一长，便飘飘然，把臣下别有用心的话全都信以为真，高高在上，自以为是，不了解实际情况，主观武断地决策，必然会给国家带来灾难。

其六，国君信任的人并非忠良，而忠良却不被国君信任。忠良之臣一心只考虑国家人民的利益而无暇他顾，奸佞之徒的精力却只用于钩心斗角，谋取私利。忠奸之间免不了斗争，而忠奸之斗，往往是奸臣占上风而忠臣受打击、受迫害。奸臣当道，国无宁日。

其七，食物匮乏，大臣不堪使命，赏赐不能使人高兴，责罚不能使人畏惧。赏罚是国家治理的主要手段，赏罚分明、合理可以起到鼓舞正气、打击歪风邪气、规范人们的行为的作用，从而树立良好的社会风气。倘若该赏的不赏，该罚的不罚，甚至赏罚颠倒，则会使人们的行失衡，搞得人心很乱，以至影响国家安危。

最后，墨子总结说："以七患居国，必无社稷；以七患守城，敌至国倾。七患之所当，国必有殃。"

这一席话，使鲁君很受震动："先生之言，发聋振聩，寡人当作为警钟。"停了一会，又说"还有一件事，想听听先生的高见。我有两个儿子，一个爱好学习，一个喜欢将财物分给别人，他们两个人中，谁可以立为太子呢？"

"根据您所提供的情况，还不能确定谁能为太子。因为他们这样干也许是别有用心；或者是为了得到奖赏，或者是为了沽名钓誉。君主见过钓鱼的情景，钓鱼的人弓着身子，并不是对鱼表示恭敬。君主要决定这种事情，应该以志功为辩，把他们的动机和效果结合起来进行考察，然后再做出决定，谁可以立为太子。"

鲁君听了，不置可否地又说了两句无关紧要的话，会谈就结束了。

（五）辞封楚越

公元前439年，也就是墨子止楚攻宋创造这传奇性光辉业绩的次年，恰逢楚惠王在位50周年，墨子决定到楚国去游说一次。

墨子想，去年楚国已经做好了各方面的准备，只好一声令下就进攻宋国，在那种情况下，凭我墨翟一番劝说，就使楚王改变了原来的计划，避免了一场大规模的战争，这说明，楚惠王还是通情达理的，对于我墨翟的一些基本主张还是赞成的。况且，有了上一次的交往，双方都给对方留下了深刻的印象，彼此都有了比较深入的了解。我何不趁此机会去见楚王，劝他采纳我的学说。楚国是一个大国，很有实力，如果我的政治主张能在楚国得以实施，那将会使整个世界都会发生极大的变化。

他把自己的想法告诉弟子们，弟子们也都很赞同，大弟子离子说："今年是楚惠王在位 50 周年，楚国肯定要举行纪念活动，我们这个时间去表示祝贺，名正言顺。不过，应该送点什么礼物呢？"

墨子说："把我的书送给他一部就行。送其他的东西他也不稀罕，也没有什么意义。"

墨子和他的弟子们满怀希望，兴致勃勃地由鲁国出发专程赶到了楚国的首都郢，向楚王献上了自己的著作。

楚王读了墨子的书之后，对墨子说："您的大作很好，我虽然不能够取得天下，但是我很乐意奉养天下贤人。请您留在楚国，做我的顾问。每年进俸，100钟，这就委屈你这位大贤人了。"

听楚王这么一说，墨子马上就明白了，楚国并不准备采纳自己的学说。给一个类似"顾问"名义的虚衔，让我留在楚国；只不过为了表示他楚惠王尊贤爱才，而把我当成了沽名钓誉的诱饵。这是墨子决不能容忍的。既然在楚国待下去也达不到自己的目的，墨子就决定辞行。于是他对楚王说："我听说贤人进谏，道理不被实行，便不接受赏赐，仁义的学说不被听取，便不滞留于朝廷。现在，我书中的主张您既然不准备应用，那就让我还是回到鲁国去吧！"

楚王知道墨子决心辞去，便推脱自己老了，行动不方便，差穆贺作代表，为墨子饯行。

穆贺见了墨子，交谈间，墨子又借机向穆贺宣传自己的学说，他把自己书中的精义，简略地向穆贺做了介绍，听得穆贺手舞足蹈。他对墨子的学说大加赞赏，佩服得五体投地，也为楚惠王不采纳而深表遗憾，他非常惋惜地对墨子说："你的大作真是好极了，但是君王是天下的大王，他也许认为您的学说是贱人之所为，所以不能采纳吧！"

墨子义正词严地说："是的，我出身下层，现在也是平民老百姓，也就是你们所说的贱人，但是，一种学说好不好，该不该采纳，与提出这种学说的人的身份有什么关系呢？如果认为一种学说是好的，可行的，就应该采纳，而不要管是谁提出来的。譬如草药，即使是一把草根，天子吃了它能治好自己的病，难道能说因为是草根而不吃吗？农夫缴纳粮食给贵族大人，贵族大人用它配美酒，做祭品，用来祭祀上天鬼神，贵族大人难道会因为是贱人种的而不享用吗？我虽是贱人，难道我的学说还不如一袋粮食，一副草药吗？"

穆贺有些尴尬，他说："先生您别生气，我可以把您的意思转告楚王。"

墨子说；"古代有作为的圣王，没有一个因为贤人出身贫贱而不提拔重用的。接着，他向穆贺讲了几个古代圣王提拔重用贫贱出身的贤人的故事。

古时的舜是一个出身贫贱的农民，在历山耕种田地，在河边制造陶瓷，在霖泽的水中捕鱼，自食其力。但是他那高尚的道德和超群的才能却深受人民的推崇。尧帝正在选择继承王位的接班人而非常忧虑的时候，恰好在服绎的北面见到了舜，他就决定舜为接班人。先举用舜在服绎之阴管理政事。经过 3 年考察，便拔举舜为天子，接管天下政事，治理天下百姓，举国上下的人民，心悦诚服。

舜帝死后，大禹继位。大禹在治水过程中发现了伯益的才能，然而，伯益只是一个出生于猎户之家的猎人，善于畜牧和狩猎，大禹也没有嫌弃他是个贱人，而是尚贤使能，选定伯益为继承人，在阴方这个地方举用了伯益，把全国的政事交给他来处理。伯益管理得井井有条，全国安定祥和。

西周时期的泰颠，阁天，原来也是在山林中捕猎为生，生活艰难困苦，他们也是贱人，周文王却发现他们两位是贤明的人才，就任命他们为大臣，让他们辅佐自己。他们两人果然不负文王厚望，为使西土安定立下了功绩，后来又辅助武王建立了西周王国。

殷代的著名贤臣傅说，原来也是一般老百姓，当然也是贱人，他当时穿着粗布衣裳，身上带着绳索在傅岩作雇工修筑城墙，殷高宗武丁访贤遇到了他，举用他做了三公，接掌天下政事，治理天下人民，使国威大振，受到了人民的普遍好颂。

穆贺说："听了先生这番话，受益匪浅，原来我对这些事也略有所知，但没有想得这么深刻，国家选举任用人才，就应该像这些古圣王那样，不分贵贱，唯才是举。"

墨子说："作为一个英明的君主，不仅善于选拔任用贤才，而且还要尊重他们，信任他们，给他们权力，让他们大胆地工作，这样才能使贤才充分发挥他们的才智。"接着他又讲了商汤拜访伊尹的故事。

商朝的开国之君商汤，有一天要去拜访一个名叫伊尹的人。这伊尹是个奴隶，是汤与有莘氏通婚时的一个陪嫁厨师，汤王独具慧眼，发现了他是一个人才，于是就专程前去拜访他。汤王让一个姓彭的小伙子为自己赶车。走在半路上，小伙子问："您要到哪里去？"

汤王说："我想去拜访伊尹。"

小伙子说："伊尹是个奴隶，是天下最贱的贱人，您是一国之君，如果您想见他，叫人去把他叫来，他就会感到受了很大的恩赐，您何必亲自去看他呢？"

汤王说："你不懂我的道理，你的话说得不对。好比一副药，吃了能使人耳朵加倍灵敏，眼睛加倍明亮，我就会非常高兴地去吃这副药。现在，伊尹对于我们的国家，就像良医苦药一样，你不愿意让我去拜访伊尹，就等于不让我吃那副好药。"

说完，他叫小伙子立即下车，不用他赶车了，直到小伙子承认了错误，请求原谅，汤王才让他继续赶车。

后来，汤王任用伊尹执政，一举消灭了夏朝，建立了商王朝。

墨子之所以苦口婆心，不厌其烦地向穆贺讲了这么多话，当然是为了让穆贺了解自己的学说和思想。另外，他还对楚王抱有幻想，希望穆贺能说服楚王效法古圣王，采纳自己的学说。然而，他并没有意识到，他的学说代表了平民的利益，而当时的统治者却根本不考虑平民的利益。他在书中尖锐地批判统治者不顾老百姓疾苦，只顾自己的享乐，也只会引起统治者的反感。所以，墨子的学说在当时不可能被统治者所采纳，他的愿望也只能是一种美好的幻想。

当时楚国有一位颇有权势的地方封君，名叫鲁阳文君。他曾多次聆听过墨子的游说，对墨子颇为钦佩。知道这件事之后，他觉得楚王对墨子过于怠慢了，于是立即赶去见楚王，他对楚王说："墨子是天下闻名的北方贤圣人，这次专程来献书，而您却不给以礼遇，未免有失士之嫌，岂不叫天下归顺者寒心吗？"

春秋战国时代的士即读书人特别活跃，诸侯纷争，为士阶层提供了表现机会。各国统治者都清醒地认识到，人才在竞争中起着重要作用，稍有政治头脑的统治者都对人才特别重视。所以，在当时的士中，朝为布衣而夕为卿相者不乏其例。楚王听鲁阳文君一说，马上意识到自己的错误，因为墨子在当时的影响几乎没有人能与之相比，如果他冷淡墨子的事一旦传开，将对楚国招揽人才极为不利。他立即让鲁阳文君去追回墨子，并许诺以方圆500里的土地封给墨子。

战国时期的封君拥有在封邑内征收租税的权力和其他许多特权，因而他们常常是各国有权势和富有的人物。但是楚王的分封许诺，并没有动摇墨子坚持自己的学说的决心。他清楚地知道楚王这样做并不是采用他的学说，于是他毫不犹豫地拒绝了，然后毅然地返回鲁国。

跟止楚攻宋那一次成功的游说不同，献书楚王是一次失败的游说。当然，这次失败并不是因为墨子，而是历史的原因。

与拒楚之封的故事相类似，墨子还推辞过越王的分封。

有一次，墨子派弟子公尚过游说越王。公尚过在游说越王时极力赞颂老师墨子，越王听公尚过的演说，十分满意，因为他对墨子的名望早已如雷贯耳。他很想利用墨子"北方贤圣人"的名誉为自己装点门面，于是他对公尚过说："你如果能请你的老师墨子亲自到越国来，寡人愿意把以前吴国的旧地500里封给他。"

公尚过听到越王给这么优惠的待遇，非常高兴，便一口答应下来。

越王特地为公尚过备车50乘，请公尚过专程去鲁国迎墨子。

公尚过带着迎接墨子的大队人马，他自己也感觉到异常风光。见了墨子，他很得意地向墨子转达了越王的旨意，他满以为墨子会非常愉快地接受越王之请，立即随着迎接他的车队赴越。但是，使他感到意外的是，墨子并没有显示高兴的神色，而是很冷静地问他：

"你看越王能听我的话，采用我的学说吗？"

公尚过没想到墨子会提出这样一个问题，迟疑地说："恐怕不一定吧！"

"不仅越王不懂我的意思，就连你公尚过也没有真正弄懂我的志向。"墨子的语气显然带有指责的意味。

"如果越王能听我的话，采纳我的学说，那么，只要有饭吃、有衣穿，跟其他大臣享受同样待遇就可以了，何必要给我如此分封殊荣；如果越王不听我的话，不采纳我的学说，而只是要我接受分封，这不是让我出卖自己的名义吗？我要是肯出卖我的名义早在中国（即中原地区）就出卖了，何必等到现在去卖给越国！"

墨子的这一席话，不仅义正词严地拒绝了越国的分封，而且进一步表明了自己决不用原则做交易的坚定立场。

这件事使公尚过受到很大震动。他对墨子的思想感情，道德品质，甚至墨子的言语行动都更为钦佩，他感觉他的老师形象更加伟岸、高大了，俨然似一座高峻的山峰矗立在自己的面前，自己要攀上这座高峰，还要付出巨大的努力。

（六）荣辱于宋

墨氏是宋国的宗族，墨子一直与宋国保持着密切的联系。墨子聚徒讲学后，经常推荐弟子到宋国参与政事，宋君对墨子也特别尊重。墨子推荐的弟子，都能给予妥善的安排。鲁公子就是其中一个。

鲁公子被推荐到宋国之后，宋君立即给以高官厚禄，不久他就有了许多家财。3 年之后回到鲁国向墨子汇报在宋国的情况时就曾说："今而以夫子之故，所得之财多，家厚于始也。"

墨子则因为他"处高爵禄而不让贤"，"多财而不以分贫"，把他狠狠地批评了一顿。

对老师的批评，鲁公子口服心服，回到宋国后就按照老师的教导去做，结果他的威信更高，更得到宋君的信任。

墨子献书楚王遇到冷遇，拒绝了楚国与越国的分封之后，便在鲁国继续讲学。鲁公子知道这些情况，便向宋君做了汇报，并建议宋君请墨子到宋国从政。

宋君对墨子仰慕已久，特别是止楚攻宋之事，更使宋君感恩戴德，视墨子为神明。墨子冒着生命危险，单身赴楚，历经千辛万苦，阻止了一场即将爆发的大规模战争，使宋国避免一场巨大的灾难。如果不是墨子，宋国在那场战争中即使不灭亡，也会遭到惨重的损失。在宋国面临危难的关头，墨子及其弟子们全力以赴，他们那种献身精神，特别是墨子的大智大勇，超人的胆识和气魄给他留下了终生难忘的印象，使宋君衷心感激不已。当时他也曾提出，希望墨子留在宋国帮助他料理国事，但由于种种原因，墨子没有答应。现在听到鲁公子所说的情况，宋君感到这是一个很好的机会，于是，便任命鲁公子为全权代表，去鲁国向墨子转达宋君的旨意，恳请墨子赴宋国辅政。

考虑到和宋国的友好关系以及宋君的诚意，墨子欣然同意了宋君的邀请，并立即和鲁公子一道赶回宋国。

宋君见了墨子，特别高兴，他说："先生能在末国，使寡人得以随时请教，实乃寡人之幸矣，末国之幸矣。请先生暂时屈居大夫之职，以后再另作安排。"

墨子所关注的是是否采用他的学说，至于官位的高低、俸禄的厚薄他并不计较，何况，大夫之职也算是很高的官位了。

墨子任职不久就发现，宋国朝廷内部存在着严重的危机，这使他感到非常不安。

当时，戴欢为大宰，是主要执政者，皇喜为司城，司城就是司空，宋国因为避武公的名讳而改司空为司城，主要负责工程事务，皇喜字子罕，此人野心勃勃，颇有心计，为了争权夺利，他极力讨好宋君，深得宋君的偏爱。他对戴欢则是阳奉阴违，戴欢对此心里也很清楚，两个人明争暗斗，关系非常紧张。墨子认识到这是一个隐患，如果得不到很好的解决，必将引起事端，使宋国不得安宁。

然而，这两个人都是实权人物，而且苦心经营多年，都有着很深的社会基础和强大的势力范围。墨子刚到宋国，无权无势，根本无法与他们抗衡。不要说墨子，就是宋君，恐怕也不敢轻易地触动他们。

因为墨子的学识与声望，尽管他是宋君的臣下，但宋君一直把他作为老师看待，称他为先生，经常请他讲讲经邦治国的大道理。有一天，墨子见戴欢与子罕都在，便语重心长地向宋君讲起了"一同天下之义"的道理：

"古时候，人们只是在一起生活没有行政治理，没有统一的行动。每人都有自己的义。所以，有1个人就有1个义，有10个人就有10个义，人越多，所谓的义也就越多。每个人都认为自己的义是对的，别人的义是不对的，因此而互相非难，谁也不服气谁。一家人都统一不起来。老百姓之间更是互相争斗，互相坑害，天下一片混乱，与禽兽没有什么区别。

后来，人们认识到，天下之所以混乱，是因为没有组织，没有政长，于是就推选天下最贤能的人立为天子。天子一个人治理天下力量不足，于是又选贤能之人立为三公，协助天子管理天下。因天下太广大，就划分万国，每个国又选贤能之人，立为诸侯国君。按照这个道理，依次有了将军、大夫、乡长、里长等各级长官。

里长应是一里最贤能之人，他要负责一同其里之义，乡长则是一乡最贤能之人，他要一同其乡之义，诸侯国君，应是一国最贤能之人，他要'同其国之义，天子则应是天下最贤能之人，他要一同天下之义。下级要服从上级，全国要服从天子，天子认为是对的，其他人必须认为是对的，天子认为是不对的，其他人也必须认为不对。一切人都必须以上级的是非观念为准则，而不能与下边互相勾结，自以为是，这就叫'上同而下不比'。"

墨子有意地停了一下，子罕立即插言说："先生说得很对，比如我们宋国。国君就是全国最贤能之人，我们就应该上同于国君，国君叫我们俯，我们就俯；叫我们仰，我们就仰；国君叫干什么就干什么，不让干的事就不干。"

墨子知道，像子罕这种人是两面派，当面说得越好听，背后则另搞一套。这种人用心险恶，是最应该提防的。一听他说这种令人肉麻的话，墨子就十分反感，于是他说：

"在楚国时，鲁阳文君曾问过我什么是忠臣，我是这样回答他的：所谓忠臣者，国君有过，则伺察机会进行劝谏。自己有了好的见解，则告诉国君而不告诉别人，要帮助君主认识改正错误，以使国家避免由于君主的错误而受损失。把美和善的声音留给国君而把怨仇由自己承担，把安乐留给国君而把忧戒留给自己，这样的人才是忠臣。"

这些话显然有所指，子罕有些难堪，宋君一见这情景，赶紧转移话题。这次谈话使子罕对墨子有了一定的了解，从那之后他对墨子格外防范。

也许是墨子的这次谈话引起了宋君的警惕，而对子罕的态度有所变化，也许是子罕做贼心虚而预感到局势对他不利，也许是他和戴欢的矛盾更加激化，终于他铤而走险，发动了政变。他杀了戴欢，拘捕了宋君。

墨子明知子罕对他有成见，但他考虑到宋君危险，考虑到宋国的安定与宋国老百姓的利益，便置个人安危于不顾，毅然挺身而出，去见子罕。

为了不把事情弄僵，他先是好言相劝，给子罕讲了一通兼爱的大道理。听得子罕不耐烦，便明确表示，事情已经做到这一步，他已经没有退路，只有杀掉宋君，用武力控制政权。

墨子救宋

墨子见事情已无可挽回，便仗义执言，指责子罕上不合神意，下不得人心，必然要引起天人共愤，下场可悲。

子罕恼羞成怒，立即下令把墨子逮捕入狱，不久，便秘密杀害了国君。

当墨子去见子罕的时候，鲁公子曾极力劝阻，但墨子义无反顾，鲁公子已预感到大事不好，便立即着手准备应急措施。一听到师父入狱的消息，鲁公子立即派人急速赶回鲁国向大师兄禽滑厘报告，他自己则召集在宋国墨家弟子商议对策。

禽滑厘接到报告，日夜不停地赶到宋国，鲁公子已把在宋国的墨家弟子召集起来，正等着大师兄定夺。经过一番计议，一个营救墨子的计划决定下来了。

第一，动员宋国内部的力量，包括各级官员甚至一般老百姓，特别是与子罕有种种关系的人，用各种手段给子罕施加影响。

第二，紧急通知在各国做事的墨家弟子，特别是当官的，要他们尽量要求所在国家出面干涉，利用国际社会的力量，向子罕施加压力。

第三，最后的办法是武力解决问题。因为前两年楚国要攻打宋国时，墨子单身去了楚国，而禽滑厘则奉师父之命，率领300多墨家弟子守城，准备迎接战斗。因为墨家子弟都受过专门的军事训练，都有丰富的军事知识，而且又有较高的政治和文化修养，在备战阶段便充分显示了才干，受到宋国君臣的高度赞扬，宋君几乎把防卫大权全部交给了墨家子弟。后来，战争尽管没有爆发，但是，墨家子弟和守城官兵已经结下了感情的纽带，况且，当时的 300 名墨家子弟几乎都成了守城部队的军官，这些人至今还在军中任职。必要时完全可以控制整个守城部队的武装力量。当然，不到最后关头，还是不采取这种方式。

营救计划立即付诸实施，禽滑厘坐镇指挥，墨家弟子同仇敌忾全力以赴，不久便取得明显效果。

一连几天，子罕听到的几乎都是关于要他释放墨子的劝告，劝告者有他的亲朋好友，有他的同事下属，也有外国使节。有低声相求的，有义正词严的，有软中带硬的。子罕感到墨子的影响力之大，他自己好像已经处于这种力量的包围之中，他似乎预感到，这种力量会给他带来灭顶之灾。

子罕害怕了，他终于释放了墨子。

墨子立即被弟子们护送到了鲁国。从此他再也没有去过宋国。

（七）舌战儒徒

儒墨两家不仅在兼爱问题上尖锐对立，在其他许多观点上也存在着明显分歧，因此，墨子的辩论对手多是儒家之徒。

《墨子》书中有《公孟》篇，公孟就是公明仪，是曾子的弟子，儒家忠实信徒。他经常和墨子进行辩论。

《公孟》篇里就有许多关于他们辩论的记录。

他们辩论的一个主要论题是服古的问题。论辩是由两个不出名的儒门弟子引起的，我们且称呼他们儒者甲、儒者乙。

有一天，儒者甲对墨子说："君子循而不作。"意思是，君子不论做什么事情都应该遵循前人的做法而不能创新。

墨子对这一观点极为不满，他不无嘲讽地说："孔子曰：'述而不作。'意思是只阐述先贤的学说，你可是青出于蓝而胜于蓝了。"

"过奖了，先生不以为然吗？"儒者甲也是调侃的口气。

"当然不以为然。古时候东夷族的首领创造了箭，夏代君主少废的儿子汗创造了销甲。吴仲创造了车，巧垂创造了舟。难道他们都不是君子而是小人？再说，后人所遵循的东西，都是前人所创造的，如果凡创造者都是小人，那么，君子们所遵循的一切做法都曾是小人的做法，遵循小人的做法，又怎么会是君子呢？"

儒者乙对墨子说："君子必须穿古代的服装，说古人的语言，才称得上仁，就是具有仁德修养的人。"

墨子反驳说："所谓古人的服装、古人的语言，在他们那个时候并不是古的，而对他们来说是新的，你能说他们都不是君子而是小人吗？你说的'君子必须穿古代的服装，说古人的语言才称得上仁'，这难道不是太荒谬了吗？"

公孟子知道这件事，就亲自去找墨子。一见面，他就说明来意："我们儒家认为，君子必须穿古代的服装、说古人的语言才称得上'仁'，听说先生不以为然，今特来请教，先生有何高见'？"

墨子知道公孟子是来找他论战的，但人家既然如此客气，自己也应该表现出应有的风度，于是，他像拉家常一样开口说道："商纣王的时候他手下有个大奸臣，叫费仲，是天下有名的坏人，同时，也有两个大忠臣叫笑子、微子，他们是天下有名的圣人，他们是同时的人，使用是相同的语言，但是却有的仁而有的不仁。所以，仁与不仁不在于是否古服、古言。"

"先生说的也许有道理。"公孟子知道，正面反驳墨子观点是很困难的，他采取了迂回战术："周代的文化，包括服装、语言，是那么完美，难道我们不应该继承吗？"

"应该继承。但你的主张是法古，是要效法古代，但你要效法周代而不效法夏代，你所效法的古，还不能算古。"

公孟子张了张口，但终于也没能再说出一句话。

过了几天，他又来见墨子，只见他头上戴着儒家特制的大礼帽，穿着儒家的礼服，手里还拿着笏，就是古代臣下朝见君主时手中拿的那种狭长的板子。

墨子因不知他葫芦里装的什么药，就不便搭言。

公孟子沉不住气了，开口问道；"君子服然后行乎？其行然后服乎？"意思是：君子是穿戴好一定的服饰，然后有一定的作为呢？还是有一定的作为，然后才穿戴一定的服饰？"

公孟子的这句话是一个复杂的问语，里面预设了一个虚假的判断："君子或者是服然后行，或者是行然后服。"对于这个问题你不论是做出肯定的回答还是做出否定的回答，都会钻进他的圈套，承认了他所预设的那个虚假的判断。但是墨家的逻辑水平在当时是遥遥领先于其他各家的，公孟子的这点小把戏，墨子一眼就看穿了。公孟子所给的是一个二支选言判断，让墨子任选其一，但是，墨子哪一个也不选，他只是说："行不在服。"即有作为并不在于服饰，仅仅四个字，就轻而易举地破坏了公孟子精心设计的圈套。公孟子不甘心，又问："为什么行不在服？"为了使他口服心服，墨子便耐心地给他解释：

"从前，齐桓公戴着高高的帽子，系着宽宽的带子，腰里还佩首宝剑，就是这种服装，他把国家治理得很好。晋文公却喜欢穿粗布衣服，外套老羊皮袄，用牛皮带佩挂剑，这种服装，他也把国家治理得很好。楚庄王则戴羊皮帽子而用丝带系着，穿着肥大的外衣，这种服装，他也照样把国家治理得很好。越王勾践，则把头发理光，用针在身上刺上花纹，根本就不讲究什么服装，他同样也把国家治理得很好，这四个有名的国君，他们的服装各异，但他们的行为却是一致的。因此我认为行不在服。"

公孟子听完，立即大声地说："先生您说得太对了！我听说过一句话叫'宿善者不祥'，意思是使好事废止不行是不吉祥的，既然您说的道理那么好，我应该马上实行，我现在就去把这身服装换掉，重新再来见您，可以吗？"

公孟子堪称谋略家，为了在论辩中胜墨子一筹，他可谓煞费苦心。他这种心悦诚服的样子完全是装出来的，其实，他又耍了一个花招，他满以为给墨子灌上这碗米汤，墨子就会飘飘然，对他放松警惕，他就可以乘虚而入，将墨子一军，但他没想到，墨子是软硬不吃，只见他冷冷地说："你如果想见，就还是这个样子见吧！如果一定要改换服装再见的话，那岂不是正好说明行在服吗？"

这是一场绝妙的辩论，简直就像一幕轻喜剧，公孟子的狡略，墨子的机警、老练，通过这一场辩论表现得淋漓尽致。这实际上也是一场逻辑斗智，显示了墨子的逻辑素养和高度的逻辑敏感性。

（八）阻齐伐鲁

墨子主张兼爱，非攻，他像一位和平天使降临人间，以自己的聪明才智，消除了无数次的攻伐战争。阻齐伐鲁讲的就是墨子劝阻战争的一个生动故事。

从春秋末年到战国初期，诸侯之间战乱纷起。其中齐、晋、楚、越几个大国对垒，大有几分天下之势。因此，他们都对其邻近小国加紧征伐，残酷的战争致使人民苦不堪言，生活饥寒交迫。墨子作为和平使者，不辞劳苦，游历南北，为人类社会的安定而呼号。在南方，他止楚攻宋，止楚攻郑。在北方，则阻齐伐鲁，阻齐攻卫。

当时的齐国，在今山东省北部，河北省东南部。而鲁国则北邻齐国，在今山东省东南部，都城曲阜。齐国早已垂涎鲁国的领地，并不断地对其掠夺蚕食。

作为鲁国的臣民，墨子更不堪忍受自己的国家受到这样的不义攻伐，毅然游说齐国君臣。制止他们对鲁国的侵略战争，而且把这看作是推行自己非攻学说的义不容辞的职责。于是，他在历史上演出一幕阻齐伐鲁的千古绝唱。

有一天，鲁国国君接到一个情报。说齐国准备向其发动进攻，眼看一场灾难性的战争就要来临。

当时，齐国有个大将，叫项子牛，常率领齐军攻打鲁国。墨子曾派人打入齐军内部，试图说服项子牛，但没有奏效。最后，墨子只好亲自出马，游说项子牛。

他劝告项子牛说："齐国攻打鲁国，这是齐国所犯的最大的错误，要当心上天的报应。"

项子牛不以为然，墨子接着给他讲了一个故事。

从前，吴国强盛的时候，吴王往东攻打越国，越王困守在会稽；吴王向西进攻楚国，楚国将士保护着楚昭王逃奔到随国；吴王往北侵犯齐国，结果俘虏了齐将国书并押回吴国。后来，曾受到吴国侵略的各个诸侯国联合起来，共同报仇。由于连年的征战，已经使吴国老百姓疲惫不堪，谁也不肯为吴王卖力。结果导致了吴国的灭亡，吴王自己也暴尸于郊野。同样，从前的智伯瑶侵略范氏和中行氏，兼并了晋国三家的领地，后来诸侯群起反抗，结果也和吴王一样，落得个国破人亡。

最后，墨子对项子牛说："因此，大国对小国的侵略，实际上是二者相互残杀，结果终因自己的过错而使本国受到的伤害更大。"

但是，墨子的极力劝告并没有使齐国放弃攻打鲁国的愿望。最后，他只好亲自前去会见齐太公田和，向他游说非攻的道理。

见到齐太公，墨子打比方说："现在这里有一把刀，用它试着砍人头，人头会猝然落地，可算是锋利了吧？"

齐太公说："锋利。"

墨子又说："用它多次试砍人头，都猝然落地以算是锋利吧？"

齐太公答道："锋利。"

墨子说："刀是锋利，那么谁来承担杀人的责任呢？"

齐太公说："尽管刀很锋利，但不能自己杀人，试刀的人应该承担杀人的责任。"

墨子紧接着说："兼并颠覆弱小国家，杀害无辜百姓，那么谁来承担这不义的责任呢？"

齐太公一时语塞，半天没有说话，只好满脸通红地说："我应该承担责任。"

墨子终于成功地阻止了齐国侵略鲁国的战争，使鲁国人民免遭了战争之苦，表现出墨子酷爱和平，痛恨战争，反对攻伐的勇敢和智慧。

（九）防御战术

云梯攻城法，是敌人用梯子爬城墙而进攻的一种方法。一次，墨子看到弟子禽滑厘整天随其制造军械，挖掘城防工事，而且率弟子东奔西跑地帮小国守城，结果手脚都长满了厚厚的老茧，脸经过风吹日晒，也变得粗糙乌黑。墨子很是心疼。于是，他就带着酒与肉，来到附近的泰山上，席地而坐，同弟子边喝边谈。说话之间，禽滑厘问："先生，如果敌人人多势众，而且英勇无比，他们用土把护城河填平，然后，再蜂拥般地用云梯爬上城墙进攻，我们应该怎样防守？"

墨子喝了一小口酒，说："你知道，云梯有一个致命的弱点，那就是太笨重。因此，移动起来非常困难。所以，如果敌人用这种方法攻城的时候，守军很好对付。"

"如何对付呢？"禽滑厘问道。墨子略一停顿，说道："守城的一方可在城墙上面筑起20尺的行城和杂楼，以增加高度。行城上面还要加上锯齿状的矮墙，矮墙宽10尺。矮墙下部开出小孔洞，洞外用东西遮拦起来，以便当敌人进攻时，从洞中向爬云梯上的敌人投掷武器。"

禽滑厘听得入了迷，不觉插嘴道："敌人进攻就让身体剽悍的士兵操纵晋车，掷车，转射机和冲撞机等机械，对准爬城墙的敌人射击。这样，两边万剑齐发，利剑刺向敌人，投的武器把沙、石灰像雨点般从上往下打向敌人；也可往下投掷火把，倾倒开水。给敌人造成极大杀伤。"

最后，墨子强调说："行动要镇定、迅速、果断、协调，在敌人还没有明白过来时，就把他们打败，云梯攻城法就很容易地给击破了。"

水攻战法是敌人引水淹没城池的一个攻城方法。当弟子问到如何破敌人水攻战时，墨子讲了三点：

第一，应当测量水位和开挖排水沟渠。先仔细测量城内外地势的高低。在城中地势低下的地方，要下令开挖排水沟。在地势更低的地方，要把排水沟挖得更深，直至挖到露出地下水为止，且使之能相互贯通，引水泄露。

第二，敌人在城外修堤拦水，准备淹城时要挑选精兵300人，选快船20只，组成决堤突击队。为了加强冲击力量，要把两只船并在一起，为一组。每组有30个勇武士兵，其中20人每人手拿锄头，头戴盔，身披甲，脚穿皮靴，其余10人手拿长矛，弓弩。

当看到决开水堤的时机已到，在城上转射机的掩护之下，用力快速冲决水堤。敌人攻水之法则可破。

第三，为了解除突击队员的后顾之忧，使他们更加勇敢，还要注意安置好他们的家人。给他们的父母、妻子、儿女供给上好食物和提供舒适的住房。

墨子和禽滑厘讨论了很多对付敌人的方法。禽滑厘对师父十分感激，这时，他向墨子深施一礼，说道："先生，如果敌人发起突然攻击，我们该怎样防守呢？"

墨子说："这很简单，只需在城墙上每隔百步先凿一个暗门，每个暗门砌一个窑形的灶，灶砌在暗门内四五尺的地方，门顶盖上瓦片，以防雨水流入。同时，每个暗门内先挂好两个涂上泥的车轮。当敌人进攻时，突然放下车轮堵住暗门，同时点燃灶中柴草，鼓动风箱，用烟火把来犯之敌熏烤而死。"

食滑厘听后，连说："妙！妙！"

然后，又问道："如果敌人从地下挖掘坑道到守方城墙下，并且事先用木头支撑坑道，然后用火烧断支撑的木头，致使城墙崩塌，杀伤守城士兵，这将如何防守啊？"

墨子又向禽滑厘详细介绍了反坑道战的方法。

首先，加强观察。在城墙高楼中密切注意敌方动向。如果发现城墙外面有聚积的土塔，或护城河河水变得浑浊，可判断敌人正在挖掘坑道。

然后，要采取以坑道战反坑道战的战术。如果能知道敌人坑道的方位，就赶快在城内对着敌人坑道的方向挖沟；如果不能判断敌人坑道的方位，则要通过各种途径弄清敌人坑道的方位，然后再设法打出与敌人坑道相通的坑道。挖掘坑道时，速度要快，最好使用两部辘轳，及时把挖出的土运出。坑道中要有侧洞，可供守军休息和储藏工具之用。

挖通之后，就可以用以前谈到的几种方法打击敌人，如用冲撞机撞击敌人，用铁钩杀伤敌人，用短箭射杀敌人，用短矛与敌人拼杀。这里还可用"窑仕鼓囊"来对付敌人，威力也很大。

"窑仕鼓囊"是墨子综合运用制陶、采矿、冶炼金属的一些技术，而发明制造的以烟雾熏敌的作战武器，相当于现在的风箱。主要用于坑道战或城池保卫战之中。

其结构是：在坑道或城池中建一座简易的类似烧闭器、砖瓦的窑灶。仕用文革、炭火引着煤块。窑灶用泥烧制的两个半圆筒合成的管道连接，管道中均匀地铺上易燃生烟的炭、槐等混合物。

当在坑道中与敌人道遇，只招架防御而不追逐进攻，并佯装被打败而退却，以便等待炉火的燃烧，这时，坑道兵要赶紧挖掘，堵塞坑道口。把敌人引进坑道以后，再由熟练的技师迅速鼓动与管道相连的风箱，用浓烟使敌人窒息。

另外，如果敌方采取同样的方法，守方可向其他方向凿孔通气，也可事先在洞内准备一盆酒，以防止浓烟伤害眼睛。可见，墨子在进攻与防守方面，都有非常独到的见解。

墨子最后说道："这样，敌人的坑道进攻即可被攻破。"

听了师父的谆谆教诲，禽滑厘满意地点了点头。并说："有了师父的这些守城之法，我们就不怕那些不义的攻伐战争了，还可用这些方法去帮助那些被攻伐的弱小国家，那样，您的主张就更加发扬光大了。"

说完，二人便回去休息了。

（十）欢乐乡里

墨子的鬼神观念在现实生活中的地位越来越不稳定，由此而遭到的非难也越来越多。在这种情况下，墨子无奈，只好做出一些让步，于是提出了"假如鬼神真的没有"的假设。

一天，一个不相信鬼神存在的人来找墨子，向他请教有关问题。

那人说："如果做事不符合父母双亲的利益，这会妨碍做孝子吗？"

墨子没有直接给予回答，而是先说明，古往今来，鬼神有各种各样，有天鬼天神，有山水的鬼神，也有人死后变成的鬼神。

然后，他说："假如有一个儿子死在他父亲之前，有个弟弟比他的兄长先死，尽管是这种情况，可是天下的人在陈述这件事时，总是说，先出生的会先死。如果这样，先死去的不是父亲就是母亲，不是兄长就是姐姐了"。

墨子接着说："现在，用祭祀的甜酒，洁净的盛在祭器里的黍稷，毕恭毕敬地祭祀父母或兄长。假如鬼神确实存在的话，这样，他的父母、兄姐，就能得到祭品，而且能把祭品吃光喝光。这就是符合父母、兄姐的利益，也算是尽到一片孝心。假如真的没有鬼神的话，这也不算是过分奢侈，只不过用了那一点甜酒和洁净的黍稷罢了。这又有什么不好呢？"

那人听后，觉得有些可笑，于是便问墨子："依您之见，我们为鬼神置办好了祭祀用的甜酒、黍稷、牛羊猪等祭品，但鬼神却不能享用，这难道不是太浪费了吗？况且，这种做法，在上违背了圣王的教诲，在下也违背了平民百姓做孝子的品行，这怎么还能做上层之士呢？"

于是，墨子又说："退一步说，我们现在祭祀，为鬼神所置办的祭品，即使鬼神不能用，我们并没有把它倒在污沟里。而是在上可以享受鬼神赐予的福气，而对于百姓来说，还可以把本族的人和乡里乡亲聚在一起享用。这样，也可以此来联欢娱乐一下，还能增加联络，增强感情交流，这才是天下最有利的事啊！怎么能说是不孝，又怎么不能做世之贤人呢？"

最后，那人终于明白，原来墨子所说的利、孝，鬼、神等，只不过是借用鬼神来规劝天下的王公大人，大夫君子们，多做有利于天下百姓的事，否则，将受到上天鬼神的惩罚。

但是，过惯了花天酒地，骄淫奢侈，妻妾成群生活的统治者，无论如何也不愿放弃这种生活，去做墨子所提倡的兼爱天下的大事。因此，他们并没有被鬼神所吓倒。墨子本人也认识到自己利用鬼神来推行自己学说的做法没有成功。于是他逐渐抛弃了有神论的观点。为后来墨家无神论思想的产生奠定了基础。

（十一）万世师表

墨子是我国古代最伟大的教育家。《吕氏春秋》说他"无爵位以显人，无赏禄以利人"，但是他有道相教，热心教育事业，"从属弥众，弟子弥丰，充满天下"，"后学显荣于天下者众矣，不可胜数"。

墨子把教育当作救世济民、实现其政治主张的重要手段。他认为一个人的能力是有限的，要救世济民，实现兼爱的社会理想，需要全社会的共同努力，为此，他周游列国，四处游说。他创办了综合性平民学校，广收弟子，聚徒讲学。建立了墨家学派组织，作为实现其政治理想的核心力量。

在教育实践中，墨子不仅建立了自己的教育理论体系，也形成了独具特色的教育原则和方法。比如：上说下教，遍从人而说之；强教强学，扣则鸣，不扣也鸣；因材施教，因人而育等等。

墨子的教育方法，一个最突出的特点就是重实践力行，理论联系实际。《墨子·修身》中说："士虽有学，而行为本焉。""口言之，身必行之。"墨子的培养目标就是社会实践所需要的各种人才，因此，他实行分科施教。有人认为：在中国教育史上，墨子是分科施教的真正始祖。

大致而言，墨子的教育分为谈辩、说书、从事三科。

谈辩一科是培养当时社会上所需要的说客、游士、外交人才的，其学习的主要课程是辩学即逻辑学、语言学。说书一科是培养学者、教师，其学习的主要课程有政治、经济、文学等各种文化典籍。从事一科则培养各种应用型的专门人才，其学习的课程是农、工、商、兵等各个行业的实际技能。比如在止楚攻宋的活动中，墨家能迅速组织 300 多名弟子开赴宋国，承担守城的任务，这说明墨家平时就注重培养军事专门人才。

墨子的教育思想与教育理论博大精深，他作为伟大教育家的形象也大放异彩。但由于史料所限，本章所讲述的墨子教育方面的一些事迹，也只能从某些侧面表现墨子这位万世师表的形象。

1. 上说下教

墨子一生的主要活动就是上说下教。上说，是对统治者即诸侯、王公大人等进行说服、劝告、教育，让他们贵义、兼爱、非攻、尚贤、节用、节葬、非乐，多为人民谋福利。下教是对平民百姓的教育，主要是传授文化知识，增强人的素质，提高生产技能。

儒家是"礼闻来学，不闻往教"，"往者不追，来者不拒"，墨子的教育态度与此不同，他不仅热情接受来学者，而且积极主动地送教上门，不仅"来者不拒"，而且对"往者"要追，对"欲去者"则止。墨家这种强教强学对教与学来说是积极而主动的。

（1）遍从人而说之

一个夏日的傍晚，墨子吃完晚饭出去散步，大弟子禽滑厘在后面陪伴着他。村边有一个大池塘，因刚下了一场雨，池塘里的蛤蟆好像在进行歌咏比赛似的一声比一声高，叫得人心中烦乱。

禽滑厘若有所思。他突然向墨子提出一个问题："老师，您说，一个人多说话有没有益处呢？"墨子回答说："你没听到那些蛤蟆日夜不停地叫吗？它们叫得口干舌燥，人们听了只会感到心烦。但是雄鸡一唱天下白，人们听到后就起床干活。人也是如此，多说话不一定有好处。"停了一下，又补充说："说话要合乎时宜，要有用处。"

"那么，"禽滑厘又开口问道，"儒家说'君子就像钟一样，你敲它就响，你不敲，它就不响'，老师以为这种说法对吗？"

"当然不对。"墨子十分肯定地说，"作为臣下对待君主，应该尽忠；作为儿子对待父亲，应该尽孝。如果像儒家所说的那样，你敲它就响，不敲它就不响，这是消极的态度，是逃避自己应尽的职责。"他似乎感觉到自己不应该这样激动，停下来，看了看禽滑厘，他看到的是渴望的目光，于是接着又说："比如在一个国家里，有人要造反，要杀掉国君，身为国君的臣下，却不帮助国君清除大害，而只考虑自己的利害。再如有一个人家，儿子发现有一个盗贼要偷他们家的东西，杀害他的父母，他却不吭一声，自己躲藏起来。像这种臣下，这种儿子，岂不是和盗贼一样可恶可憎吗？"

"老师的意思是，不该说的就不说，该说的就说，对吗？"

"该说的不仅要说，而且要强说。比如我们要宣传我们的主张，宣传我们的学说，不论见到贵族、高官还是平民百姓，都要积极主动地宣传教育他们，这就是上说下教。只要有机会，我们就说。"墨子这个意思的原话是"遍从人而说之"。这句话成了弟子们的一个信条，一个行为准则。

（2）美女也会嫁不出去

墨子上面这番言谈不知怎么传到了儒家之徒公孟子的耳朵里。公孟子很不服气，就去找墨子理论理论。

"先生，"他开门见山地说"善的东西人人都知道是好东西。夜明珠即使埋在土里也会发光，美女即使在家里不出门，也不会嫁不出去。有麝自来香，不用大风扬，而先生却提出什么'遍从人而说之'，难道您不觉得这样做太辛苦吗？"

看着公孟子那挑衅的目光，听着他那充满嘲讽意味的语言，墨子真想以牙还牙以眼还眼，也不热不凉地还他几句。但他考虑一下，还是心平气和地对他说："你说的话并不符合实际情况。"接着便向他讲了齐国发生的一件事：

齐国有一位姓黄的先生，生性谦卑。本来，谦逊是人类的美德，但也不能过度，而他谦卑得过了度。他有两个女儿，都美丽过人，但黄先生却逢人便说自己的女儿是丑八怪。于是'黄先生的女儿是丑八怪'的说法不胫而走，远近皆知，以至两个女儿的青春年华已过，遍齐国无人敢娶。卫国有个老鳏夫，娶不到妻子，便豁出来娶了黄先生的大女儿，过门一看，居然是倾国之美，于是他就对别人说：'黄先生有过分谦卑的怪癖，故意说女儿长得丑。他的大女儿既然这么美，小女儿肯定是非常漂亮。'经他这么一说，人们便争着娶黄先生的小女儿。某位幸运者娶来一看，果然也是倾国之色。

讲完这件事，墨子说："黄先生的两个女儿都是美女，却嫁不出去，就是因为黄先生的错误宣传。如果不宣传，人家不知道，同样也会嫁不出去。况且，现在正逢乱世，求美女的人很多，所以美女虽然不出门可能也不愁嫁。但求善的人却很少，我们的道理虽好，不积极主动地宣传，人家便不知道它好在哪里。"

听到这里，公孟子不自觉地点点头，脱口说："这倒也是。"墨子趁机又说："打个比方，有两个算命先生，一个整天扛着招牌在外边替人算命，一个却把自己关在家里不出门，请问他们谁挣的钱多？"公孟子回答说："那还用说，闭门在家一句话不说，他还挣什么钱？"

"对呀！"墨子赞同地说，"所以我们主张强说，扣也鸣，不扣也鸣！"

（3）有道相教

鲁国南部有一个人，名字叫吴虑。春耕夏作，秋收秋种，冬天农闲则制作陶器，除了自用，就卖钱以购置其他用品。他自给自足，自得其乐，并经常把自己跟舜相提并论。墨子听到之后，就去拜访他。

墨子的大名，吴虑早有所闻，墨子为行义而到处奔走呼号的事，吴虑也早有所知，所以，一见到墨子他就主动地说："久仰先生大名，今日光临寒舍，真使我受宠若惊。我佩服先生的人品与学识，不过，对于先生到处宣扬为义，还公开主张‘遍从人而说之’，我却不以为然，干吗整天喊义呀义呀！自己埋着头干就是了，何必到处游说宣传呢？”

墨子不动声色，心平气和地问他：“你所说的‘义’，是不是也包括有力量就帮助人，有财产就分给别人的意思呢？”

吴虑说：“当然包括。”

墨子说：“我曾考虑过，如果我亲自耕田种粮，即使很努力地干，也只不过能获得一个农夫的收成，把我自己种的粮食分给天下人，每人还得不到一升粟米，即使每个人能够得到一升粟米，也不足以使天下所有饥饿的人吃饱饭；如果我亲自纺线织布给天下人提供衣服，即使我非常勤劳，也只不过获得一个妇女织出的布匹，把我自己织的布分给天下人，每人还得不到一尺布，即使能够得到一尺布，也不足以使天下受寒受冻的人穿暖和；如果我自己亲身披着坚固的铠甲，拿着锐利的武器解救国家的危难，即使我特别勇敢，也只是相当于一名士兵，而仅凭一个战士是不能抵挡侵略大军的。”

吴虑说：“先生说的这些当然都不错。”在他心里还有一句话：这与我们的话题有什么关系呢？尽管他没有直说出来，但是墨子却洞察到他的心思，他接着说：

“所以，我不如诵读和研究先王治国的学说，考察并通晓先哲圣贤们的言论，对上游说王公大人，对下劝导平民百姓。王公大人采用了我的学说，国家就会实现大治；平民百姓按照我的学说行事，他们的修养就会得到提高。所以，我虽然没有亲自耕种，以供饥饿的人吃饭；没有亲自纺织以供受冻的人穿衣，但我这样干功效却大于亲自耕织。”

吴虑还是没有完全明白这个道理：“义呀义呀！岂能说说而已。”他嘴里咕哝着。墨子见状，就打了个比方说：“假设天下人都不知道耕种，那么请问：教人耕种与不教人耕种而只是独自耕种的人，谁的功效更大呢？”

吴虑老老实实地回答：“教人耕种功效大。”

墨子接着又打了个比方问：“假设反击不义之国的侵略，击鼓吹号鼓励大家作战与不鼓励大家作战而只是独自进行战争，谁的功效更大呢？”

吴虑老老实实地回答：“击鼓吹号鼓励大家作战功效大。”

"很对!"墨子明确地强调自己的观点:"天下的平民百姓很少有知道仁义的,所以用仁义教导天下的人使他们都为义,这远比我自己一人为义功效更大,我为什么不到处宣传为义呢?假如我能鼓励大家都达到仁义的要求,我的仁义岂不是更加发扬光大吗?"

吴虑终于被说服了。

这是墨子上说下教、送教上门的一个典型事例。墨子对吴虑所讲的道理,是墨子教育思想的一个基本观点。

2. 教学与为义

墨子认为,教育就是为义。为义就是指实现理想的事业。教育从属于为义,是为义的一个重要组成部分。墨子所创立的墨家学派,既是一个教育组织,也是一个社会活动集团,在墨子看来,不论是教学还是从事其他社会活动,都是为义。这是墨家广义的为义,而教育则是狭义的为义。不论教还是学,都是为义,因此,墨子主张智少则学,智多则教。如果道德和学识不如别人,就要虚心向别人学习,而道德和学识比别人强,就要毫无保留地教给别人,否则,就是不义。

(1)苦心劝学

有一个年轻人经常到墨子处闲谈。他人长得高大强壮,英武不凡,人也非常聪明,思维敏捷通达。但他就是不爱学习,整天游手好闲,无所事事。墨子有一天问他:"你为什么不学习呢?"他说:"我们家族里面还从来没有什么人学习过,我干吗要学习。"墨子说:"一个人爱美,难道会因为他们家族里从来没有一个人爱美他就不爱美了吗?一个人想要富贵,难道会因为他们家族里从来没有一个人想要富贵他就不想要富贵了吗?爱美,想要富贵的人,不用看别人的样子,也会拼命地打扮自己,千方百计地去追求富贵。学习是为义,是一个人最为重要的事情,为什么要看别人的样子呢?"

这个年轻人被墨子说得闭口无言。但是,墨子看得出来,他对学习还是不感兴趣。于是墨子对他说:"你跟我学习吧!学成之后,我可以推荐你去当官。"这句话果然有效,小伙子听了十分高兴,就跟着墨子学习了。

一年之后,这个年轻人认为学得差不多了,但是墨子却并没有推荐他去做官的意思。又过了些日子，他实在憋不住了，就去问墨子："老师，我已跟您学习一年多了，您怎么还不推荐我去做官呢？"墨子并没有直接回答他的问题，而是给他讲了这样一件事情：

在鲁国有一户人家，兄弟五人，他们的父亲死了，长子因为嗜酒而不愿意葬埋父亲，四个弟弟便对他说："大哥，如果你和我们一起把父亲葬埋了，我们就给你买酒喝。"老大一听很高兴，就同四个弟弟一起葬埋了他们的父亲。之后，老大就向四个弟弟要酒喝，弟弟们就说："我们为什么要买酒给你喝呢？你葬埋你的父亲，我们葬埋我们的父亲，难道我们的父亲就不是你的父亲吗？你不葬埋父亲，别人会笑话你不孝、不仁不义，我们用买酒给你喝的谎话骗你葬埋父亲，就是为了不让别人笑话你。"

墨子讲了这件事之后，对那个年轻人说："我和你一样，都是在行义，如果你不学习，就是不义之人，人家会笑话你，所以我才劝你学习。怎么可以为了做官才学习呢？"听了这番话，这个年轻人终于醒悟过来。

（2）暴者与义士

齐国有两个出名的暴徒，一个叫高何，一个叫县子硕。他们粗野蛮横，欺压乡里，乡里的百姓都切齿痛恨他们。他们无法无天，干了许多坏事，当局要逮捕他们。他们也知道自己罪恶累累，一旦被当局抓获，必然要处以重刑，甚至要被杀，于是两个人逃到了鲁国。

到了鲁国，他们人生地不熟，如何生存呢？因当时墨子已是有名的"北方贤圣人"，墨家学派也是很有影响的社会集团，随时招收弟子，于是他们投在墨子门下，成了墨子的弟子。

一开始投入墨门，只不过是为了混饭吃，但在墨子严格教育和引导下，在整个墨家集团的环境熏陶下，他们两个人便慢慢地发生了变化，认识到以前的错误，决心改邪归正，重新做人。他们同其他弟子一起学习、工作，开始了全新的生活。《吕氏春秋·尊师》中记述了他们的经历，说他们被奇迹般的改造成为新人、学者，"务进业"，"疾讽诵"，"称师以论道"，"尽力以光明"，不仅免除了刑戮死辱的结局，还成了"天下名士显人，以终其寿，王公大人从而礼遇之"。

《墨子·耕柱》中有一段县子硕向墨子请教问题的记录：

因为墨子把教育视作为义，他又整天把为义挂在嘴上，所以，墨家弟子都很重视为义。县子硕作为一个由暴徒到学者的典型人物，对于为义更是有着独特的感受。有一次他向墨子提出这样一个问题："为义孰为大务？"意思是问为义最重要的是什么？墨子很高兴，县子硕能提出这样的问题，说明他对为义已经过了深入的思考，也表明为义在他心目中有了较重的分量。于是墨子耐心地告诉他说："比如我们垒墙，要干的事情很多很多，一个人要根据自己的实际情况，能填土的就填土，能打夯的就打夯，能测算的就测算，总之，大家各尽其力，能干什么就干什么，经过大家共同的劳动，墙就垒好了。为义就像垒墙一样，能谈辩的谈辩，能说书的说书，能从事的从事，这样，我们理想的事业就会实现。"

这件事说明，县子硕已经由一个"暴者"，变成一个一心向义的义士，而且他勤奋好学，思想活跃，成为墨子弟子中出类拔萃的佼佼者。而墨子与他的这段谈话也是墨子一个重要的教育思想，这段话明确地阐述了墨家的培养目标和教育内容。

（3）背禄向义

有一次，墨子派弟子管黔敖到卫国去，推荐另一弟子高石子在卫国做官。卫君看在墨子的面子上，给了高石子很高的礼遇，让他做了卿，俸禄特别丰厚。高石子工作非常努力，他曾三次朝见卫君，每次都向卫君呈上自己花费了大量心血才写出的具体治国方案，为卫君出谋划策，以更好地治理国家。但是卫君竟然连看也不看，根本就不予理睬。

高石子实在忍不住了，有一次，他当面向卫君陈述了自己的意见。首先，他指出了卫国所面临的形势：卫国是比鲁国和宋国都小的国家，而它的近邻则是齐国和晋国两个好攻伐的大国，这两个大国都有吞并卫国之心，而且经常不断地对卫国进行侵略。卫国随时都存在着危机，但是卫国君臣们却并没有这种危机感。高石子激动地对卫君说：

"现在的卫国，百姓生活极度贫困，有的甚至居无定所，衣食无着，但是王公大人们却是花天酒地，妻妾成群，骄奢淫逸不务政事，这样下去，卫国就很危险了。"卫君说："你说得有道理，我会考虑的。"可过了很长时间，卫君再也没提这个话题，而整个卫国还是像过去一样，"上不厌其乐，下不堪其苦"。高石子彻底失望了，他一气之下离开了卫国，听说墨子当时正在齐国，他便直奔齐国去拜见老师。

高石子向墨子述说了他在卫国的情况，解释了他离开卫国的原因，并不安地询问墨子："老师，卫君大概会认为我是精神病吧！"

墨子说："如果你离开卫国完全符合道义的原则，即使别人诋毁你是精神病也没有什么关系。古时候，周公被封为三公，管叔诬蔑他有野心，为了驳斥管叔，周公便辞去了三公之位。当时许多人也都认为他是精神病，但事实证明他的做法符合道义原则，因此，后世的人都称颂他的美德，赞扬他的英名，直到现在。我听说过这样一句话：'行义不能回避诋毁而追求名誉'，你离开卫国，完全符合道义的原则，所以，你不用介意别人的诋毁。"

高石子说："我离开卫国，怎么敢不遵循道义的原则呢？老师您曾说过：天下无道，仁义之士就不应该再处在高官厚禄的位置上。现在，卫君无道，我若再贪求他的俸禄爵位，那就纯粹是混饭吃了。"

墨子听了非常高兴，他对高石子的精神境界十分赞赏，就特地把大弟子禽滑厘找来，对他说："你也来听听高石子谈话吧"。他充满激情地说："我常常听到违背道义的原则而一心贪图高官厚禄的事情，而舍弃高官厚禄一心向往道义的事却很少听到，但高石子做到了。"

禽滑厘说："高石子为义而舍弃高官厚禄，实在难能可贵，我要号召所有墨家弟子都向高石子学习。"

墨子说："为义，不光要舍得高官厚禄，必要时，连生命也应舍得献出。"他对禽滑厘说到另一件事：

有个鲁国人，把他儿子交给墨子教育，毕业后因参加反侵略的战争而战死。这个鲁国人就找到墨子，责备墨子教他儿子主动去打仗，以致战死。墨子当时就对那个鲁国人说："你把儿子交给我教育，现在他因参加正义战争而死，是死得其所，这是我教育的结果，也是他学习的成功。你应为他感到骄傲，为什么还要埋怨我呢？这正如一个农夫想把多产的粮食卖出，现在有人买了，他却发

怒，岂不荒谬?"

正是在墨子这种思想的教育下，墨家弟子都有为义而不怕牺牲的精神。《新语》就曾评论说："墨子之门多勇士。"

3. 师生之间

墨子不仅有系统的教育思想和教育理论，而且也有丰富的教育经验和教学方法。他既教书又育人，根据学生的实际情况因材、因时、因地、因宜而实施不同的教育。同时，他特别注意环境熏陶和榜样激励作用。

在师生关系上，墨子既是老师，又是学团领袖。他热情施教，诲人不倦，对学生循循善诱，充满爱心，在学生中有极高的威望，但却不搞师道尊严，不摆架子。老师可以批评教育学生，学生也可以向老师质疑问难，甚至也可以批评老师。他对学生亲如父兄，学生则对他极为尊重和爱戴。《吕氏春秋》说："墨子服役者百八十人，皆可使赴火蹈刃，死不旋踵。化之所至也。"这么多人都心甘情愿地听从他的吩咐，哪怕是上刀山下火海也不怕，需要去死，连脚后跟都不会转动一下，可见墨子的教化力量之强。

（1）染丝的启示

有一次，墨子带着弟子们去游染山，染山是一座不太大的山，当地的居民有一祖辈相传的手艺，就是染丝。因为他们祖祖辈辈以此为生，所以此山名为染山。

当墨子带着弟子们到来的时候，正遇上他们在染丝。只见一团团雪白的丝，放入青色的染缸，立刻变成了青色，放入黄色的染缸，马上变成黄色。染缸里有着各种不同的颜色，就染出各种不同颜色的丝。墨子看得出了神。

弟子们看见老师入迷的样子，便纷纷围上来，只见墨子深深叹了口气，语重心长地说："染丝这件事看起来很简单，实际上包含着很深刻的道理：雪白的丝，放入不同的染缸就会变成不同的颜色，这可不能不慎重"。弟子们要求老师具体地讲讲他的想法。墨子借机给弟子们上了一堂生动的教育课。

人的品行就像染丝一样，受到不同的影响，就会产生不同的变化。古代的圣王明君，之所以能称王称霸于天下，功名传于后世，就是因为受到他们的贤相良臣的影响。而昏君、暴君，由于受奸臣、恶人的影响，结果只能落个国破身亡，为天下人唾弃的下场。

舜被许由、伯阳所染，禹被皋陶、伯益所染，汤被伊尹、仲虺所染，武王被姜太公、周公所染，这四位君王因为所染得当，所以能称王于天下，立为天子，功盖四方，名扬天下。

夏桀被干辛、推哆所染，商纣被崇侯、恶来所染，周历王被虢公长父、荣夷终所染；周幽王被傅公夷、蔡公敦所染，这四个君王因为所染不当，结果是国亡身死，死后还要让后人耻笑。

齐桓公被管仲、鲍叔所染，晋文公被舅犯、高偃所染，楚庄王被孙叔、沈尹所染，吴王阖闾被伍员、文义所染，越王勾践被范蠡、文仲所染，这五位君主因为所染得当，所以能称霸诸侯，功名传于后世。

范吉射被长柳朔、王胜所染，中行寅被籍秦、高强所染，吴王夫差被王孙雒、太宰嚭所染；知伯摇被智国、张武所染，中山尚被魏义、偃长所染，宋康被唐鞅、佃不礼所染，这六个君主因为所染不当，结果是国破家亡、身受刑戮，宗庙毁灭，子孙灭绝、君臣离散，百姓逃亡。

国君品性的好坏，很大程度上取决于他身边大臣品性的影响。不仅是国君，还有做官的，读书的，甚至一切人都是如此。如果一个人所交的朋友都讲仁义，都淳朴谨慎，遵纪守法，那么他就会家道日益兴旺，身体日益健康，名望日益显荣。如段干木、傅说，还有你们的大师兄禽子都是这样的人。如果一个人所交的朋友都不安分守己，结党营私，那么他的家道就会日益破败，身体日益多病，名声日益低落，这样的人就是当上官也不会行正道。如子西、易牙、竖刁就是这样的人。

最后，墨子教导弟子们："你们应该特别重视所染，染得好，就会形成良好的道德品质；染得不好，就会成为品行邪恶之徒。"

墨子的这次谈话，被弟子们记录下来，这就是《墨子·所染》篇，一直被认为是环境教育的经典之作，影响极为深远。

（2）因人施教

墨子要带着弟子们去周游列国，临行前，弟子魏越问他："如果见到各国诸侯，老师打算对他们说什么呢？"墨子回答说："凡入国，必择务而从事焉。"

就是说要针对具体情况，选择最重要的问题进行劝导。接着他具体解释说："国家昏乱，则语之尚贤、尚同；国家贫，则语之节用、节葬；国家喜音湛湎，则语之非乐、非命；国家淫僻无礼，则语之尊天事鬼；国家务夺侵凌，则语之兼爱非攻。"（《墨子·鲁问》）兼爱、非攻、尚贤、尚同、节用、节葬、非乐、非命、尊天、明鬼，这就是墨子的十大政治主张。他根据某个国家的具体问题而确定重点谈论的话题。他劝说王公大人实际也是一种教育活动，因此，这也可以看作是因人施教。

禽滑厘是墨子的大弟子和有力助手，他为人忠正，对老师非常尊重，忠心耿耿地侍奉墨子三年，手脚都起了老茧，脸晒得黑黑的。他总是抢着干重活，尽可能地为老师分担责任，深得墨子信任，但有问题想请教老师却又不敢，墨子很心疼他。有一天，墨子专门带着他到泰山游览，并用酒肉款待他。禽子十分感激老师对他的关爱，对老师行礼之后，却深深地叹了口气。墨子看他有心事，便主动地问他："你有什么事要问吗？"禽子又对老师拜了两拜，才说：

"根据圣人的说法来看，现在凤鸟还没有出现，诸侯都背叛了周朝，天下刀兵四起，大国攻打小国，强国欺负弱国，我想为小国、弱国守城，能有什么方法守住呢？"

墨子说："你想防御敌人什么方式的进攻呢？"

禽子回答说："现在战争中常用的方法有筑山临攻，钩梯爬城，冲车攻城，云梯攻城，填塞城壕，决水淹城，挖通隧道，突然袭击，城墙打洞，如蚂蚁一般密集地爬城，使用蒙上牛皮的战车，使用高耸的轩车，请问如何对付这十二种攻城的方式呢？"

墨子详细地对他讲了针对各种攻城方式而应采取的守城方法，这便是《墨子》一书中《备城门》《备高临》《备梯》《备水》《备突》《备穴》《备蛾傅》。

（3）良马重任

墨子曾向楚王献书，希望楚王能接受他的政治主张，但当他发现楚王不想采纳他的意见之后，便拒绝了楚王给他的厚封，返回了鲁国。

回来之后，墨子考虑到楚国是个大国，楚王又是好攻伐之君，要实现自己兼爱非攻等政治理想，楚国是一个需要重点做工作的对象。应该推荐一个很能干的弟子到楚王身边去做官，以便于随时掌握楚王的情况，做楚王的工作。因楚王刚刚给了他五百里封地而他没有接受，估计推荐一个人到楚国去，楚王不会不予安排。

鉴于派胜绰做项子牛工作的教训，墨子决定挑选一个德才兼备的人去，他想到了耕柱子。耕柱子是弟子中出类拔萃、品学兼优的好学生，堪当此重任。他找到耕柱子，对他说："我想推荐你到楚国去做官。"没想到耕柱子刚听完这句话，便马上表示不愿意去。

耕柱子是一个很聪明的人，一听老师要他到楚国去，便马上想到这是个苦差事。楚王的侵略本性是很难改变的，他对墨子的主张不感兴趣是人所共知的事实，而老师要他去的用意很清楚，还是想要楚王接受他的政治主张，不发动侵略战争。这样，他就很难得到楚王的信任与重用，他的日子肯定不好过，而做不好楚王的工作（这几乎是必然的结局），又怎么向老师交代？

墨子没有想到耕柱子会这么干脆地一口回绝，他很生气，向耕柱子发了脾气。耕柱子则感到很委屈，他咕咕哝哝地说："我表现得并不比别人差，为什么非要我去干这苦差事呢？"

墨子想了想，觉得耕柱子的做法也是情有可原，于是便缓和了口气对他说："我想到太行山去，你说我是骑马去呢，还是骑羊去呢？"

耕柱子说："当然是骑马啦。"

墨子紧接着问："为什么骑马呀？"

耕柱子说："只有马才胜任这件事么。骑羊怎么赶路？"

墨子说："你说得对，我派你到楚国去也是认为只有你能胜任这一特别重要的工作。"

耕柱子明白了老师的良苦用心，他也感激老师对他的信任和理解，终于愉快地接受了任务。

果然不出所料，耕柱子到了楚国后，楚王碍于墨子的面子，不得不安排他干一点差事，但对他很不信任，甚至有点敌视，耕柱子的处境很艰难。

过了一些日子，正好有几个弟子到楚国去，墨子便让他们顺便了解一下耕柱子的情况。

这几个弟子到了楚国之后，便住在耕柱子家里。他们发现耕柱子家里很贫穷，家徒四壁，招待他们几个吃饭，别说丰盛的宴席了，就连米饭也限量，他们根本就吃不饱肚子。回来后，他们向墨子汇报耕柱子的情况，纷纷抱怨耕柱子太吝啬。有个弟子说："我看耕柱子在楚国没什么好处，不如把他调回来算了。"墨子说："现在还很难说，等等看吧！"

过了不久，耕柱子专程回到鲁国向墨子汇报情况。他把攒的二百两金子恭恭敬敬地呈交给墨子，说："学生工作做得不好，我回去一定会更加努力，不辜负老师的厚望，这二百两金子是我省吃俭用省出来的，不成敬意，请老师留作大用。"

墨子听了汇报非常满意。他高兴地说："好样的，小伙子果然干得不错。"

（十二）中国科圣

墨子不仅是思想家、政治家、教育家、军事家，而且也是一个伟大的科学家，被称为"中国科圣"。

在先秦诸子中，墨家是最富有科学精神的一家。把多门自然科学作为研究对象，并取得了巨大成就的只有墨家。《墨子》中记录了他们的研究成果，其中有着丰富的科学思想。杨向奎先生曾说："一部《墨经》无论在自然科学哪方面，都超过整个希腊，至少等于整个希腊。"

古希腊著名学者亚里士多德在《形而上学》中说："有经验的人较之只有些感官的人为富于智慧，技术家又较之经验家、大匠师又较之于工匠为富于智慧，而理论部门的知识比之生产部门更应是较高的智慧。"墨子和他的多数弟子都出身于工匠，又精于科学实验和理论研究，实际上他们已经具备了经验家、技术家、工匠、大匠师和科学理论家的素质，他们具有多层次、多方面的智慧。

作为一个大匠师，墨子的技艺可以和工匠的祖师爷鲁班相媲美。作为一个大科学家，墨子的研究成果也形成了一套完整的理论体系。英国著名学者李约瑟在《中国科学技术史》中这样评价墨家的科学技术成就："完全信赖人类理性的墨家，明确地奠定了在亚洲可以成为自然科学的基本概念的东西。""它的具体细节并不十分重要，更重要是一个广泛的事实，即他们勾画出了堪称之为科学方法的一套完整的理论。"这套理论，包括数学、力学、光学、心理学等诸多学科，其中许多成就在当时达到了世界领先水平，即使在今天看来也不乏真知灼见。

比如，《墨子·经上》对"力"的定义是："力，形之所以奋也。"意思为力是物体运动变化的原因。颜道岸先生认为："这就是牛顿的第二定律，只不过没有明确提出加速度这个物理量。"李约瑟则特别对"奋"字解释说："'奋'字在此是特别有趣的，因为有冲进到加速移动的含义。且其原始的意义是由田中一只鸟的起飞。假设那些墨家作者心里没有一个模糊的'加速'观念，他必会用明显的字如行、移、动等字了。"（《广雅·释诂》中就是将"奋"解释为"动也"）

再如，《墨子·经下》有"负而不挠，说在胜"一条，意思是说负担一定重量而不倾斜，原因在于支点力量适中，能够胜任。《经说下》则以杠杆原理分析了桔槔机技术，阐述了平衡静力学的基本理论。李约瑟对此评价说："墨家已有如阿基米德所说的全部平衡理论。"像这样例子不胜枚举。

由于墨子在科学技术、科学理论上的巨大成就，东晋时道教学者葛洪在《神仙传》中把墨子描绘成一位精通炼丹术的道教始祖。比如他引述的所谓《墨子丹法》中有一段话："用汞及五石液，于铜器中火熬之，以铁上挠之，十日还为丹，服之一刀圭，万病去身，长服不死。"这是道教炼丹师的幻想，本来与真墨子无涉，但由此却可以看出墨子及其弟子们在科学方面的成就影响之大。

墨家的科学成就代表了中国古代科学的光辉业绩，在中国科学史甚至世界科学史上都具有重大的意义，但更值得我们重视的是这些成果背后所体现的科学精神和方法。

墨家科学研究的成果基本上都是以定义式的语言记录在《墨经》中，至于他们的一些具体科学活动则很少记载。

1. 科技灵光

墨子出身于工匠之家，从小就受到工匠制作的熏陶，练就了一身精湛的技艺。《淮南子·主术训》说他和孔子一样"皆修先圣之术，通六艺之论"，早期儒家所谓"六艺"即礼、乐、射、御、书、数，其实墨子最感兴趣的是射、御、数这类科学技术知识的课程，尤其是有关各种机械制造的原理和技术方面的知识。

墨子不仅学理论知识也学实践知识，因此，他谙熟木工以及其他各种工匠技艺，诸如染丝、皮革、制陶、建筑、冶金等等。他在平时谈话、游说、教育弟子时，经常用各种工匠的术语来打比方，以论证他的思想。

墨子从不因循守旧、人云亦云，他反对"述而不作"，提倡创新。他肯动脑筋，勤于思考，而且喜欢动手，勇于实践。他在青年时代就成了很有名气的能工巧匠，他制作的木鸢能飞上天，成功地进行小孔成像的实验，为他后来进行科学理论研究打下了良好的基础。

（1）木鸢翔空

在墨子从事教师这个职业之后不多久，一次，他带着自己的弟子们到野外去春游，看见一只巨大的老鹰在空中翱翔，这一情景使他突发奇想，他要自己造出一个"老鹰"，让它也能在天上飞。

他没有把这个想法告诉别人，只是在自己的工作室里慢慢摸索着干。经过反复试验，不断改进，历时三年之久，他终于制成了一个木鸢，即木鹰。弟子们知道后，纷纷围上来观赏这件工艺品。他们赞美制作工艺的精湛，更想知道这木鸢到底是不是真的可以飞。于是他们便跟着老师到野外去试飞。

这是一个晴朗的早晨，东风劲吹，鸟语花香，大地一派生机。这消息不知怎么会不胫而走，许多人都赶来看这罕见的新鲜事儿。试飞场地，欢声笑语，一片热闹景象。

墨子不慌不忙，把木鸢放在一块大石头上，打开了它的机关。那东西像是被人们惊醒了，只见它拍了一下双翅，便向天空中徐徐飞去。越飞越高，然后就开始盘旋。

人群欢声雷动，大家对墨子的聪明才智由衷地赞叹，弟子们更为师父的成功而骄傲，他们齐声夸赞："我们的老师真巧啊！他真的能使木鸢飞起来了。"

这只木鸢飞了整整一天的时间才落下来。

就在别人为他的成功而欢呼的时候，墨子却在想：自己用了三年的时间，才制造了这么一只会飞的木鸢，而且只飞了一天。制造这东西有什么用处呢？无非是供人们观赏，显示一下自己的"巧"。他有点后悔，干了这么一件无意义的事情。弟子们看老师闷闷不乐，大惑不解。墨子语重心长地告诉弟子们："你们都夸我巧，其实，制造这只木鸢不如我造车巧。我用一根木头，用不了一个早上的功夫，就能使大车载六百斤重量，坚固耐用，帮助人们减轻劳动负担。可是，我制造这只木鸢却花费了三年时间，而且对人们并没有多大用处，费了那么多精力却没有实用价值，这种'巧'有什么意义呢？"

从那以后，墨子再也没干过这种"没意义"的事情。

当然，这是墨子的一种偏见，是一种狭隘的实用主义。这只木鸢决不像他说的那样没有意义，它很可能就是世界上最早的航空模型。如果墨子能继续研制下去，后人能继续他的这项研究，说不定飞机及宇宙飞船早几个世纪就可以诞生了。

不过，对于墨子的良苦用心，弟子们却心领神会。急人民之所急，想人民之所想，一切为了劳动人民的利益，这始终是墨家的宗旨。

（2）小孔成像

墨子是一个身体力行的人，他已经认识到知识必须应用于实践、接受实践检验的道理。知而能行，始为真知，墨子举了一个例子说明这个道理：盲人说，"银是白的，墨是黑的"，这话当然是对的，即使眼睛明亮的也不能更改它。但是，你如果把白和黑的东西放在一块，让盲人分辨，他就无法将二者区别开来，因为，他们只知道"黑""白"的名称，却不知道它们的实际情况，这种知实际上等于不知。

要求在实践中获得真知，这是科学的态度。

有一次，墨子听到一个传说：有一位著名的画家能用彩色颜料在豆荚里面一层透明的薄膜上画画，周围的国君听说后，很感新奇，于是便花重金请这位画师做这种画。

画家不敢怠慢，便尽心尽力为国君作画。由于这种画的工艺极其精微繁难，画家花了整整三年时间才完成任务，将画献给国君。国君一看，那豆荚的薄膜上就跟用漆胡乱涂抹的一样，仔细看了半天，也没看出什么名堂。于是大发雷霆，以为画家在愚弄他，便下令重罚那位画家。

画家不慌不忙地说："且慢，听我把话说清楚。请您盖一个暗室，在朝阳的一面墙上凿一个小孔，当早晨的太阳升起的时候，把豆荚放在小孔上观看，才能看清我作的画。"国君就照着画家的话做了，由于豆荚膜薄得透亮，经过早晨的阳光一照，竟映出五彩缤纷的大画面来，龙、蛇、禽、兽、车马等等，万物之状具备，五彩纷呈，形态各异，真是见所未见，美不胜收。国君特别高兴，重赏了画家。

这个故事讲的事件是否真实？如果真实，它说明了什么道理？墨子决定通过实验弄清楚这些问题。他把门窗全部关闭，不透一点亮光，也在朝阳的墙上开了一个小孔，然后让一弟子站在屋外小孔前面。果然，屋内对面墙上出现了一个倒立的人影。这就是小孔成像的实验（如图）。

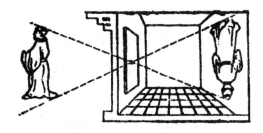

实验成功了，墨子很高兴，但弟子们却不理解：人的投影为什么是倒立的？

这个问题在没实验之前墨子就已经研究过了，他向弟子们解释了这个道理：因为光是直线传播的，所以，光穿过小孔就像射箭一样，照射到对面的墙上。上面的光线照射到墙的下边，而下面的光线照射到墙的上边。由于人的脚遮住了下边光线，所以成影在上边，而头部遮住了上边的光，所以成影在下边。这就是人影倒立的缘故。

（3）罔两问影

墨子不仅经常用科学实验的方法去证明一些知识的真实性，而且也经常用科学实验的方法去批驳一些错误的思想、谬论。

有一天，一个弟子看到一则"罔两问影"的寓言故事，觉得很迷惑，请求墨子给以讲解。这个寓言故事是这样的：

影是物体的影子，特指本影，罔两的本意是指恍惚不定，若有若无之状，这里是指影子即本影以外的淡薄的阴影，可以称之为半影。"罔两问影"就是本影与半影的对话。

半影问本影："你刚才走着，现在停止。刚才坐着，现在起来，为什么这样没有自己的主意呢？"

本影回答说："我是依赖着什么才这样的呢？我所依赖的东西，又是依赖着什么才这样呢？我所依赖的东西，像是蛇蜕下的皮，蝉蜕下的壳吗？我哪里知道这是为什么？"

接着，又有许多的半影向本影提问："你刚才低头，现在抬头。刚才束发，现在披发。刚才坐着，现在起来。刚才走着，现在停止。这究竟是什么原因？"

本影回答说："我不过是无心运动而已。这有什么好问的？我这样连我自己也不知道是什么原因。我就像薄薄的蝉壳、蛇蜕，若有若无。有烛光或月光，我就成形，遇阴天或夜间，凡是没有光的时候，我就隐蔽休息。某个东西是我所依赖的吗？我所依赖的东西也要依赖什么吗？它来我就跟着来，它走我就跟着走，它动我就跟着动，这又有什么好问的？"

这个学生向墨子讲述完这则寓言故事之后向老师请教："老师，一个物体怎么会有本影和半影呢？这则寓言故事到底说明了一个什么道理？"墨子并没有马上回答学生的问题，而是先做了一个实验。

他用两束光从不同的角度照在同一物体上，由于两个光源重复照射，对面墙上就形成了两个半影夹着一个本影的现象。（如图）

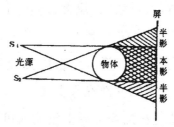

看了这个实验，那个弟子便明白了所谓的"本影"与"半影"是怎么回事："老师，寓言里所说的许多半影一定是由许多的光源照射在同一物体上形成的，这并没有什么'神秘'。"

"对，本来就没有什么神秘，但编造这个寓言的人却故弄玄虚，让你觉得世界上许多事情你根本就弄不清楚，弄清楚了也没有什么意义。"

"这不对！"那个学生终于弄明白了："先生经常教导我们，要明故，求故，就是要我们对什么事物都要探索其所以然的原因，这样才能学到真正的知识。"

2. 胜过鲁班

鲁班，即公输般，被认为是中国古代最巧最聪明的工匠。

墨子与鲁班同时代，又是同乡，又都是当时著名的能工巧匠。在那次著名的止楚攻宋的历史事件中，他们两人进行过一番较量，较量的结果是以公输般的彻底失败而告终。这充分说明：仅就具体的工匠技术而言，墨子也并不比公输般差，甚至还略胜一筹。何况，墨子和他的弟子们还总结概括了一套科技理论，而公输般却只有个人的经验技巧。至于其他方面，就更不是公输般所能比的了。对此，公输般尚有自知之明，但就工匠技术这一点而言，公输般却很自信。

在止楚攻宋的较量中，墨子使公输般在楚王面前大丢面子，为此，公输般心理很不平衡，以后又找机会与墨子进行了比试。

（1）谁更巧

墨子用了三年时间制造了一只木鸢，飞了一天，尽管墨子本人对这件事并不看重，但这毕竟是一件开创性的伟大发明，尤其在工匠行业，其影响之大远出墨子意料之外。

公输般听到此事后，就暗地里跟墨子较上了劲，他也要制造一个能飞的东西，超过墨子。经过精心设计、制作，反复改进，他终于用木料和竹片制成了一只喜鹊，这只人造的喜鹊竟然在天上飞了三天才落下来。公输般特别高兴，因为他知道墨子造的木鸢只飞了一天。他自以为比墨子更巧，更高明。所以，见到墨子后就得意地说："我做的喜鹊在天上飞了三天，而你做的木鸢仅飞了一天，难道先生不认为我的技艺在当今世界上已无人可比了吗？"

墨子听后只是微笑着说："我对这种东西早就不感兴趣了。因为造这种东西只不过供人观赏、消遣罢了，为这种小玩意花费精力实在不值得。"

这回答实在使公输般感到意外，他没有说话，只是茫然地看着墨子。墨子说：

"你做出的喜鹊能在天上飞三天，比我做的木鸢当然要巧妙，但是却不如我做的车轴更巧妙。我只需要片刻工夫，便可砍削一根三寸长的木头，做成车轴，装到车轮上，载六百斤重的东西，长途运输，经久不坏。"看到公输般不理解的样子，墨子便明确告诉他："任何一种东西，必须有利于人，才可称作精巧，于人无利，则为拙劣。"

公输般终于明白：墨子对巧与拙的判断标准是看它是否对人有利，只有对人有利才能称得上巧，对人无利再巧也是拙。这种观点究竟对不对呢？

从客观上说，鲁班的技艺是够精巧的。制作飞鹊与做车轴相比较，恐怕做飞鹊比做车轴要难得多，能够造出飞鹊的人不多，但能够砍削车轴的却并不少。这也正是鲁班自信能胜过墨子的理由。然而，墨子的判断标准是看对人是否有利及利益的大小。用现在的眼光来看，墨子是有狭隘的功利主义倾向。但当时的社会现实是"饥者不得食，寒者不得衣，劳者不得息"，所以，墨子认为当务之急是解决人民的温饱问题。由此我们可以看出，墨子不仅是一个能工巧匠，也是一位以救世济民为己任，有远见卓识的思想家、科学家。

（2）义胜钩镶

春秋时期，处于长江边上的楚国与越国经常在长江上进行水战。楚国在上游，顺流而进，逆流而退，见有利就进攻，见不利想要退却可就困难了。而越国在下游，逆流而进，顺流而退，见有利就进攻，遇到不利想要退却就比较迅速。越国人凭着这种地理位置的优势，屡次打败楚国人。

公输般由鲁国南游到了楚国，受到楚王的重用，做了楚国的大夫。楚王知道他是著名的能工巧匠，于是便请他研究如何解决与越国水战不利的问题。他设计并制造了两种对付越国战船的新式武器，这两种武器就是"钩"与"镶"。当敌船退却时，就用钩来钩住它，使它不得脱身；当敌船进攻时则用镶来拒开它，使它不得靠近，他还计量钩镶的长度，制造出各种适用于攻与守的兵器。楚国人凭着公输般制造的这些水战新式武器，克服了地理位置的劣势，反败为胜，屡次打败越国人。

公输般对自己制造的武器很得意，有一天他特意领着墨子观看了他的钩镶表演，踌躇满志地对墨子说："水战的时候，我有钩镶，先生为义，不知先生的墨子不甘示弱，他理直气壮地说："我的义当然有钩镶，而且比你水战的钩镶还要强。我的义的钩镶就是兼爱和恭敬。我用兼爱来钩，我用恭敬来拒。不用兼爱来钩就不相亲，不用恭敬来拒则流于轻慢，轻慢不相亲就会很快离散。所以，互相兼爱，互相恭敬，这样才能互利互惠。现在，你用钩去攻击别人，别人也会同样用钩来攻击你，你用镶去推拒别人，别人也会同样用镶来推拒你。互相攻击，互相推拒，就等于互相残害，所以，我的义的钩镶要胜过你水战的钩镶。"

表面上看，墨子的钩镶是空的，不如公输般的钩镶实用。但如果认为墨子是强词夺理，空口说教，没有实际意义，则是极大的错误。公输般所做的只是帮助楚国改进武器，使楚国变劣势为优势，从而击败越国；而墨子所关注的则是要以仁义兼爱的道德原则来改造人际关系，国际关系，以建立更为理想的社会秩序。这种政治家的胸怀，公输般是不能与之相比的，这也是他所不能理解的。如果说公输般是一个出色的工匠或发明家，墨子则是一个在各方面都有伟大建树和卓越贡献的思想、文化巨人。无论从哪个角度比，公输般都不能望其项背。

3. 为民创造

墨子为他自己创立的墨家学派确立的宗旨是"兴天下之利，除天下之害"，"利人乎即为，不利人乎即止"（《墨子·非乐上》）。他们时刻不忘"国家百姓人民之利"（《墨子·非命下》）。

从这一原则立场出发，他对自己发明的木鸢、公输般发明的飞鹊都持否定的态度，而认为公输般发明的钩镶不如他兼爱、仁义的钩镶，也是这种原则立场的鲜明体现。

正因为如此，墨子及其弟子利用他们精湛的技艺，直接为生产活动及军事战备进行发明创造。当然，他们为军事战备进行的发明创造是为了反对侵略战争，是为了防御。

墨家不仅发明创造了一些直接应用于生产、军事等方面的器械，而且总结出了制造这些器械的原理。《墨经》中就有许多这种记录，如桔槔、辘轳、滑轮、车梯等。但遗憾的是，这些记录太简单，更没有发明创造的具体过程。我们这里只介绍桔槔机和车梯两种，以展示墨子及其弟子们为民创造的可贵精神及其聪明才智。

（1）制造桔槔机

有一天，墨子的一个弟子向墨子讲了一则他不知从哪里听到的关于邓析的故事。

邓析是春秋末年郑国人，和老子、孔子同时代的人物，《汉书·艺文志》把他列为名家第一人。所谓名家即古代的逻辑学家，而墨家则是先秦时期逻辑学的集大成者。

有一次邓析出游，看见一个老头在浇他的菜园。这老头胡子头发全白了，只见他提着瓦罐，从井里往上提水，慢慢地浇到菜地里。他干得很吃力，老半天还没有浇完一畦菜。

邓析看了一会，就对他说："有一种机械，用它浇地，又省力又快，一天可以浇一百畦，为什么不安装一个？"

老头抬头看了看他，问："你说的是什么东西呀？"

邓析就告诉他说："这东西名叫桔槔，用木头做成，后边重，前边轻，用它来提水，速度之快就像汤锅烧开外溢一样。"

老头听了，脸上露出轻蔑的微笑，他说："我听老师说过，有机械者，必有机事，有机事者必有机心，你说的那个东西，我并不是不知道，而是羞于去做。"

这个老头所说的老师大概是指老子或其门徒，他们主张"绝圣弃智""绝巧弃利"，反对一切的机智、技巧，不赞成一切发明创造。在这个问题上，儒家也是把科学技术、科学实验斥为"奇技淫巧"而反对的。

邓析的观点类似于古希腊的"智者"，主张用人的智慧去发明和利用新技术。在这一点上，墨子与邓析是一致的。

当墨子听到这个故事的时候，他不知道这个故事有多大的真实性。他自己没有见到这种桔槔机，问了问子弟们，谁也没有见过。"故事里说，这种桔槔机可以减轻人们的劳动强度，可以提高工作效率。既然对人民有利，我们就应该把它制造出来。"墨子的建议得到弟子们的拥护。

经过一番设计、实验，墨子终于制造出了桔槔机（如图）。

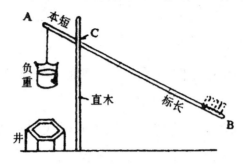

看到师父的成功，弟子们非常高兴。他们试着用它提水，举起满满一桶水，就像举起一根羽毛，轻松自如，而把这桶水从桔槔机上取下来放在地下，则显得特别笨重，就像一块大石头，他们觉得很奇怪，便问老师：

"老师，利用桔槔机提取重物为什么会如此省力？这是什么道理呢？"

"你们看"，墨子指着他们正使用的桔槔机说，"这根横杆（AB）系于立柱之上，本比标短得多，而且在标端上加上一块石头，形成了前轻后重的状态，当人力牵引本端顶部提水时，只需很小的力就能靠标端石块的重力，轻易地把水提起来。"

墨子讲的桔槔机工作原理，实际上是杠杆原理。他不仅把这种原理和制造技术写进《墨经》，作为他的门徒们学习的课程代代相传，并且在《墨子》一书的《备城门》《备穴》等篇中详细地讲解了桔槔机在战备中的作用以及具体操作方法。

这种桔槔机不但用途广，而且使用的范围大，沿用的时间长。直到20世纪中期，在我国一些农村地区还经常可见。随着现代科技的发展，这种东西现在已经被淘汰了，但墨子由此总结出来的科学原理却会永远保存于人类知识的宝库中，墨子的科学精神和智慧也将是对人类永远的启迪。

（2）车梯与云梯

当公输般造出了云梯时，他自以为有了战无不胜的新武器，楚王之所以决定攻宋并坚信能够攻下宋国，也是因为他相信了云梯的神话。所以，墨子要止楚攻宋，必须得打破这个神话。事实上，墨子正是把打破这个神话作为突破口，才完成了止楚攻宋的伟大创举。

在墨子未去楚国之前，他并没有见过公输般的云梯，但是他却有充分把握能够战胜云梯的进攻。当公输般黔驴技穷要杀掉墨子以赢得战争胜利时，墨子明确告诉他，禽滑厘已率领三百墨家弟子按照墨子的部署，拿着墨子设计制造的守城器械守卫在宋国城门上了。得知墨子及其弟子们的守城之举后，楚王便立即做出不再攻打宋国的决定。这说明，双方都承认公输般所依赖的云梯在墨子及其弟子面前已没有任何的神秘，他们已完全掌握了这种器械并有办法对付它。

实际情况正是如此。《备梯》中就详细地记述了专门对付云梯进攻的各种具体的方法。

那么，墨子在没有见到云梯之前怎么会对云梯了如指掌，而有把握对付它呢？这是因为，在公输般造出云梯之前，墨子已制造出了车梯，车梯有许多的功用，其中就具备了云梯的攻城的功能，只不过需要稍加改动而已。

我们知道，墨家集团不仅是个学术团体，而且还是个军事集团、生产集团，他们要从事各种社会活动，其中就包括承担修筑堤坝、堡垒、城墙和护城河等等大型劳动工程，《墨子》一书中经常说到这种情况。在这种大型工程劳动中，除了采用桔槔机之外，还经常用滑轮、辘轳和车梯等器械。桔槔机、滑轮、辘轳等属于杠杆类机械，而车梯则属于利用斜面的器械，其主要作用是搬运重物。尤其是将重物由低处搬往高处，在大型劳动工程中，这种工作特别困难，又难以避免，所以，墨子便设计制造出了车梯。

禽滑厘在率领三百名墨家弟子赴宋之前，曾专门请教师父对付云梯的方法，墨子当时给他们上了一次专题课。首先，墨子向他们详细讲解了车梯的结构和操作原理，为的是让他们对云梯有深刻的了解，便于对付它，因为云梯的构造原理与车梯并没有多大区别。墨子画了一张车梯的结构图，然后指着图进行了详细地讲解（如图）。

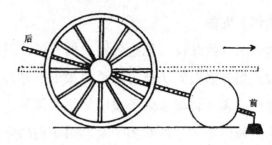

要把重物搬到高处，可以利用斜面，它可以省力但不省功。后轮高而前轮低的车梯，就是依据简单机械斜面原理而设计制造的。人负物行走，背部必须前倾，墙壁将要倒塌，必须用支撑物斜面抵拒，人开弓射箭，身子必须略向后倾，这就是作势斜倚不正才便于施力的例子。

车梯的构造是后面两个轮子高而有辐，前面两个轮子低而无辐，将一块长条木板铺在前后车轴上，便形成有轮斜梯之状，车梯的重心在车的前端，前端需以绳索悬挂一重物，以便在装载人或物时保持平衡不致后倾。如载重运行，则应把车前所悬挂重物撤除，以人力引车前行，如图中虚线所示意。车行进途中，由于车的后轮负担了部分重量，自然比单靠人力搬运省力。

墨子的这段讲解由弟子们整理后记录于《墨经》中。

（十三）神道设教

在墨子的十大政治主张中有尊天与事鬼，《墨子》中也有《天志》《明鬼》两篇专题论述。

所谓《天志》，就是天的意志。墨子把有意志的天视为人类社会的最高主宰，《天志》上说："顺天意者，兼相爱，交相利，必得赏；反天意者，别相恶，交相贼，必得罚。"

所谓"明鬼"，就是证明鬼神的存在。墨子认为，鬼神无所不在，人的行为善恶"鬼神之明必知之"，并且能够分别情况赏善罚恶。

墨子认为，天是生成万物的始祖，有生杀予夺之权；鬼神是天的辅助，替天监管人类。天与鬼神都是善良的，为义的，是兼爱兼利、明察秋毫、善无不赏、恶无不罚、爱民利民、疾恶如仇的大法官。显然，墨子所说的"天志"实际上是他自己的意志，证明鬼神的存在也无非是想借助鬼神的力量推行他的政

治主张。

古人崇拜鬼神，殷商时期，这种崇拜达到鼎盛阶段，《礼记》里就说："殷人尚鬼"，"先鬼而后礼"，周时则建立起完整的天神崇拜学说。到了西周末年，社会矛盾激化，"君权神授"观念受到冲击，对天、鬼神的信仰也开始动摇。至春秋时期则产生了否定天神天命的思想。据《左传》载：公元前524年，宋、陈、郑几国接连发生火灾，郑国大夫裨灶建议祭神除灾，子产说："天道远，人道迩，非所及也，何以知之。"否定了神灵对人事的干预。这种思想当然具有很大的进步意义，但是也带来了另一种社会效应。

崇拜天、鬼神，使人们对自己的思想行为有所约束，"君权神授"观则使人们对神的崇拜直接表现为对君权的顺从。随着对鬼神崇拜的淡化，人们的思想行为也发生了很大变化。既然天、鬼神都不存在，自然也就对人没有什么约束力，人们完全可以凭着自己的力量去处理社会问题。特别是统治阶级，他们争权夺利，攻城略地，称王称霸，甚至想占有天下。他们随心所欲地享乐，大肆挥霍，骄奢淫侈，给下层劳动人民造成了极大的灾难。墨子认为，出现这种现象的一个重要原因就是不尊天事鬼。他提出"天志""明鬼"的学说，就是想借助天与鬼神的力量来改变这种社会现状。

墨子曾说："国家淫僻无礼，则语之尊天事鬼。"（《墨子·鲁问》）这里所说的"国家"是指国家的统治阶级，国君与王公大人。"淫僻无礼"，是指他们暴虐无道，滥用权力，不敬鬼神，胡作非为。针对这种情况，就用"尊天""事鬼"来规劝他们。在《墨子·大取》中，墨子更明确地说："治人，有为鬼焉"，就是用天、鬼神来警戒、恐吓那些滥施淫威，害国害民的统治者以及盗贼和一切坏人，使他们改恶从善，这样，国家就会安定，社会就会发展。这是墨子尊天事鬼的真正意图，也就是所谓神道设教。

不用说在科学发展的今天，就是在当时，人们关于天、鬼神的认识已开始了理性的思维，而墨子作为大思想家、大科学家却要恢复对鬼神的崇拜，其落后性显而易见。他的这种观点属于他的思想体系中的糟粕。当然他的动机还是应该肯定的，有人说他是旧瓶装新酒，好的思想内容借用了落后的形式。

1. 我有天志

一天，墨子给他的弟子们讲《天志》，他说："天志就是天的意思。天的意思是什么呢？天要兼爱天下百姓，好义而恶不义，因此，天要用义来匡正天下。大国不要攻伐小国，大家族不要侵扰小家族，强者不要欺负弱者，机灵的不要算计愚笨的，高贵的不鄙视低贱的。天希望人们都能够做到有力量要帮助别人，有知识学问要教给别人，有钱财要分给别人。身居上层的官长，要努力做好政务，国家就能安定。百姓能做好自己的工作，天下就会富足。"

有个学生心领神会地说："老师说的天志，就像工匠们手中的规矩一样，他们用规去量天下所有的'圆'东西是不是真的圆，他们说：'凡是符合我的规的标准就是圆，否则就是不圆。'他们用矩去测量天下所有'方'的东西是不是真方，他们说：'凡是符合我的矩的标准就是方，否则，就是不方。'老师的天志则用来检验天下王公大人的政务和天下老百姓的言语行为是不是符合义的要求。"

墨子很高兴，他肯定地说："你说得很对。我有天志，譬若轮人之有规，匠人之有矩。"

这个学生又问："老师，如果按照天的意思办事，会不会得到天的赏赐？如果不按照天的意思办事，会不会受到天的惩罚呢？"

墨子立即给予非常肯定的答复。他说："就国家的管理体制而言，是上级管理下级，而不是下级管理上级。平民百姓不努力工作，做错事，则有将军、大夫去管制他，纠正他；将军、大夫不努力工作，做错事，则有王公诸侯去管制他，纠正他；王公诸侯不努力工作，做错事，则有天子管制他，纠正他；天子如果不努力工作，做错事怎么办呢？那就要有天来管制他，纠正他。天子只有使自己的言行符合天的意思，他才会受到上天的奖赏，否则，他也会受到天的惩罚。"接着，他讲起了历史，证明他的这种观点。

从前的三代圣王禹汤文武，他们实行兼爱。作为大国，却不攻伐小国；作为大家族，却不侵扰小家族；他们强大却不劫掠弱小的；他们人多，却不欺负人少的；他们聪明却不算计愚笨的；他们尊贵却不傲视低贱的。他们为人做事，上利于天，中利于鬼神，下利于百姓。人们称赞他们说："这就是仁义，他们顺从天意，爱人利人，必定得到天的赏赐。"不仅如此，人们还把他们的事迹写在竹帛上，刻在金石上，雕在盘盂上，以把他们的美名传给后世子孙。他们爱人利人，顺从天意，得到了天的赏赐。

爱人利人，顺从天意，就会得到天的赏赐。反之，憎人害人，违反天意，一定会受到天的惩罚。

从前的三代暴王桀纣幽厉，不实行兼爱。他们作为大国而攻伐小国，作为大家族而侵扰小家族，他们以强凌弱，以众暴寡，以诈谋愚，以贵傲贱。他们为人处事，上不利于天，中不利于鬼神，下不利于百姓。人们诅咒他们说："这就是不仁不义，他们违反天意，憎人害人，必定得到天的惩罚。"不仅如此，人们还把他们的劣绩写在竹帛上，刻在金石上，雕在盘盂上，让后世子孙永远记住他们的罪恶。

最后，墨子告诫弟子们说，天无所不在，全知全能。天审视着万物，没有人能逃出它的视野，更没有人能逃避它的奖赏与惩罚。如果一个人在家族中得罪了家长，他还可以逃到邻近的家族中去躲避。他的父母、兄弟和相识的人都会互相告诫说："大家都要小心他呀！他怎么能得罪家长呢？"如果一个人在国内得罪了国君，他可以逃到邻国去，他的父母、兄弟和相识的人同样会互相告诫要小心他。尽管如此，他毕竟还可以暂时逃避。但是，一个人如果不按天意行事而获罪于天，那他就无处藏身了。即使他躲进幽暗无人的山林深谷，上天锐利明晰的目光也一定能看见他。他无论如何也不能逃避天的惩罚。

2. 苦心明鬼

鬼神本来是不存在的，但墨子却要苦苦地证明鬼神的存在。有人问他为什么要这样做呢？他解释说：

三代圣王禹汤文武去世之后，天下就丧失了义。诸侯之间互相用暴力征伐，在诸侯国内，君对臣不仁，臣对君不忠；在家族内，父对子不慈，子对父不孝；政长不努力做好政务，百姓不努力从事生产。淫乱、强暴、叛乱、盗窃之类的事情屡屡发生，甚至有人利用兵器、毒药、水火拦路抢劫。为什么会出现这种天下大乱的局面呢？就是因为人们怀疑鬼神的存在，对鬼神赏贤罚暴的能力不信服。如果天下人都相信鬼神确实存在并且能够赏贤罚暴，那么，天下的混乱就可以消除了。

天下大乱是社会矛盾激化的结果，墨子显然对社会的病因作了误诊，所以就必然地开错了药方。

墨子是以"众之耳目之实""三代圣王之法"和"先王之书"三个方面的论据来证明鬼神的存在的。常言道：耳听为虚，眼见为实。墨子很明白这个道理，所以，他就把"众之耳目之实"作为主要论据，一连讲了五个所谓"见鬼"的故事。

第一个故事：据周朝《春秋》记载说，周宣王的臣子杜伯并没有罪却遭到了诛杀，杜伯临死前说："我并没有罪，君主却要杀我，如果我死后无知也就算了，如果我死后有知，三年之后，周宣王必遭报应。"三年后的一天，周宣王会合诸侯，到圃田去打猎，随从数千人，猎车数百辆，在场的人满山遍野。正午时分，烈日当头，杜柏突然出现了。只见他穿着红色的衣服，戴着红色的帽子，手里握着红色的弓箭，乘着白马拉的白车，急急地追赶周宣王。追上后便一箭射去，正中周宣王的心部，周宣王脊骨折断，立即倒在马车上死去。当时所有在场的人都看见了，没有在场的人也都听说了，周朝的国史中也记载了这件事。怎么能怀疑鬼神存在呢？

第二个故事：有一天中午，秦穆公到庙里去祭神。有一位神仙从左边的门进来。只见这位神仙人面鸟身，穿着白衣，戴着黑帽，正方形的脸。秦穆公见状，大惊失色，慌忙逃跑。这时，就听神仙说："不要害怕，上天知道你德行高洁，派我来给你增添十九年的阳寿，并使你的国家繁荣昌盛，子孙兴旺，永远不会失去社稷。"秦穆公听了，慌忙跪倒在地，拜了又拜，然后问道："敢问尊神大名？"神回答说："我是句芒。"墨子讲完这个故事之后说："神确实是存在的，这里秦穆公亲眼所见，亲口所说，难道还有什么可怀疑的吗？"

第三个故事：据燕国的《春秋》记载，燕简公杀了无辜的臣下庄子仪，庄子仪临死前说："我并没有罪，可是君主却要杀我，如果我死后无知也就算了，如果我死后有知，三年之内，燕简公必遭报应。"就在庄子仪被杀的一年之后，适逢燕国有一个祈祷祭祀大典，这个盛大集会，照例在沮泽举行。燕国的沮泽就像齐国的社稷、宋国的桑林、楚国的云梦一样，是男女老少集会游览的地方。此时正值中午，太阳高照，燕简公正在沮泽的路上，庄子仪突然出现了。只见他手执红色的木杖，将燕简公打死在车上。当时，在场的人都看见了，不在场的人也都听说了，燕国的国史上也记载了这件事，谁还能怀疑鬼神的存在呢？

第四个故事：据宋国的《春秋》记载：宋文君鲍在位时，臣下祏观辜专门负责祭典公厉神。一天，他正祭典的时候，厉神附在了主告鬼神的祝史身上，责问神祏观辜："观辜，为什么祭祀用的珪璧达不到规定的标准，酒醴粢盛不干净，作祭品的牛羊不肥壮，春夏秋冬的祭献不按时？这是你的主意，还是鲍的主意？"观辜回答说："鲍还幼小，尚在襁褓之中，他怎么会知道祭祀的事呢？是我这样做的。"祝史一听，勃然大怒，举起木杖，把他打死在祭坛上。当时，在场的人都看见了，不在场的人都听说了，宋国的国史上也记载了这件事，怎么能怀疑鬼神的存在呢？

第五个故事：据齐国的《春秋》记载，齐庄公有两个大臣，一个叫王里国，一个叫中里缴，两个人打官司打了三年也没有结果。齐庄公想把他们都杀掉，但不愿冤枉无辜者，想释放他们，又不愿让罪犯逍遥法外。经过再三考虑，齐庄公就让这两个人一起牵一只羊，到齐国的神社里去对神盟誓，让神裁决，两个人都同意这么办。到了神社，先在神像前挖了一条小沟，把羊杀了，将羊血洒在沟里。这时两个人开始读各自的誓词。王里国读完了，没有发生什么异常的事情。但是在中里缴的誓词刚读到一半时，那只死羊突然跳起，直扑中里缴，把他的脚折断了。当时，祝史便认定羊显示了神的旨意，立即就把他打死了。当时也是在场的人都看见了，不在场的人都听说了，齐国的国史上也记载了这件事，怎么能怀疑鬼神的存在呢？

墨子不厌其烦地一连讲了五个鬼故事，明确地讲就是为了证明鬼神的存在，而证明鬼神的存在则是为了说明鬼神具有赏贤罚暴的能力。每讲完一个鬼故事，他都要讲一番扬善惩恶的道理，告诫人们说："即使在无人的深山老林幽涧之中，行为也要谨慎、规范，因为鬼神无时无刻不在监视着你。"

墨子证明鬼神存在的最有力的论据就是"在场的人没有不看见的"。他想给人一种印象：这些事都是亲眼所见。但是究竟是谁亲眼见了呢？对墨子来说，他都是从书上看到的。我们只要稍做分析，就可以看出其破绽来。

杜伯、庄子仪"鬼魂"出现这件事也可能是真的。但这鬼魂却完全可以是假的，这两件事手法完全一样，很可能是刺客或别有用心的人上演一幕鬼戏以达到报仇的目的。秦穆公所见的神，显然是他自己编导或编造的，其目的非常明确，稍有一点头脑的人都能看出来。祝史棒击祷观辜同样也可能是别有用心的人装神弄鬼。至于利用"死"羊断案，则是判案者无能，三年查不出事实真相，而只好借助于"死"羊垂死挣扎的偶然性而导演的一幕悲喜剧，倒霉的中里缴稀里糊涂地被打死了，他究竟冤枉不冤枉，除了王里国心里明白，那可真是只有鬼才知道啦。

历来的统治者都把自己说成是真龙天子，把自己的统治说成是奉天承运。当他们夺取政权的时候，也总是不忘借助上天鬼神的力量。刘邦杀了一条蛇，却编造了一个神话故事，说杀了一条龙，把他当皇帝说成是天意。农民起义也经常采用这种手法，陈胜、吴广起义，不也是人为地制造出一些神奇的现象吗？

3. 信与不信

墨子尊天明鬼，尽管动机是好的，但本身却是不科学的，从客观效果上来看，他的目的也并未达到。他的天志鬼神说并没有吓住统治阶级和坏人，而且在当时就遭到反对者的责难，甚至他的一些弟子也对此提出质疑与批评。至于墨子本人对鬼神是信还是不信，或者是由信慢慢地转向了不信，也是值得考虑的问题。

（1）该不该降福

有一次，墨子对他的弟子们讲：做善事，鬼神就会降福；做坏事，鬼神就会降祸。有个弟子提出质疑说："老师认为鬼神能明察事理，降福降祸，可是，我跟先生学习这么长的时间了，一直在行善事，怎么还没有得到鬼神赐福呢？是老师说得不对，还是鬼神并不能明察事理？"

墨子说："尽管你没有得到鬼神赐福，但我的话有什么不对呢？鬼神怎么不能明察事理？你该知道藏匿逃犯是有罪的吧？同样，藏匿别人的好处也有罪。现在有一个人，他比你要好上十倍，你能做到逢人称誉他十次才称誉自己一次吗？"

弟子回答说："不能。"

墨子又说："还有个人，他比你要好上一百倍，你能终生称誉他而一次不称誉自己吗？"

弟子回答说："不能。"

墨子说："隐匿一个逃犯尚且有罪，现在你隐匿的东西如此之多，你犯有多大的罪呀！怎么还敢企望鬼神给你赐福呢？"

经墨子这么一辩，这位自以为一直行善而应该得到鬼神赐福的人却成了一个有罪的人，根本就不应该得到鬼神赐福。墨子是怎么推论的呢？他把隐匿逃犯有罪和隐匿别人的好处也有罪进行了类比，推出了这样一个弟子有罪的结论。然而稍有逻辑知识的人都知道，只有同类事物才可以进行类比，墨子自己就曾明确地提出过异类不比的原则，但他自己这次为什么犯了这样错误？这是因为他要证明鬼神赏善罚恶的论题是真的，才不得不使用这种诡辩的手法。

不过，像这种诡辩在墨子那里毕竟是罕见的。对于别人的质疑与责难，他更多的是对自己的观点加以修正，不断地做出一些让步。

（2）百门闭一门

墨子另有两个弟子对他的鬼神说有怀疑，一个是曹公子，另一个叫跌鼻。

曹公子学成之后，墨子推荐他到宋国去做官。三年之后回到鲁国，见了墨子，谈话间他说道："当初我在老师门下学习时，穿得是粗布短衣，吃的是粗茶淡饭，而且经常是吃了上顿没有下顿，祭祀鬼神的东西更没有。由于老师的培养教育，我现在做了官，家里比以前富裕多了。我恭恭敬敬地祭祀鬼神，祈求鬼神降福到我家，可是，现在我家里的人反倒经常死亡，六畜也不兴旺，而且我本人也常常疾病缠身。老师说的鬼神降福之类，是不是还管用呢？"

墨子说："你的看法不对，正如人想得到鬼神赐福一样，鬼神对人也有要求，而且要求很高。比如，鬼神希望当官的人能把自己的高官厚禄让给贤人，希望富有的人能把多余的钱财分给穷人，至于人供给他们的祭品，鬼神根本就不在乎。现在，你有了高官厚禄却不能让贤，这是第一个不祥的原因；你有很多财物却不分给穷人，这是第二个不祥的原因。你只想通过祭祀来求得鬼神降福，而不去考虑鬼神的愿望，还问为什么生病，这就好比你家中有一百个门，而你只关上了一个，却问盗贼是从哪里进家一样。像你这样祭祀求福，还责怪鬼神不明，可以吗？"

曹公子面红耳赤，感到很惭愧。墨子见状又对他说："鲁国有两个大臣季孙绍和孟伯常，他们互不信任，居官不和，就到祠庙里向神祈祷说：'请神帮助我们和好吧！'这就好比他们各自遮住了自己的眼睛，却向神祈祷说：'让我们都能看见吧！'这是多么荒唐可笑啊！"

曹公子明白了老师的意思：他并不赞成求神降福，而是强调人自身的行为。仔细想想，老师批评得有道理，自己的做法确是违背了老师的一贯教导和墨家的宗旨，于是他向老师检讨了自己的错误。

墨子的另一个弟子跌鼻，有一天听说老师病了，便前来看望。见老师面容十分憔悴，跌鼻心里很难受，便问墨子："老师一直说鬼神能明察事理，赏善罚恶。可是，老师您是圣人，只行善不做恶，为什么会生病呢？是老师说得不对，还是鬼神不明呢？"

墨子说："虽然我生病了，但怎么能因此而说鬼神不明呢？人得病的原因很多，如有的病是得之于冷热，有的病是得之于劳累过度。我行善事，就像一百个门只关了一个门，盗贼完全可以从其他的门进来。"

可以看出，墨子对病因的解释是科学的，尽管他口头上还在坚持有神论，但实际上自觉不自觉地放弃了有神论。

（3）假如鬼神不存在

就在《明鬼》的专题讲演中，墨子也提出了"假如鬼神不存在"的命题，为自己留下了后路。

一天，一个无鬼神论者找到墨子，向他提出了一个问题："鬼神本来就没有，却要去祭祀，这样浪费了财物却对父母亲没有利，能算孝子吗？"

墨子先反驳他无鬼神的观点。他说，古今所说的鬼神，有各种各样的情况：有天上的神鬼，有山水的神鬼，也有人死后变成的神鬼。然后他针对对方的问题说：

"我们并不否认，有的儿子死在父亲之前，有的弟弟比兄长先死。尽管如此，但人们一般都认为先生的先死。如果是这样，先死去的不是父亲母亲，就是兄长姐姐。准备一些祭品，祭祀父母或兄姐，如果他们真的成为鬼神可以享用祭品的话，祭祀的人使其父母兄姐直接受益，这当然是尽孝了。如果没有鬼神，这也不算浪费，不过就是一点甜酒和黍稷罢了。就算我们准备了一些祭品，没有鬼神享用，但是，那些祭品也并没有倒进水沟里呀！亲近的本家族成员，没有亲属关系的乡里乡亲，大家借这机会聚餐联欢一次，增强感情的交流，这是多么有利的事呵，何乐而不为之？"

墨子这样说，就等于承认了"鬼神诚无"。在日常生活中，墨子有时就干脆放弃有鬼神论。

一天，墨子从鲁国出发到齐国后，路上遇见一个算卦的"日者"。"日者"对他说："黄帝今天在北方杀黑龙，而先生您的脸很黑，往北方去不吉利。"墨子不听他那一套，毅然北行。他走到淄水边，发现河水暴涨，无法渡过，只好返回。

日者见墨子回来，便得意地对墨子说："我告诉您不能往北去，您却不听，果然行不通吧！"墨子当即对他的话进行反驳：

"河水暴涨，淄河之南的人不能到河北去，淄河之北的人不能到河南去，这些人之中既有脸黑的，也有脸白的，他们为什么都不能渡河呢？不能渡河是因为河水暴涨，而根本不是因为什么黄帝杀龙。并且，你还说：'黄帝甲乙日在东方杀青龙，丙丁日在南方杀赤龙，庚辛日在西方杀白龙，壬癸日在北方杀黑龙。'如果按照你的这一套说法，那就是禁止天下人出门走路了。你这样困惑人心，不是想要天下虚无人迹吗？"

墨子的一席话，把日者说得哑口无言。这里已经摆脱了天和鬼神的束缚，坚持了朴素的唯物主义立场。这也表明了墨子有鬼神观点的不彻底性，为他的后学发展无神论留下了余地。

（十四）死亡之谜

墨子去世的具体时间与情景，是一个千古之谜。

东晋道教理论家葛洪著《神仙传》，其中讲到墨子的晚年情景。

墨子一生苦而为义，救世济民，为了推行其政治主张，他周游列国，上说下教，但是理解他的人却很少。统治阶级攻伐兼并、骄奢淫侈的本性难改，人

民的痛苦就很难解脱。墨子奋斗了一生，深感力不从心，到了晚年更无力抗争，于是他想了却尘缘，避开世俗，修道成仙。

葛洪

就在八十二岁那一年，他听说有一位神仙叫赤松子，是神农时的雨师，曾制服水王，教诲神农氏。这位神仙法力无边，能在烈火中焚烧自身而不死，可以上天入地，呼风唤雨。他经常到昆仑山上西王母那里，是西王母的座上宾。据说，炎帝的小女儿就追求他，得道成仙，随他而去。墨子知道这些事之后，便离家出走，去寻找赤松子。

一天，他来到周狄山，看到满山的苍松劲柏，好像进入了仙境。他找到一块巨大光滑的石头坐下，静思道法，想象神仙的境界。由于旅途疲劳，不知不觉地进入了梦乡。突然，他隐隐约约听到左右两侧的山涧中有读书的声音，以为是用功的学生来这里背诵功课，也没大在意，又转身睡去。朦胧之中，他感觉到有人来到身边，把衣服盖在他的脚上。墨子偷偷一看，是一位老者，白发白须，连眉毛都白了，但面色红润，无一皱纹。他知道是遇上神仙了，便起身问道：

"您莫非是山岳的灵气吗？您是来超度世俗的神仙吧？请您稍做停留，教给我得道的要领可以吗？"

神仙说："我早就知道你有志学道，所以特来关照，有什么要求你尽管说吧！"

墨子说："我希望能像您一样，长生不老，与天地共长存。"

神仙便授给墨子修道成仙的书二十五篇，并对墨子说："你生有仙骨，又聪明好学，读了这书就能成仙，不用再求教别的老师。"

墨子拜受了仙书，遵照神仙的嘱咐，按书修炼，果然灵验。于是撰集其中的要点，写成《墨子枕中五行记》五卷。他本人也修炼成了地仙，即住在地上的神仙。

成了神仙的墨子，避开了战国乱世，他居无定所，周游于五岳名山之间。

汉武帝时，曾派使臣杨违，带着贵重的礼物聘请墨子出山，墨子执意不从。杨违观察了墨子的颜色容貌，吃惊地发现这位活了数百岁的地上仙人竟像五十岁左右的人一样。

墨子修道成仙之后，法力极大。不要说他自己了，就是普通的人，只要有他的药或符，也可以腾云驾雾，随心所欲地隐没或显现。微微一笑可以变成少女，稍一皱眉可变成老翁，蹲坐在地上则可成为幼童。手拿的拐杖可以变成森林，撒下种子立即能长出瓜果让人食用。他还能"画地为河，撮壤成山，坐致行厨，兴云起火，无所不做"。在葛洪的笔下，墨子的神通之大，法术之高，简直无与伦比，他真的成了无所不能的神仙。

然而，我们依常识就可以做出判断：葛洪所写的墨子，不是历史上的墨子。他所描绘的那个修道成仙的墨子，不过是他向壁虚构的形象。他所描述的墨子的神通广大，也不过是想借墨子的名声来装饰自己的门面，扩大自身的影响而已。

关于墨子之死，民间还有一种传说：在墨子八十二岁那一年，他得了一场重病，病愈之后就变成一只凤凰飞走了。

这些神话故事与美丽的传说当然不是历史的真实，但却充分说明了墨子的巨大影响以及他在人们心目中的地位。

至于历史上的墨子是什么时间去世的以及去世时的具体情况，《墨子》中没有提到，其他史料中也没有记载，所以后人对此一概不知。有的学者根据墨子的活动进行考证，推算出墨子活了八十岁左右，大约在公元前390年去世。

其实，墨子是什么时间死的，怎么死的，这并不重要。墨子的一生可谓鞠躬尽瘁，死而后已。《庄子》里说他"其生也勤，其死也薄"，因为他一生都在为民兴利除害，将自己的生死置之度外，止楚攻宋就充分显示了他视死如归的精神。他主张节用节葬，"生不歌，死无服"，更不计个人名利，所以，他的死不会隆礼厚葬，墨家弟子也不会大事张扬。明乎此，对墨子之死在史家的著作中没有留下记载也是不难理解的。

墨子唯恐因为他的死而干扰了别人的正常生活，所以他悄悄地离开了这个世界，离开了使他牵肠挂肚、为之耗尽心血的人世间。他走了，却把他的思想、他所创造的精神财富留给了世人。他那崇高的精神，伟大的人格，光辉的形象，与天地共存，与日月同辉。

墨子的思想凝聚了人类的思想精华，是中国劳动人民思想智慧的集中体现，对中华民族产生了极大影响。中国人民的民族精神如吃苦耐劳、克勤克俭、埋头苦干、任劳任怨、见义勇为、互助互爱、舍己为人、忠诚宽厚以及刚健有为、自强不息、积极进取、热爱和平、反对侵略、不畏强暴、不怕牺牲等，无不体现着墨子思想的光辉。梁启超在《墨子学案》中就说："今日之匹夫匹妇，曷尝诵墨书，曷尝知有墨子其人者？然而不知不识之中，其精神乃与墨子深相悬契。"墨子的思想，墨子的精神已深入到我们中华民族每个人的血液之中，形成了我们民族的精神特征。

1991 年 1 月 15 日，江泽民总书记在欢迎苏联总统戈尔巴乔夫的宴会上说："中华民族是热爱和平的民族。两千多年前我国战国时期的一位思想家就提出过：'强不执弱，富不侮贫'的主张。"这位思想家就是墨子。

墨子永远活在中国人民和世界人民心中。

二、墨子年谱

墨子是公元前 5 世纪人，但具体生卒年不能确考，至今各家认定相差数十年。以下根据孙诒让《墨子年表》的框架，试拟墨子年谱的设定参考值，以供读者观览。

1 岁：前 468 年（周贞定王元年）

《亲士》："越王勾践遇吴王之丑，而尚慑中国之贤君。"前 494 年，越王勾践被吴王夫差打败，勾践派文种求和，勾践夫妻和文种入吴为奴，受尽屈辱，勾践忍辱负重，百依百顺，夫差认为勾践真心臣服，三年后，放勾践夫妇回国，勾践卧薪尝胆，重用范蠡、文种，励精图治，十年生聚，十年教训，转弱为强，反灭吴国，成为春秋五霸之一，威慑中原诸侯。

4 岁：前 465 年（周贞定王四年）

《亲士》《所染》《兼爱》《非攻》《公孟》等篇说勾践事。《非攻下》：今天下好战之国齐晋楚越，若使此四国者得意于天下，此皆十倍其国之众，而未能食其地也，是人不足而地有余也。今又以争地之故，而反相贼也，然则是亏不足而重有余也。

《非攻下》：昔者楚熊丽，始封此睢山之间，越王翳亏，出自有遽，始邦于越，唐叔与吕尚邦齐晋。此皆地方数百里，今以并国之故，四分天下而有之。是故何也？子墨子曰：子未察吾言之类，未明其故者也。古者天子之始封诸侯也，万有余。今以并国之故，万国有余皆灭，而四国独立。此譬犹医之药万有余人，而四人愈也。则不可谓良医矣。

《节葬下》：是故昔者圣王既没，天下失义，诸侯力征，南有楚越之王，而北有齐晋之君，此皆砥砺其卒伍，以攻伐并兼为政于天下。《鲁问》载越王"请裂故吴之地，方五百里，以封子墨子"，应当是勾践的后继者。

11 岁：前 458 年（周贞定王十一年）

智氏跟韩赵魏三家瓜分中行氏、范氏的土地。《鲁问》："昔者智伯伐范氏与中行氏，兼三晋之地。诸侯报其仇，百姓苦其劳，而弗为用，是以国为虚戾，身为刑戮也。"

14 岁：前 455 年（周贞定王十四年）

智伯向赵索取土地不遂，于是联合韩魏，围赵于晋阳。《史记·郑世家》：郑哀公八年（前 455），郑人弑哀公而立声公弟丑，是为共公。《鲁问》："郑人三世弑其君。""郑人弑哀公"为其一。

15 岁：前 454 年（周贞定王十五年）

此年前后，墨子跟居住在鲁国的周平王史官史角的后代学习周礼。《吕氏春秋·当染》说："鲁惠公（前 768 —前 723 在位，共 46 年）使宰让请郊庙之礼于天子，桓王使史角往，惠公止之。其后（史角的后人）在于鲁，墨子学焉。"这里"桓王"应为平王，桓王前 719 —前 697 在位，共 23 年，鲁惠公卒于平王四十八年，与桓王不相接，《竹书》记"请礼"在平王四十二年，即前 729 年，

鲁惠公四十年，郑共公元年。智伯围赵襄子于晋阳。

16 岁：前 453 年（周贞定王十六年）

智伯和韩魏围困赵襄子于晋阳，韩赵魏联合灭智伯，三分其地，《非攻中》《鲁问》说此事。三家分晋局面形成，晋君"反朝韩赵魏之君"（《史记·晋世家》），成为三国的附庸。《非攻中》："昔者晋有六将军，而智伯莫为强焉，计其土地之博，人徒之卒，欲以抗诸侯，以为英名。攻战之速，故差论其爪牙之士，比列其舟车之卒，以攻中行氏而有之。以其谋为既已足矣，又攻兹范氏而大败之。并三家以为一家，而不止，又围赵襄子于晋阳。及若此，则韩魏亦相从而谋曰：古者有语，唇亡则齿寒。赵氏朝亡，我夕从之。赵氏夕亡，我朝从之。《诗》曰：'鱼水不鹜，陆将何及乎！'是以三主之君，一心勠力，辟门除道，奉甲兴士，韩魏自外，赵氏自内，击智伯，大败之。是故子墨子言曰：古者有语曰，'君子不镜于水，而镜于人。镜于水，见面之容。镜于人，则知吉与凶。'今以攻战为利，则盖尝鉴之于智伯之事乎？此其为不吉而凶，既可得而知矣。"

20 岁：前 449 年（周贞定王二十年）

汉刘安主编《淮南子·要略》："墨子学儒者之业，受孔子之术，以为其礼烦扰而不说，厚葬靡财而贫民，久服伤生而害事，故背周道而行夏政。"此事当在此年前后。《淮南子·主术训》："孔丘墨翟，修先圣之术，通六艺之论，口道其言，身行其志，慕义从风，而为之服役者不过数十人，使居天子之位，则天下遍为儒墨矣。"

22 岁：前 447 年（周贞定王二十二年）

楚灭蔡。《非攻中》：虽南者陈蔡，其所以亡于吴越之间者，亦以攻战。

24 岁：前 445 年（周贞定王二十四年）

该年是楚惠王四十四年，楚灭杞，向东扩展到泗水之上。鲁班（即公输般）到楚国，帮楚国完善武器装备，用于攻越国、宋国。楚惠王封鲁阳文君于鲁阳。孙诒让说："（鲁阳文君）当楚惠王时，与墨子时相值。"墨子与鲁阳文君常有对话，《墨子》12 次提到鲁阳文君的名字。

《耕柱》："子墨子谓鲁阳文君曰，大国之攻小国，譬犹童子之为马也。"

"子墨子谓鲁阳文君曰,今有一人于此。""鲁阳文君曰,有窃疾也。""见宋郑之闲邑,则还然窃之,此与彼异乎? 鲁阳文君曰,是犹彼也,实有窃疾也。"

《鲁问》:"鲁阳文君将攻郑。子墨子闻而止之。谓鲁阳文君曰,今使鲁四境之内,大都攻其小都,大家伐其小家,杀其民人,取其牛马狗豕布帛米粟货财,则何若? 鲁阳文君曰,鲁四境之内,皆寡人之臣也。""子墨子谓鲁阳文君曰,攻其邻国,杀其民人,取其牛马粟米货财。""鲁阳文君曰,然,吾以子之言观之,则天下之所谓可者,未必然也。""子墨子谓鲁阳文君曰,世俗之君子,皆知小物,而不知大物。""鲁阳文君语子墨子曰。""鲁阳文君谓子墨子曰。"

26 岁:前 443 年(周贞定王二十六年)

公元前 443 年下葬的湖北随县擂鼓墩曾侯乙(前 475—前 433)墓于 1978 年被发现,墓中出土青铜乐器、礼器、兵器、金器、玉器、车马器、漆木竹器 15000 多件,编钟 65 件,重 2500 多公斤。该殉葬棺 21 具,均是 13 岁到 25 岁女性遗骨。女性殉葬棺跟狗棺并放,表明女奴生命可被主人任意剥夺,地位如狗。出土竹简 240 多枚,记载楚封君鲁阳君等赠车。楚封君鲁阳君即墨子常交往交谈的鲁阳文君。曾侯乙、鲁阳文君,跟墨子同时代。

《节葬下》:此存乎王公大人有丧者,曰,棺椁必重,葬埋必厚,衣衾必多,文绣必繁,丘陇必巨。存乎匹夫贱人死者,殆竭家室。存乎诸侯死者,虚库府,然后金玉珠玑比乎身,纶组节约,车马藏乎圹。又必多为屋幕、鼎鼓、几梴、壶滥、戈剑、羽旄、齿革,寝而埋之,满意,若送从。曰:天子杀殉,众者数百,寡者数十;将军大夫杀殉,众者数十,寡者数人。

29 岁:前 440 年(周考王元年)

《鲁问》载墨子对鲁班说"我义之钩拒,贤于子舟战之子钩拒":昔者楚人与越人舟战于江,楚人顺流而进,迎流而退,见利而进,见不利则其退难。越人迎流而进,顺流而退,见利而进,见不利则其退速。越人因此若势,亟败楚人。公输子自鲁南游楚,焉始为舟战之器,作为钩拒之备,退者钩之,进者拒之,量其钩拒之长,而制为之兵。楚之兵节,越之兵不节,楚人因此若势,亟败越人。公输子善其巧,以语子墨子曰:"我舟战有钩拒,不知子之义亦有钩拒

乎?"子墨子曰:"我义之钩拒,贤于子舟战之钩拒。我钩拒,我钩之以爱,揣之以恭。弗钩以爱则不亲,弗揣以恭则速狎,狎而不亲则速离。故交相爱,交相恭,犹若相利也。今子钩而止人,人亦钩而止子,子拒而距人,人亦拒而距子,交相钩,交相拒,犹若相害也。故我义之钩拒,贤子舟战之钩拒。"

唐余知古《渚宫旧事》卷2:楚与吴越战于江。楚人顺流而进,迎流而退,不利则退难。越迎流而进,顺流而退,不利则其退速。吴越因其势,亟败楚。及惠王时,鲁班始为钩拒之备,退者钩之,进者拒之,量长短而制为兵,自是楚兵节,吴越兵败。又尝为木鸢,乘之以窥宋城。(按:这可能是讹传,或文学夸张。若这一记载属实,则鲁班就成为世界最早载人飞行器的发明人。)

墨子止楚攻宋。《公输》:公输般为楚造云梯之械成,将以攻宋。子墨子闻之,起于鲁,行十日十夜,而至于郢,见公输般。公输般曰:"夫子何命焉为?"子墨子曰:"北方有侮臣者,愿藉子杀之!"公输般不说。子墨子曰:"请献十金。"公输般曰:"吾义固不杀人。"子墨子起,再拜曰:"请说之。吾从北方闻子为梯,将以攻宋。宋何罪之有?荆国有余于地,而不足于民。杀所不足,而争所有余,不可谓智。宋无罪而攻之,不可谓仁。知而不争,不可为忠。争而不得,不可谓强。义不杀少而杀众,不可谓知类。"公输般服。子墨子曰:"然乎,不已乎?"公输般曰:"不可,吾既已言之王矣。"子墨子曰:"胡不见我于王?"公输般曰:"诺!"

子墨子见王,曰:"今有人于此,舍其文轩,邻有敝舆,而欲窃之。舍其锦绣,邻有短褐,而欲窃之。舍其粱肉,邻有糠糟,而欲窃之。此为何若人?"王曰:"必为窃疾矣。"子墨子曰:"荆之地方五千里,宋之地方五百里,此犹文轩之与敝舆也。荆有云梦,犀兕麋鹿满之,江汉之鱼鳖鼋鼍,为天下富,宋所为无雉兔狐狸者也,此犹粱肉之与糠糟也。荆有长松文梓楩楠豫章,宋无长木,此犹锦绣之与短褐也:臣以三事之攻宋也,为与此同类。臣见大王之必伤义而不得。"王曰:"善哉!虽然,公输般为我为云梯,必取宋!"

于是见公输般。子墨子解带为城,以牒为械,公输般九设攻城之机变,子墨子九距之。公输般之攻械尽,子墨子之守圉有余。公输般诎,而曰:"吾知所以距子矣。吾不言。"子墨子亦曰:"吾知子之所以距我。吾不言。"楚王问其故。子墨子曰："公输子之意，不过欲杀臣。杀臣，宋莫能守，可攻也。然臣之弟子禽滑厘等三百人，已持臣守御之器，在宋城上，而待楚寇矣。虽杀臣，不能绝也。"楚王曰："善哉！吾请无攻宋矣。"子墨子归，过宋。天雨，庇其闾中，守闾者不纳也。故曰：治于神者，众人不知其功；争于明者，众人知之。

《吕氏春秋·爱类》说："公输般为高云梯，欲以攻宋，墨子闻之，自鲁往，裂裳裹足，日夜不休，十日十夜而至于郢。"

《淮南子·修务训》：昔者楚欲攻宋，墨子闻而悼（恐惧）之，自鲁趋，而十日十夜，足重胼（音俭：摩擦生硬皮）而不休息，裂衣裳裹足，至于郢，见楚王。曰："臣闻大王举兵将攻宋，计必得宋而后攻之乎？亡其苦众劳民，顿兵挫锐，负天下以不义之名，而不得咫尺之地，犹且攻之乎？"王曰："必不得宋，又且为不义，曷为攻之！"墨子曰："臣见大王之必伤义而不得宋。"王曰："公输，天下之巧士，作云梯之械，设以攻宋，曷为弗取！"墨子曰："令公输设攻，臣请守之。"于是公输般设攻宋之械，墨子设守宋之备，九攻而墨子九却之，弗能入。于是乃偃兵，辍不攻宋。"夫墨子跌蹄而趋千里，以存楚宋。"《淮南子·道应训》："墨子为守攻，公输般服，而不肯以兵知。"

唐余知古《渚宫旧事》卷2：公输般为云梯之械，将攻宋。墨翟闻，自齐行十日夜至郢，献千金于般，曰："北方有侮臣者，愿子杀之。"般不悦，曰："吾义固不杀人！"墨子再拜曰："吾闻子之梯以攻宋。楚有余于地，不足于民。杀所不足，争所有余，不可谓智。宋无罪而攻，不可谓仁。子义不杀少而杀众，不可谓知类。般子服。翟曰："何不已乎？"曰："既言之王矣！"曰："胡不见我于王？"遂见之。墨解带为城，以牒为械，般设九攻，而墨九却之。般诎，而曰："吾知所以距子矣！"问其故，墨曰："般意不过欲杀臣。杀臣，则宋莫能守。然臣弟子禽滑厘等三百人，持臣守器在宋城上，以待楚矣！"王曰："请无攻宋。"

30 岁：前 439 年（周考王二年）

该年是楚惠王在位 50 年，墨子到楚国献书给楚惠王。《贵义》：子墨子南游于楚，献书惠王，惠王以老辞，使穆贺见子墨子。子墨子说穆贺，穆贺大说，谓子墨子曰："子之言，则成善矣！而君王天下之大王也，毋乃曰贱人之所为而不用乎？"子墨子曰："唯其可行，譬若药然，草之本，天子食之，以顺其疾，岂曰一草之本而不食哉？今农夫人其税于大人，大人为酒醴粢盛，以祭上帝鬼神，岂曰贱人之所为而不享哉？故虽贱人也，上比之农，下比之药，曾不若一草之本乎？"

《文选》注引《墨子》：墨子献书惠王，王受而读之，曰：良书也。唐余知古《渚宫旧事》卷2：墨子至郢，献书于惠王，王受而读之，曰："良书也！寡人虽不得天下，而乐养贤人。请过进曰百种，以待官舍人，不足须天下之贤君。"墨子辞曰："翟闻：贤人进，道不行不受其赏，义不听不处其朝。今书未用，请遂行矣。"将辞王而归。王使穆贺以老辞（原注：时惠王在位已五十年矣）。鲁阳文君言于王曰："墨子，北方贤圣人，君王不见，又不为礼，毋乃失士！"乃使文君追墨子，以书社五里封之，不受而去。

31岁：前438年（周考王三年）

《耕柱》：子墨子怒耕柱子，耕柱子曰："我毋愈于人乎？子墨子曰："我将上大行，驾骥与羊，子将谁驱？"耕柱子曰："将驱骥也。"子墨子曰："何故驱骥也？"耕柱子曰："骥足以责。"子墨子曰："我亦以子为足以责。"

《耕柱》：子墨子游荆耕柱子于楚，二三子过之，食之三升，客之不厚。二三子复于子墨子曰："耕柱子处楚无益矣。二三子过之，食之三升，客之不厚。"子墨子曰："未可智也。"毋几何，而遗十金于子墨子，曰："后生不敢死，有十金于此，愿夫子之用也。"子墨子曰："果未可智也。"

38岁：前431年（周考王十年）

楚灭莒。《非攻中》：东方有莒之国者，其为国甚小，间于大国之间，不敬事于大，大国亦弗之从而爱利，是以东者越人夹削其壤地，西者齐人兼而有之。计莒之所以亡于齐越之间者，以是攻战也。

《贵义》：子墨子南游使卫，关中载书甚多，弦唐子见而怪之，曰，吾夫子教公尚过曰，揣曲直而已，今夫子载书甚多，何有也？子墨子曰："昔者周公旦朝读书百篇，夕见七十士，故周公旦佐相天子，其修至于今。翟上无君上之事，下无耕农之难，吾安敢废此？翟闻之，同归之物，信有误者，然而民听不钧，是以书多也。今若过之心者，数逆于精微，同归之物，既已知其要矣，是以不教以书也，而子何怪焉？”

《贵义》：子墨子谓公良桓子曰，卫，小国也，处于齐、晋之间，犹贫家之处于富家之间也。贫家而学富家之衣食多用，则速亡必矣。今简子之家，饰车数百乘，马食菽粟者数百匹，妇人衣文绣者数百人，吾取饰车食马之费，与绣衣之财，以畜士，必千人有余，若有患难，则使百人处于前，数百于后，与妇人数百人处前后，孰安？吾以为不若畜士之安也。

《贵义》：子墨子仕人于卫，所仕者至而反。子墨子曰：“何故反？”对曰：“与我言而不当，曰，待女以千盆，授我五百盆，故去之也。”子墨子曰：“授子过千盆，则子去之乎？”对曰：“不去。”子墨子曰：“然则非为其不审也，为其寡也。”孙诒让说：“按此不详何年，据云使于卫，或仕宋时，奉宋君之命而使卫也。”

《耕柱》：子墨子使管黔敖游高石子于卫，卫君致禄甚厚，设之于卿，高石子三朝必尽言，而言无行者，去而之齐，见子墨子曰：“卫君以夫子之故，致禄甚厚，设我于卿，石三朝必尽言，而言无行，是以去之也，卫君无乃以石为狂乎？”子墨子曰：“去之苟道，受狂何伤！古者周公旦非管叔，辞三公，东处于商盖，人皆谓之狂，后世称其德，扬其名，至今不息，且翟闻之，为义非避毁就誉，去之苟道，受狂何伤！”高石子曰：“石去之，焉敢不道也！昔者夫子有言曰，天下无道，仁士不处厚焉，今卫君无道，而贪其禄，则是我为苟啖人食也。”子墨子说，而召子禽子曰：“姑听此乎！夫倍义而乡禄者，我常闻之矣。倍禄而乡义者，于高石子焉见之也。”

46 岁：前 423 年（周威烈王三年）

《史记·郑世家》：郑共公三十一年卒，子幽公已立。幽公元年（前 423），韩武子伐郑，杀幽公，郑人立幽公弟骀，是为繻公。《鲁问》鲁阳文君将攻郑，子墨子闻而止之。鲁阳文君曰：“先生何止我攻郑也？我攻郑，顺于天之志。郑人三世杀其君，天加诛焉，使三年不全，我将助天诛也。”

55 岁：前 414 年（周威烈王十二年）

该年是越王翁（即朱勾）三十七年，越灭滕。《鲁问》：子墨子游公尚过于越，公尚过说越王。越王大说，谓公尚过曰：“先生苟能使子墨子于越而教寡人，请裂故吴之地，方五百里，以封子墨子。"公尚过许诺。遂为公尚过束车五十乘，以迎子墨子于鲁。曰："吾以夫子之道说越王，越王大说，谓过曰：'苟能使子墨子至于越而教寡人，请裂故吴之地，方五百里，以封子。'"子墨子谓公尚过曰："子观越王之志何若？意越王将听吾言，用吾道，则翟将往，量腹而食，度身而衣，自比于群臣，奚能以封为哉！抑越不听吾言，不用吾道，而吾往焉，则是我以义粜也。钧之粜，亦于中国耳，何必于越哉！"

《吕氏春秋·高义》：子墨子游公上过于越。公上过语墨子之义，越王说之，谓公上过曰："子之师苟肯至越，请以故吴之地，阴江之浦，书社三百，以封夫子。"公上过往复于子墨子，子墨子曰："子之观越王也，能听吾言、用吾道乎？"公上过曰："殆未能也。"墨子曰："不唯越王不知翟之意，虽子亦不知翟之意。若越王听吾言，用吾道，翟度身而衣，量腹而食，比于宾萌，未敢求仕。越王不听吾言、不用吾道，虽全越以与我，吾无所用之。越王不听吾言，不用吾道，而受其国，是以义粜也，义粜何必越，虽于中国亦可！"孙诒让说这"疑为王翁中晚年事"。越王翁在位 37 年：前 448—前 411，墨子 21—58 岁。

越王翁别名朱勾，是越王不寿的太子。朱勾杀父不寿自立，是越王勾践后国势最强、武功最显的君主，跟齐晋楚并列为中原诸侯四强。越楚两国在长江连年舟战，楚惠王借鲁班发明的钩拒，多次败越。墨子止楚攻宋成功后归鲁。朱勾仰慕墨子，拟以故吴之地五百里封墨子，请墨子入越辅佐，墨子重义推辞不受。朱勾于本年取滕后去世，由太子翳即位。

57 岁：前 412 年（周威烈王十四年）

该年是鲁元公十九年。《鲁问》：齐将伐鲁，子墨子谓项子牛曰："伐鲁，齐之大过也。昔者吴王东伐越，栖诸会稽。西伐楚，保昭王于随。北伐齐，取国子以归于吴。诸侯报其仇，百姓苦其劳，而弗为用。是以国为虚戾，身为刑戮也。昔者智伯伐范氏与中行氏，兼三晋之地。诸侯报其仇，百姓苦其劳，而弗为用，是以国为虚戾，身为刑戮也。故大国之攻小国也，是交相贼也，过必反于国。"

《鲁问》：子墨子使胜绰事项子牛。项子牛三侵鲁地，而胜绰三从。子墨子闻之，使高孙子请而退之。曰："我使绰也，将以济骄而正嬖也。今绰也禄厚而谲夫子，夫子三侵鲁而绰三从，是鼓鞭于马靳也。翟闻之，言义而弗行，是犯明也。绰非弗之知也，禄胜义也。"

58 岁：前 411 年（周威烈王十五年）

齐伐鲁，取都。田和继为相。《鲁问》：子墨子见齐大王曰："今有刀于此，试之人头，猝然断之，可谓利乎？"大王曰："利。"子墨子曰："刀则利矣，孰将受其不祥？"大王曰："刀受其利，试者受其不祥。"子墨子曰："并国覆军，贼敖百姓，就将受其不祥？"大王俯仰而思之，曰："我受其不祥。"

60 岁：前 409 年（周威烈王十七年）

该年是鲁穆公元年，礼贤下士，求教于墨子。《鲁问》：鲁君谓子墨子曰："吾恐齐之攻我也，可救乎？"子墨子曰："可。昔者，三代之圣王禹汤文武，百里之诸侯也，说忠行义，取天下；三代之暴王桀纣幽厉，雠怨行暴，失天下。吾愿主君之上者尊天事鬼，下者爱利百姓，厚为皮币，卑辞令，亟遍礼四邻诸侯，驱国而以事齐，患可救也。非此，顾无可为者。""鲁君"：孙诒让"疑即穆公"。

63 岁：前 406 年（周威烈王二十年）

魏灭中山。《所染》："中山尚染于魏义、偃长。"中山尚：战国时中山国君，中山桓公，魏文侯四十年所灭。魏义、偃长：中山尚大臣。

65 岁：前 404 年（周威烈王二十二年）

韩赵魏伐齐，进入齐的长城。该年是齐康公元年，齐康公前 404—前 379 年在位。《非乐上》：齐康公兴乐《万》，万人不可衣短褐，不可食糠糟，曰，食饮不美，面目颜色不足视也，衣服不美，身体从容丑赢不足观也，是以食必粱肉，衣必文绣，此常不从事乎衣食之财，而常食乎人者也。是故子墨子曰，今王公大人惟毋为乐，亏夺民衣食之财，以拊乐如此多也。是故子墨子曰，为乐非也。

《战国策·齐策》："临淄（齐国都）甚富而实，其民无不吹竽鼓瑟击筑弹琴。"《史记·田敬仲完世家》："宣公卒，子康公贷立。贷立十四年，淫于酒妇人，不听政。"

宋昭公六十五年薨，孙诒让"疑为皇喜所弑"。《吕氏春秋·召类》注：

"战国时，宋亦有昭公，其时亦有子罕逐君擅政，如《韩非子》《韩诗外传》《淮南》《说苑》诸书所说耳。"《史记·鲁仲连邹阳列传》："昔者鲁听季孙之说而逐孔子，宋信子罕之计而囚墨翟。夫以孔、墨之辩，不能自免于谗谀，而二国以危，何则？众口铄金，积毁销骨也。"孙诒让"疑昭公寔被弑，囚墨翟即其季年事。"

73 岁：前 396 年（周安王六年）

《史记·郑世家》：郑繻公二十七年（前 396），子阳之党共杀死郑繻公骀，而立幽公弟乙为郑君。《鲁问》："郑人三世杀其君。"魏文侯卒。

75 岁：前 394 年（周安王八年）

齐伐鲁，取最，韩救鲁。郑所占的负黍反叛，重归于韩。墨子在鲁阳（河南鲁山）。《鲁问》：鲁阳文君将攻郑，子墨子闻而止之，谓阳文君曰："今使鲁四境之内，大都攻其小都，大家伐其小家，杀其人民，取其牛马狗豕布帛米粟货财，则何若？"鲁阳文君曰："鲁四境之内，皆寡人之臣也。今大都攻其小都，大家伐其小家，夺之货财，则寡人必将厚罚之。"子墨子曰："夫天之兼有天下也，亦犹君之有四境之内也。今举兵将以攻郑，天诛其不至乎？"鲁阳文君曰："先生何止我攻郑也？我攻郑，顺于天之志。郑人三世杀其父，天加诛焉，使三年不全，我将助天诛也。"子墨子曰："郑人三世杀其父，而天加诛焉，使三年不全，天诛足矣。今又举兵，将以攻郑，曰吾攻郑也，顺于天之志。譬有人于此，其子强梁不材，故其父笞之。其邻家之父，举木而击之，曰：吾击之也，顺于其父之志。则岂不悖哉！"

《鲁问》：子墨子谓鲁阳文君曰："攻其邻国，杀其民人，取其牛马粟米货财，则书之于竹帛，镂之于金石，以为铭于钟鼎，传遗后世子孙，曰：莫若我多。今贱人也，亦攻其邻家，杀其人民，取其狗豕食粮衣裘，亦书之竹帛，以为铭于席豆，以遗后世子孙，曰：莫若我多！其可乎？"鲁阳文君曰："然。吾以子言观之，则天下之所谓可者，未必然也。"

《鲁问》：子墨子谓鲁阳文君曰："世俗之君子，皆知小物，而不知大物。今有人于此，窃一犬一彘，则谓之不仁；窃一国一都，则以为义。譬犹小视白谓之白，大视白则谓之黑。是故世俗之君子，知小物而不知大物者，此若言之谓也。"

88 岁：前 381 年（周安王二十一年）

该年楚悼王死，楚贵族攻吴起，吴起被车裂而死。墨者巨子孟胜死难，传田襄子。楚悼王：前 401—前 381 在位共 21 年。吴起，兵家，改革家，卫国人，初任鲁将，继任魏将，西河郡守，后奔楚，初为宛守，一年后任令尹，主持变法，促进楚国富强，南收扬越，北并陈蔡，却三晋，西伐秦，前 381 年，救赵攻魏，饮马大河，攻到黄河两岸。此年，楚悼王去世，吴起在治丧处所，遭 70 余家贵族联合攻击，被车裂肢解而死。《亲士》："吴起之裂，其事也。"即吴起遭车裂，是因为他力主变法之事。

《吕氏春秋·上德》：墨者巨子孟胜，善荆之阳城君。阳城君令守于国，毁璜以为符，约曰："符合听之"。荆王薨，群臣攻吴起，兵于丧所，阳城君与焉，荆罪之。阳城君走，荆收其国。孟胜曰："受人之国，与之有符。今不见符，而力不能禁，不能死，不可。"其弟子徐弱谏孟胜曰："死而有益阳城君，死之可矣。无益也，而绝墨者于世，不可。"

孟胜曰："不然。吾于阳城君也，非师则友也，非友则臣也。不死，自今以后，求严师必不于墨者矣，求贤友必不于墨者矣，求良臣必不于墨者矣。死之所以行墨者之义，而继其业者也。我将属巨子于宋之田襄子。田襄子，贤者也，何患墨者之绝世也？"徐弱曰："若夫子之言，弱请先死以除路。"还殁头于孟胜前。因使二人传巨子于田襄子。孟胜死，弟子死之者百八十三人，以致令于田襄子，欲反死孟胜于荆，田襄子止之曰："孟子已传巨子于我矣，当听。"遂反死之。

93 岁：前 376 年（周安王二十六年）

赵再伐中山。墨子卒于此前。各家不同认定相差数十年。任继愈认为墨子卒于前 420 年，比孙诒让的估计提前 44 年。主要问题是，某些重大的历史事件，如吴起之死、齐康公兴乐等，是否为墨子活着时发生。连带问题是，《墨子》某些篇章，如《亲士》《非乐上》等，是否为墨子原作，或为弟子增益。

三、墨子考证

墨子，姓墨名翟，是世界文明史上的巨人，是先秦时期杰出的思想家、哲学家、政治家、外交家、科学家、军事家、教育家、经济学家、逻辑学家、军事工程师。但是关于他的姓名、里籍、年代等一直争论不断。笔者经过深入详尽的研究论证，得出了比较准确的结论。

（一）姓名考

孟子以杨墨并举，其云："杨朱墨翟之言盈天下。天下之言，不归杨，则归墨。"（《孟子·滕文公下》）杨朱姓杨名朱，按类推，墨翟理当姓墨名翟。《吕氏春秋·博志》篇称"孔丘、墨翟昼日讽诵，"孔丘姓孔名丘，墨翟亦理当如此。《吕氏春秋》高诱注曰："墨子名翟，姓墨氏。鲁人。"《荀子》杨惊注曰："墨翟，宋人，号墨子。"诸子书亦皆称孔墨。这些记载离墨子的年代是很近的，孟子仅晚墨子约一百年，吕不韦仅晚墨子一百余年，他们对墨子的了解就像我们对毛泽东的了解一样。墨子亦自称翟，如"翟上无事君之事，下无耕农之难……翟闻之……"（《墨子·贵义》），一般只有自称名而未有自称姓的，故墨子姓墨名翟无疑。有一些学者认为墨非为姓，如冯友兰说："墨乃古代刑名之一"（《中国哲学史》上册），钱穆又说："故墨为刑徒，转辞言之，便为奴役，墨家生活菲薄，其道自苦为极，故遂被称为墨子。"（《墨子·墨子传略》）但是，墨子与各国君主几乎都有交往，显然不可能是刑徒，况且《墨子》书中没有任何关于墨子是刑徒的记载，墨子当姓墨名翟无疑。

（二）里籍考

经过深入的研究后，我们认为墨子出生在春秋战国之际楚国的北部边陲鲁阳，今河南省鲁山县二郎庙乡二郎庙村六组，其中年部分时间定居鲁国，其晚年复归故里鲁阳定居，仙逝鲁阳，今鲁山县熊背乡墨子洞（黑隐寺、土掉沟附近）。

据太史公司马迁《史记·孟子荀卿列传》末云："盖墨翟，宋之大夫，善守御，为节用，或曰并孔子时，或曰在其后。"司马迁（前145年—前86年）距墨子三百余年，其定墨子里籍为宋人。班固亦以翟为宋大夫。又据墨学专家孙诒让《墨子间诂》所载："墨子十五卷，旧本题为宋墨翟撰。考《汉书·艺文志》，墨子七十一篇，注曰：名翟，宋大夫。隋书经籍志亦曰宋大夫墨翟撰。"《庄子》郭象注曰："墨翟宋大夫。"庄子距墨子仅约百余年。葛洪《神仙传》云墨子为宋人，《文选·长笛赋》亦是。《荀子·修身》篇杨惊注、《通志·艺文略》（郑樵）、《直斋书录解题》（陈振孙）、《读书敏求记》（钱曾）等作宋大夫。《宋史·艺文志》《郡斋读书志》（晁公武）作宋人。唐修《元和姓纂》云："墨氏，孤竹君之后，本墨台氏，后改为墨氏。战国时宋人墨翟著书，号《墨子》。"（《通志·氏族略》引）以上诸家均持墨子里籍为宋人。

宋国是周武王将商朝的旧都周围的地区分封给微子的，微子墓在今山东滕县境内，其十七代孙为宋桓公之子目夷。顾颉刚先生说："今人以墨姓不多见，对于墨子的姓氏祖籍等起了很多猜测。我们认为，墨确是他的真姓氏，而且在这个姓上，可知他是公子目夷之后，原宋国的宗族。"（见《禅让传说起于墨家考》）此外，著名史学家童书业先生说："墨子实为目夷子后裔，以目夷为姓氏，省为墨也。"（见《春秋左传研究》）陈奇猷先生也认为，"墨子实宋人而非鲁人。"因为"墨子书中多用宋方言。"（《墨子的科学》）《中国历代人物年谱考录》云："墨子战国初宋国人，后居鲁国，名翟。"他们诸家亦认为墨子里籍为宋人。

墨子止楚攻宋，可谓其军事斗争中的大事，其弟子三百余人守备宋城。为何宋君用墨家弟子守城呢？显然其非常信赖并熟悉墨子。或者墨子已经担任过宋大夫。为何墨子有如此之多弟子守备？显然有不少弟子来自宋国。为何弟子们对守宋如此熟悉？显然他们中不少人从小就生长在此。墨子在历次军事斗争中，只有止楚攻宋投入了众多弟子，说明宋国对墨子来说非常重要。方授楚认为，墨子与宋国关系最为密切，与其他诸国关系均次之。其实，墨子与鲁阳文君关系最为密切，这从《墨子·耕柱》至《墨子·公输》等篇墨子与各国君主对话的次数中可以看出。以上诸点均进一步说明墨子与宋国关系相当密切，或其祖可能在宋国做过官。

杨向奎先生认为墨子生于山东滕州，张知寒先生同之。其依据为《滕县志》："城东南十五里曰'孤驹山'，……山南头名'木石'者，疑亦'目夷'之讹也。"《续滕县志》载，宋熙宁五年，徐州知州傅尧俞在滕县立"宋贤目夷群墓"石碑。但仅此认为墨子为滕州木石人，是缺乏根据的。不但群墓的真实性可疑，而且人也是流动迁居的。《万历滕志》载："（许行）楚人为神农之言，闻滕文公将行井田，自楚之滕踵门而告文公曰：'远方之人闻君行仁政，愿受一廛而为氓。'文公与之处，其徒数十人皆衣褐捆屦织席以为食……陈相见孟子道许行并耕之言，孟子恶而避之。"根据墨子与孟子的生卒时间，可知许行当为墨子支流裔弟子。且其时墨学的中心已转移到楚国了，既然墨子的支与流裔弟子已记载于滕志了，而墨子这样的大家竟未记载，说明墨子在滕影响不大。更有甚者，滕文公似乎不太知道墨子其人其事。此外，墨子书中从未提及滕国及其邻国邾国，而墨子卒时这些小国尚未灭，邾于前281年为楚所灭，滕于前286年为宋所灭，接着又亡于齐。这些事实充分说明墨子不可能出生于滕。可见，"滕州说"缺乏充分的事实根据。

墨子受夏文化影响较大，夏文化源于郑州、洛阳、商丘一带。墨子若生于鲁国，则何以受到如此之深的夏文化的影响呢？况且，如果墨子仅仅受到儒家文化的影响，要产生与之差异较大的墨家思想，是难以想象的，故墨子不可能生于鲁国。如果墨子生于鲁国，则如何解释墨子书中的方言呢？同理可证，墨子亦不能生于齐国，因为齐国离夏文化更远。

《渚宫旧事》载鲁阳文君与楚王语："墨子，北方贤圣人。"这是相对于楚都郢而言的，北方显然指楚国之北部边陲鲁阳，鲁国已更多地偏东了。《墨子·鲁问》篇云："抑越王不听吾言，不用吾道，而我往焉，则是我以义粜也。均之粜，亦于中国耳，何必于越哉？"中国当为中原一带。此与《论语》记柳下惠言，"枉道而事人，何必去父母之邦？"其意相同，此处"去"意为"离开"。可见，墨子的父母之邦亦在中国，即中原一带。而鲁、齐、楚、越、卫等均不在中原。

《墨子·兼爱下》云："又有君大夫之远使于巴、越、齐、荆，往来及否未可识也，然即敢问，不识将恶也。"《墨子·非攻中》云："虽南者陈蔡其所以亡于吴越之间者，亦以攻战。"又如，《墨子·贵义》云："子墨子南游于楚见楚惠王。"《墨子·公输》云："北方有侮臣，愿藉子杀之。"其时墨子在楚都郢。《墨子·非攻中》云："东方有莒之国者，"这些都是以鲁阳一带为坐标原点的。此外，从方授楚先生所绘的墨子行踪图可以看出，墨子活动范围大致在中原鲁阳一带。

有人经过考证与实地考察，认为墨子出生于鲁阳。其理由如次：

（1）作者在鲁山贤人张新和、张怀发、郭成智先生的帮助下，在鲁山县二郎庙乡二郎庙村六组找到了亲手摸过"墨子故里"碑的长老、现年82岁的张冠文先生。他介绍道，此碑高1.7米，宽0.7米，上额圆头，有龙凤呈祥图案，碑座离地一尺多高，碑为黑灰色，中间阴刻四个欧（阳修）体字"墨子故里"，每个字都有碗口大。张老12岁上学时，能用手摸到"墨子"的"子"字。此碑立在山陕庙门（朝北）前的碑楼里。山陕庙是在明朝建立的，此地原为墨家的。此碑在1926年扩路建街时被拔出，碑被抬到对门的绅士窦同襄家里，可能是字被磨掉，作为他家里人用的碑了。窦同襄的小老婆还在。

张老还说，山陕庙一直由相家人看管着，相家与墨家是亲戚，现在二郎庙乡西竹园村的相家沟附近还住着好几家相家，他们都说是相里氏、相夫氏的后裔，相里氏、相夫氏、邓陵氏是墨家的弟子。邓陵氏是楚王室后人。

（2）鲁山有墨子后裔，墨子晚年隐居黑隐寺、土掉沟一带，并改姓为黑，黑隐寺附近住着十来户姓黑的人家，他们都自称是墨子后裔，鲁山原人武部部长黑丙午先生说，祖上传下来就说姓墨，墨子是其先祖。

（3）《墨子》书中使用了大量的鲁山方言，如"荡口"（意为言不由衷、唠叨不休、夸夸其谈）、"隆火"（意为生火、点火）、"安生生"（意为安静、安宁、安稳、平静）、"中不中"（意为行不行、好不好、成不成、可不可）、"强梁"（意为蛮横、霸道）、"待客"（意为请客、宴客）、"不材"（意为没能耐、没出息、没材料）、"饥"（意为饿）、"宾服"意为（服气、服从、臣服）等。语言是活化石，墨子只有从小生活在鲁山，其书中才会有这种方言。

（4）墨子与鲁阳文君关系非同一般君主。据《墨子》书记载，其与鲁阳文君对话多达六次。其口气也很像老朋友一样。

（5）《潜夫论·赞学》云："舜师纪后，禹师墨如"。郭成智、鲁阳人认为墨子是墨如的后裔。《逸周书·殷祝解》云："桀与其属五百人徙于鲁，鲁士民复奔汤。"鲁即今鲁山县。可能墨子祖先在五百人徙鲁时迁居于鲁阳（今鲁山），据当地人说，墨子的祖父是墨箕，曾到杞国做官，杞国内乱后，又到宋国当军大夫，因宋君听信谗言，而被贬回故里，从此不再让子孙做官，墨子的父亲据说叫墨桶。因此，墨子极有可能从其祖先的传教中，学到了夏文化的珍典。据当地人传说，墨子的父亲在墨子即将诞生而回家的路上，一群凤凰（天翟、山雉、野鸡）在头顶上盘旋飞翔不断，遂取名墨翟。

（6）鲁阳（鲁山）大量的墨子遗迹、遗址可证。此外，刘蔚华、萧鲁阳、潘民中、杨晓宇、郭成智、张怀发、张新和、陈金展等先生也认定墨子是鲁山人。

但是，有些学者认为，"子墨子闻之，起于鲁，行十日十夜而至于郢。"这在当时条件下，十日夜行二三千里是无论如何做不到的，倒是从鲁阳至郢，十日夜行千余里，是完全可以做到的。从墨子书中看，"公输子自鲁南游楚焉，始为舟战之器……公输子善其巧，以语子墨子曰……"（《墨子·鲁问》）难道公输子也是从鲁阳出发的吗？在《墨子》中，鲁与鲁阳区分得十分清楚，仅一处脱"阳"字，"鲁阳文君将攻郑，子墨子闻而止之，谓（脱'鲁'字）阳文君曰：'今使鲁（脱'阳'字）四境之内……'"（《墨子·鲁问》），况且，如果自鲁阳行十日夜至郢，那么如何解释"子墨子归，过宋，天雨。"（《墨子·公输》）呢？如果归至鲁阳是无需经宋的，故子墨子自鲁起无疑。至于行十日夜至郢是可能的，笔者在一幅比例尺为 1∶3000000（即 1 厘米∶30 公里）的地图上量得鲁至郢的直线距离约为 19 厘米，则两地直线距离为 19 厘米×30 公里/1 厘米＝570 公里＝1140 里，考虑到墨子可能要绕道，我们可将直线距离乘以 1.3，则实际路程为 1140 里×1.3＝1482 里。显然持鲁阳说者的重要论据"二三千里"是计算错误了，假定墨子一天一夜行十五小时，一般人行走速度约为 5 公里/小时，则日行路程为 15 小时×5 公里/小时＝150 里，则十日夜行 1500 里，这是完全可能的，墨子其时为壮年约三四十岁，况且当时还有马车呢！据此否定鲁人说，论据不是十分妥当。

那么，墨子为印度人、阿拉伯人之说也就不堪一击了。

墨子早年曾在鲁国学习，其鼎盛年曾在鲁国居住。《吕氏春秋·当染》云："鲁惠公使宰让请郊庙之礼于天子，桓王使史角往。惠公止之，其后在于鲁，墨子学焉。"《墨子》书云："鲁君谓子墨子曰：'吾恐齐之攻我也，可救乎？'"（《墨子·鲁问》）"鲁君之嬖人死，鲁君为之诔，鲁人因说而用之。子墨子闻之曰……"（《墨子·鲁问》）"鲁君谓子墨子曰：'我有二子，一人好学，一人好分人财。'"（《墨子·鲁问》）"鲁人有因子墨子而学其子者，其子战而死，其父让子墨子。"（《墨子·鲁问》）可见墨子在鲁活动较多。又如，"子墨子闻之，起于齐（疑'鲁'），行十日十夜而至于郢。"（《墨子·公输》）"鲁之南鄙人有吴虑，……子墨子闻而视之。"（《墨子·鲁问》）此鲁可能是指西鲁鲁阳。"子墨子过宋，天雨，庇其闾中，守闾者不内也。"（《墨子·公输》）此系墨子弟子所记载，归指墨子返回出发点，即鲁国，并非指返回故乡或出生地，也没有隐含此意，此句与墨子出生于鲁阳不矛盾。"因所归不必其生地，而可能是当时旅居之处，则归途所过亦不必非生地；如所居非故国，则往仕宦之国亦不必非故国。""子墨子自鲁即齐，"（《墨子·贵义》）"子墨子南游使卫。"（《墨子·贵义》）"子墨子北之齐，遇日者。"（《墨子·贵义》）"子墨子游公尚过于越。"（《墨子·鲁问》）"遂为公尚过束车五十乘，以迎子墨子于鲁。"（《墨子·鲁问》）"子墨子使管黔敖游石高子于卫，"（《墨子·耕柱》）"子墨子仕人于卫，所仕者至而反。"（《墨子·贵义》）"子墨子仕曹公子于宋，三年而反，睹子墨子曰，"（《墨子·鲁问》）以上所述都是以鲁国为参照系的，可见，墨子的部分活动是以鲁国为中心展开的。墨子书中还有不少关于泰山的比喻，如"譬若挈太山越河济也。"（《墨子·兼爱中》），这都是就近取材的。

墨子晚年的活动中心复归故里鲁阳（今河南省鲁山县）。这是因为：其一，依墨学泰斗孙诒让所言，墨子"其平生足迹所至，则尝北之齐，西使卫，又屡游楚，前至郢，后客鲁阳，复欲适越而未果。"客乃客居之意，说明墨子晚年作为客人定居在鲁阳。因为孙诒让持"鲁人说"才这样说的。其二，依墨子书所载，墨子与各国国君对话较多者为鲁君和鲁阳文君，与鲁君对话三次，与鲁阳文君对话四、五次，所载与鲁阳文君对话的篇幅约为与鲁君对话篇幅的三倍，这说明墨子与鲁阳文君关系非一般，墨子盛年居于鲁，可以推测，墨子晚年当居于鲁阳，故与鲁阳文君对话机会才较多。其三，生于曲阜的孔子，门徒甚众，仅贤弟子就有72人，其中不少弟子从政，墨家非儒，必然遭到孔门弟子的贬斥。比如，孟子说："杨子为我，是无君也，墨子兼爱，是无父也。无父无君，是禽兽也。"又说："杨墨之言不息，孔子之道不著。"墨学所受的排斥可见一斑。其四，鲁山县志上出现过《墨经》中的原文"古今旦暮"四个字，说明在远离儒学中心的鲁阳，墨学得到了一定的保存，墨子晚年为宣传其思想可能以鲁阳为大本营。其五，在文物资料方面，最近发现河南鲁山保存了大量关于墨子的文物遗址，如"墨子故里"碑，墨子隐居处古遗址，墨子讲学处古遗址，墨子庙遗址，墨子洞等等。其六，墨子城守各篇，可能是墨子再传弟子所记，因为其中有"子禽子"字样，此篇文风古朴，有不少鲁山方言，不似《墨子·鲁问》等篇。巨子孟胜为阳城君守城一事也证明了此点。其七，中原文化中的尚武自卫精神、义侠精神亦可能源于墨子古遗风，因为中国文化主流中的儒、道、佛三家均不倡导尚武以自卫。综上，我们推断，作为墨学创始人的墨子晚年理应定居鲁阳。"大体上讲，墨家中心迁移的路线为鲁—楚（宋）—秦。"这与我们的推测是近似相吻合的。从历史与逻辑的观点来看，墨子早年文笔通俗易懂（类似鲁文化），晚年文笔艰深古奥（类似中原文化），此也佐证了这一推断。

《墨子·备梯》篇载："禽滑厘事墨子三年，手足胼胝，面目黧黑，役身给使，不敢问欲。子墨子其（甚）哀之，乃管酒块脯寄于大山，昧葇坐之，以樵禽子。"此处的大山，是指鲁山的大茅山、尧山还是山东泰山，尚且不能定论。

诸家争论之原因在于抓住几点理由，各持一端，互不相让。如果用运动变化的观点来看，墨子的里籍问题便迎刃而解了。这与宋人说、鲁人说、齐人说、鲁阳人说都不矛盾。

（三）生卒年考

下面考证墨子的生卒年代：

生年

墨子接触的主要人物有：公输盘，鲁阳文君，巫马子（施），楚惠王，文子，公孟子（公明义），季康子等。

1. 公输盘。其年约五十岁时当在惠王四十四年与五十年，长于墨子十许岁也。

楚惠王五十年为公元前 437 年，故公输盘当生于前 493 年至前 487 年。因此墨子约生于前 483 年至前 477 年。

2. 鲁阳文君。其为楚平王（前 528 年—前 516 年在位）之孙公孙宽之子，若为公孙宽则与年代明显不符。楚平王三年（前 526 年）公孙宽为司马，其时他年龄不大，假设为 15 岁，则其当生于前 541 年。假设宽生鲁阳文君在 25 岁至 65 岁之间，则鲁阳文君当生于前 516 年—前 476 年，根据墨子与鲁阳文君对话的次数及内容推测，墨子当于鲁阳文君年龄相当，即墨子约生于前 516 年至前 476 年。

3. 巫马子（施）。其生于前 521 年（其时孔子三十岁），长于墨子。假设巫马子长墨子 25 岁，则墨子生于前 496 年；假设巫马子长墨子 45 岁，则墨子生于前 476 年。故墨子约生于前 496 年至 476 年。

4. 楚惠王。墨子献书楚惠王在前 440 年（据《渚宫旧事》），假设墨子此时在 35 岁至 45 岁之间，则墨子当生于前 485 年至前 475 年。止楚攻宋在前 445 年至前 440 年。若为 444 年，假设墨子此时为 30 岁至 40 岁，则墨子当生于前 484 年至 474 年。

5. 文子。文子问于子夏与墨子，子夏少孔子 44 岁，孔子生于前 551 年，假设文子少子夏 20 至 50 岁则文子当生于前 487 年至 457 年，墨子至少长文子 20 岁，则墨子当生于前 507 年至 477 年。

6. 公孟子（公明义）。楚惠王四十二年（前 445 年），公孟子当三十岁左右，其当生于前475年左右，根据《墨子·公孟》问对，墨子长于公孟子，假设长于0至15岁，则墨子当生于前490年至475年。

7. 季康子。从《礼记·檀弓》篇（参孙希旦：《礼记集解》第二册）知道公输盘曾参加季康子母亲的葬礼，季康子卒于前468年，其父亲卒于前492年（《春秋左氏传》哀公三年和二十七年）。胡适认为其母亲很可能卒于其间，假设为前480年。公输盘是具有相当年龄才能应用其新技巧于季康子母亲的墓地，因而他至少在二十年前，即前500年左右出生的。假设墨子年小于公输盘30岁，则墨子当生于前470年；假设墨子小于公输盘10岁，则墨子当生于前490年。因为止楚攻宋之时，墨子为壮年时期，若为40岁左右，则此时公输盘超过70岁的可能性不是太大。故墨子不可能小于公输盘30岁以上。

综合上述数据，绘出交集如下（图1）：

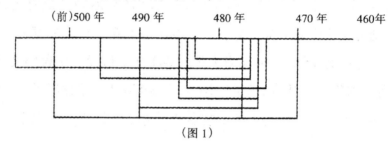

（图1）

取上述交集，墨子生于前483年——前477年，取中间值当为前480年，误差不超过3岁。根据墨子故里鲁山人传说，墨子是属鸡的，生于农历九月初八。公元前480年正好是鸡年，由此可以断定墨子当生于公元前480年。

再考证各家关于墨子生卒的数据：

孙诒让《墨子间诂》	定为	前468年—前376年
刘汝霖《墨子年谱》	定为	前478年—前397年
钱穆《墨子事迹年表》	定为	前479至467年—前394至前384年
方授楚《墨子简表》	定为	前490年—前403年
吴毓江	定为	前488至478年—前402年
胡适	定为	前500至前490年—前470至前380年
任继愈	定为	前480年—前420年
李树桐	定为	前496至492年—前407至前403年

张岱年	定为	前 480 年—前 397 年
詹剑峰	定为	前 470 年—前 390 年
邢兆良	定为	前 479 年—前 394 年

（表一）

上述各家的交集如下图 2：

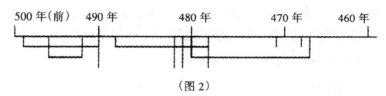

（图 2）

交集基本在前 480 年至前 478 年之间，符合于我们的计算范围：前 483 年—前 477 年之间，并由此支持了墨子生于前 480 年（前后误差不超过 3 年）这一推证。

卒年

1. 墨子晚年与齐大王问对，经孙诒让等考证，齐大王即田和也，其在位时间为前 385 年—前 384 年，此时墨子未卒。

2. 考《吕氏春秋》第 19 卷《上德》篇，吴起死时巨子已传至孟胜，吴起卒于前 381 年，此时墨子已卒。

3.《墨子·非乐》云，"齐康公兴乐万"之事，此为墨家弟子所记，是为了论证："是故子墨子曰：'为乐非也'。"不能作为考证墨子卒年准确数据的依据，但此时墨子似未卒。

4. 郑相子相杀郑繻公，时年为前 396 年，在此后三年（即前 393 年）墨子与鲁阳文君对话。可见，墨子在前 393 年尚未卒。

5. 齐康公十一年（即前 394 年）齐伐鲁，即《鲁问》篇三侵鲁之事，据孙诒让考。墨子此时或其后一、二年未卒。但孙诒让认为似与鲁阳文君年不合，非也。据前推算鲁阳文君生于前 516 年—前 476 年，若为前 480 年，到前 396 年时为 84 岁，是有可能的。

6.《墨子·鲁问》篇中，鲁君谓墨子曰恐齐攻我，此鲁君应指穆公，其元年为前 407 年。因为在齐平公时齐未有伐鲁记载，在齐宣公四十四年、四十五年、四十八年齐伐鲁，齐宣公四十八年即鲁穆公二年，墨子与鲁君问对不涉及鲁元公，因为伐鲁在元公最后三年。穆公二年田和伐鲁，在此之前墨子与鲁穆公问对似乎不大可能，因为仅一两年时间，这似乎太短了。穆公十六年、二十五年田和伐鲁，墨子在前 394 年或前 385 年似应未卒。

综合以上数据，绘成交集如下图 3：

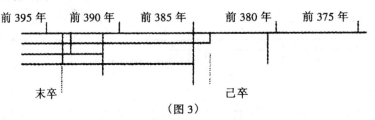

（图 3）

由此可见（图 3），交集在前 394 年—前 384 年，故墨子卒于此年间，取中间值为前 389 年，误差不超过 5 年，约略寿九十岁。这一点也得到了孙诒让的佐证。

再参照各家（参表一）关于墨子家年的数据交集图（如图 4）：

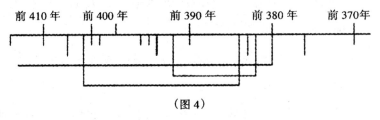

（图 4）

此外，这里又增加了一组数据：

梁启超认为墨子卒于前 392 年—前 382 年。

可见各家之说基本集中于前 394 年—前 384 年，由此支持了我们的推断。

综上所述，墨子姓墨名翟，生于春秋战国之际的鲁阳（今河南省鲁山县），其学习与部分盛年活动在鲁国。晚年返故里鲁阳定居，其生于前 480 年（前后误差不超过 3 年），卒于前 389 年（前后误差不超过 5 年）。这些应当成为定论。

四、墨家学派

（一）墨家综述

墨家是先秦诸子百家中重要的学派之一，在当时和儒家一起并称为先秦时代的两大"显学"，有"非儒即墨"之说。墨家因创始人是墨翟，世称墨子，故而这一学派被称为墨家学派。

《汉书·艺文志·诸子略》中说："墨家者流，盖出于清庙之守。茅屋采椽，是以贵俭；养三老五更，是以兼爱；选士大射，是以上贤；宗祀严父，是以右鬼；顺四时而行，是以非命；以孝视天下，是以上同；此其所长也。及蔽者为之，见俭之利，因以非礼，推兼爱之意，而不知别亲疏。"此说墨家出自清庙之守，即巫祝，巫祝是管理庙中事物，演习郊祀或其他祭祀礼仪的人，也有说墨家出于武士。其实，墨家主要来源于社会中、下层手工业者，墨家思想也在一定程度代表了"农与工肆之人"的利益。

《淮南子·要略》载："墨子学儒者之业，受孔子之术"，可见墨家是从儒家分出来的。但墨家的主张和儒家是针锋相对的，儒家主张"爱有差等"，墨家则主张"兼爱"；儒家信"命"，墨家则"非命"；儒家鄙视生产劳动，墨家则强调"不赖其力者不生"；儒家"盛用繁礼"，墨家则俭约节用；儒家严义利之辨，墨家则主张"义，利也"；儒家希求"穷则独善其身，达则兼善天下"，墨家则"摩顶放踵，利天下为之"，如此等等。具体来说，墨家主张"兼爱"，反对儒家从宗法制度出发的亲疏尊卑之分。兼，视人如己；兼爱，即爱人如己，"天下兼相爱"，就可达到"交相利"的目的。政治上主张"尚贤""尚同"和"非攻"，反对世卿世禄制度，反对各国之间以掠夺为目的的不义之战，认为任用官吏要重视才能，打破旧的等级观念，使"官无常贵，而民无终贱"；经济上主张强本节用，要求"节葬""节用"，反对奢华的生活方式以及礼乐制度；思想上提出尊天事鬼，同时又提出"非命"的主张，强调靠自身的实力从事。

墨家不仅是一个思想学派，还是一个有着严密组织和严格纪律的民间团体，其徒属从事谈辩者，称"墨辩"；从事武侠者，称"墨侠"；领袖称为"巨（钜）子"。按墨家的规定，被派往各国做官的墨者，必须推行墨家的政治主张，行不通时宁可去职。另外，做官的墨者要向团体捐献俸禄，做到"有财相分"。墨家讲究"任侠"，相传"墨子之门多勇士"，而"墨子服役百八十人，皆可使赴火蹈刃，死不旋踵"（《淮南子·泰族训》），功成不受赏，施恩不图报，说明了墨家理想人格的侠肝义胆。墨家尤重艰苦实践，以自苦励志。"孔席不暖，墨突不黔"，"短褐之衣，藜藿之羹，朝得之，则夕弗得"，"摩顶放踵利天下，为之"（《孟子·尽心上》），"以裘褐为衣，以跂蹻（草鞋）为服，日夜不休，以自苦为极"，生活清苦是墨家的真实写照。墨家纪律严明，相传"墨者之法，杀人者死，伤人者刑"（《吕氏春秋·去私》）。

墨家代表著作是《墨子》，由墨子的弟子根据授课笔记编撰而成。《汉书·艺文志》记载墨家著作八十六篇：《墨子》七十一篇、《胡非子》三篇、《随巢子》六篇、《我子》一篇、《田俅子》三篇、《尹佚》二篇，墨家著作在六朝以后逐渐流失，仅有《墨子》五十三篇存世。

墨子死后，墨家分裂为三派，有相里氏之墨，邓陵氏之墨，相夫氏之墨，活动于战国中后期。至战国后期，汇合成二支：一支称为后期墨家，注重认识论、逻辑学、数学、光学、力学等学科的研究，对前期墨家的社会伦理主张多有继承，在认识论、逻辑学和自然科学方面成就颇丰；另一支则转化为秦汉社会的游侠。战国以后，墨家已经衰微。西汉时，由于汉武帝的独尊儒术政策、社会心态的变化以及墨家本身并非人人可达的艰苦训练、严厉规则及高尚思想，墨学渐趋式微，由显学逐渐变为绝学。但是，墨家精神并未失传，汉代以后的侠士是墨家"兼爱"精神的继承者。中国文化中匡扶正义、平等互助的侠义精神，在很大程度上得墨家精神的真传。

（二）墨家与侠

墨家与侠之关系，源远流长，有解不开的缘。春秋战国时期，尚武、养士之风盛行。历史上著名的孟尝君、平原君、信陵君、春申君等人府中食客数千，其实，食客就是所谓的"士"。士分文士和剑士。文士即谋士，剑士即武士。先秦之侠，是较为纯粹的武士；墨家亦以武士团体为基本组织方式，墨子本人及禽滑厘、孟胜、田襄子等人，都曾是集团的首领，称为"巨子"。墨家门徒有义务对巨子绝对服从，《庄子》载："以巨子为圣人，皆愿为之尸。"巨子由上代巨子指定产生，代代相传，其相承制度的理论基础是墨子的尚贤思想，墨家巨子孟胜以身殉义前说："我将属巨子于宋之田襄子，田襄子贤者也，何患墨者之绝世也！"说明在墨家内部是以举贤继任的方法来解决墨家领袖的继承问题的。

墨子是第一代巨子，他以自己的品格、道德力量和领袖地位对墨家弟子具有很大的约束力和威慑力。墨家的部众，被外派的弟子离开所在诸侯国时要回集团报告，从而得到许可，成员从事各种活动的收入和外派为官弟子的收入都要上缴集团，由墨子（墨子死后由巨子）统一掌握，统筹使用，而"墨子服役者百八十人，皆可使赴火蹈刃，死不旋踵"（《淮南子·泰族训》）。由此可见，墨家的团体，与游侠形式中的山寨、帮派等团体之侠相似；而墨家思想中的"兼相爱，自苦以为义"、仗义而为，赖力自强以及"兴天下之利，除天下之害"等内容与侠义精神也是相通的。随着墨家学说的急速消失，墨家学派一部分人也成为隐匿民间的"游侠"，墨家的许多思想方法和行为方式，都在游侠的天地里绵延不绝地延续了下来。

1. 墨家行动与侠

墨家的所作所为与侠义精神是相通的，止楚攻宋是墨家对"义"做得最好的诠释。墨家拥有精英的救援团队，在遇到霸权的侵凌跋扈时，他们以实际行动救助弱小者。《墨子·公输》篇记载，楚惠王年间，公输盘帮楚国造云梯准备攻打宋国。墨子听到这一消息，从齐国起程，日夜不停，历经十天，奔走千里，裂裳裹足，赶到楚国见公输盘和楚王，阻止其攻宋。墨子先与公输盘论辩，以兼爱非攻之理折服公输盘，再见楚王阐述兼爱非攻之说。楚王不听，墨子就让公输盘为攻，自己为守，演示战争。公输盘用九种方式攻城，都被墨子瓦解，公输盘用完全部攻城机械，而墨子的守城器械却乃有余。

公输盘欲杀墨子以绝其患，但墨子有备无患，告知楚王和公输盘，自己的弟子禽滑厘等三百人已持自己制造的守城器械，在宋城上严阵以待。这样，楚王才被迫放弃攻宋的企图。当时楚是大国，宋是小国，可以想象，楚国如果攻打宋的话，宋肯定会遭受灭国之灾，肯定是生灵涂炭，血流千里。墨子以一己之力，直言说楚，不但体现他胆识过人，而且还表现了他为了大义而不顾个人生死的英雄气概。这种为国为民的精神正是任侠精神的体现。

墨子之后，墨家巨子孟胜信诺守义死守楚国阳城君的封地，也是墨者侠义思想的体现。战国著名军事家、改革家吴起在楚悼王时改革，《韩非子·和氏》说，他"使封君之子孙三世而收爵禄，绝灭百吏之禄秩，损不急之枝官，以奉选练之士"，受到贵族的嫉恨。楚悼王去世后，之前妒恨吴起的众大臣群起作乱要杀吴起，最后吴起故意伏在楚悼王遗体上，被弓箭射杀，但有些箭也因此射中楚悼王的遗体。楚国有法律，毁坏王尸是大罪，罪连三族。楚肃王即位后，他要杀光"射吴起并中王尸者"，阳城君也是其中之一。阳城君闻讯出逃，而孟胜作为阳城君的好友，受托守城。孟胜无法守护其属地，认为必须一死，否则将来恐怕没人会信任墨者。他派两个人把巨子之位传给宋国的田襄子，以免墨者绝世。然后殉朋友之义，同时赴死的墨家子弟约有 180 人。传信之人转告田襄子后，又要折返楚国与孟胜共同赴死，田襄子以刚接任的巨子地位命令二人留下，但失败。可见，墨家救危济困、轻命重气、勇于牺牲的品格，与奋不顾身、舍生取义的侠的行为和作风是一脉相承的。

2. 墨家思想与侠

墨家与侠在思想上的联系，同样也十分紧密。墨家主张"兼爱"和"非攻"，即主张平等地爱众生而反对不义之战，"兼爱"包含着平等待人和消除暴力的努力，包含着对强凌弱、众暴寡的指责，包含着"以杀止杀"的"非攻"主张。墨家门人以"兴天下之大利，除天下之大害"为己任，走的是平时节用节俭、参与劳动、储备能力、反对暴政和不义之战并慷慨赴死的"千里独行不归路"。以"兼爱"这种团体的共识为基础，墨子极力宣扬兼爱学说，认为天下的每个人都应该同等地、无差别地爱别的一切人。这和侠的朋友义气及其扩而大之的路见不平的侠义品质颇为相似，"兼爱"正是游侠职业道德的逻辑的延伸。这种道德，就是在侠者的团体内"有福同享，有祸同当"。

同时，墨子主张："有力者疾以助人，有财者勉以分人，有道者劝以教人。若此则饥者得食，寒者得衣，乱者得治。"（《尚贤》）墨家具有这种悲天悯地之心和爱百姓、爱众生、爱万物的思想，并愿意为之"赴汤蹈火、死不旋踵"。这与司马迁所说的游侠"赴士之厄困"及扶弱济贫、见义勇为、吃苦耐劳的侠义精神是相符的。而墨子所说的"言必信，行必果，使言行之合，犹合符节也"（《兼爱》）的有诺必承、言而有信的行为、人格与《史记·游侠列传》中"其言必信，其行必果，已诺必诚"的侠义之风也是如出一辙的。

总而言之，墨家提倡的"兼爱""非攻"等思想，与倡导平等、博爱、热爱和平、敢于斗争、除暴安良、果敢自信、铁肩担道义的武侠精神实质有着深刻而广泛的内在联系。然而，墨家与侠还是具有相异之处的，如墨家生活简朴，组织严密，纪律严明，而侠的生活自由潇洒，倜傥豪爽；墨家是政治学术流派，有完整的社会政治系统观，而侠多是个体行为，讲义勇之气，鲜涉政治；墨家主张"非攻"，为弱小者而战，长于守御，而侠本质好斗，好声誉，重名节，等等。

（三）墨家及墨学的流变

1. 墨家后派的发展

墨学是战国时代诸子中的显学，受到当时社会的广泛支持和响应。墨子创学之初，弟子随之者如云，与儒家争辩，不在其之下，成为较有实力的学术团体。墨学的弘扬，使许多人加入墨学队伍，据《吕氏春秋·尊师篇》记载："孔墨徒属弥众，弟子弥丰，充满天下。"《淮南子·道应训》篇说："孔丘、墨翟，无地而为君，无官而为长，天下丈夫女子，莫不延颈举踵而愿安利之者。"这种评价，反映了当时墨学的显赫地位。

墨子教授弟子时，让学生"能谈辩者谈辩，能说书者说书，能从事者从事"，因而形成了墨子弟子中"谈辩""说书""从事"三大派别。墨子死后，墨家学派发生了分化。《韩非子·显学》说："自墨子之死也，有相里氏之墨，有相夫氏之墨，有邓陵氏之墨。"《庄子·天下》也论述道："相里勤之弟子五侯之徒，南方之墨者苦获、己齿、邓陵子之属，俱诵墨经，而倍谲不同，相谓别墨。"相里氏西近于秦，是为西方之墨，多为"从事"之徒；"五侯之徒"当在伍子胥之后，居齐，为东方之墨，多授徒讲学之人；邓陵子等无疑是南方之墨，重于谈辩。

东方之墨的活动区域大致在宋、鲁、齐，这里是墨学的诞生地，鲁国"有周公遗风，俗好儒，备于礼，故其民……地小人众，俭啬，畏罪远邪"；"宋地……其民犹有先王遗风，重厚多君子，好稼穑，恶衣食，以致蓄藏"；而齐国"俗宽缓阔达，而足智，好议论，地重，难动摇"，"其士多好经术，矜功名，舒缓阔达而足智"。在如此之风影响下，加之齐国倡导学术自由，重实践、主节用的墨学自然根深蒂固，东方之墨者直接受承墨子衣钵，讲学布道，基本保持了墨家学派形成时墨子的所有主张，代表人物有田鸠（亦即田襄子）、五侯等。

三派之中，当属西方之墨最盛。西方之墨的活动区域大致在秦统治地区，秦为图霸业，广纳人才，墨家之徒也争相到秦国来。秦惠文王时，墨家巨子居秦，墨学中心已转入秦国。墨学思想体系中尚同、尚贤、节用和非儒等思想符合秦人轻宗法、重实利的功利主义价值观，这成为墨学流行秦国的思想基础。另外，秦国屡受北方少数民族的侵扰，墨者擅长城防技术，他们的军事才能和牺牲精神自然会得到秦统治阶层的垂青。

墨子晚年游楚，卒于楚之鲁阳（今河南鲁山），楚是墨子最后的活动中心，南方之墨者由是兴盛，代表人物苦获、己齿、邓陵子都是楚人。从《庄子·天下篇》看，南方之墨者俱诵《墨经》，《墨经》又称《墨辩》，盖多为名辩之士。"辩"是南方之墨的特征，《墨经》是其经典。

《韩非子·显学》中说墨家后学各派"取舍相反不同，而皆自谓真墨"，而称别派为"别墨"。墨家后学各派虽有师承关系，各派主张有交叉、有融合，但各地墨者各立派系，各事活动，各求所用，认为自己是墨家正统而视政见不同者为异端。

2. 墨家及墨学的衰微和承传

秦人焚书，子学不传；汉初复学，儒家独尊。秦始皇统一中国后，起初试图实现秦文化与诸子百家学术文化的兼容，对吕不韦肇创《吕氏春秋》精神加以继承，然而后来又焚书坑儒，实行文化专制主义政策，使各家学术受到严重摧残，墨家自然也不能幸免。墨家重视纪律和组织，甚至具备军事功能（防御守城），这样的组织必然不见容于统一之后的秦帝国。《庄子·天下》评墨子谓"其道大觳"，"反天下之心，天下不堪。墨子虽独能任，奈天下何"！东汉哲学家王充也认为墨学"虽得愚民之欲，不合知者之心"。同时，墨家"非攻""节用""节葬"等主张，自然不利于秦之征战四方，威仪天下，加之秦始皇好大喜功，奢靡无度，更不会节用、节葬，正如王充所说："儒道传而墨法废者，儒之道义可为，而墨之法议难从也。何以验之？墨家薄葬右鬼，道乖相反。"墨家主张不合时宜，也就难逃被焚之命运了。

自汉朝起，"视墨同儒"的学术观念流行，妨碍了墨学的研究和流传。儒墨学说虽有诸多相异点，但亦有诸多相似点。《淮南子·主术训》中说："孔墨皆修先圣之术，通六艺之论"，道出了汉人儒墨同源的认识，更何况墨子也确曾"学儒者之教，受孔子之术"，《墨子》书中的《修身》《亲士》《所染》三篇讲的都是儒家言论。由此可知，尽管战国以儒墨相非，但两学派因有着共同的思想渊源和基础，所以秦汉以后墨家思想在一定程度上被儒学吸收，在儒家受推崇的当时，无疑越来越丧失其独立性和识别性。至汉武帝罢黜百家，墨家完全被打入政治冷宫，逐渐式微，几乎息绝，在长达数千年的封建社会，墨学一直处于湮没无闻的状态。

直到近代，以晚清倡导"经世致用"之实学为契机，"墨学比附西学"的观念冲击了传统的儒家观念，为近代西方科学文化的传播找到了来自传统的依据，墨学研究特别是《墨辩》研究大兴。现代，墨学受到进步思想家与民主革命派的青睐（如梁启超、章太炎、鲁迅、胡适、《民报》），治墨学者，络绎不绝，似有墨学复兴之势。究其缘由，是因为墨学蕴藏着民粹主义与平等博爱的思想因子，如墨家"强必富，不强必贫；……强必宁，不强必危"的生存观，"人无长幼贵贱皆天之臣""官无常贵，民无终贱"的平等思想。

当下，墨学研究重新启动与深化，取得了突飞猛进的发展。墨家思想在当下仍具有极大的影响与意义，如墨家的"兼爱"思想，要求人们平等互爱，互相援助，体现了提倡平等的民主思想；墨家提出"非攻"，反对互相侵伐，树立起了和平主义的旗帜；墨家的"尚贤"思想，提出"不党父兄，不偏富贵，不嬖颜色"的用人之道，不仅树立了正确的道德价值取向和人才观，而且对于激励人们加强自我修身、力争成为贤者有积极作用；墨家的"节用""节葬"思想，崇尚廉洁为公和艰苦奋斗，于今而言，依然具有针对性，更值得我们提倡。而墨家在力学、光学、几何学等自然科学方面的贡献，代表了所处时代最高的科学认识水平，更值得今人去研究。墨学作为中国传统文化最有价值的成分之一，未来必定将以其自身独有的永恒价值和普世价值放射出更加夺目的光辉。

（四）墨家后学的派别及活动

墨子自创立墨家学派后，影响日益扩大，追随弟子也不断增多，据《吕氏春秋·当染》记载，孔墨"从属弥众，弟子弥丰，充满天下"。随着学派的发展壮大，墨家逐渐形成具有严密组织性、行动统一化、经济一体化的学术团体。

墨家学团的成员统一信奉墨子创立的学说，他们以实现墨子的社会政治理想为信仰，四处游说诸侯、出仕为官，推行墨子学说是他们的首要任务。在弟子出仕之前，墨子往往会先指派其他几名弟子前去游说铺垫。比如在高石子到卫国做官前，墨子就让管黔敖先到卫国进行宣传，以提高高石子的知名度。

弟子出仕后，他们的行为仍要受到学团的掌控，如果行事有悖于墨家主旨，就会被罢免。《鲁问》篇就记载了胜绰被辞退的故事：墨子的弟子胜绰在项子牛手下做官，而项子牛先后三次入侵鲁国，明显违背了墨子"非攻"的主张。胜绰不但没有劝阻，反而三次都跟随项子牛一起入侵鲁国。墨子听说后就让高孙子辞退了他。

与之相反，因为卫国国君昏庸无道、不施行墨家学说，高石子毅然舍弃优厚的待遇，辞官回到学团。对于他这种背禄向义的精神，墨子大加赞赏："我经常听说为了高官厚禄而背弃道义的人，为了道义而舍弃高官厚禄的人，除了高石子还能有谁啊！"很显然，出仕为官只是学团宣传墨子学说的一种手段，如果这种手段无法奏效，学团成员就要义不容辞地舍弃它。

成员的经济生活同样也受到学团的控制。墨子主张"有财者勉以分人"，对学团内部的成员也是如此。据《耕柱》篇记载：耕柱子被墨子举荐到楚国做官后，几个同门前去拜访他。耕柱子每顿饭只用三升米来招待他们，显得非常寒酸。同门回来后就对墨子说："耕柱子在楚国没有什么用处。"墨子却说："还不能这样下定论啊！"果然，没过多久，耕柱子就送了十斤黄金给墨子，并说："弟子不才，收入了十斤黄金，请老师和大家享用。"由此可见，无论哪位成员在外有了收入，都要上缴学团，再由首领统一分配使用。实际上这是一种一体化的经济制度。

严密的管理方法和规范的组织形式使墨家学团在那个动荡混乱、一盘散沙的时代显示出极其强大的生命力。墨家影响迅速扩大，成为战国中后期唯一可与儒家相抗衡的学派。

墨子在世时，他凭借自己渊博的学识和崇高的人格带领墨家学派达到鼎盛。墨子去世后，庞大的墨家学团又是如何继续维系其凝聚力的呢？

我们已经知道，墨家不单纯是一个学派或学术团体。它同时也是一个有着严密组织性的社会团体。墨家首领有其特殊的称号，叫作"巨子"。巨子在墨家组织内部拥有至高无上的权力和权威，墨家的全体成员都必须完全听命于巨子。

"巨"在中国古代有"大"的含义，"巨子"即为"大师""大先生"之义。墨家的第一代领袖是墨学的创立者墨翟，但值得注意的是，墨子却不是墨家第一位巨子。纵观《墨子》全书，对墨子的称呼只有"墨子""子墨子"，而没有"巨子"，可见当时还无"巨子"之称。由此确定，巨子制应出现在墨子之后，是墨家后学为了强调领袖的权威所创。

现存先秦典籍中只有《吕氏春秋》中记载有巨子的事迹，其中载有巨子三人：孟胜、田襄子和腹䵍。而没有史料表明墨子最著名的大弟子禽滑厘是墨家的巨子，《墨子》一书中也只是偶尔称其为"子禽子"。由此推论虽然墨子在临终前指定禽滑厘为墨家首领，但那时还没有兴起"巨子"一称，直到禽滑厘传位给孟胜时才开始有"巨子"的称呼；抑或禽滑厘先于墨子去世也未可知。据考证，孟胜与吴起同时，而墨子比吴起年长五十余岁，孟胜极有可能是墨子的再传弟子。如果禽滑厘先于墨子而亡，那么墨子临终前指定的那位墨家首领应当是孟胜，他便是墨家的首任巨子。

据《吕氏春秋·上德》记载：孟胜与楚国的阳城君十分友好，阳城君请孟胜帮他守卫自己的封地，并剖开一块璜玉作为符信，双方约定只有合乎才能听从来人所传达的命令。由于吴起的改革损害了楚国贵族的利益，楚悼王刚死，包括阳城君在内的楚贵族群起围攻吴起于悼王停丧处，在射杀吴起时也误射了王尸。楚肃王继位，要治误射王尸诸人的罪，阳城君只好出逃，楚国便要收回他的封地。当时孟胜还在留守阳城君的封地，得知封地将要被收回，他说："我接受了阳城君的封地，并与他有符信约定，现在没有见到符信，自己的力量又无法制止封地被收回，我只能为此一死了。"他的学生徐若劝他："你死了对阳城君毫无益处，而且还会使墨家力量灭绝，你万万不能死啊！"孟胜回绝道："不对。对于阳城君而言，我不是老师就是朋友，不是朋友就是臣子。如果我今天不死，从今以后，寻求严师一定不会从墨家中寻求了，寻找朋友一定不会从墨家中寻找了，寻觅良臣一定不会从墨家中寻觅了。我死，正是为了实践墨家的准则并使它的事业继续下去啊！我将传巨子之位给宋国的田襄子，他是位贤士，所以不用担心墨家因我之死而灭绝。"徐若听后当即决定先孟胜而死。孟胜则在派了两个弟子把巨子一位传给田襄子后便毅然自尽，和孟胜一起殉死的还有一百八十名墨家子弟。而那两位传达命令给田襄子的墨者也不听田襄子的劝说，返回楚国阳城为孟胜殉死了。

这么一场惊心动魄、可歌可泣的悲壮之举表面看来似乎行了墨家的大义，孟胜及其弟子慷慨赴死，殉身就义，确实颇具墨子之风。但仔细分析便可发现，他们这样的"义"举，却恰恰违背了墨子"为天下兴利除害"的大义准则。在《鲁问》篇中，墨子曾就如何区别义与不义与孟山进行过一番辨析。孟山说："从前白公胜叛乱，抓住王子闾并用大斧抵着他的腰，用剑矛直对着他的心脏，对他说：'你愿意当楚王的话就让你活命，不愿意就让你死。'王子闾说：'这是何等的侮辱我啊！杀死我的亲人，却拿楚国的王位来让我开心。即使我将得到整个天下，如果不合仁义之道，我也不会做，更何况只有楚国呢！'于是坚决不从。王子闾难道不算仁义吗？"对此，墨子的回答是："这的确是很难做到的，但还称不上仁义。如果是认为楚王无道，为什么不接受王位并治理楚国呢？如果是认为白公胜不义，为什么不接收王位，然后再杀掉白公胜后把王位还给楚王呢？"

很显然，墨子并不是从个人恩怨私利出发来区别义与不义、有道与无道的。然而孟胜却在"士为知己者死"的个人信念下，将墨子"兴天下之利，除天下之害"的宗旨，曲解为效力于一家一姓的愚忠。可悲的是，他的一百八十余位弟子对此却毫无异议，也在他的带领之下走上了愚忠之路。这种无谓的牺牲大大损失了墨家的有生力量，使墨家在战国中后期的影响日渐衰弱。

扼腕叹息之余，我们不禁又有疑惑：究竟是什么力量，能让一百八十余弟子无怨无悔地随同孟胜自杀殉义呢？虽说中国古时有"君要臣死，臣不能不死；父要子亡，子不能不亡"之说，但师徒之间是不存在这样的关系与义务的。况且臣与子受命而死也并非自身乐意而为，一句"不能不"也就流露出了他们不得已而为之的无奈。

然而，在孟胜殉节事件中，即使是传信的那两位弟子，仍执意要再返回鲁阳自杀，可见这一百八十余弟子的自杀皆为自愿。如果仅靠巨子的感召和墨家之法，恐怕很难使如此众多的弟子心甘情愿地抛却自己最宝贵的生命。由此可以推论，在孟胜为巨子的时代，墨家团体已经开始出现准宗教倾向。郭沫若就曾说过，墨家的宗教气味极浓，巨子"大概等于后世宗教的教祖"。也就是说，这时的墨家领袖已兼具有宗教首领的性质，有着至高无上的权力，决定墨家组织的一切。在墨子时代，还有弟子质疑墨子的学说，然而到了孟胜时代，巨子已成为完美的代表，真理的化身，他的正确性已不容置疑。

巨子地位如此特殊，他们又是如何产生的呢？墨家鼓吹禅让，墨家巨子的产生也都遵循禅让制，即由前任巨子选定继任者，并于临终前传位于他。巨子的选择完全决定于前任巨子，这样的组织方式给墨家留下了巨大的隐患。由于不是墨家全体成员共同推举产生，新任巨子一旦不具备领袖的才能和号召力，就很难使规模庞大的团体真正凝聚在一起。孟胜临终前匆匆传位的下一任巨子田襄子，历史上所有事迹记载甚少，可以推想当时他的影响并不是很大。然而在墨学兴盛，墨家团体日益壮大，墨徒足迹遍布全国的情况下，缺乏号召力的田襄子就很难维系墨家的统一，天下墨者由此开始分化。

庄子曾对墨家的分化现象做过讨论。《庄子·天下》说："相里勤之弟子五侯之徒，南方之墨者苦获、已齿、邓陵子之属，俱诵《墨经》，而倍谲不同，相谓别墨。"据钱穆先生考证，古书中伍子胥的伍姓多作"五"。伍子胥是春秋时期楚国人，他有后人在齐国生活的，五侯之徒大概是指在齐国一带活动的东方墨者。墨学兴起于宋、鲁，东方墨者直接受承墨子衣钵，加之齐国倡导学术自由，因此东方之墨极为活跃。而苦获、已齿、邓陵子等被称作南方之墨，他们应当是活跃在楚地的墨者。墨子生前就曾多次与弟子前往楚国，晚年又客居楚之鲁阳，楚国是墨子最后的活动中心，南方之墨由此卒盛。五侯之徒是相里勤的弟子，那么相里勤必定是在东方之墨形成之前。据钱穆先生地方志考证，相里氏的祖居在今山西汾阳，由此推论相里勤大概就是当时活跃在秦国的西方墨者。

庄子所谈的墨家派别并不包括西方之墨，这大概与他生活的地方距秦国较远、对秦国墨者不太了解有关。其实，当时势力最盛的当属西方之墨。据《吕氏春秋·去私》记载，墨家巨子腹䵍就居住在秦国。腹䵍的儿子杀了人，依秦法当处以死刑。当时秦国的国君秦惠王顾及腹䵍年事已高，又只有这么一个儿子，就赦免了他儿子的死罪。但是腹䵍却依据"杀人者死，伤人者刑"的墨者之法执意处死自己唯一的儿子。腹䵍严守墨者之法、毫不徇私之举着实令人敬佩，而在一向重法的秦国，仅因腹䵍之故就使秦惠王网开一面，可见腹䵍在秦国的地位和影响非同一般，也可以想象到墨家当时在秦国所具的实力。这恐怕也是身处宋国的田襄子要把巨子之位传给远在秦国的腹䵍的原因。

墨子在世时并没有到过秦国，当时的秦国也未见有墨者活动。除了秦远僻西戎之地、交通不便外，秦国大肆从事兼并战争的行径也与墨子"非攻"的主张有很大冲突。那么，为什么在墨子之后各地墨者却纷纷涌入秦国呢？这与秦惠王时期实行的客卿制有很大关系。

墨子主张"尚贤"，曾明确提出举贤要"不辟贫贱""不辟亲疏"；任用贤才要"高予之爵，重予之禄，任之以事，断予之令"。对有能者要"举而上之，富而贵之，以为官长"，对无能者则要"抑而废之、贫而贱之，以为徒役"。不管出身如何，只要有才能，都能在秦国找到施展自己才华的一方天地。战国七雄中只有秦国真正做到了这一点。再加上秦国国势日益强盛，秦国对天下贤人有着其他国家无可比拟的巨大吸引力，使得许多秦国以外的士人纷纷来奔，墨家之徒也争相涌入秦国。另外，当时的秦国不仅注重对北方少数民族的防御，而且在进攻六国的同时也要防止六国的进攻，这些都使墨家的守城之术有了巨大的用武之地。

除了腹䵍，史料记载还有三位墨者田鸠、唐姑果和谢子曾活动于秦国。《吕氏春秋·首时》中记载田鸠曾在秦国居住过三年。而《吕氏春秋·去宥》也记载：一位名叫谢子的东方之墨想西去秦国拜见秦惠王，惠王询问唐姑果的意见，唐姑果担心谢子的才学高过自己，就诋毁谢子为人险恶，致使谢子无法得到惠王召见。从这件事也可看出，在当时"东方之墨"与"秦墨"已分属不同集团。因此，最晚在秦惠王时期，墨家已分裂出西方秦墨一派。到了庄子时代，东方之墨、西方之墨与南方之墨已呈现出三足鼎立之势。

随着墨学的进一步发展，墨徒所居范围日益分散，致使墨家分化现象愈来愈严重。《韩非子·显学》中说："自墨子之死也，有相里氏之墨，有相夫氏之墨，有邓陵氏之墨。故孔墨之后，儒分为八，墨离为三，取舍相反不同，而皆自谓真孔墨。"邓陵氏之墨无疑就是南方之墨了。而"相里氏之墨"即庄子所说的"相里勤之弟子五侯之徒"的东方之墨。至于相夫氏之墨，庄子并没有论及，大概当时这一派还未形成，其形成时间应当晚于五侯之徒和邓陵子之属。

由此可见，墨家后学各派并非同时形成，虽然彼此间有着一定的师承关系，他们的出现表明墨家不再以"谈辩""说书"和"从事"为标准来区分弟子派别，取而代之的是按地域划分的不同派别。这是因为战国时期诸侯地域割据，由于各地的政治环境和人文地理不尽相同，墨学在发展过程中受到不同文化的熏陶和影响。随着时间的推移，不同地域的墨家在学术主张和行事作风等方面的差别越来越大，分歧也越来越多，久而久之，自然会形成不同的派别。

除此之外，争夺巨子之位也是墨家分化的重要原因。庄子在论述墨家分化现象时曾说墨家各派"以巨子为圣人，皆愿为之尸，冀得为其后世，至今不决"。在先秦时期，"尸"一般是指祖先。祭祀时，由被祭者的下级或晚辈装扮成被祭者的神像，这就是"尸"。由此可见，庄子时墨家已无巨子，因此，旧有巨子就成为墨者们祭祀的对象。而巨子腹䵍只是略早于庄子，那么墨家最后一位巨子很有可能就是腹䵍，或者是先于庄子而卒的腹䵍的继任者。也许是猝死使最后一位巨子没来得及指定自己的接班人，也许是别的什么原因，墨家巨子之位失传了。墨家集团一时群龙无首，各地墨者首领都想成为下一任巨子，斗争愈演愈烈，导致墨家不断分化。

墨学发于鲁、兴于宋，然后转移到楚，最后西移至秦，在不同区域形成了不同墨家流派。虽然各派之间互谓"别墨"、互争正宗，但彼此的辩诘和驳难并未影响墨学的演进与发展。由这些墨家弟子精心总结的墨子学说，不断地给墨学注入新鲜血液，最终成就了《墨子》一书。

（五）墨家的主要著作

流传下来的墨家著作极少，最著名的是《墨子》一书。虽然这部著作题署著者为墨翟，但真正的作者其实并非墨子本人。中国先秦的古籍，尤其是诸子各书，大都是由门人弟子搜集整理师父的思想学说，逐渐编写而成的。成书过程往往要历经几代弟子，跨度甚至长达几百年时间。《墨子》便是墨子的弟子及其后学集体智慧的结品。书中不仅著录了墨子的主要学说和思想，也包含了墨家后学的发展和创造。

《汉书·艺文志》著录《墨子》有七十一篇，流传至今的只有五十三篇，亡佚了十八篇。在这已经亡佚了的十八篇中，有八篇有存目：《节用下》《节葬上》《节葬中》《明鬼上》《明鬼下》《非乐中》《非乐下》《非儒上》，其余十篇据孙诒让考证是关于守城器械和方法的论述，其中的六篇是《备钩》《备冲》《备埋》《备空洞》《备蟥辒》和《备轩车》）。

胡适将今本《墨子》的五十三篇分为五组，分别为：

第一组：《亲士》《修身》《所染》《法仪》《七患》《辞过》《三辩》，共七篇；

第二组：《尚贤上》——《非儒下》，共二十四篇；

第三组：《经上》《经下》《经说上》《经说下》《大取》《小取》，共六篇；

第四组：《耕柱》《贵义》《公孟》《鲁问》《公输》，共五篇；

第五组：《备城门》——《杂守》，共十一篇。

这一划分方法得到多数学者的认同，不过大家对各篇的真伪以及成书年代却各持己见，看法不尽相同。

关于第一组，汪中曾明确指出：《亲士》《修身》二篇为七十子后学撰述。胡适则更为干脆地说这七篇都是后人假造的。梁启超也认为前三篇并非墨家之言，纯属伪托。不过他并不认为后四篇也是后人假造的，而是墨家后学记述的墨学概要，对理解墨学具有提纲挈领的作用。

认为第一组（尤其是前三篇）是后人伪造的主要根据有以下两点：（一）这些篇目中包含了许多与儒家近似的观点；（二）涉及了墨子身后之事。

关于第一点，已有许多学者进行过驳斥。我们知道，墨子曾"学儒者之业，受孔子之术"，在创立自己的学说之前曾接受过系统的儒家教育，因此他的早期思想带有些儒家味道并不足为怪。况且"亲士""修身"等问题先秦各家学派都十分关注，墨子有所论述也在情理之中，并不能就此否认墨家的著作权。至于第二点，即其中一些篇目涉及了墨子之后的历史事件，按诸子各书皆成于本人身后的通例，当是墨子后学整理时的添加，不能据此证明是他人伪作。

对此，我们认为，第一组由墨家后学编写而成，记录了墨子刚脱离儒家不久时的早期思想。"其中虽然有一些与儒家相近的理论，但更重要的是它们已经明确显示出墨家自己的主张，即使在前三篇中也是如此：比如涉及墨家核心理论'兼爱'的'兼士'、'兼君'的提出，主张的'君子必辩'也明显与孔子的态度不同。而后面四篇更是与墨子尚贤、天志、节用、非乐等重要理论密切有关，甚至可以视为其理论的纲要。"

第二组前二十三篇被称作墨家"十论"，是墨子的中心思想，墨家的系统理论，梁启超称其为墨学的大纲目，《墨子》一书的中坚篇。这二十三篇中都有"子墨子曰"的字样，可知均不是墨子自著，而成于其弟子之手。这一点目前学界基本没有异议。至于这一组最后一篇的《非儒》，由于与墨子思想有违，且篇末指名批评孔子的一些文字与史实不合，历来被学者怀疑。墨子虽然不赞成孔子的许多思想，但他并非对儒家思想一概否认。据《公孟》篇记载，墨子与程子辩论时曾称述于孔子。程子问墨子为什么一边非儒一边又称述于孔子，墨子说："是亦当而不可易者也"。可见墨子对孔子思想中正确的部分也是十分赞同的。所以栾调甫等学者认为，这一篇大概是在儒墨两家抗争激烈之时，由墨家后学根据墨子"非儒"的思想自著而成的，并非述闻之作。

这一部分还有一个十分特别的结构：每一议题都有"上""中""下"三篇，其内容、结构和层次都大致相同，然而篇幅却在逐渐增长。对于这一特殊现象，有学者认为，墨子将自己的弟子分为从事、说书、谈辩三类，上、中、下正好与之相合，应该是这三类弟子各记所闻造成的结果。也有人认为它们是"墨离为三"后，三派弟子的不同记载。栾调甫先生还根据上、中、下三篇征引《诗》《书》的多少以及方言的差别，考证出"十论"上篇出于秦之墨，中篇出于东方之墨，下篇出于南方之墨。

这些说法虽然各据其理，不过也都有不合事实之处。"十论"各篇文字质朴，语言多口语化，应该是弟子们在听墨子讲授时的记录稿，因此同一时期的记录应当大致相同，怎么可能因为支派不同就随意增减呢？较为可能的是，墨子在不同时期常常就同一议题反复论述，上篇是他在建立墨家学派初期时的讲演记录，因此篇幅最短；中篇是游说诸国、思想不断发展时的讲演记录，因此较为丰满；下篇则是晚年思想成熟时的阐述，因此最为丰富。当然，我们不能否认墨子弟子及其后学对这些记录稿有所整理。"十论"是在墨子、墨子弟子和墨子后学的不断完善中逐渐形成的。

第三组六篇合称为《墨经》，也称作《墨辩》，包罗宏富，内容涉及哲学、逻辑学、心理学、政治学、伦理学、教育学、自然科学等诸多方面，堪称先秦时期的百科全书。关于这部分的作者，历来众说纷纭，至今仍无定论。

以胡适为代表的学者认为这六篇都不是墨子自著，理由有以下四点：（一）这六篇的文体、句法、字法都和"十论"诸篇不同；（二）这六篇全是科学家和名学家的议论，并非墨子时代所能做出；（三）《小取》篇中有"墨者"之称；（四）这六篇中讨论的问题全是惠施、公孙龙时代争论最激烈的问题，如果不是他们所著，也应该产生于他们那个时代。

梁启超对此持反对意见，他认为"《经上》必为墨子自著无疑。《经下》或墨子自著，或禽滑厘、孟胜诸贤补续，未敢悬断"。并对胡适提出的四条理由逐一进行驳斥：（一）《墨子》"十论"诸篇是墨子弟子所著，这六篇文体不同于它们，正是墨子自著的证明；（二）《墨经》中对"仁""义""任"等概念的解释与墨子的根本思想是一致的；（三）这六篇性质各不相同，不能因其中某篇不是墨子自著就否认其他篇也不是墨子自著的；（四）惠施、公孙龙讨论的问题只是《墨经》中的一小部分，内容也颇为不同。只能说是惠施、公孙龙的学说源于《墨经》，而不能认为《墨经》是他们所著。

还有人认为《墨经》六篇全是墨子自著，至少《经上》《经下》是墨子自己所作。至于《墨经》的作者究竟是谁，仅凭现有的史料很难做出定论。目前较为可信的是杨宽的说法："《墨经》原始，祇今经上篇"；"经下一篇，当辩难时，某派之领袖所作，其徒以之为与辩者相辩之本者，故亦尊之为经，为别于原始原诵之墨经，乃以俱诵之墨经为经上，而以之为经下。"也就是说，《经上》为墨子自著，《经下》是墨家后学所作。至于《经说上》《经说下》两篇，大概是墨家后学为了解释经文而后作的。

关于第四组的五篇，历来颇少异议。胡适说："这五篇，乃是墨家后人把墨子一生的言行辑聚来做的，就同儒家的《论语》一般。"因为各篇记述墨子弟子时只有禽滑厘被称作"子禽子"，我们由此推测作者就是禽滑厘的弟子。由于历史上流传下来的墨家资料极为罕见，这五篇成为我们了解墨家言行事迹的珍贵史料。这是比"十论"更为原始的墨家资料，包含了许多墨子刚刚创立墨家学派时的早期思想，再结合"十论"诸篇，我们便可勾勒出墨子思想从产生、发展到成熟的大致脉络。

第五组十一篇是墨家的军事著作，记述了墨家最负盛名的守御之术。由于各篇文字错落极多，而且涉及不少早已失传的攻防器械，因此十分难读。学界一般都认为这部分是墨子传授给禽滑厘的守城之法，但也有一些学者怀疑是汉代人的伪作。不过随着云梦楚简的出土，他们的怀疑已不攻自破。李学勤先生在《秦简与（墨子）城守各篇》一文中，根据出土秦律，论证这一组记述的职官和刑法制度与秦在法律、职官名称方面具有一致性，而且二者之间在计量制度、语词的书写格式等方面也具有相似性。因此，李学勤认为这十一篇"很可能是惠文王及其以后秦国墨者的著作"。

（六）墨学的影响

春秋战国时期，学派林立，百家争鸣。在同一个社会大环境下，各个学派关注和探讨的问题虽各不相同，却也不乏相互契合之处。不同学派彼此间相互吸取、相互渗透，并在相互驳难、互相批判的过程中，受到对方学术思想和价值取向的影响。作为当时蜚声列国的显学之一，墨学对其他学派也有着广泛而深刻的影响。

百家争鸣

孟子就在一定程度上吸取了墨子重民利的实利主义政治思想，开始关注"制民之产"和"轻徭薄赋"这样的经济问题。他还旗帜鲜明地反对当时的兼并战争，明确提出"春秋无义战"的说法，赞成诛伐有罪之君，反对掠夺无辜之民，这与墨子的非攻思想如出一辙。孟子说："民为贵，社稷次之，君为轻"，以能否为人民兴利、得到人民的拥护作为君王能否得到天下的根据。这样的民本思想显然是受到墨子的民本观念的影响。

被儒家奉为经典的《礼记》也深受墨学影响。《礼记·礼运》开篇就说："大道之行也，天下为公，选贤与能，讲信修睦。故人不独亲其亲，不独子其子，使老有所终，壮有所用，幼有所长，矜寡孤独废疾者皆有所养。"将其与《兼爱下》中的"是以老而无妻子者，有所侍养以终其寿；幼弱孤童之无父母者，有所放依以长其身"相对比，二者所描述的理想境界几乎如出一辙。而《兼爱》三篇所阐发的，正是"不独亲其亲，不独子其子"的大同思想。

法家也从墨家那里吸收了许多思想养料。墨子倡导"尚同"说，第一次提出了政治上集权、思想上统一的原则，并称之为"为政之本，治之要也"。而法家"事在四方，要在中央。圣人执要，四方求效"的主张，细细看来也与墨子的尚同论有着异曲同工之妙。此外，韩非子还提出了"势者君之车也，威者君之策也，臣者君之马也，民者君之轮也"的"君主中心论"。可以说，韩非子的君主专制主义对墨家的"尚同"思想有着直接的继承关系。

自汉武帝"罢黜百家，独尊儒术"之后，墨学被斥为异端，由"显学"变成了"绝学"。虽然作为一个学派，墨家已不复存在，但墨家的思想和精神并没有被湮没。在此后的两千多年间，它仍沉潜在历史潮流之中，若隐若现于中华文化的多个思想领域，成为构成中国传统文化的重要内容。

刘邦率领农民起义军入关时，曾与关中父老约法三章："杀人者死，伤人及盗抵罪。"这显然来源于墨家内部奉行的"杀人者死，伤人者刑"的"墨者之法"。陈胜的"王侯将相宁有种乎"与墨家的"官无常贵，而民无终贱"的思想几乎如出一辙。历代农民起义战争中都会出现与墨家相近的口号和思想，于是墨家思想就成了中国历史上农民起义和农民战争有力的思想武器。

还有司马迁笔下的游侠，"其言必信，其行必果，已诺必诚，不爱其躯，赴士之厄困。"这种"任侠"精神显然受到墨子所强调的"言必信，行必果"的影响。此外，墨家思想中的"兼相爱"，"自苦以为义"，为了天下万民的利益而赴汤蹈火，以及"兴天下之利，除天下之害"等内容也都深深感染了中国历代的侠义之士。中国民间社党"济世除暴""四海之内皆兄弟"等侠义精神，以及中国人路见不平、拔刀相助的助人精神，在很大程度上也都是墨家人格精神的体现。

墨家非命而尚力，反对空谈而强调实行，而中国人勤奋务实的品质也与此有着密切关系。墨子倡导的勤劳节俭，更是深深积淀于中国人的民族心理之中，成为整个民族的优良品德之一。墨子非攻，而中华民族也一向爱好和平、反对侵略。与此同时，墨家积极防御的军事理论同样陶冶了中华民族不畏强暴、勇于反抗一切外来侵略的不屈不挠的精神品质。而由墨家首倡的科学精神，也已经成为推动中国古代科技发展的强大动力。

虽然千百年来墨学一直被斥为异端而少人问津，但是，从正统的儒学到民间的侠士，都在自觉不自觉地吸取和传承着墨家学说和墨家精神。可以说，"中绝"的墨家从来就没有消失过，它以一种隐性潜在的方式暗暗影响着中华民族，默默流淌在每一个中国人的血液之中。

第二章 《墨子》其书

一、《墨子》简介

《墨子》一书是墨子的弟子及其再传弟子对墨子言行的辑录。《墨子》由历代墨者薪尽火传，一再加工整理或集体创作而成，时间跨度从战国初至战国末，即公元前5世纪至公元前3世纪，绝不可能成于一人之手，也非成于一时，因而其内容比较复杂。西汉时刘向把《墨子》整理成七十一篇，但六朝以后逐渐流失，现在所传的《道藏》本共五十三篇，佚十八篇。在佚失的十八篇中，有存目的是《节用》下篇，《节葬》上中篇，《明鬼》上下篇，《非乐》中下篇，《非儒》上中篇，共九篇。另佚失的九篇都是关于守城器械和方法的论述，清代朴学大师孙诒让考证其中六篇的篇目应是《备钩》《备冲》《备堙》《备空洞》《备蟻辐》《备轩车》。

《墨子》内容广博，包括了政治、军事、哲学、伦理、逻辑、科技等方面，是研究墨子及其后学的重要史料。《墨子》分两大部分：一部分是记载墨子言行，阐述墨子思想，主要反映了前期墨家的思想；另一部分《经上》《经下》《经说上》《经说下》《大取》《小取》等六篇，一般被称作《墨辩》或《墨经》，着重阐述墨家的认识论和逻辑思想，还包含许多自然科学如天文学、几何光学和静力学的内容，反映了后期墨家的思想。

据《墨子》可知，墨子思想从小生产者的利益出发，以"兴天下之利，除天下之害"作为衡量一切思想和行为的标准，有十条五类纲领，即《墨子·鲁问》所云："凡入国，必择务而从事焉。国家昏乱，则语之尚贤、尚同；国家贫，则语之节用、节葬；国家熹音湛湎，则语之非乐、非命；国家淫僻无礼，则语之尊天、事鬼；国家务夺侵凌，即语之兼爱、非攻。"其大意是，统治阶级昏庸腐朽，就需要提拔贤才治国；国家贫困，就要节省资用，杜绝浪费，禁止厚葬；统治阶级淫乱享乐，就要反对音乐酒色，反对迷信天命；统治阶级暴虐无道，就要以天、鬼来加以警示；统治者若穷兵黩武，就要提倡互爱、反对攻伐。这段纲领中，"兼爱"和"非攻"是墨子思想的核心，即通过制止战争，实现人人平等和睦的理想世界；"尚同"是为了统一人的思想行动到"义"的方面来，"尚贤"则是破除世袭特权，提倡"贤人'治政'、反对"暴人""乱政"；"节用""节葬""非乐"则是要制止统治者劳民耗财的无益行为；"尊天""事鬼"则是以神鬼的"赏善罚恶"力量来惩戒统治者，约束他们任意扰民的行为。

墨子提倡质朴和实用，故而《墨子》一书亦是朴实无华，强调有切实的内容，以道理说服人，反对无益于实用的修饰与文采。中国古代严格意义上的论说文，当从《墨子》开始。但《墨子》因"非儒"而不见容于封建社会，加之部分内容佶屈聱牙，以致两千多来年，很少有人问津。直到近代，西方思想和研究方法传入，墨家在光学、数学、力学等自然科学的成就得以梳理，《墨子》才日受人们关注。

二、《墨子》的内容

按内容划分，《墨子》一书可分五部分：

第一部分包括《亲士》《修身》《所染》《法仪》《七患》《辞过》《三辩》，共七篇，这部分为墨子早期著作，是其关于道德修养、人格完善、思想方法和社会思想的论文。梁启超、胡适曾以为"非墨家言，纯出伪托"（尤其认为前三篇是儒家学派著作），事实上，墨子早年曾"学儒者之业，受孔子之术"，所以受到儒家影响并不奇怪。然而，这一部分涉及墨家核心理论"兼爱"的"兼士""兼君"已经提出，主张"君子必辩"也明显地与孔子的态度不同，可以视为墨家已与儒家分野。这部分内容相对比较混杂，如"修身"一词，为儒家之言，《所染》中的"染苍则苍，染黄则黄"疑是出于名家之性说；后四篇多尚贤、尚同、天志、节用、非乐理论，对后面各篇有提纲挈领的作用。

第二部分包括《尚贤》上中下篇、《尚同》上中下篇、《兼爱》上中下篇、《非攻》上中下篇、《节葬》下篇、《天志》上中下篇、《明鬼》下篇、《非乐》上篇、《非命》上中下篇、《非儒》下篇，共二十五篇。除了《非攻》上篇、《非儒》下篇之外，各篇皆有"子墨子曰"四字，可以认为这是墨子门弟所记的墨子之言，系统反映了墨子"尚贤""尚同""兼爱""非攻""节用""节葬""非乐""天志""明鬼""非命"十大命题，是《墨子》一书的主体部分，代表墨家的主要政治思想和主张。每篇的上、中、下篇大同小异，其中上篇比较简略，而中、下篇的论证较为详备，可能是墨家后学由于抄写、传授各有系统而各有所本，也可能是由墨子弟子在不同地点、不同时间听到老师的宣讲之后，再依据自己的理解加以整理而成。

第三部分包括《经》上下篇、《经说》上下篇、《大取》《小取》篇，共六篇。这部分被治墨者称为《墨辩》，亦称为《墨经》，专说名辩和时间、空间、物质结构、力学、光学、声学、代数、几何等内容，在自然科学理论方面，不仅提出一些自然科学定义性的语言，而且勾画出了堪称之为科学方法的一整套理论（英国著名科学史家李约瑟语）及其显示出的真正科学精神。此六篇难懂难译，古字词较多，辩理深奥，令人费解。前人因其称"经"，定为墨子自著，实为后期墨家作品，是研究墨家逻辑思想和科学技术成就的宝贵资料。

第四部分包括《耕柱》《贵义》《公孟》《鲁问》《公输》，共五篇。这部分体例与《论语》接近，为墨子弟子对墨子的言论行事的记录，内容涉及义礼、治国等多方面内容，是研究墨子事迹的第一手资料。

第五部分包括《备城门》《备高临》《备梯》《备水》《备突》《备穴》《备蛾傅》《迎敌祠》《旗帜》《号令》《杂守》，共十一篇。这部分可以视为墨家军事学著作，专讲各种守城技术和兵法的，涉及守城兵员安排、兵器使用、军工器械和战略攻御等各种战术，是研究墨家军事的学术史料。墨子提倡"非攻"，以守御为主，十一篇皆以守备之法为主题，故而这一部分和墨子的"非攻"的思想和止楚攻宋实行"非攻"的实践相一致。

三、《墨子》要籍选介

（一）《墨子》全书注本

1. 孙诒让《墨子间诂》。清代集大成式的注本。中华书局《新编诸子集成》2001 年版。前有孙启治 1998 年前言，清光绪二十一年（1895）俞樾序，孙诒让光绪十九年（1893）自序，正文十五卷，后有附录《墨子篇目考》《墨子佚文》《墨子旧序》，《墨子后语·墨子传略》《墨子年表》《墨学传授考》《墨子绪闻》《墨学通论》《墨家诸子钩沉》《黄绍箕跋》，共 790 页。《墨子大全》第 18 册影印，北京图书馆出版社 2004 年版。

孙诒让，《墨子间诂》初本，清光绪二十一年（1895）苏州毛上珍聚珍本木活字本：《墨子大全》第 15 册影印，北京图书馆出版社 2004 年版，共 1025 页。清光绪三十三年（1907）定本，宣统二年（1910）刻本：《墨子大全》第 16 册影印，北京图书馆出版社 2004 年，共 1090 页。1940 年上海扫叶山房石印：《墨子大全》第 17 册影印，北京图书馆出版社 2004 年，共 575 页。1935 年世界书局刊《诸子集成》本，中华书局 1954 年版《诸子集成》本，1959 年重印，《诸子集成》第 4 册，共 495 页。

孙诒让（1848—1908）积三十年功力，搜集前人注本十余家，是清代集大成式、里程碑式、总结性的注本，可作今日读本。孙诒让是两千多年墨学史中占重要地位的关键性人物，新旧墨学的分水岭，是传统治墨方法的集大成者，又是新墨学的催生者。

墨学在前 5 至前 3 世纪战国时代盛行，在汉至清两千多年中，遭受封建社会主流意识形态儒学和官方舆论机构的否定和排挤，从 20 世纪初文化新星梁启超（1873—1929）的墨学研究开始，迎来再次复兴的机遇。在这段历史中，有一位过渡性和关键性的人物，即孙诒让。《墨子间诂》是孙氏用毕生精力，费时数十年撰就的一部成名代表作，此书确立了孙氏在墨学史上的无可替代的崇高地位和杰出贡献。

1877年孙氏30岁时至杭州，阅嘉惠堂八千卷楼秘藏，得影印吴文定《墨子》手抄本，校正讹字，正式从事《墨子间诂》的奠基工作。经十余年认真研究，1892年45岁时草就《墨子间诂》。1893年（光绪十九年癸巳）10月孙氏46岁，《墨子间诂》脱稿。

孙氏在《墨子间诂·序》说，墨子"身丁战国之初，感愊于狂暴淫侈之政，故其言谆复深切，务陈古以剀音凯，讽喻，比喻，类推古今，亦喜称道《诗》《书》，及孔子所不修百国《春秋》，惟于礼则右夏左周（崇尚夏朝，违背周朝），欲变文而反之质。乐则竟屏绝之。此其与儒家四术六艺，必不合者耳。至其接世，务为和同，而自处绝艰苦。"

又说："墨儒异方，跬武千里，其相非宁足异乎？综览其书，释其纰驳，甄其纯实，可取者，盖十六七。其用心笃厚，勇于振世救敝，殆非韩吕诸子之伦比也。庄周《天下》篇之论墨氏曰：不侈于后世，不靡于万物，不晖于数度，以绳墨自矫，而备世之急。又曰：墨子真天下之好也，将求之不得也，虽枯槁不舍也，才士也夫！其殆持平之论与？墨子既不合于儒术，孟、荀、董无心、孔子鱼之伦，咸排诂之。汉晋以降，其学几绝，而书仅存，然治之者殊鲜，故脱误尤不可校，而古字古言，转多沿袭未改，非精究形声通假之原，无由通其读也。"

孙氏说："余昔事雠览，旁摭众家，择善而从""用相勘校"，"参综考读"，"研核有年，用思略尽，谨依经谊字例，为之诠释"，"用遗来学"。他借鉴东汉许慎注《淮南子》的方法，效法其《鸿烈间诂》的题名，自题《墨子间诂》，解释说："间者发其疑悟，诂者正其训释。"即对《墨子》原文，间隔地从其疑问处，给出校勘训诂。

1894年孙氏47岁，嘱吴门毛翼庭以聚珍版初印《墨子间诂》三百部，后寄赠梁启超一部。1895年48岁时，重勘《墨子间诂》。1904年57岁时，重校并跋《墨子间诂》。1907年60岁时，即去世前一年，再次校理《墨子间诂》，写成最后定本。

俞樾《墨子间诂序》评价说："自有《墨子》以来未有此书。"梁氏1923

年写《中国近三百年学术史》说："此书（指《墨子间诂》）初用活字版印成，承仲容（孙氏的字）先生寄我一部，我才23岁耳（梁氏1873年生，23岁，即1895年）。我生平治墨学及读周秦子书之兴味，皆由此书导之。"梁启超评价说："自此书出，然后《墨子》人人可读，现代墨学复活，全由此书导之。"梁氏认为以墨子为领头的"先秦诸子学之复活，实为思想解放一大关键"。

孙氏积数十年功力完成《墨子间诂》，是清末《墨子》校勘训诂的集大成之作。1907年，孙氏在《墨子间诂总目》后写道："此书写定于壬辰癸巳（1892—1893）间，甲午（1894）夏，属吴门梓人毛翼庭，以聚珍版，印成300部，质之通学。"方授楚《墨学源流》说孙氏"用力于是书，前后盖三十年矣"。三十多年占据孙氏学术生涯的大半，可见孙氏于《墨子间诂》所用功力之厚重。

1908年孙氏于去世前编辑《籀庼述林》，收录1897年（光绪二十三年丁酉）孙氏50岁时写给梁启超的信，题为《与梁卓如论墨子书》。此信作于1898年戊戌变法前，"卓如"是梁启超的字。

孙氏的学术专长，是对《墨子》的校勘训诂，文献整理，他不擅长于对墨学义理的研究。而研究墨学义理，正是梁启超的专长。孙氏推崇梁启超，说他年轻热情（梁氏比孙氏小25岁，晚去世21年），有专业知识，对他寄予厚望，嘱他继承墨学研究事业。孙氏这封信具有承前启后的里程碑意义。

孙氏在信中高度评价墨家和墨学说："曩读《墨子》书，深爱其撢精道术，操行艰苦。""综西土通艺之学，九流汇海，斯为巨派。""拙著印成后，间用近译西书，复事审校，似有足相证明者。""盖此学晐举中西，邮彻旷绝，几于九译乃通，宜学者之罕能津逮也。"孙氏称赞墨家操行艰苦，荟萃百家九流，墨学义理深远，与西方科学技术有相通处，可互相发明。墨学囊括万有，需经解释，才能理解。

孙氏断言："《墨经》楬举精理，引而不发，为周名家言之宗。窃疑其必有微言大例，如欧士雅里大得勒之演绎法，培根之归纳法，及佛氏之因明论者。惜今书讹阙，不能尽得其条理。""微言大例"，即微妙道理，基本规律。

孙氏在《墨子间诂序》说："盖先秦诸子之讹舛（错乱）不可读，未有甚于此书者。"1907 年（光绪三十三年丁未）4 月，孙氏在《墨子间诂总目》篇后补写题记说："此书最难读者，莫如《经》《经说》四篇。"即《墨子》在先秦诸子中最难读，《墨经》在《墨子》中最难读。

孙氏在写给梁启超的信中说："《经》《经说》上下及大小《取》六篇，文义既苦奥衍，章句又复襍贸，昔贤率以不可读置之。"孙氏承认自己对"《经》《说》诸篇，闳义妙旨，所未窥者尚多"，认为有必要把接续研究墨学的"旷代盛业"，交棒给他十分信赖的梁启超。

孙氏《籀庼述林·与梁卓如论墨子书》，在墨学研究史上，有重要里程碑意义，它标志墨学研究在近现代将由清代的校勘训诂，发展到义理研究的新阶段。在近现代，高举墨学义理研究大旗的第一人，正是孙诒让殷切嘱托和期盼的梁启超。他鼓励梁启超说："以执事研综中西，当代魁士，又夙服膺墨学"，"宣究其（指《墨经》）说，以饷学子，斯亦旷代盛业"。

1920 年梁氏《墨经校释自序》说："《墨子》全书，本称难读，而兹 4 篇（指《墨经》）者特甚。"梁氏说孙诒让《墨子间诂》，"全书疑滞，剖抉略尽。独兹四篇（指《墨经》），用力虽勤，而所阐仍寡；即以校勘论，其犁然而有当者，亦未始得半。作始之难，理固然也。"

梁氏 1923 年写《中国近三百年学术史》说："孙氏《间诂》，于他篇诠释殆已十得八九，独此四篇（指《墨经》）者，所释虽较孙（星衍）、张（惠言）稍进步，然遗义及误解仍极多。"梁氏对孙氏《间诂》的评价，恰如其分。

梁氏在 20 世纪初写《墨子之论理学》，1921 年写《墨子学案》，二十年中一直从事校注《墨经》的工作。他在《墨经校释·自序》中说："启超幼而好墨，二十年来，于兹《经》有所校释，随札记于卷端，得若干条。""遂检旧稿，比而次之，得数万言，命曰《墨经校释》。其于毕、张、孙诸君子之说持异同者盖过半。"

孙诒让是 19 世纪末新旧墨学的分水岭。梁启超则是 20 世纪初新墨学的开山祖。为墨学研究事业共同奋斗的孙梁二氏，构成中国墨学史漫长过程的转折点。这是由两千多年墨学研究的点滴积累和量变过程，在新旧世纪之交的时空条件下，发生的质变飞跃。俞樾《墨子间诂序》说，该书"乃集诸说之大成"，

"盖自有《墨子》以来，未有此书也"。

2. 吴毓江：《墨子校注》。重庆：独立出版社 1943 年版。收入新编《诸子集成》，孙启治 1988 年点校，中华书局 1993 年版。《墨子集成》第 44 册影印，台北成文出版社 1977 年版。《墨子大全》第 46 册，北京图书馆出版社 2004 年版。孙诒让之后，又一集大成式的注本，积 20 年之功，利用详尽的版本资料。

3. 谭家健、孙中原：《墨子今注今译》。北京：商务印书馆 2009 年版，2011 年修订重印。对《墨子》五十三篇的简要注释和现代汉语翻译。

（二）《墨经》注本

1. 梁启超：《墨经校释》。上海商务印书馆 1922 年版，1926 年 4 版，1933 年版。1957 年台湾中华书局影印。收入《饮冰室专集》，见《饮冰室合集》第 8 册，北京中华书局 1989 年版。《墨子集成》第 19 册影印，台北成文出版社 1977 年版。《墨子大全》第 16 册影印，北京图书馆出版社 2004 年版。

1921 年 4 月 5 日梁启超在《墨经校释·自序》中；"在吾国古籍中，欲求与今日科学精神相悬契者，《墨经》而已矣。""与二千年来俗儒之理解迥殊别，而与今世西方学者所发明，往往相印。""《墨经》殆世界最古名学书之一也。""《墨经》，则秦汉以降，漫漫长夜，兹学既绝，则学者徒以空疏玄渺肤廓模棱破碎之说相高，而知识界之榛塞穷饿，乃极于今日。吁！可悲已。"

1921 年 2 月 26 日胡适《墨经校释·后序》："梁先生差不多二十年前就提倡墨家学说了。他在《新民丛报》里曾有许多关于墨学的文章，在当时引起了许多人对于墨学的新兴趣。我自己便是那许多人中的一个人。现在梁先生这部新书，一定可以引起更多更广的新兴趣，一定可以受更多读《墨子》的人的欢迎，是无可疑的。"

2. 高亨：《墨经校诠》。北京：科学出版社 1958 年版。北京：中华书局 1962 年版。《墨子集成》第 41 册影印，台北成文出版社 1977 年版。收入《高亨著作集林》第 7 卷，清华大学出版社 2005 年版。高亨（1900—1986）：吉林双阳人，字晋生，1925 年秋，清华大学研究院研究生，师从王国维、梁启超。

历任东北大学、河南大学、武汉大学、齐鲁大学、西北大学和山东大学教授。高亨1944年4月写，1956年10月修改《墨经校诠自序》说："《墨经》自汉代以来就没人重视，没人钻研，没人能懂；只有晋朝鲁胜曾为作注，可惜亡佚了。"

3. 方孝博：《墨经中的数学和物理学》。北京：中国社会科学出版社1983年版。1963年成书。方孝博（1908—1984），安徽桐城人，1930年考入中央大学读物理，在中文系选修文字学，1934年毕业，任教物理系。抗战时随校迁重庆，任教中文系。1945年随校迁南京，任教光学、先秦哲学和文字学。1951年后任教兰州大学、兰州理工大学、甘肃教育学院、西北师范大学。

（三）《墨子》写事篇注本

岑仲勉：《墨子城守各篇简注》。1948年完成。北京中华书局1958年《新编诸子集成》本。台湾世界书局1971年影印。《墨子集成》第45册影印，台北成文出版社1977年版。《墨子大全》第47册，北京图书馆出版社2004年版。

（四）《墨子》资料类编

孙中原：《中华大典·哲学典·诸子百家分典·墨家部》。云南教育出版社2007年版，见334—363、563—630、1089—1109、1446—1515页。50万字，是墨子文献的全面类编，设典籍、人物、流派和范畴等总部，范畴总部设世界观、认识论、逻辑名辩论、心性论、历史哲学、政治哲学、道德修养论和美学等分部。

（五）《墨子》研究性著作

1. 梁启超：《子墨子学说》（附录《墨子之论理学》）。梁启超《子墨子学说》和附录《墨子之论理学》，发表于梁启超在日本横滨创办的《新民丛报》1904年5—11月1、2、4、9、10各期内。上海商务印书馆1916年，1922年版，称《墨学微》。上海中华书局1936年版，1941年第3版。收入《饮冰室专集》，见《饮冰室合集》第 8 册，北京中华书局 1989 年版。1956 年台湾中华书局影印本。《墨子集成》第 18 册影印，台北成文出版社 1977 年。《墨子大全》第 16 册影印，北京图书馆出版社 2004 年。

梁启超《子墨子学说》开头："今欲救之（中国），厥惟墨学。惟无学别墨，而学真墨，作《子墨子学说》。"后附《墨子之论理（逻辑）学》结论："呜呼！以全世界论理（逻辑）学一大祖师，而二千年来，莫或知之，莫或述之，若鲁胜者，其亦空谷足音也已。惜其所注，今亦已亡，无以助我张目，吾草此篇，恨不能起其人于九原而共语之也。"

梁启超的墨学论著，是新墨学的开端。严灵峰《墨子集成自序》说："清末新会梁启超，所著《墨学微》一书（即汇刻梁启超《子墨子学说》和附录《墨子之论理学》），泛论墨子学说，蹊径独辟，别开生面，为墨学研究创历史之新页。从兹各方探究之成绩乃渐可观，梁氏倡导之力也。后之学者，倘能继往开来，吸取西方科学方法，融会贯通，使百尺竿头更进一步，发挥而光大之，则墨学之昌明与中华民族文化之复兴岂有既乎！企予望之！祝而祷之！"严灵峰《墨子简编》说："（梁启超）在墨学研究中，创新天地，开新境界，梁氏真是昭代异人！"正确说明梁启超墨学研究的历史地位和作用。

2. 梁启超：《墨子学案》。上海商务印书馆 1921 年版，1922 年再版，1923 年 3 版，1926 年 4 版，1929 年 5 版，1936 年上海中华书局排印本，1957 年台湾中华书局影印。收入《饮冰室专集》，见《饮冰室合集》第 8 册，北京中华书局 1989 年版。《墨子集成》第 18 册影印，台北成文出版社 1977 年版。《墨子大全》第 16 册影印，北京图书馆出版社 2004 年，175 页。

1921 年 4 月 5 日梁启超《墨子学案·第二自序》说，墨学在战国二百余年间，"其言盈天下"，虽说"秦汉后墨学中绝"，但"墨学精神，深入人心，至今不坠，因已形成吾民族特性之一"。墨家侠义精神的统绪，"存于匹夫匹妇"。"损己而益所为"，"为身之所恶，以成人之所急"，"糜顶至踵利天下"，"损己以利他"，"积久而成为国民性之一要素焉。我族能继继绳绳与天地长久，未始不赖是也。""墨子之怯于攻，而勇于守，其教人入深也。而斯义者，则正今后全世界国际关系改造之枢机。而我族所当发挥其特性以易天下者也。"意谓墨学

"影响于国民性者至巨"，治墨学"当周于世用"。

梁启超《墨子学案》第 7 章讲"墨家之论理学（即逻辑学）"后感慨说："只可惜我们做子孙的没出息，把祖宗遗下的无价之宝，埋在地窖子里二千年。今日我们在世界文化民族中，算是最缺乏论理（逻辑）精神的民族，我们还有面目见祖宗吗？如何才能一雪此耻？诸君努力啊！"

3. 方授楚：《墨学源流》。1936 年 4 月 24 日写《自序》，中华书局 1937 年版。1957 年台北中华书局影印本。中华书局、上海书店 1989 年影印。《墨子集成》第 39 册影印，台北成文出版社 1977 年版。《墨子大全》第 43 册影印，北京图书馆出版社 2004 年。

4. 沈有鼎：《墨经的逻辑学》。连载于《光明日报》1954 年 5 月 19 日，6 月 2 日、16 日、30 日，7 月 14 日、28 日，1955 年 3 月 9 日。原题《墨辩的逻辑学》。中国社会科学出版社 1980 年版。收入《沈有鼎文集》，北京：人民出版社 1992 年版。56 千字。

5. 谭家健：《墨子研究》。贵州人民出版社 1995 年版。《墨子大全》第 80 册影印，北京图书馆出版社 2004 年版。

6. 孙中原：《墨学通论》。沈阳：辽宁教育出版社，1993 年版。《墨子大全》第 75 册影印，北京图书馆出版社 2004 年。论述墨学的创立、发展、中绝和重振，分论墨家经济学、政治学、伦理学、教育学、哲学、逻辑、自然科学和军事学。用现代军事学术语，分军事思想、军队编制、武器装备、工程设施和战略战术等方面，论述墨家积极防御的军事学说。用四分之一篇幅，论述墨家逻辑学说。

四、《墨子》的艺术特色

《墨子》有丰富的思维语言艺术，是准确性和鲜明性、生动性和简练性、理趣性和功利性的统一。放眼中国思维语言艺术的历史长河，可见《墨子》思

维语言技巧的原创价值。

（一）意显语质：准确性和鲜明性

《墨子》语言，是准确性和鲜明性的统一。刘勰《文心雕龙》评价《墨子》"意显而语质"，即意义明显，语言质朴。

语言的准确性，即恰当性、真实性，恰如其分反映事实。《非攻下》说，墨子反对攻伐掠夺战争，于是当时的"好攻伐之君"，以"汤放桀，武王伐纣"而都被"立为圣王"的事实为论据，为自己发动攻伐掠夺战争辩解。

墨子说："子未察吾言之类，未明其故也。彼非所谓'攻'，谓'诛'也。"认为商汤对夏桀、周武王对商纣的战争，是"诛"，即以"正义讨伐非正义"。而"好攻伐之君"的攻伐掠夺战争，是"攻"，即以"非正义进攻正义"。两者本质不同。"好攻伐之君"的辩解，没有对"攻"和"诛"两个不同概念"察类明故"，分析论证，犯混淆概念和虚假理由的错误。

《经说下》说，"正名者"，"彼止于彼，此止于此，彼此不可彼且此也"。"彼"之名，指"彼"之实。"此"之名，指"此"之实。"彼此"之名，指"彼此"之实。如牛指牛，马指马，牛马指牛马，不可混同。要牛却说马，要马却说牛，牛马就会搞乱。"正名"，就是强调语词概念的准确性与确定性。

《小取》说："以名举实。"名即语词、概念。《经说上》说："言也者，诸口能之出名者也。名若画虎也。言，谓也，言由名致也。"言通过口说出，其中包含概念。概念反映客观事物，像画虎表现真虎一样。言是对客观事物的陈述，由语词概念构成。

准确使用语词，应明确语词所表达的概念。《经下》说："谓而固是也。说在因。"《经说下》说："有之实也，而后谓之，无之实也，则无谓也。不若假举美谓是，则是故美也，谓也。则是非美，无谓，谓则假也。"称谓表达事物的属性，一旦使用某种称谓，就要因袭下去，不能任意改变。"美"作为概念，反映事物的状态，遇到这种状态的事物，就要用"美"的概念表示，如果把"美"说成"不美"，就是虚假概念，不准确。

概念不准确，论证会产生"狂举"的谬误。《经下》说："狂举不可以知异，说在有不可。"《经说下》解释说："牛与马虽异，以牛有齿、马有尾，说牛之非马也，不可。是俱有，不偏有偏无也。""狂举"的错误，在于不能认识两类不同事物的差别。牛和马虽然不同，如果用"牛有牙齿，马有尾巴"，而说"牛不是马"，是不对的，因为牛、马都有牙齿和尾巴，不是一个有，一个没有。"狂举"谬误，来源于语词概念不准确。

《公孟》载墨子与儒者对话。墨子对程子曰："儒之道足以丧天下者四政焉。"指出儒学的四大弊端，程子不以为然，说："甚矣，先生之毁儒也！"认为墨子是诋毁儒家。墨子反驳说："儒固无此四政者，而我言之，则是'毁'也。今儒固有此四政者，而我言之，则非毁也，'告'闻也。"这是以定义式语言，明确"毁"与"告"的不同概念。程子把"告"说成"毁"，混淆不同概念，使用语词不准确。为保证语言的准确性，需用定义。墨子在辩论中常给概念下定义。《墨经》多用定义形式表述理论，显示用词的准确性。

《公孟》载墨子与程子辩论。墨子引孔子的话，表示赞赏。程子说："非儒，何故称于孔子?"墨子曰："是亦当而不可易者也。今鸟闻热旱之忧则高，鱼闻热旱之忧则下。当此，虽禹汤为之谋，必不能易矣。鸟鱼可谓愚矣，禹汤犹或因焉。今翟曾无称于孔子乎?"墨子非儒，但认为孔子的话，有"当而不可易者"。"当"即恰当、准确、真实。是普遍真理，谁也不能改变，自然可引用。墨子这样，以真理为依归，不存学派偏见，是合乎理性的思维。

（二）口若悬河：生动性和简练性

《墨子》语言，是生动性和简练性的统一。《公输》载墨子止楚攻宋的说辞，后代学者称之为"辩士悬河之口"，"意高词健"。《墨子》语言的生动性，首先体现在形象性。

兼爱是墨家思想的核心，也是墨者的精神支柱和奋斗理想。墨子像编剧本一样，假设"兼士""别士"两个人物，让他们表演，把"兼爱"和"偏爱""别爱"的抽象概念，具体化为生动形象，从而使自己的观点表达得淋漓尽致。

别士之言曰："吾岂能为吾友之身，若为吾身；为吾友之亲，若为吾亲。"是故退睹其友，饥即不食，寒即不衣，疾病不侍养，死丧不葬埋。别士之言若此，行若此；兼士之言不然，行亦不然。曰："吾闻为高士于天下者，必为其友之身，若为其身；为其友之亲，若为其亲，然后可以为高士于天下。"是故退睹其友，饥则食之，寒则衣之，疾病侍养之，死丧葬埋之。兼士之言若此，行若此。

这里具体描写"兼士""别士"的言行，用对比方法，刻画出双方的鲜明形象。墨子假设即将出征的将士与受命出使别国的使者，即将远离故土，生死未卜，行前要将妻子托付给别人照顾，是托给"别士"呢？还是托给"兼士"呢？即使反对兼爱的人，也不会选"别士"，而一定选"兼士"。把抽象道理形象化，语言生动，更加富有感染力。

《墨子》语言的生动性，表现在语调铿锵有力的音乐性上。《墨子》体裁是议论文，讲究语言的音韵节奏。《七患》说："以七患居国，必无社稷。以七患守城，敌至国倾。以七患之所当，国必有殃。"句式整齐，两句一韵如诗篇。《亲士》说："是故偪臣伤君，谄下伤上。君必有弗弗之臣，上必有謁謁之下，分议者延延，而持敬者谔谔（恪尽职守的大臣，不断进谏），焉可以长生保国？"音韵协调，平仄相谐。叠字的使用，更显语言的音乐美。

《墨子》语言的生动性，还表现在重视修辞上。亚里士多德说，逻辑家必定为修辞家，亚氏素称逻辑之父，其《工具论》讲逻辑，《修辞学》兼论逻辑和修辞。墨子是逻辑家，成就举世公认，其逻辑理论包含修辞。《墨经》是我国最早的逻辑兼修辞著作，运用了多种思维修辞技巧。

《小取》说："譬也者，举他物以明之也。"这是对譬喻特点的说明。《墨子》对修辞手法有理论阐述，广泛运用。《所染》载，墨子见染丝感叹："染于苍则苍，染于黄则黄。"用染丝，譬喻环境对人的影响，"国亦有染"，"所染当。故王天下，立为天子，功名蔽天地"，"所染不当，故国残身死，为天下僇"，"近朱者赤，近墨者黑"。比喻贴切，广为人知。

《墨子》常用辞格，有排比、比喻、对偶、反复，技巧娴熟有创新。以排比为例，就有词组、单复句、段落排比等各种形式。《非乐上》说："民有三患：饥者不得食，寒者不得衣，劳者不得息。"由三个主谓词组构成排比。

《尚贤下》说："有力者疾以助人，有财者勉以分人，有道者劝以教人。"由三个单句构成排比。《亲士》说："良弓难张，然可以及高入深。良马难乘，然可以任重致远。良才难令，然可以致君见尊。"由三个转折复句构成排比。

段落排比，指用结构相同或相似的句子，作每段开头或结尾。如《兼爱上》除了开头、结尾之外，中间三个自然段，都用"皆起自不相爱"结语。《墨子》用排比，有一定的独创性。一般会先设问，提出论题，然后用几个排比句层层论证，论题醒目，富有气势。《兼爱下》说："然当今之世，天下之害孰大？曰：若大国之攻小国，大家之乱小家，强之劫弱，众之暴寡，诈之谋愚，贵之傲贱：此天下之大害也。"

排比与其他辞格合用，更有论证性和表现力。《公输》记载墨子批评公输般，连用五个排比句："不可谓智"，"不可谓仁"，"不可谓忠"，"不可谓强"和"不可谓知类"，铿锵有力，咄咄逼人。墨子批评楚王说："今有人于此，舍其文轩，邻有敝舆而欲窃之；舍其锦绣，邻有短褐而欲窃之；舍其粱肉，邻有糠糟而欲窃之，此为何若人？"由三个排比句引出"此为何若人"的问题，迫使楚王回答："必为窃疾矣！"

墨子由此引申，展开论证："荆之地，方五千里；宋之地，方五百里：此犹文轩与敝舆也。荆有云梦，犀兕麋鹿满之，江汉之鱼鳖鼋鼍为天下富；宋所谓无雉兔鲋鱼者也：此犹粱肉之与糠糟也。荆有长松文梓梗楠豫章；宋无长木：此犹锦绣之与短褐也。"

三个排比句，与提问照应，运用类比论证，兼有比喻成分，辅以夸张形容，铺陈渲染，句句锋利，步步紧迫，有极强的说服力与感染力。汉后墨学中绝，墨子止楚攻宋故事，史传记载不绝。近代选入中学课本，又被鲁迅改编为历史小说《故事新编·非攻》，广为人知。

《墨子》的语言，体现了古汉语简练的特征。《修身》说："慧者心辩而不繁说。"强调语言的简练性。禽滑厘问墨子："多言有益乎？"墨子说："虾蟆蛙蝇，日夜而鸣，舌干擗然，而人不听之。今鹤鸡时夜而鸣，天下振动。多言何益？唯其言之时也。"即青蛙日夜鸣叫，令人厌烦；雄鸡及时报晓，受人欢迎。

墨子通过比喻，形象地表达了自己的观点：反对说无用的空话、大话，但不反对说有用、合宜的话。

墨子认为，该说的时候一定要说，不说是错误。《非儒》载：儒家主张"君子若钟，击之则鸣，弗击不鸣。"墨子痛责："仁人事上竭忠，事亲得孝，务善则美，有过则谏，此为人臣之道也。今击之则鸣，弗击则不鸣，隐知豫力，恬漠待问而后对，虽有君亲之大利，弗问不言。若将有大寇乱，盗贼将作，若机臂将发也，他人不知，己独知之，虽其君亲之大害，不问不言，是夫大乱之贼也。"墨子反驳"不问不言"的行为，认为该说的一定要说，还要强说。

《公孟》载，墨子宣扬积极主动，见人就说，公孟子不以为然，对墨子说："实为善人孰不知。""譬若美女处而不出，人争求之；行而自炫，人莫之取也。今子遍从人而说之，何其劳也！"

墨子回答："今夫世乱，求美女者众，美女虽不出，人多求之。今求善者寡，不强说人，人莫之知也。仁义均，行说人者其功善亦多。何不行说人也？"论证"强说"的必要。有用要多说强说，无用则少说不说。《修身》说："言无务为多，而务为智。"主张用最经济的语言，表达最丰富的内容，才是机智精当。

《墨子》是古代微型百科全书。狭义《墨经》四篇，包含逻辑、自然、数学、力学、光学、认识、辩术、辩学、政法、经济、数学、伦理等多学科内容。知识内容如此广博，却只用了百余条，五千余字来表述。《经》文少则几字，多则几十字，最多百余字。语言精练，惜字如金。

晋鲁胜《墨辩注序》说："孟子非墨子，其辩言正辞则与墨同。""辩言正辞"，指思维和语言技巧。孟子辩论，批评别人"不知类"，酷似墨子。齐宣王说"汤放桀、武王伐纣"，是"臣弑其君"，孟子说是"诛一夫纣"，不是"弑君"，应是吸收了墨子《非攻下》语："子未察吾言之类，未明其故也。彼非所谓攻，谓诛也。"

孟子说："挟泰山以超北海，语人曰：'我不能'，是诚不能也。为长者折枝，语人曰'我不能'，是不为也，非不能也。"应是吸收了《兼爱中》墨子语："夫挈泰山而越河济，可谓毕强有力矣，至古及今，未有能行之者也。况乎兼相爱、交相利，则与此异，古者圣王行之。"

从政治学术上说，孟子是墨子的反对派，但其思维表达方式，传承墨子甚多。孟子是雄辩家，其语言对后世影响甚大。《墨子》的思维表达方式，凭借《孟子》文字的魅力，间接地流传后世，影响深远。

（三）谈辩文学：理趣性和功利性

《墨子》是谈辩文学。《非命中》载墨子说："凡出言谈，由文学之为道也，则不可不先立仪法。若言而无仪，譬若立朝夕于运钧之上也。则虽有巧工，必不能得正焉。然今天下之诚伪，未可得而识也，故使言有三法。""出言谈，由文学"，指说话写文章。《墨子》中道理、方法等术语，意思相近，可互训。"文学之为道"，"立仪法"，"言有三法"，指说话写文章的道理和方法。

"三法"《非命上》称"三表"。"法""表"，指法则、标准、方法。"三法""三表"，即三种法则、标准和方法："有本之者，有原之者，有用之者。于何本之？上本之于古者圣王之事。于何原之？下原察百姓耳目之实。于何用之？发以为刑政，观其中国家百姓人民之利。此所谓言有三表也。"

在中国哲学和文学史上，墨子第一个明确系统地提出了言论真理性和文学创作批评的标准：历史经验、人民现实经验，突出人民性、人文性和民主性。三表法反映了《墨子》语言理趣性和功利性的统一。

文学作为一种艺术形式，通过塑造人物形象，来表达思想、反映现实、影响大众。墨子所谓"人民之利"，指最大多数劳动人民的利益。墨子为"农与工肆之人"代言，主张语言文学反映劳动者"农与工肆之人"的利益。《小取》说："摹略万物之然，论求群言之比。"认为语言文学应反映事物本来面目，探求各种言论的是非得失。

《墨子》是议论文体，包含人物形象的描写。《墨子》对墨子形象的描述，鲜明丰满。读者读《墨子》，无不受其中所描写墨子形象的感染。《公输》是先秦优秀的散文，取得了较高的语言文学成就。它把墨子描写为雄辩的智者和舍己为人的救世者，活灵活现，栩栩如生。

墨子师徒形象，互为衬托。《备梯》载："禽滑厘子事子墨子三年，手足胼胝，面目黧黑，役身给使，不敢问欲。子墨子甚哀之，乃管酒块脯，寄于大山，昧茅坐之，以醮禽子。"禽滑厘是墨徒典型，折射出墨子的形象。禽滑厘执着热忱，尊敬老师。墨子对门徒慈祥爱护，谆谆教诲。师徒间充满深情厚谊。

《庄子·天下》说："后世之墨者，多以裘褐为衣，以跂蹻为服，日夜不休，以自苦为极。""墨子真天下之好也，将求之不得也，虽枯槁不舍也，才士也夫！"认为墨子师徒，一心救世，不畏劳苦，墨子是天下的大好人，杰出才士。对其钦敬之情，溢于言表。

《淮南子·泰族训》说："墨子服役者百八十人，皆可使赴火蹈刃，死不旋踵，化之所致也。"门徒的献身精神，是墨子教化的结果。孟子说："墨子兼爱，摩顶放踵，利天下为之。"认为墨子尽爱天下，人格高尚，堪为典范。

文学的功利价值，突出体现在褒贬兼备、美刺兼用方面。《非儒》刻画贱儒的迂腐形象："夫夏乞麦禾，五谷既收，大葬是随，子姓皆从，得厌饮食，毕治数丧，足以至矣。因人之家以为翠，恃人之野以为樽。富人有丧，乃大悦喜曰：'此衣食之端也！'"这一形象塑造，包含着辛辣的讽刺，寥寥数笔，入木三分，跟墨子师徒的高大形象，形成鲜明对比。《墨子》的雄辩艺术，逻辑论证兼带感情，有深刻哲理，抽象理论，又有具体形象，浓郁情趣。

《墨子》作为议论散文，有极强的论证性与说服力。《老子》五千言，《论语》万余字，缺乏论证特色，而《墨子》作为论说文的开山祖，堪称论证典范。《尚贤》至《非命》论证墨子论题，独立成篇，论题、论据和论证兼备，是《老子》哲理诗体和《论语》语录对话体向专论体的过渡，是论说文、议论文的良好开端，逻辑严密，说理充分。

《孟子·滕文公下》说："杨朱、墨翟之言盈天下，天下之言，不归杨，则归墨。"墨子之言的逻辑力量，是墨学得以广泛流传的有力翅膀。

《贵义》载墨子说："吾言足用矣！舍言革思者，是犹舍获而捃粟也。以其言非吾言者，是犹以卵投石也。尽天下之卵，其石犹是也，不可毁也。"《大取》说："天下无人，子墨子之言也犹在！"言语夸张，自信有据。

《公孟》载："公孟子戴章甫、搢笏，儒服，而以见墨子，曰：'君子服然后行乎？其行然后服乎？"公孟子是儒家门徒，常与墨子辩论。他戴上大礼帽，拿着大臣朝见君主时所持的笏板，穿上儒者服装，苦心设计圈套，诱使墨子上钩。从逻辑上分析，他的话是复杂问语，隐含虚假判断："君子或者是服然后行，或者是行然后服。"

墨子只说"行不在服"四字，轻易地破解了公孟子的复杂问语。墨子列举齐桓公、晋文公、楚庄王、越王勾践四个历史人物，指出他们所穿服装不同，却都能治理好国家，证明"行不在服"。义正词严，生动具体，公孟子称"善"。

公孟子接着说："吾闻之曰，宿善者不祥。请舍笏，易章甫，复见夫子，可乎？"子墨子曰："请因以相见也。若必将舍笏，易章甫，而后相见，然则行果在服也。"公孟子又耍花招，装作心服口服，请墨子允许他先改换服装，然后相见，欲使墨子落入圈套。墨子轻轻一拨，公孟子圈套立即失灵。这是一幕绝妙的轻喜剧，表现出公孟子狡黠、墨子机警的性格特征，情节起伏跌宕，妙趣横生。《墨子》的语言艺术，可窥一斑。

议论文以理服人，文学作品以情感人。《墨子》是议论文体，兼以情动人。《非攻下》描写侵略行为："今王公大人，天下之诸侯则不然，将必皆差论其爪牙之士，皆列其舟车之卒伍，于此为坚甲利兵，以往攻伐无罪之国。入其国家边境，芟刈其禾稼，斩其树木，堕其城郭，以湮其沟池，攘杀其牲牷，燔溃其祖庙，劲杀其万民，覆其老弱，迁其重器。卒进而柱乎斗，曰：'死命为上，多杀次之，身伤者为下，又况失列北桡（落伍败北）乎哉？罪死无赦！'以惮其众。"通过对侵略者言行的描写，表现出鲜明的爱憎观，深刻感人。

墨子富有人情味和幽默感。《耕柱》载墨子与儒家之徒辩论。子夏学生问墨子："君子有斗乎？"墨子回答："君子无斗。"子夏学生说："狗狶犹有斗，恶有士无斗矣！"墨子感慨："伤矣哉！言则称于汤文，行则譬于狗狶，伤矣哉！"通过幽默的语言表现出高超的辩论艺术。

《墨子》论证，常引文学作品如诗词、寓言、故事等，作为论据。《诗经》是我国最早的诗歌总集，《墨子》常引。《兼爱下》引《周诗》："王道荡荡，不偏不党。王道平平，不党不偏。其直若矢，其易若砥。君子所履，小人所视。"

引《大雅》："无言而不售，无德而不报，投我以桃，报之以李。"通过引证传统的经典作品，为《墨子》增添了浓郁的文学色彩。

《墨子》的语言，富有艺术性。陈柱《墨学十论·墨子之文学》，把《墨子》文体细分为七类，指出其语言艺术特色："论说体文颇华丽；演讲体文最平实；经体、传体最奇奥；序体最严整；记体亦简洁。"颇为恰切。《墨子》锤炼语词、讲究修辞、运用辞格等语言文学特色，值得后人借鉴传承。

五、《墨子》的传播与影响

这里，简述《墨子》在国外的传播和影响。

（一）朝鲜半岛

中国与朝鲜半岛的文化交流由来已久。中国文化随汉字一起，在朝鲜半岛产生了深远影响。

李珥（1536—1584）作为朝鲜实学理论的奠基人，其哲学思想具有较大包容性，墨学影响在其作品中有所体现。李珥在其《圣学辑要》说："安民者，为之兴利除害。"把墨子的口头语"兴利除害"，作为安民方法。朝鲜时代实学家丁若镛（号茶山，1762—1836）的哲学、科技、军事思想与非儒倾向，也受到墨子的影响。

韩国学者李云九、朴文铉、尹武学等的墨学研究，有较大成就。李云九（1933—　），韩国思南全义人，韩国成均馆大学教授，大同文化研究院院长，长期研究中国传统文化和诸子学。其墨学研究代表作有：《中国的批判思想》，骊江出版社1978年版；《墨家哲学研究》（与弟子尹武学合著），成均馆大学、大东文化研究院1995年版。其论文有：《墨子的战争哲学批判》《墨家的技术特点和科学意识》和《墨子经济思想的当代意义》等。

李云九的墨学研究成果，是现代韩国墨学研究的开始，今后墨学研究的基础。《墨家哲学研究》是韩国第一本整体介绍墨家思想体系的学术著作。

该书在《序》中说，传统思想有其长处和短处，发扬传统文化，慎重对待祖先遗留下的宝贵精神财富，应放弃偏见，积极关注墨子和墨学。李云九作为现代韩国墨学研究第一人，具有重要的开创性作用。《墨家哲学研究》冲破韩国墨学研究的困境，改写了韩国墨学研究史。

李云九重视墨学在今日和未来世界的作用。《中国的批判思想》分十一章和两个附录，大篇幅介绍，高度评价墨家的批判意识。该书在《序》中说："学问世界无禁区，任何名分都不能桎梏批判的自由。应通过不断怀疑、批判和讨论，促进思想的发展。"

墨学在中国古典学问中，最具批判意识。墨学的批判意识，反映在政治、哲学、科技、军事等诸多领域。墨家针砭时弊的批判，有一定时代背景，但其批判精神却具有永恒价值。李云九阐发墨学的批判意识，有深刻的预见性。

朴文铉毕业于釜山大学哲学系，1989 年在东国大学获博士学位，论文题为《墨子的经世思想研究》。他跟李俊宁合译《墨子》，在韩国传播墨学。朴文铉继李云九之后，将韩国墨学研究推向更深层次。

朴文铉认为，墨子的经世思想，是为消除压迫和战争而阐发的救世学说。尚贤、尚同、兼爱、非攻、节用、节葬、非乐、非命等纲目，是墨子经世思想的展开。墨子的理想，是实现世界大同。墨子的经世思想，把政治、经济、教育和国际关系等理论进行了系统化。墨子经世思想的现代价值，在于其勤俭、平等与和平精神。

朴文铉首次把《墨子》原典翻译为韩文，对韩国墨学研究，打下了坚实基础。在他之前，有人尝试翻译《墨子》，但由于译者不是墨学研究专家，而是汉文学家，翻译效果不理想，比朴文铉的译作，在对原典的理解上有差距。朴文铉发表的墨学论文，有《墨子与丁若镛思想的相通性》，指出墨子和丁若镛思想在社会、政治、非命等方面的相通，提供墨学在古韩国影响的个案研究。

2005 年在中国台湾举行的国际墨学研讨会上，朴文铉做了题为《墨学与今日的韩国社会问题》的报告，指出由于儒家文化存在缺失，导致今日韩国社会诸多负面现象。墨家在兼爱、节用、贵义和平等意识方面，可矫正今日韩国社会的诸多弊端。朴文铉说："为实现秩序、和平社会，墨子强调领导层的模范作用。儒家以家族为中心的裙带意识，阻碍对腐败的肃清，与儒学对立的理论，即墨子脱离家族主义和具有合理公共意识的兼爱伦理，可作为今日韩国社会有借鉴意义的思想。"

尹武学 1992 年于韩国成均馆大学获博士学位，研究重心是墨家逻辑。论文题为《墨家名学之研究》。学术界多认为，中国没有发展出西方那样的逻辑学，在这种情况下，尹武学完成中国逻辑学方面的博士学位论文，意义非凡。

尹武学《墨家名学之研究》一文，详细分析中国逻辑的产生背景，以及墨家在中国逻辑史上的重要位置。他深刻揭示了墨家前后期逻辑范畴的相互关系。他认为墨家前后期逻辑连贯，并未断裂，继承发展，不可分离。以此篇博士学位论文为主体，尹武学与其师李云九合著《墨家哲学研究》。尹武学在此书中阐述了对墨家逻辑的见解。

尹武学 1997 年到中国参加第三届墨学国际研讨会，做了题为《墨家的古今之辩》的报告。此论文对墨家逻辑的深刻理解，引起墨学专家的注目。这是韩国学者对墨学研究的重要成果。该论文说，《墨子》通篇所见的三表法，其中的先王观和古今之辩，与儒道等其他学派不同。墨家的先王观，是体现"兼相爱，文相利"观念的理想形态，不只停留在尚古主义，在《墨经》中更加具体化。《墨经》的"五行无常胜"说，是批判循环史观的典型例证。他认为墨家在述古作今的基础上，肯定古今变化，表现出了先进的历史观。

朴文铉和尹武学，是韩国墨学新生派的代表，继承并发展了韩国的墨学研究。他们的墨学研究，是世界墨学研究成果的重要组成部分。随着新生代韩国学者墨学研究的日益深入，会更加扩大中国优秀传统文化在韩国的影响。

黄晟圭于 1994—1999 年在中国人民大学哲学系攻读哲学硕士、博士学位，用五年时间，专精墨学，发表《孔墨人本学探微》《中国逻辑在韩国》《墨子人本思想研究》《墨子军事思想及其现代意义》等论文。

黄晟圭师从孙中原，1999 年获中国人民大学哲学博士，论文题为《〈墨经〉思想研究》。他以《墨经》为研究对象，以墨子立言三表"本、原、用"和为义三务"说书、谈辩、从事"为纲，论述《墨经》的思想体系、结构、意义和特点。他认为"说书"部分，论述墨家的宇宙观、认识论、伦理观，是墨学思想大厦的基础。"谈辩"部分，论述墨家的语言观，阐发语言的形式、本质、功能和法则，包含逻辑学、语言学内容。"从事"部分，论述墨家利用自然原理，总结机械技术，并在政治、经济、教育和修养等方面加以阐发的社会生活法则。

该文阐述《墨经》在东方思想史上的意义，介绍墨学在韩国的传播，以及当代韩国的墨学研究现状、特征和展望，提出发展《墨经》思想的必要性和建议。

韩国非墨学专家关心和研究墨学，是墨学普及令人鼓舞的发展。韩国西江大学郑仁在 1993 年到中国参加首届墨学国际研讨会，发表《墨子的和平思想》。认为墨子在人类历史上最早提出和平理论，进行和平实践。

韩国李海英 1986 年在东洋哲学研究会主编的《东洋哲学研究》第七集发表《墨家批判意识》，1989 年在韩国成均馆大学获博士学位，论文题目是《先秦诸子批判意识之研究》。全文共五章，第四章专论墨家批判意识。韩国奇世春曾著有《天下莫非亲人》《我们为什么选择墨子》等作品，参加了中国第二届墨学国际研讨会，做了题为《墨子与主体思想的对话》的报告。

车仁爱 1983 年毕业于韩国西江大学，硕士论文为《比较墨子与论语之鬼神观》。李相欣于 1987 年获得韩国忠北大学硕士学位，毕业论文为《先秦儒家、墨家思想之比较研究》。李完构在李云九的指导下，于 1989 年获成均馆大学硕士学位，毕业论文题目为《墨子的利害观研究》。

当代韩国墨学研究的队伍正在壮大，研究在不断深化，对韩国墨学研究做出重要贡献。韩国的墨学研究，从"墨学究竟是什么"的基本问题出发，归结到墨学的核心价值，从对墨学的总体概括开始，开展对墨学各方面的深入研究，揭示墨学的独特精神和深层内涵。

（二）日本

在日本有墨子文献约二百种。最早的中文书籍目录《日本国见在目录》，是藤原佐世奉皇命，于贞观十七年（875）借宫中藏书所冷然院被大火焚毁之机编撰，记载《隋巢子》《胡非子》《缠子》三部墨家著作，但没有提到《墨子》。

此后，在《本朝续文粹》（13卷）中，收录的藤原敦光博士《变异疾疫饥馑盗贼等勘文》，曾引用《墨子·辞过》："墨子曰，古之民未知饮食，圣人耕稼为食也，以增气充虚，今则厚敛，百姓孤寡冻馁，欲无乱，不可得。"这篇《勘文》，写于保延年间（1135—1140）。可以确定，《墨子》最迟在平安后期传入日本。

江户时期，通过长崎的贸易往来，《墨子》版本传入日本。大庭修《江户时代唐船来日研究》中《商舶载来书目》亨保十六年（1731）条，记载"《墨子》一部二本"。（见大庭修：《关于江户时代的唐船输入书的研究》，关西大学东西学术研究所研究丛刊1967年版）

经训堂《墨子》于天保六年（1835）在江户翻印。在江户发行以后，长崎会所《天保十一年（1840）子三番船书籍总簿》中出现《经训堂丛书》记录。后在《天保十二年（1841）丑一番船书籍总簿》《同二番船书籍总簿》《弘化三年（1846）午二番船书籍总簿》中，相继出现。

秋山仪校订《墨子》和江户时期松元刊订《墨子》，是江户时期墨学研究的重要基础。秋山仪校订《墨子》，明朝茅坤于万历九年（1581）校阅，在涵春楼出版发行的《墨子》中加入校语，保历七年（1757）由城东书坊出版发行。

秋山仪是肥后人，字子羽，号玉山，就学于服部南郭，是熊本藩学者，时习馆的提学。秋山仪校语，没有明确记载出处，但包含古抄本要素。江户松元出版的《墨子》，是清代毕沅校订、经训堂发行《墨子》的翻印，天保六年出版发行。这些书籍的出版发行，证明墨学研究在当时已经得到重视，墨子和墨家的存在，已为人所知。

以后吉田汉宦的《墨子校》，是根据古抄本加的校语。诸葛蠡的《墨子笺》，是根据传日的古抄本加的校语。户崎允明的《墨子考》，是汇辑日本人的著作。

明治时期，牧野谦次郎《墨子日文解》出版发行。它以清代孙诒让《墨子间诂》为底本，参考江户时期的墨学研究成果，加以注释，由例言、序、凡例、目次、序说、《墨子》本文的通译和附录七部分组成。

序说由八部分组成：儒墨显学；墨子时代；墨子事迹；墨子学说由来和各篇要旨；墨子弟子学说和墨学对社会影响；墨子学派衰败原因和近代中国的墨子研究；诸学派对墨学的批评；墨子研究参考书。该书集明治末年日本墨学研究的大成。

大正二年（1913），小柳司气太的《墨子间诂》，作为《汉文大系》的一册，由富山房出版发行。以后墨学研究的其他著作陆续发表。小岛佑马、大冢伴鹿各家的研究，是战后日本墨学研究的先驱。

战后日本研究墨学的首位学者渡边卓，有《墨子》（《全译汉文大系》第 18 册，讲谈社 1974 年版）、《墨家思想》（《东方思想讲座》第 4 册，1967 年版）、《墨家集团与其思想》（《史学杂志》，1961）、《<墨子>诸篇的著作年代》（《东方学报》，1962—1963）、《墨家的兵技巧书》（《东京中国学报》第 3 期，1957）、《墨家守御的城邑》（《东方学》第 27 期，1964）等论著，系统研究《墨子》、墨家思想和墨家学派，构建了日本墨学研究的基础。

渡边认为，墨家开山祖师墨翟出身工匠，墨家是工人集团。根据墨子的思想与著作，把墨翟以后历经两个世纪的墨家学派，分为初期墨家（前 381）、中期墨家（前 300 年前后）和后期墨家（前 210）。

渡边认为，初期墨家，继承并坚持开祖的言论和行动，坚决否定执着自私的处世态度，倡导"兼爱""非攻""尚贤"等主张，挺身保卫弱小国的城邑。这种精神，一直延续到继承墨翟思想的禽滑厘、孟胜时代。《兼爱上》和《非攻上》均于初期完成，《尚贤上》包含初期墨家的主张。

中期墨家，抛弃初期狭隘的立场，发生脱胎换骨的变化。他们倡导"非攻""兼爱"，但他们抛弃初期拒绝私利的立场，新引入功利思想，作为开祖以来的主张。这种"兼爱交利"的主张。更适应战国君主富国强兵的要求，由此派生出杜绝君主挥霍浪费，号召广大民众积极发展生产的思想，主张"节用""节葬"和"非乐"，浓重保留初期支持弱者的精神特色，更显著地倾向于建立强权国家，显示依靠君主当权者的法令和刑法，进一步扩大自身影响的动向。

其著作包括《兼爱中》《非攻中》《节用上》《经上》《经说上》以及兵技巧诸篇中较早的段落。

后期墨家，依然倡导"兼爱""非攻"，但其中的"兼爱交利"，是建立在统治者赏罚分明的基础上，而"非攻"却容许王者的诛罚政策，甚至可以说半带有肯定战争的倾向，同时出现新的思想，主张"尚同"。

墨家集团推崇巨子。在巨子领导下，所有成员为了同一目的，勤苦劳作。经历初期成员团结，到中期组织重建阶段，建立起了强固的集团体系。这样的集团，以上意下达为伦理观念，建立所有成员向上级学习的尚同理论。墨家把这一集团伦理，推向了全社会。

墨子雕塑

正是在这一时期，墨家从两派分裂为三派。除了著述《尚同上》的一派外，还有主张加强理论补充的一派，以及虽然同意尚同的主张，但却希望导入墨家根本的兼爱论的一派。末期的主张，是以尚同为核心，并提出对其起补充作用的非命论。这时的墨家，虽然自诩强力的团结，但却走上内部分裂的道路。由于一味迎合当权者，导致把开祖以来的主张全部都抛弃了。前3世纪末，即秦朝建立前后，墨家走上了解体灭绝的道路。

浅野裕一（1946—），文学博士，日本东北大学教授，近年系统研究墨家思想，专著《墨子》，日本讲谈社1998年版。其论文《墨家集团的质变：墨子对话篇的意义》认为，如墨子对话四篇所写，门人缺乏勤学意识，对待墨翟不尊不信，在名利官位前，有背信弃义行为，定是墨翟在创建学团时的记录。从墨子对话四篇出现的墨家活动范围看，是在未曾涉及燕、晋、秦等区域的墨翟时代。时间范围全部是前5世纪后期。浅野断定，墨子对话四篇全部是墨翟时期的资料。在墨翟时代，十论的主张，已全部形成。

（三）西方

墨学研究在西方的进展，体现出墨学的世界价值。随着中国文化在西方的传播，墨子兼爱非攻、世界和平等见解，受到当代西方学者关注。西方有越来越多的人，开始知道墨子，认识墨学。

李约瑟《中国古代科学思想史·墨经中的科学思想》说，墨子"宣扬兼爱学说，人们对之皆愿致以崇高敬意。""完全相信人类理性的墨家，明确地奠定了亚洲自然科学最为重要的基本概念。"（见李约瑟《中国古代科学思想史》，南昌：江西人民出版社 1990 年版，第 206、231 页）

汉学家葛瑞汉，对墨学有深入研究，是西方墨学研究成果最多的学者。他的《后期墨家的逻辑、伦理和科学》，在西方大图书馆多有收藏。葛瑞汉以访问学者、客座教授的身份，讲学于香港大学、台湾清华大学，以及耶鲁大学、密歇根大学、康奈尔人文学会新加坡东亚哲学研究所、布朗大学和夏威夷大学。葛瑞汉 1971 年任伦敦大学东方及非洲研究院古汉语教授，1981 年当选英国文史哲研究院院士。

葛瑞汉有墨学专著《后期墨家的逻辑、伦理和科学》（1978）。论文有《〈墨子·小取〉的逻辑》（1964）、《墨子论辩的语法》（1971）、《后期墨家论〈墨子·大取〉中的伦理学和逻辑学》（1972）、《对墨家光学方面的系统研究》（1973）、《〈墨经〉的结构》（1978）、《<墨子>核心篇章中反映的早期墨家分派》（1985）、《自私的权利：杨朱学派、后期墨家》（1985）等。

《维基自由百科全书》说："墨子是中国古代著名思想家。《墨子》一书共53 篇，是墨子本人及其后学的著作总集。墨子创立的学派名为墨家。"《美国百科全书》有条目：墨学的道德；墨学中的个人关系；墨学中的政治与军事体系；墨学的神秘主义；墨学中的艺术；逻辑家学派。

美国《斯坦福哲学百科全书》，细致解说墨学。该《百科全书》认为，墨子是（孔子不是）中国的第一位真正的哲学家。其中对墨子的解释和评论最详细，分为九部分：墨子与墨家；十大概念；对客观标准的寻找；认识论；逻辑与辩论；政治理论；伦理学；宗教；历史影响与衰落。还有参考书目与网络资源。这是目前西方最完整的评述墨学的文献。

《斯坦福哲学百科全书》区分了墨子、墨家、墨子学派和墨子主义的范畴。墨子的教学，贯彻墨子精神与墨子主义。该《百科全书》认为："墨学制定了中国第一个明晰的伦理、政治理论和世界最早的结果主义的最完善形式"，"墨家在培育且形成中国古典哲学许多中心的概念、假定和争议方面，扮演了一个关键角色"。墨学制定复杂的语义学理论、认识论、功利主义伦理学、类比推理理论，而且在如此的不同领域，如几何学、机械原理、光学和经济学等，都有贡献。

该《百科全书》认为，战国时代中国区分为很多的小国，时常彼此作战，比较大的国家，更有力征服它的邻居，而且在它的规则之下统一帝国。墨子强调和平的社会秩序，他们劝阻军队进攻，又尝试攻击不听劝阻的统治者。他们是和平主义者。然而，他们看到防卫力量决定生存，就又变成防御的战斗专家。在国家、城市受到攻击的威胁之下，担任义勇军，用远古的防卫手法和防御工事，保护群众。

该《百科全书》认为，墨家主张建立普遍行之有效的伦理标准。"利益"是道德的一般标准。人的行为应该寻求促进世界的利益，除去对世界的祸害。按照这样的利益标准，对人有益才做。对人无益，甚至有害，就停止。

近年梁生出版墨学专著，建议将墨子思想运用到现实社会，形成新墨学。他们主张培养人文精神，发挥人的积极性和创造性，加强共同体的合作与团结，寻求人类和平。见于《培养人文：新墨学》，梁生、和野合作《反对宿命论：新墨学》，梁生、和野合作《寻找共同体：新墨学》，梁生《反对进攻性战争》。

美国堪萨斯大学教师讲授墨子思想，并把教学计划、课程幻灯片、考试要求，用形象画面显示，在网络上说明墨子思想。堪萨斯大学哲学系安·库德教授，在墨学教学上，采取生动活泼的图形，讲解东方古代的墨子思想，引人入胜。借助网络研究和传播墨子思想，成为当代西方的潮流，目前建有英德文网站。《斯坦福哲学百科全书》中对墨子的论述，已在网络公布，与读者共享。

第三章　墨子思想

一、墨子思想的渊源

任何一种学说的形成都有其独特的思想渊源，这是人所共知的。墨学的形成，也有其深刻的思想渊源与历史背景。寻找墨子思想的发源地，对于把握其思想实质与精华，无疑具有重要意义。

（一）墨学源于夏文化

对于夏朝的存在，仍有一些学者持怀疑的态度，国外有的学者认为"至今仍无一个遗址可以断定是夏朝的。"然而，考古学发现已证实了"夏朝"的存在。河南"二里头文化"的"碳－14 测定"证实："其中三个数据成系列，包括二里头文化的一期至四期年代，约自公元前 1900 年至前 1600 年。这一年代与依据历史文献记载所推算出来的夏王朝的年代（约前 21 世纪—16 世纪）基本相符合。"同时发现的木制"双齿耒"也证实了《墨子》所记载的"大禹亲操耒，以为民先"是事实。

墨子思想源于何处呢？乾隆年间的早期《墨子》校勘家孙星衍先生一语中的："墨子与孔子异，其学出于夏礼。"《韩非子·显学》篇云："孔子墨子俱尧舜，而取舍不同，皆自谓真尧舜。"司马谈在《论六家要旨》中说："墨者，亦尚尧舜道，言其德行，曰：堂高三尺，土阶三等，茅茨不翦，采椽不刮；食土簋，啜土刑，粝粱之食，藜藿之羹；夏日葛衣，冬日鹿裘。其送死，桐棺三寸，举音不尽其哀，教丧礼，必以此为万民之率。使天下法若此，则尊卑无别也。"这说明墨子受到尧舜思想的影响。

庄子认为墨学源于夏禹，他说："墨子称道曰：'昔者禹之湮洪水，决江河，而通四夷九州也，名山三百，支川三千，小者无数，禹亲自操橐耜，而九杂天下之川，腓无胈，胫无毛，沐甚雨，栉疾风，置万国。禹大圣也，而形劳天下也如此。'使后世之墨者，多以裘褐为衣，以跂蹻为服，日夜不休，以自苦为极。曰：'不能如此，非禹之道，不足为墨。'"庄子盛年距墨子卒仅四、五十年左右，应该说他比任何后人更加了解墨子，庄子所载更能真实地反映墨子思想：墨子崇尚夏道，墨家效法大禹。

《淮南子·要训略》也充分肯定了庄子的观点，其载曰："墨子……背周道而用夏政。禹之时，天下大水，禹身执蔂锸，以为民先，剔河而道九歧，凿江而通九路，辟五湖而定东海。当此之时，烧不暇，儒不暇挖；死陵者葬陵，死泽者葬泽。故节财薄葬，闲服生焉。"从墨子书中看："禹东教乎九夷，道死，葬会稽山。衣衾三领，桐棺三寸，葛以缄之。"（见《墨子·节葬》）可见，大禹对墨子思想的影响较大。孙星衍先生又云："诸子之教或本夏或本殷……《墨子》有《节用》，节用，禹之教也。……又有《明鬼》，是至孝鬼神之意；《兼爱》是尽力沟洫之义。……列子称禹身体偏枯，手足胼胝。吕不韦称禹忧其黔首，颜色黎墨。……其节葬，亦禹法也。……三月之丧，夏有是制，墨始法之矣。"墨家弟子无论从衣着形象，"衣褐跂蹻""手足胼胝""颜色黎墨"等，还是从行为特征"自苦为极""损己救世""节用节葬"，均与夏禹一致。如《墨子·备梯》云："禽滑厘子事墨子三年，手足胼胝，面目黎黑"，即是其写照。

《列子·杨朱》篇云："禽子曰：'以吾言问大禹、墨翟，则吾言当矣。'"张湛在此注曰："禹、翟之教，忘己而济物也。"我们知道，作为墨子的大弟子禽子无疑是最了解墨子思想的，其将大禹、墨翟相提并论，无疑认为墨道效法禹道，墨家思想与大禹思想是一脉相承的。这一点也能从墨子书中得到证实，"禹之征有苗也，非以求以重富贵、干福禄、乐耳目也。以求兴天下之利，除天下之害，即此禹之兼也。虽墨子之所谓兼者，于禹求焉。"（《墨子·兼爱下》）可见，墨子所谓的兼，就是取法于大禹啊！

此外，墨子除了熟读过象《百国春秋》这样的史书外，还大量阅读了许多早已亡佚了的夏书、殷书等，仅《墨子》书中提到的就有：《泰誓》《禹誓》《汤说》《誓命》（见《墨子·兼爱下》）、《大夏》（见《天志中》）、《三代不（百）国》《仲虺之告》（见《非命中》）、禹之《总德》（见《非命下》）、《黄经》（见《非乐上》）、《禽艾》（见《墨子·明鬼下》）等书，可以说墨子思想已经追溯到中国文化的源头——夏文化。

据《尚书·尧典》载，尧在帝位时，咨询四岳（似部落首领元老会议），四岳推荐舜作为继承人，经过考验，舜摄位行政，尧死，舜正式即位。后来，舜以同样方式让位于禹。《墨子》书中也写道："古者尧举舜于服泽之阳，授之政，天下平；禹举益于阴方之中，授之政，九州成。……尚欲祖述尧舜禹汤之道，将不可以不尚贤。"又写道："虽农与工肆之人有能则举之，高予之爵，重予之禄，任之以事，断之以令。"（《尚贤上》）尧、舜、禹的禅让之法，以及古圣王从百姓中举贤之例，都成了墨子尚贤思想的重要来源之一。墨家巨子的禅让制度明显仿效了尧舜禹的禅让之法。

据统计，在《墨子》书中提到尧舜禹汤文武者14，称禹汤文武者9，称文王者8。所提禹者最多。可见，墨子确实深受夏文化与尧舜禹汤文武等贤王的影响，墨子时关于尧舜的文献已甚少了，故墨子特别推崇大禹。以大禹为代表的夏文化对墨子思想的形成产生了深刻的影响。但是，有时墨子列举尧舜禹汤文武诸王，则是为了证明其理论的合理性。

总之，墨子深受夏文化的熏陶和影响，深受夏禹等先圣远古精神的感召，深知自己对社会所肩负的崇高使命与伟大历史责任感，从而日夜不休，强力从事；匡扶正义，扶弱抑强；勇于为义，损己救世！

（二）墨学源于周文化与儒学

墨子早年曾在鲁国系统地学习，鲁国长期受周文化的浓厚影响与熏陶。孔子讲"克己复礼"，这个"礼"字就是强调要恢复周礼。通过系统的学习，墨子对周文化有了较为深刻的理解。据《吕氏春秋·当染》篇载："鲁惠公使宰让请郊庙之礼于孔子，桓王使史角往。惠公止之，其后在于鲁，墨子学焉。"墨

子既学于史角之后，他肯定广泛涉猎了周文化特别是西周官学；再者，史角之后既在鲁多年，其对儒家文化一定非常熟悉，墨子肯定受益不浅。据详细统计，《墨子》书中引《诗经》11 处，引《尚书》34 处，又多次提到"百国春秋""宋之春秋""燕之春秋"等等。可见，墨子对周文化以及各国历史非常熟悉，并已达到了很高的水平。同时，墨子对儒学也达到了非常深刻的理解与把握，并站在更高的角度对儒学提出了尖锐的批评。《淮南子·要略训》说："墨子学儒者之业，受孔子之术，以为其礼烦扰而不说，厚葬靡财而贫民，（久）服伤生而害事，故背周道而用夏政。"在这里，"故"字突出了墨子在学术上的巨大超越性、批判性、否定性与创造性，表明了墨子为世立说的大无畏理论勇气与宏伟气概，这也进一步说明在墨学之前并无墨学，墨子的确为创立墨学的开山祖师。

《淮南子·主术训》篇又载："孔丘墨翟修先圣之术，通六艺之论，口道其言，身行其志，慕义从风。"的确，墨子博学广识，有着雄厚的理论功底，这为他成为一代墨学宗师打下了扎实的基础。墨子受孔子思想影响也较大，在墨子言谈中多次提到孔子（见《墨子·公孟》），在《墨子》书中沿用和承袭儒家概念、范畴处很多。比如：孔子讲亲亲，墨子讲尚贤；孔子讲爱有差等，墨子讲爱无差等；孔子讲繁礼，墨子讲节用；孔子讲厚葬，墨子讲节葬；孔子讲远鬼，墨子讲明鬼；孔子讲兴乐，墨子讲非乐；孔子讲天命，墨子讲非命；孔子讲人治，墨子讲法治；孔子轻视生产实践，墨子重视强力从事……等等，可见，在墨子思想体系中留下了孔子思想深深的痕迹！只因墨子认为儒学无益于救世，故出于儒而反儒，这种反儒、非儒，用黑格尔的话来说就是"扬弃"，是"消化吸收"与"排斥抛弃"之意。

墨子广泛批阅百国春秋（历史），目睹春秋战国之际各国战乱频繁，弱肉强食；百姓民不聊生，饥寒交迫；王官奢侈挥霍，荒淫作乐……等社会现实。墨子本着对人类与社会的深切关怀，博爱非攻、扶弱抑强、损己益人、苦心救世，这些则成了墨子创立墨学的根本动因与行动基础，这是他立说的内在冲力或内因。

从德国哲学家黑格尔的观点来看，哲学的发展是按正、反、合的轨迹运动的，如果将孔子的儒学视为"正"，则墨学当视为"反"，只因墨学中绝二千余年，"合"这个环节还未出现，这有待诸君之努力。

（三）墨学源于宋文化

宋人是殷商之遗族，宋国封君是殷商王族的后裔。墨子祖先是宋人，宋国风俗习惯、思维方式都会对墨子产生较大的影响。

冯友兰先生认为"宋人以愚著称"（《中国哲学史》上册）。墨子席不暇暖，损己救世，以自苦为极。庄子也说：墨子"其生也勤，其死也薄，其道大觳，使人忧，使人悲，其行难为也。"在常人看来，墨子似乎是愚了，这实类似宋人古遗风。

在春秋战国之际，宋国是一个弱国，位于中原地区，处在诸国包围之中，为诸霸争夺之要冲。连年的战乱，使宋国困苦不堪，生产停滞。此刻，宋国特别渴望和平，春秋时期仅有的两次弭兵大会均由宋国所发起，故宋人和平非攻思想对墨子兼爱非攻思想以及止楚攻宋之义举有着直接的影响。

《礼记·表记》载："殷人尊神，率民以事神，先鬼而后礼。"可见，尊神明鬼显然为宋俗，墨子书中的"天志""明鬼"思想可能就是来自宋俗，"天志""明鬼"是让王公大人响应墨子政治思想的神圣保证与恫吓手段。

（四）墨学源于生产实践

据推测，墨子早年在鲁阳应学过木匠。这是因为：其一，墨子在鲁国时系统地学习过周文化与儒学，其后便创立墨学、聚徒讲学、奔走各国等，可能有的空余时间仅在早年。其二，墨子生于平民家庭。作为平民，生计是第一件大事，为了生存与持家，从小学些手艺非常必要。其三，《韩非子·外储说左上》云："墨子为木鸢三年而成，蜚一日而败。弟子曰：'先生之巧至能使木鸢飞。'墨子曰：'不如为车輗之巧也，用咫尺之木，不费一朝之事，而引三十石之任，致远力多，久于岁数。今我为鸢三年成，蜚一日而败。'"墨子早年若未学做木匠，如何才能做木鸢呢？墨子少年时代学艺这一判断，也得到了其他学者的佐证。

墨子与平民接触广泛，他积极参加社会生产实践，这也是其思想源泉的一个重要组成部分。墨子的"赖其力者生，不赖其力者不生。""强力从事""非乐""节用"等思想的形成无不与此相关。"非乐""节用"思想体现了墨子对广大人民的深切关怀。《墨子·经上》云："圆，一中同长也。""穷，或有前不容尺也。"《墨子·经说上》云："尺，前于区穴而后于端，不夹于端与区内。"这些思想的形成都来自生产实践。

《汉书·艺文志》认为："墨家者流，盖出于清庙之守。茅屋采椽，是以贵俭；养三老五更，是以兼爱；选士大射，是以上贤；宗祀严父，是以右鬼；顺四时而行，是以非命；以孝视天下，是以上同。"清庙之守也许是墨子思想的一个来源吧！但是难以确切地肯定。

总之，墨子思想渊源较为深广。但是，墨子更多地受到时代精神的驱使，他体悟到自己对社会所承担的历史重任，从而投身于社会，深潜沉思，大胆创立了墨学。

二、墨子的政治思想

（一）墨子交相利、兼相爱的理想社会

面对春秋战国之际的混乱政局，各个社会阶层，特别是社会下层的庶民对安居乐业具有强烈的渴求，他们从本身物质利益出发憧憬着自己的理想的社会生活。各派思想家也针砭时弊，揭露现实，极力宣传自己的政治主张，描绘出各自理想社会的蓝图。孔子的"克己复礼，天下归仁"的大同社会是以调和各阶级的矛盾，调整各阶级的利益为基本目的的。老子以"小国寡民"的理想社会是以明哲保身、互不干扰为基本目的的。墨子提出兼爱交利的理想社会是以人人平等、有财相分、有利相交、彼此互爱为基本目的的。虽然孔、老、墨三家理想各不相同，代表的阶级利益也不相同，但在一点是相同的，即对民不聊

生的黑暗现状的愤慨，他们从不同的角度关心到人性问题，关心人的生存。这个共同点正是春秋战国之际士、农、工、商阶层的壮大，贵族萎缩的一个反映。

1. 以普爱形式表现的平等观

墨子的思想是代表小生产劳动的。当时的小生产劳动者是一种分散的，以家庭为生产单位的社会阶层。他们付出了很大的劳动代价，创造了巨大的社会物质财富，本身却过着艰辛的生活。因而小生产者对"庖有肥肉，厩有肥马；民有饥色，野有饿莩"社会贫富不均的现象特别敏感。绝对平均主义思想是小生产劳动者所固有的，他们不仅希望自己不受别人剥削，也不希望别人饥寒交迫。另一方面，由于他们是一种相当分散的力量，因而很难积聚在一起，靠本身的力量来实现自己平均主义的政治思想主张。所以，他们总把希望寄托于一种权威的力量以一同天下之平均。墨子交相利、兼相爱的思想正是以一种普爱的形式表现了这种平等的要求，并以尚同、天志的权威来实现这种均天下之利的普爱、平等。

墨子首先提倡全民同利，在经济上，有财相分，有利相交。因为"天下无大小国，皆天之邑也；人无幼长贵贱，皆天之臣也"。每个人在天面前都是平等的，都应享受天赋于人的各种物质生活，所以欲富贵而恶贫贱是人性之自然。要改变现实社会贫富不均，损不足益有余两极分化的现象，在社会相互关系中，就应提倡"有力者疾以助人，有财者免以分人，有道者劝以教人"，即应用损有余益不足的方法达到在经济上人人平等的目的。对社会财富的分配应以天下共利为目的，达到饥者得食、寒者得衣、劳者得息这样合理的社会状况。天下同利、财富均等的社会理想，墨子是以人人必须参加劳动为前提的。墨子认为，只有参加劳动的人，才有权利获得物质生活资料，大同社会不允许存在不劳而获。这种有力助人、有财分人的道德、行为准则，在小生产劳动者的群体中是较为普遍地施行的，也是一种受人称道的社会行为。小生产劳动者虽然分散，并主要以家庭为生产单位，将最关键的生产、工艺技术当作祖传秘宝，绝不外传，但在具体的生产过程中，由于商品经济相对薄弱，生产的竞争性没有达到你死我活的白热化程度。小生产劳动者，特别是小农，彼此之间在劳动或物质上的互相帮助，以解决彼此临时或突然发生的生产或生活上的困难，是一种礼尚往来的常见社会现象。墨子将这种常见社会行为提到交相利的社会普遍原则的认识高度。交相利的思想是针对财富分配的不均、苦乐不等的社会弊端。一部分人不劳而获，却生活奢侈，挥霍浪费，厚葬久丧，钟鸣鼎食。另一大部分人终日劳动，却饥不得食，寒不得衣，劳不得息，身无立锥之地。墨子认为，造成这种贫富不均状况的主要原因是贵族、君主的巧取豪夺。他们"厚作敛于百姓，暴夺民衣食之财，以为锦绣文彩，靡曼之衣"，"以为美食刍豢，蒸炙鱼鳖"。死后，又"厚葬久丧"，"天子杀殉，众者数百，寡者数十。将军大夫杀殉，众者数十，寡者数人"。他们不仅在本国如此，而且为掠夺别国财富，经常发动侵略战争，"以攻战为利"，使"死者不可胜数"。物质利益的合理分配，使社会的每一个成员都能过着温饱而不奢侈的生活，这是墨子兼爱思想的基本内容。另一方面，墨子也看到了社会物质财富分配不均是导致社会动乱的一个重要原因，"腐朽余财不以相分，天下之乱也，至如禽兽然"，并进一步指出贵族阶级"是以富贵者奢侈，孤寡者冻馁，虽欲无乱，不可得也"。因此，社会要达到物质利益上的交相利，就必须在政治和道德行为方面各自节制，提倡爱人、利人，并将这种爱人、利人的思想变成一种普遍的社会行为准则。这种准则在墨子的学说中就是兼相爱的思想。

墨子说："无穷不害兼。"如果空间是无穷无尽的，在这无限大的空间中，每一个有穷区域都实行了兼相爱的行为准则，则在这无穷的空间中没有一个地方是不兼爱的。所以，无穷的空间当然是充满兼爱的。如果人也多得无限，而每个人都实行兼爱的主张，则这无穷多的人也必然是充满兼爱的。虽然，有时并不知道某人处何处，但这并不妨碍其他人用兼爱的主张去对待他，"不知其所处，不害爱之"。墨子认为，只要有人存在，兼相爱的主张总是有利于人的。所以，兼相爱的社会原则是永存的。兼相爱的目的就是为了"万民之食之所以足也"。爱人就是为了利人。墨子举了一个例子，生动地说明了兼爱之士、兼爱之君是受社会普遍欢迎的。人们在选择朋友，选择国君时，思想上、心理上总偏爱于兼士、兼君，而不喜欢别士、别君。别非兼是、以兼易别就是一个必然的结论。墨子进一步论证了兼爱是一个不仅适合社会而且可用的社会原则，如果是"用而不可，虽我亦将非之"。在论证兼是别非、以兼易别的正确性时，墨使其一士者执别，使其一士者执兼。是故别士之言曰："吾岂能为吾友之身，若为吾身，为吾友之亲，若为吾亲。"是故退睹其友，饥即不食，寒即不衣，疾病不侍养，死丧不葬埋。别士之言若此，行若此。兼士之言不然，行亦不然，曰："吾闻为高士于天下者，必为其友之身，若为其身，为其友之亲，若为其亲，然后可以为高士于天下。"是故退睹其友，饥则食之，寒则衣之，疾病侍养之，死丧葬埋之。兼士之言若此，行若此。

兼士爱人若己，别士拔一毛利天下而不为。如果现在有一个即将远游的人要在这兼、别两士之中选择一个人寄托自己的妻室儿女，请其照料，他将选择谁呢？墨子肯定地说，只要不是愚笨之人，虽然可能他也不主张兼相爱，但他必定选择兼士来照料自己的妻室儿女。取兼士、弃别士是因为兼士能照料好他的家庭，有利于他的切身利益。

从兼别两士的取舍选择的结论出发，墨子进一步推理论证兼别两君的取舍选择。墨子认为，不仅士作朋友可以由己选择，作为一国之君的人也应由民选择。墨子假设：

使其一君者执兼，使其一君者执别。是故别君之言曰："吾恶能为吾万民之身，若为吾身，此泰非天下之情也。人之生乎地上之无几何也，譬之犹驷驰而过隙也。"是故退睹其万民，饥即不食，寒即不衣，疾病不侍养，死丧不葬埋。别君之言若此，行若此。兼君之言不然，行亦不然，曰："吾闻为明君于天下者，必先万民之身，后为其身，然后可以为明君于天下。"是故退睹其万民，饥即食之，寒即衣之，疾病侍养之，死丧葬埋之。兼君之言若此，行若此。

兼君视民若己，别君不顾人民死活。如果碰到灾荒之年，万民多有艰苦冻馁。在这样的时候，人民选择、拥戴谁做一国之君呢？墨子认为，只要不是愚笨之人，虽然他们也不是主张兼爱的人，他们也肯定会拥护兼君而摈弃别君的。因为兼君于万民有利，而别君自顾自身，任凭万民饥寒交迫。

这个寓言小说式的例子说明，墨子兼相爱思想的提出，正是以求生存的自然本性为基础的，是从人对物质生活的直接需要出发的。求生存、求温饱是人之本性，而每个人都是天之臣民，都有同样的生存权利。墨子认为，以兼易别就能达到人人温饱，安居乐业这个目的。如果以别易兼，则社会小到偷盗欺诈，大到攻战掠夺，社会秩序不稳，政局动荡，朝不保夕，诸事荒废，财物耗尽，生灵涂炭。民不能安居乐业，国不能久治长安，天下一片混乱。所以，提倡兼相爱是社会共利所必需。

墨子不仅在人的生存权利方面要求人人平等，而且在人的死亡待遇方面也同样提出人人平等的要求。贵族、君主有权有势有钱，他们死后可以厚葬，不仅"棺椁必重，葬埋必厚，衣裳必多，文绣必繁，丘陇必巨"，而且要用很多贵重的物品陪葬，"金玉珠玑比乎身，纶组节约，车马藏乎圹，又必多为屋幕，鼎鼓几梴壶滥，戈剑羽旄齿革，寝而埋之"。贵族、君主甚至要杀人殉葬，"天子杀殉，众者数百，寡者数十。将军大夫杀殉，众者数十，寡者数人"。穷人百姓却只能"勤苦冻馁，转死沟壑中"。墨子认为，人在死后葬之厚薄不平等的待遇同样不符合兼爱之理。所以，按照人兼相爱的准则，人应该不分贵贱贫富，死后埋葬都是"衣三领，足以朽肉，棺三寸，足以朽骸。堀穴深不通于泉，流不发泄则止。死者既葬，生者毋久丧用哀"，只要达到"礼，敬也"的目的，表示哀悼之情即可，没有任何形式和内容上的等级观念。这种节葬之法就是人人遵守照办的圣王之法。

墨子的兼相爱首先是强调人格平等，墨子认为男女之人情是阴阳之和，这种"天壤之情，虽有先天不能更也"。贵族、君主拘蓄大量女子以为私有，"大国拘女累千，小国累百，是以天下之男多寡无妻，女多拘无夫"，这会使成年男女结合失调，危害男女阴阳之合的天壤之情。墨子认为这是极不道德、极不合理、违反人性的行为。君主私欲的满足是以剥夺大量男女之情为代价的，所以蓄私的行为不可不加以限制。墨子强调人格平等是针对贵族统治阶级的，"杀人者死，伤人者刑"的墨者之法鲜明地表明了墨子是用人的自然平等反对贵族阶级的宗法政治等级。由此，墨子进一步提倡人的政治地位的平等，认为君主处事应该"不党父兄，不偏富贵"，"虽有贤君，不爱无功之臣，虽有慈父，不爱无益之子"。由血缘、门第、社会地位造成的不平等，应让位给以贤为能的社会平等。墨子抨击了"亲戚则使之，无故富贵，面目美好则使之"的政治不平等，认为这于国家、社稷不利，"今王公大人……至其国家之乱，社稷之危，则不知使能以活之"。

针对王权神授的传统观念，墨子认为人君世主与万民都应尚同于天志，即在天志的面前，人君世主与万民平等，"官无常贵，民无终贱"也就是自然之理了。万民不仅有权要求举官尚贤，而且进一步要求尚贤择人主，"是故选择天下贤良圣知辩慧之人，立以为天子，使从事乎一同天下之义"。墨子看到现实生活的生产、生活的管理、财富的分配是通过一定的行政管理系统进行的。因此，各级官吏，特别是人君世主的贤恶与否，直接关系到能否实现天下均利。所以，墨子认为要达到兼爱、交利的社会理想，对各级官吏及君主不能世袭，不能以亲、以贵、以富来选择、任命，而应由人民择贤。在择贤面前人人平等。墨子津津乐道的尧、舜、禹之类禅让举贤的故事，正是墨子认为的择贤为君的范例。墨子认为，择贤的条件就是看其能乎同天下之义，施行兼爱交利的方针，并列举了禹、汤、文、武诸先贤王等榜样，认为他们是实现兼爱的贤君。

泰誓曰："文王若日若月，乍照，光于四方于西土。"即此言文王之兼爱天下之博大也，譬之日月兼照天下之无有私也，即此文王兼也。虽子墨子之所谓兼者，于文王取法焉。

禹之征有苗也，非以求以重富贵，干福禄，乐耳目也，以求兴天下之利，除天下之害。即此禹兼也，虽子墨子之所谓兼者，于禹求焉。

今天大旱，即当朕身履，未知得罪于上下，有善不敢蔽，有罪不敢赦，简在帝心。万方有罪，即当朕身，朕身有罪，无及万方。即此言汤贵为天子，富有天下。然且不惮以身为牺牲，以祠说于上帝鬼神。即此汤兼也，虽子墨子所谓兼者，于汤取法焉。

周诗曰："王道荡荡，不偏不党，王道平平，不党不偏。"……古者文武为正，均分赏贤罚暴，勿有亲戚弟兄之所阿。即此文武兼也，虽子墨子所谓兼者，于文武取法焉。

禹、汤、文、武诸先贤王实现兼爱，其核心内容就是王道平平，不党不偏，害民者除，利民者兴之，牺牲自身，求利天下。正因为如此，万民择贤而举他们为君。既然连君主都是可以由万民择贤而定，那么其他各级官吏更应是如此了。人人平等的内容从生存权利的自然平等发展到以贤为能的社会平等。这种

人格平等、政治平等的观念正是要求交相利物质平等的必然结果。

墨子兼爱的第二个内容是对等互报。对等互报的兼爱思想是基于人性同一的认识上。"投我以桃，报之以李，即此言爱人者必见爱，而恶人者必见恶也。""夫爱人者，人必从而爱之；利人者，人必从而利之；恶人者，人必从而恶之；害人者，人必从而害之。"对等互报也是一种平等观，即应"视人之国，若视其国；视人之家，若视其家；视人之身，若视其身。"

这种对等互报要求的是人际关系的相互平等，不管是国君、家长、个人，他们的行为总会影响、作用于别的国家、家庭、个人。因而，在具体处理各种生产、生活事务时，必须首先考察这种做法对别国、别家、别人是利或是害，而且要求对这种是利是害的考虑，应设身处地，将自己作为行为假设的对象，这样才能更真切地感受到其中的利或害。如果真能这样设身处地考虑行为的后果，那么兼相爱的目的才会自觉地贯彻在具体的行为之中。其次，也必须看到个人、家庭、国家都不是孤立地存在，而是和别人、别家、别国处在一种有机的相互联系之中。那么，在相互联系中，不仅有我作用于他人，而且更多的是我受他人的各种作用；人不仅应有服务于他人的义务，同样也有要求他人报答的需要。认识到这点，就是从利己的角度考虑，也必须以爱待人，以利待人，你对别人以爱相待，别人也会礼尚往来，会爱你，利你。你想恶人，害人，别人也同样会以"其人之道反治其人之身"，来恶你，害你。从害人开始，最终会以亡己结束。所以，墨子说："故大夫之相乱家，诸侯之相攻者，亡有。""己所不欲，勿施于人"，"故视人之室若其室，谁窃？视人身若身，谁乱？……视人家若其家，谁乱？视人国若其国，谁攻？"如能坚持对等互报的兼爱，则每个人，每个家庭，每个国家都会以与人为善的态度待人、接物、处事，天下必然会充满兼爱精神，而没有害人之恶。

对等互报是现实生活中常见的一种行为方式，是人类固有本性的一种表现，它的基础仍是人类对生存的基本要求，及对自己生存权利和物质利益本能的保护意识。它不仅体现在同一阶层的人之间，而且也要求体现在不同阶层的人之间。墨子特别强调了君主贵族与平民百姓，家长与子女之间的对等互报。当时的宗法社会既有政治的不平等，又有宗法家族的不平等。墨子要求不同政治地位，不同家庭地位的人对等互报，认为这是能实现兼相爱的一条有效途径，亦是墨子从个人自然平等出发要求人的社会平等的一个重要内容。

对等互报不只限于个人的交往之中，对整个社会、整个国家来说也应是如此，所以可以择君唯贤。墨子提出可以择君，是因为恶君只知自爱而不爱臣民，亏臣民以自利；贤君则以爱万民而为己任，亏自利以求天下之利。从对等互报的原则来看，恶君不利于民，所以万民必去之，如桀纣之流；贤君利万民，所以万民必拥戴，如禹汤之属。前举的墨子关于兼士与别士，兼君与别君的选择，其标准正是要求利人的对等互报。天下之君主只有实欲天下之富，以合万民之利，才能达到万民拥戴、长安久治的目的。万民拥戴，使君主长安久治是万民对君主求万民之利的对等互报。

在宗法社会里，父兄为长。子不爱父，弟不爱兄固然为家乱之因，但是"父自爱，不爱子，故亏子而自利；兄自爱也不爱弟，故亏弟而自利"，从对等互报的原则看，"此亦天下之所谓乱也"。所以，要达到家庭和睦，必须父子、兄弟互爱。父慈子孝，兄友弟悌，就是父子、兄弟之间的对等互报的一种行为标准。

墨子认为对等互报的原则是实现兼爱之目的所必需。"故兼者圣王之道也，王公大人之所以安也，万民衣食之所以足也。故君子莫若审兼而务行之，为人君必惠，为人臣必忠，为人父必慈，为人子必孝，为人兄必友，为人弟必悌。故君子莫欲为惠君、忠臣、慈父、孝子、友兄、悌弟，当若兼之不可不行也，此圣王之道而万民之大利也。"

墨子兼爱是为劳动人民的利益着想，他要求的是小生产劳动者所理想的平等：人人劳动，互相帮助，以贤为能，天下均利。对小生产劳动者来说，这种平等是对他们现实状况的一种改善，而对贵族统治阶级来说，这种平等是他们行为和生活的一种制约。虽然墨子兼爱，提倡的是国家百姓同利，即统治阶级与被统治阶级上下同利。但实质上兼爱对上、下不同社会阶层来说，实际所获的利益并不相同。其一，墨子劝说统治阶级应懂得上下同利的道理，皮之不存，毛将焉附？亏夺民之食之财，掠杀民之生之家，这将从根本上断绝了贵族统治阶级物质利益的来源，"计其所得，反不如所丧者之多"。墨子的这种劝说只是一种改良性的调节，而不是一种根本上的上下同利。其二，墨子要求上下同利，利的程度对上下不同的社会阶层来说并不一致。对平民百姓来说，只是要求生活温饱，劳有所息。对统治阶级来说，只是要求他们节制一下奢侈，例如非乐、节用、节葬之类的要求。墨子要求实行兼爱是为了让从事物质生产的劳动者能有一个起码的生存条件。因为，墨子真切地理解他们生活的艰辛和痛苦，所以才能真诚地为他们呐喊、呼唤，要求实现交相利式的兼爱。

墨子从兼相爱的思想理解人性，提出"仁，体爱也"；"仁，爱己者非为用己也"。墨子的"仁"和孔子的"仁"都是要求在人际关系中能爱人，但孔子的"仁者爱人"更多的是倾向于"克己复礼"，因为孔子希望建立各社会阶层各归其位，彼此相安的有序的社会。彼此相安固然要有仁者爱人的精神，但彼此相安的前提是各归其位，安于其位。这就需要人们对不平等、不合理的社会状况通过克己，抑制自己的物质欲望和思想要求，加强自己的道德训练，提高自己的思想修养等自我约束的方式予以承认和维护。所以，孔子的"仁者爱人"是"爱有差等"。孔子强调的"仁"，更多的是对个人思想、修养、品质、道德等精神方面的一种要求和训练，是一种道德修养的理想境界。墨子的"仁"，要求的是兼爱，即"爱无差等"。并且，墨子更多的是强调同利，即要求仁是一种能给人实际物质利益好处的行为。墨子所说的"仁，体爱也"和"义，利也"是同一含义，即对仁、义要求应从交相利的角度理解，"仁者之为天下度也，非为其目之所美，耳之所乐，口之所甘，身体之所安。以此亏民之衣食之财，仁者弗为也"。孔子对人性的认识，更注重它的精神性，注重人的社会性。墨子对人性的理解，更强调它的物质性，也就是人的自然性。孔子认为人性可以通过道德的自我修养，达到仁的境界，而墨子认为，达到了交相利，满足了每个人的自然物欲，就是仁。

2. 空想的政治理想

兼相爱，交相利是墨子理想的社会境界，也是墨子一生为之奋斗的目标。为了实现这样一个理想社会，墨子提出了尚贤、禁欲和非攻三个基本措施。尚贤择君择礼是为了能一同天下之义，使贤君、贤礼能领导、管理社会，实行兼爱。禁欲主要是禁上之欲，要求约束统治阶级奢侈的生活，节约物质财富，有利于发展生产。墨子禁欲的主张具体表现为节葬、节用、非乐。只有禁上之欲，才能有利于万民。墨子认为战争对社会财富、生产、生命所带来的危害实在太大。只有实现非攻主张，各国之问才能相安无事，这有利于人民安居乐业，有利于国家久治长安。下面我们简要地论述、分析一下，墨子这三大措施的基本内容、目的和之所以为空想的理由。

春秋战国之际士阶层的崛起，特别是由庶民上升为士，成为庶民阶层踏上政治舞台的主要阶梯。因此，要求尚贤、举贤才是当时他们在政治上要求权利的一种具体表现。尚贤就是反对以血统门第世袭的"任人唯亲"的举官制度。用"任人唯贤"反对"任人唯亲"是西周官学瓦解、私学兴盛过程中政治斗争的一种表现。国家政权直接代表了某一特定阶级的物质利益，参与国家政权的管理直接关系到本阶级的利益。"任人唯亲"的举官制度阻碍了士庶阶层在政治上的发展，而现实政治制度的腐败又强烈刺激了"任人唯贤"的政治要求。孔子提出了举贤才，墨子提出了尚贤，就是这股"任人唯贤"社会思潮的两种典型观点。

孔子要求举贤才是劝导贵族统治阶级能明智地看到举贤才对治国安邦的作用。"哀公问曰：'何为则民服？'孔子对曰：'举直错诸枉，则民服；举枉错诸直，则民不服。'""仲弓为季氏宰，问政。子曰：'先有同，赦小过，举贤才。'"孔子举贤才的思想只谈君主选拔有用之才，而且大都限于贵族士大夫阶层。因为，孔子认为贤才的一个基本标准是克己复礼，且礼不下庶人。另外，孔子也不谈淘汰高居官位的不贤之才。所以，孔子举贤才的思想是在克己复礼的基础上，对现有贵族统治的一种掺沙子的改良措施。

墨子同样认为尚贤是国家政治之本，"是在王公大人为政于国家，不能以尚贤事能为政也。是故国有贤良之士众，则国家之治厚；贤良之士寡，则国家之治薄。故大人之务，将在于众贤而已"。但墨子尚贤的具体内容和目的，鲜明地代表了小生产劳动者的阶级利益。墨子尚贤是基于小生产劳动者的平均主义，"官无终贵，民无终贱"。尚贤首先要求"不党父兄，不偏富贵，不嬖颜色"，即墨子认为举贤才就必须突破血统和社会地位，"举义不辟贫贱"，"举义不辟疏"，"举义不避远"。"列德而尚贤，虽在农与工肆之人，有能则举之，高予之爵，重予之禄，任之以事，断予之令。"其次，墨子不仅要求尚贤，而且将"无能则下之"作为"有能则举之"的尚贤思想的重要构成部分。"贤者举而上之，富而贵之，以为官长；不肖者抑而废之，贫而贱之以为徒役，是以民皆劝其赏，畏其罚，相率而为贤。"这种不分政治等级的有能则举无能则下的尚贤思想直接威胁了贵族阶级的政治统治。墨子明确表现了生产劳动者的政治要求，不仅要求废除那腐败无能而身居高位的贵族统治，剥夺他们的政治地位，而且要求剥夺他们无功受禄的不义之财。其三，墨子将尚贤提到天之法仪的高度，并将择君也列为尚贤的内容。"虽天亦不辩贫富、贵贱、远迩、亲疏，贤者举而尚之，不肖者抑而废之。然则富贵为贤，以得其赏者谁也？曰若昔者三代圣王尧、舜、禹、汤、文、武是也……然则富贵为暴，以得其罚者谁也？曰若昔者三代暴王桀、纣、幽、厉者是也。"这说明，墨子的尚贤思想包含了一种由下选上的原始社会的遗风，上至君主，下至各级官吏，百姓万民都有权利尚贤择选。在尚贤择能面前人人平等，并没有大夫与小人之类的血统贵贱之差异。

墨子提倡禁欲，主张节用、节葬、非乐，是基于当时生产力的水平不高，生产的物质财富不很丰富，而社会两极分化相当严重的社会状况。富者奢侈，贫者饿死，"朱门酒肉臭，路有冻死骨"。因而墨子的禁欲主张是针对贵族统治阶级的，是为了百姓万民能足衣足食，免除饥寒交迫。墨子认为，为了将有限的社会财富节约下来，以均天下之利，就必须限制贵族统治者在生活上的奢侈浪费。"其倍之非外取地也，因其国家，去其无用之费，足以倍之"，墨子认为一个国家注意节约，不铺张浪费，从中所得的利，足可同取于地中之利相比。国家政务诸事应以"用财不费，民德不劳，其兴利多矣"为原则，"凡足以奉给民用则止，诸加费不加于民利者，圣王弗为"，反对统治阶级的挥霍浪费。

人之生者尚且要堵绝奢侈，那么对死者葬丧形式的浪费就更是不可容忍。"故衣食者，人之生利也，然且犹尚有节；葬埋者，人之死利也，夫何独无节于此乎。"所以，墨子认为，"厚葬久丧以为非仁义，非孝子之事"。因为墨子认为孝子仁义之事应以"富贫众寡，安危治乱"为标准。厚葬久丧之法，其一要浪费大量财富用以陪葬；其二要残杀大量无辜，用以殉葬；其三要荒废各种生产活动，影响民之衣食；其四要妨碍男女之交，减少人口劳力的繁殖。所以，厚葬久丧之法是以使民寡国贫天下乱，实是天下之害，而不是兴天下之利。它合于桀纣幽厉之事而逆尧舜禹汤文武之道。当然，厚葬久丧之法不仅是贵族统治阶级对生前奢侈生活享受的继续，而且是维持政治特权的一种象征。墨子提倡节葬，主张棺三寸，衣三领，挖穴可埋的葬埋之法，实是致孝于亲，不失死生之利者，这种节葬之法，既是对贵族统治阶级奢侈浪费的一种制约，也是对他们政治特权的一种限制。

墨子非乐，是因为墨子判别是非得失的标准是"利人乎，即为；不利人乎，即止"。所以"仁者之为天下度也，非为其目之所美，耳之所乐，口之所甘，身体之所安，以此亏夺民衣食之财，仁者弗为也"。墨子认为，制乐是属亏夺民衣食之财之举。既然制乐与民无利，则仁者就不应该做。墨子为论证非乐的合理性，将制乐器和制舟车相比较。两者同样厚敛乎万民，然而舟车行便能使民息其足，休其肩背，于万民有利，万民虽出财力资之，但不以为恨。乐器则不然，它只是为了贵族耳目之娱，却无利万民之处。民之衣食之财不能乐声干戚所得，非乐理所当然。"饥者不得食，寒者不得衣，劳者不得息，三者民之巨患也。"王公大人厚措敛乎万民，以为大钟、鸣鼓、琴瑟、竽笙之声，结果废男耕女织之事，亏夺民之衣食之财，且靡靡之音，移人性情，使人耽于酒肉，废人强力从事，实是丧家亡国之音。墨子说："察九有之所以亡者，徒从饰乐也。于武观曰：'启乃淫溢康乐，野于饮食，将将铭苋磬以力湛浊于酒，渝食于野，万舞翼翼，章闻于大。天用弗式。'"

非攻是墨子一生极力倡导而为之奔波的主张。止楚攻越，止楚攻宋，止鲁攻郑都是墨子实践其非攻主张的典型事例。墨子的弟子"胜绰事项子牛，项子牛三侵鲁地，而胜绰三从。子墨子闻子，使高孙子请而退之"。胜绰为了厚禄，违背墨子非攻的主张，三次助齐侵鲁，所以墨子派徒要胜绰离开项子牛。

春秋战国期间，各国之间的侵略战争频繁，时间短则数月，长则数年，攻伐兼并成为各国，尤其是大国的一项基本国策。战争是关系到一个国家生死存亡的大事，它涉及一个国家的衣食人口、生产、生活等等方面。不管是胜者还是败者，战争创伤的恢复都需要花费很大的精力和时间。各家学派对战争问题，从政治历史角度，从具体的战略战术问题的研究分析形成了不同的看法。兵法的出现，兵家学派的形成，军事家群体的产生，这一切都是当时战争频繁而激烈现状的反映和结果。

墨子非攻表明了他对战争的基本态度，他认为战争于国于民有百害无一利。兴师征伐，祸国殃民。其一，必废农时，"春则废民耕稼树艺，秋则废民获敛。今唯毋废一时，则百姓饥寒冻馁而死者，不可胜数"。其二，浪费大量人力物力，竹箭羽旄幄幕，甲盾拨劫，矛戟戈剑乘车，牛马百姓，损失不可胜数。其三，就是胜者，"计其所自胜，无所可用也。计其所得，反不如所丧者之多……今尽王民之死，严下上之患，以争虚城，则是弃所不足，而重所有余也。为政若此，非国之务者也"。其四，根据对等互报的原则，"情欲得而恶失，欲安而恶危"，一时依仗自己的国力、兵力，以攻战于天下，显赫一时，但终将会被别国以"其人之道，反治其人之身"，反遭灭国之祸。因攻战而自亡其国，史不乏其例。吴王阖闾、夫差两代数年攻伐，战绩辉煌，九夷之国宾服，"自恃其力，伐其功，誉其智，怠于教"。结果，吴国反为越王勾践攻败而灭国的历史事实就是一个典型的例子。所以，墨子认为，以人为镜，则知攻战实是不吉而凶。其五，非攻而以德服天下者，获利远甚于攻伐，"督以正，义其名，必务宽吾众，信吾师，以此授诸侯之师，则天下无敌矣，其为下不可胜数也。此天下之利，而王公大人不知而用，则此可谓不知利天下之巨务矣"。

从小生产劳动者对兼相爱、交相利理想社会的追求到不分贵贱的尚贤，限制贵族特权的禁欲，反对残害百姓的战争这三个基本措施的提出，从思想发展的逻辑看，是必然的。墨子从小生产劳动者的立场与利益出发，提出用尚贤、禁欲（节用、节葬、非乐）、非攻的主张来实现他们所追求的兼爱交利的理想社会，并且从理论形式论证了尚贤、禁欲、非攻的普遍意义，是一种天之法度，如同墨子所勾画的兼爱社会是人类理想的最高境界一样，也是一种天志的表现。所以，墨子用理论形式表现出来的尚贤、禁欲、非攻的思想是小生产劳动者在当时社会急剧变化的环境中，思想、情感、利益和愿望的一种反映。小生产劳动者并不代表当时生产关系变革的主导方面，也不构成当时社会的基本力量。因此，墨子的兼爱社会只不过是小生产劳动者的美好愿望，他所提出的尚贤、禁欲、非攻的具体措施也不免流于空想。

墨子所处的时代——春秋战国之际是生产关系急剧变革的时期，由于土地所有制形式的改变，土地作为一种商品可以自由买卖，这使得土地买卖作为财产积累的一种方式，吸收了大量的社会游资。各级官吏、富商巨贾、自由农和各类士都把土地的占有作为一种固定的资产投资。这样，一个新兴的封建地主阶级就兴起、壮大了。由于地主阶级在经济上、智力上、活动能量上的巨大优势，就自然对政治上的权利有一种强烈的欲望，小生产劳动者在经济上不得不依附于他们。虽然在物质利益上，它们之间存在着矛盾，但对西周的宗法等级制度，他们又是站在一起的。

新兴的地主阶级面临着双重任务和两方面的敌人。一方面，西周的宗法等级制度限制了它们政治上的发展，同时也阻碍了封建地主经济的发展，为了争取自己的生存权利，地主阶级必须在政治上、意识形态方面反对宗法贵族，建立新的适合于地主经济的政治制度和意识形态。西周的宗法等级制度及宗法贵族自然成为他们在政治上必须打倒的对象。政在大夫、陪臣执国命、诸侯放恣、处士横议就是这种政治斗争的反映。同时，地主经济是建立在压迫、剥削小生产劳动者的基础之上，因此如何在政治制度上保护地主对小生产劳动者的剥削、压迫，成为地主阶级登上政治舞台必须考虑的问题，他们绝不会和小生产劳动者分享新政权的成果。从这个角度看，孔子的举贤才和刑不上大夫，礼不下庶人的政治策略更符合地主阶级政治上的需要。一方面是"法不阿贵"，抑制宗法贵族，防止他们的复辟；另一方面又是"严刑重罚"以对民，防止他们犯上作乱。墨子从政治平等出发的尚贤思想不仅针对西周宗法等级，而且直接威胁了地主阶级的政治统治。地主阶级在政治舞台上纵横捭阖，相当活跃，其根本目的是要维护他们的经济利益，他们之间由于经济利益的矛盾而导致政治斗争的尖锐化，以兼并为目的的攻伐战争是必然的结果。政治上的胜利是为了经济上的利益，而生活上的享受不仅仅是一种物欲的奢侈，而且有一种暴发户在政治上的炫耀和威慑。厚葬、奢用、娱乐，更多的是为了提高自己的政治地位。墨子提出的薄葬、禁欲、非乐是经济上平等主义的要求，矛头直指地主阶级的经济特权，并进一步动摇他们政治上的权威。

地主阶级是想重新安排社会的阶级秩序，他们既反对原来的等级秩序，也反对绝对平等主义的社会秩序。他们希望建立的是封建地主阶级统治的等级结构，并以法的形式将其固定下来。地主阶级建立新的封建社会秩序的努力符合了当时社会随着土地、财产私有化而形成的地主阶级的利益，适应了社会发展的趋向。他们用战争方式解决了政治矛盾和经济矛盾，并使分裂的局面渐趋统一。春秋五霸、战国七雄到最后秦始皇统一中国，都是通过战争途径，最终从制度上解决了封建社会政治和经济结构的稳定，也就是说，战争是当时社会发展的一种必要的形式。这样一个急剧变化的社会洪流中，充满着你死我活的血腥斗争，生死存亡，朝夕可变。墨子代表小生产劳动者利益的呐喊，呼吁倡导兼爱、尚贤、禁欲、非攻无疑是不合时宜的。墨子这些思想虽然不乏感人的力量和真诚的情感，确能拨动社会一部分人的心弦，激发他们的热情，然而在历史的铁流中，这些思想过于空泛，缺乏现实的物质力量，虽激起不小的漩涡，然而终究被淹没。犹如空谷回响，虽缭绕悦耳，然总归于死寂。随着小生产劳动者在经济和人身上对地主经济依赖程度的加强，墨子的这些平等思想也终将被"富贵在天，生死有命"的观念所替代。要求政治平等的尚贤，要求经济平等的禁欲，要求人生自我保障的非攻，都犹如肥皂泡，在严酷的社会现实面前一一破灭。地主阶级的政治、经济统治结构在历史铁律的作用下，碾碎了小生产者的一切幻想和空想。

3. 矛盾的历史观

墨子是小生产劳动者空前绝后的思想代表，小生产劳动者固有的对历史发展的矛盾心理以理论化的形式更集中地反映在墨子的历史观中。这种历史观的矛盾主要表现在三个方面：在政治上是尚同的专制主义和兼爱的原始平等观念的矛盾；在经济上是禁欲主义和蔽于用、重于利的矛盾；在实践上是勇敢的批判和温和的改良的矛盾。

上一节曾分析过墨子的兼爱大同的理想是基于一种原始的平等观念。政治上，贤者举之为官，不肖者废之为役。经济上，有财相分，有利利人。人际关系应互爱互利，视人若己。墨子认为，这才是人类社会的理想境界，而且可以通过尚贤、禁欲、非攻等措施，再将现在不平等的社会异化恢复到自然的平等。要实施这些理想措施，达到这一理想境界，墨子认为应该实行尚同。何为尚同？

尚同从何源起？尚同有何作用？对这些问题，墨子是这样论述的。

墨子夜读

墨子认为："若苟百姓为人，是一人一义，十人十义，百人百义，千人千义，逮至人之众不可胜计也，则其所谓义者，亦不可胜计。此皆是其义，而非人之义，是以厚者有斗，而薄者有争。""是以内者父子兄弟作怨恶，离散不能相和合，天下之百姓，皆以水火毒药相亏害，至有余力不能以相劳，腐朽余财不以相分，隐匿良道不以相教，天下之乱，若禽兽然。"人各有思想，各有欲望，意见纷纭，彼此不一，相互争执。由此，小至家庭不睦，大至天下不安。所以，有天子、三公、诸侯、正长之制。天子通过三公、诸侯、正长的渠道，发政于天下之百姓，达到"天子之所是，皆是之；天子之所非，皆非之。去若不善言，学天子之善言；去若不善行，学天子之善行，则天下何说以乱哉？察天下之所以治者，何也？天子唯能一同天下之义，是以天下治也"。墨子认为，要解决众议不一，社会纷乱，唯有实行天子一同天下之义的办法。

尚同应"尚同义其上，而毋有下比之心"。一乡必同其乡长之义，则乡治；一国必同其国君之义，则国治；天下必同天子之义，则天下治。所以，墨子指出："故古者圣人之所以济事成功，垂名于后世者，无他故异物焉，曰唯能以尚同为政者也。是以先王之书周颂之道之曰：'载来见彼王，聿求厥章。'则此语古者国君诸侯之以春秋来朝聘天子之庭，受天子之严教，退而治国，政之所加，莫敢不宾。当此之时，本无有敢纷天子之教者。"尚同作为治国之本，可"众其人民，治其刑政，定其社稷"。

墨子尚同的政治主张是针对众议不决、社会纷乱、政局动荡的社会现象，是为了解决人由自然物欲需求而产生的矛盾、斗争等问题。本来，由于生产力的发展、私有财产的形成、社会阶级的分化，阶级矛盾和阶级斗争的产生是历史发展的必然现象。各阶级利益的差异必然导致不同的政治主张。如何调节各阶级的利益，使社会秩序保持协调和稳定成为政治家、思想家关注的社会问题。

墨子想以尚同一义、天子专制来钳制人言，统一思想，统一意志。虽然，墨子也说尚同一义是为了赏善罚暴，但一同天下之义的天子是天择授权的。"天之欲一同天下之义也，是故选择贤者立为天子。……天子又总天下之义，以尚同于天。"王权天授为尚同于天子增添了一层恫吓、神秘的色彩。专制主义的理论解释，追根究底都是给这种专制的王权增添了一份天授神降的色彩，墨子尚同的专制主义也不例外。

墨子从现实的政治实践中也清楚地认识到，要想实现自己的政治主张，最有效的途径还是从上层着手。所以，墨子不仅自己游说各国君主，而且派弟子游仕于各国诸侯，并且把入仕作为自己聚徒授学的一个基本目的。墨子把自己的政治主张上升到天志的高度，是天下一同之义，并将其绝对化，变成天下唯一之义。这唯一之义通过天子、三公、诸侯、乡长的政治组织的渠道将万民的思想统一，不容有异议、异端，否则将以刑罚处之。墨子是希望依靠政治上的权威力量来推行自己的主义，所以，尚同要求专制作后盾也是理所必然的。

墨子要求人人平等尚贤、但这个以能为贤、尚贤举官的标准，谁来掌握和执行呢？你说是求天下之利，他说是兴天下之害；你说攻战不义这是墨子的教义，他说墨子赞禹征有苗，汤伐桀，武王伐纣，谓诛不谓攻；你说这人有能应举之应高予之爵，重予之禄，他说此人乃不肖之徒，应贬之为役。众说纷纭，莫衷一是，墨离为三，取舍相反，相互攻讦，皆自谓真墨。墨家学派本身尚且如此，更不要说天下芸芸众生了。况且，高爵重禄和贱役贫困毕竟是一种差别，为了这贵贱富贫的转换，社会各阶级的斗争是不可避免的。也就是说，为了实现墨子的平等主义，不能靠空谈，墨子提出用尚同来实行平等。既然尚同，只能同于一人、一义，那么这对其他各人、各义来说就无平等可言。天子所是，莫敢非之；天子所非，莫敢是之；政之所加，莫敢不宾；天子所教，无有敢纷。虽然墨子在形式上为天子披了一件贤者的外衣，但是天择贤者为天子，其目的是要一同天下之义。所以，从实质上说，墨子的尚同是一种要求绝对同一的专制主义。墨子的乌托邦的兼爱社会要在政治专制主义的权威下才能实现，这不免使人感到南辕北辙，颇有以子之矛攻子之盾之感。

在生产上，墨子一生强调的是实用重利，并以万民之利、合民之用为支点。

他们的行为准则是"利人乎，即为；不利人乎，即止"。墨子把利提到义的高度，"义，利也"。另一方面，墨子的民生实用又是有一定的限度，"凡足以奉给民用，则止"。所以，墨子又倡导节用、节葬、非乐的禁欲主义。墨子的禁欲主义固然是对贵族统治阶级的一种限制，同时也不要求满足百姓在物质生活和精神生活上进一步的追求和欲望。墨子本身以节俭自苦为极，成为一代楷模。荀子批评墨子"蔽于用而不知文"，"天下尚俭而弥贫，非斗而日争，劳苦顿萃而愈无功，愀然忧戚，非乐而日不和"。荀子比较中肯地指出了墨子实用重利和禁欲自苦的矛盾，并认为以禁欲自苦为基础的实用重利，其效果适得其反。节用反使天下贫，非乐使人不和。墨子这种苦行主义的节俭之道违背自然人性关于物欲要求会不断增长的人之常情。所以，庄子批评墨子的节俭之道，"以此教人，恐不爱人；以此自行，固不爱己。……其生也勤，其死也薄，其道大觳，使人忧，使人悲，其行难为也，恐其不可以为圣人之道，反天下之心，天下不堪。墨子虽独能任，奈天下何！离于天下，其去王也远矣"。这一批评确有一定道理。

物质生产的本身是为了满足人的物质需用，既然墨子实用重利，那么凡是有利有用于万民的物质生产都应极力充分加以发展。但是，墨子足以奉给民用则止的观念又阻碍物质生产的发展。墨子以身作则，倡导量腹而食，度身而衣，仅以生存温饱为物质生产的基本目的。这种观念和行为显然是不能促进物质生产在数量上、品种上、质量上的进一步发展。墨子从自然人性立论强调赖其力者生，但他只看到人的生存的基本需要，没有看到对物质利益的不断追求是促进生产发展的一个动力。墨子看到了当时广大小生产劳动者生存的艰难困境，故而强调天下之不足为天下之公患，倡导节欲。对物质利益的追求具体表现为对物质生活和精神生活享受的不断追求，这是人的本能需要。禁欲节俭的做法不符合人的这种自然本性。人对物质生活以及由社会关系而产生的精神生活的需求是随着人的生产力水平的提高而不断增长的。这种对物质、精神不断增长的需求是社会生产发展的基本力量。墨子过于强调节俭，使人感到生活的贫瘠和生产的艰辛，这对提高小生产劳动者的劳动积极性是极为不利的。对具体的物质生产过程来说，往往会因眼前的物质利益而放弃有价值的生产技术的发明，生产工具的改进，忽视天时、地利、人和这三个因素长远的综合效应。用节俭自苦的方式来解决损有余益不足的均利问题，而不是靠以促进发展生产，提高消费生活水平的方式，墨子的这种思想是不能促使整个社会的生产水平的提高和物质财富的增长，也不可能真正由此达到天下均利的理想，相反却不利于社会的安定和国家的富强。

同时，墨子也没有看到社会是人们相互联系的一种集合体，而人在生产活动中必然要和各种自然现象发生关系。这样，人与人之间，人与社会现象之间，人与自然现象之间的相互关系必然会影响到人的精神、心理状态。人与人之间的精神、心态的平衡、调节问题亦是人生存发展的一个重大问题。音乐、艺术等人类活动形式的产生和发展就是为了适应人类精神生活和心理调适的需要。墨子非乐，只看到乐之不能实用生利，并以音乐能移人性情、荒废生产为由而非之，而没有看到音乐是人情调适之必需。音乐的作用，其大者起了一种社会心理协调的作用，小者则调节了个人的情绪和生理节奏。在喜悦、哀丧的仪式中，音乐表达了人的喜怒哀乐的各种感情，并以此联络了人际之心的情感。音乐对人的教化有一种潜移默化的作用。荀子说："乐中平则民和不流，乐庄严则民齐而不乱。民和齐则兵劲城固，敌国不敢婴也，如是则百姓莫不安其处，乐其乡，以至足其上矣。……故乐行而志清，礼修而行成，耳目聪明，血气和平，移风易俗，天下皆宁，莫善于乐。"荀子这段批评墨子非乐的文字，确实揭示了墨子在人类精神生活方面禁欲的弊端，论证了满足人类在精神生活方面的要求，对社会稳定、生产发展所起的积极作用。

墨子实用重利和禁欲的矛盾，反映了小生产劳动者，由于生产环境、社会地位的限制，对社会历史发展存在着一种狭隘的看法。小生产劳动者不能认识到社会是由各个不同利益阶级所构成的集团。彼此的利益虽然是对立的，但也往往彼此联系、制约。要用同一种节俭禁欲的方式来要求各个社会阶层，不仅既得利益者的统治阶级很难接受，就连小生产劳动者本身也感到自然人性受到压抑。历史表明，社会的发展不是以禁欲的方式来实现的，而是以生活消费要求的提高，以此促进物质生产发展的方式实现的。墨子实用重利和禁欲节俭的背反，只能说明墨子兼相爱、交相利的理想社会不是一种社会进步的表现，而是一种贫困式的原始大同的社会理想。

对春秋战国之际社会的批判是诸子私学思潮的一个基本方面。孔子、老子、墨子虽然是不同社会阶级的思想代表，但他们都对当时社会两极分化的黑暗面作了相当清醒和理智的揭露和批评。相比之下，墨子对社会的批判更为激烈、尖锐和深刻。这和墨子本身作为其所代表的小生产劳动者的一员有关，他对社会的黑暗有更切身的体会，对社会贫富不均的两极分化有更为自然本能的愤怒。但是，墨子激烈的社会批判一落实到具体的政治主张和行动时，却明显地表现出保守改良的特征。这种保守、改良的特征说明当时小生产劳动者力量的分散和薄弱，他们把改善自己生存困境的希望寄托于圣人贤君，寄托于温和的改良，寄托于贵族统治阶级的明智。墨子希望贵族统治阶级明白损有余益不足，上下均利对自己有利的道理。"农夫入其税于大人，大人为酒醴粢盛，以祭上帝鬼神"，小生产劳动者有了生存条件，他们才能创造王公大人所需的物质财富。墨子并不想打倒、推翻原有的各级统治者，而是寄希望于统治者能不拘一格选拔人才，使农与工肆之能人，能成为治理国家的各级官吏，希望他们能代表小生产劳动者的利益。这种有能则举之的尚贤思想一方面固然表达了小生产劳动者要求政治平等的愿望，但在另一方面也说明了，小生产劳动者把自己境况改善的希望放在入仕做官上，想变成新的富贵者，"高予之爵，重予之禄"。确实，在当时，庶民从学入仕平步青云而富贵的社会现象较为常见。这种社会现象给小生产劳动者中的一些佼佼者提供了条件和希望，并被夸大、想象为小生产劳动者摆脱贫困的一种普遍出路。

墨子温和的改良表现在以下几个方面。其一，他认为不同阶级的阶级利益可在兼相爱、交相利的理想原则下得到调和统一。墨子一再倡导"兴天下之利，除天下之害"，这个利与害是有普遍意义的，不仅是对小生产劳动者而言，而且也是对统治阶级、剥削阶级而言。这种普遍意义的利与害在现实的阶级社会中是不可能的。统治阶级和被压迫阶级之间的阶级关系及其利害关系虽然是在一定的生产方式的基础上相互依赖而存在，但是阶级的冲突，物质利益的对立是不可能通过一种乌托邦式的理论来解决的。其二，墨子背周礼而用夏政，是希冀用对原始大同的朦胧回忆及现实社会中小生产劳动者之间确实存在的互助友

墨子思想

爱的社会风尚，将其理想化，普遍化，当成一种人人可以遵守的社会准则，使其对社会具有一种普遍的约束力。这样，人人都成为谦谦君子，社会丑陋的黑暗面就不会有其存在的土壤，兼爱、交利的大同社会又会重新恢复。其三，墨子的禁欲节俭、自苦为极的主张，虽然主要是针对统治阶级，但也同样要求小生产劳动者。墨子将小生产劳动者的生活需求只限于得食、得衣、得息等起码的生存条件，并不鼓励他们对物质利益提出更高的追求。墨子这种得此而足的主张，即一方面要求统治阶级收敛其剥削程度，另一方面又要求小生产劳动者不要过多要求，虽然墨子认识到小生产劳动者是社会物质财富的创造者。这确实反映了小生产劳动者的两重性，一方面是对贫富两极分化极为愤慨，另一方面也往往心满意足于有个温饱的生活条件，害怕过多的物质要求会激化社会矛盾，影响他们所梦想的太平和康乐的生活。其四，墨子将社会不平等状况的改革付诸游说少数人君世主，以为只要有少数明君贤主能采纳他的主义，实践他的政治主张，那么兼爱交利的平等社会就会实现。他一生东奔西走，周游列国，对统治阶级进行说教，而且坚持言不听不处其朝，义不行不谋其官的原则。这虽然说明了墨子对自己主义的坚定性，但也充分表明了墨子实现其主义的手段只有说教改良。墨子并不想在实际行动上组织小生产劳动者以暴力的形式反对政治压迫和经济剥削，也没有在理论上宣传或论证暴力造反是小生产劳动者能获得最大的物质利益和政治平等的最好手段。

对墨子历史观三对内在矛盾的分析，说明了墨子表现的小生产劳动者对社会历史看法的两重性。虽然墨子的历史观真实地反映了当时的社会状况和小生产劳动者的思想动态，但没有揭示当时社会发展的基本矛盾和发展的基本倾向，从这个角度，墨子矛盾的历史观正是其乌托邦政治理想的一种反映。

（二）墨子政治实践失败的历史必然性

墨学是先秦诸子时代能和儒学相抗衡的显学，其影响显赫一时，这是先秦诸子都承认的历史事实，但是墨子的政治实践却是完全失败的。虽然止楚攻宋是墨子一生中最为辉煌的业绩，但这场被制止的战争对春秋战国期间无数的大小战争来说，只是大海中的一朵小浪花，很快就被吞没了。春秋战国诸侯割据的局面最终还是以战争方式结束，秦始皇建立的统一帝国是一个用刑罚严厉镇压和控制的封建专制的等级社会，它充满着尖锐的阶级矛盾和激烈的阶级冲突。这里，先分析一下墨子政治实践的基本特征，再进一步论述其政治实践失败的若干原因。

1. 墨子政治实践的基本特征

墨子提出了代表小生产劳动者思想和利益的一种理论体系，墨子以及他的弟子后学都迫切希望这种理论能付之于实现。墨子集团不仅是聚徒授学，坐而论道，而更主要是以东奔西走，周游列国，劝说君主的方式来实现其主义。在墨家集团内部实际上实践了其理论主张。所以，人称"墨突不黔"，"墨子无暖席"。

墨子聚徒，组织成一个类似宗教式的集团。墨子用墨家教义、巨子制度、严格的修身磨炼等类似宗教的方式将墨家成员凝集成一个相当稳定的行动集团。

墨子要求墨家成员自觉地严格遵守墨家教义。墨子献书楚惠王，楚惠王不欲采取其主张，但表示乐养贤人，以书社五百里封之，墨子不受而去。又越王欲以吴地五百里以封墨子，墨子得知越王不会用其道，实现其主张，亦辞封不去。因为墨子认为，"不用吾道，而吾往焉，则是我以义粜也"。墨子反对为了高官厚禄而出卖主义，批判"今士之用身，不若商人之用一布慎也"。墨子认为为禄背义，苟且偷身忘义的市侩作风是墨家所不齿的。墨子对坚持墨家教义的要求是言行一致，认为"言足以迁行者，常常；不足以迁行者，勿常。不足以迁行而常之，是荡口也"。墨子批评其弟子胜绰见利忘义，助项子牛三侵鲁地，"言义而弗行，是犯明也，绰非弗之知也，禄胜义也"。作为一种对比，墨子极力称赞其弟子高石子持义背禄。高石子仕卫，卫君以高官厚禄待之，"高石子三朝必尽言，而言无行者，去而之齐。……子墨子说，而召子禽子曰：'……夫倍义而乡禄者，我常闻之矣。倍禄而乡义者，于高石子焉见也。'"墨子对教义遵守的严格要求，使墨家成员在精神、信仰上具有一种坚定的信念，愿为墨子的主义而吃苦献身。

墨子在墨家集团中实行巨子制度，即类似于宗教领袖。巨子是一同墨家之义的圣贤，而且还是墨家之法的执行者。巨子以自己本身的品格、道德力量和领袖地位对墨家成员具有很大的约束力和震慑力。墨家成员对巨子都绝对服从，并为之赴汤蹈火，死不旋踵。《吕氏春秋·上德》篇记载的一则关于墨家巨子的故事生动地说明了这一点。墨者巨子孟胜为阳城君守国，以身殉职，其弟子徐弱谏孟胜说，如孟胜一死，则绝墨者于世。孟胜认为，如果我不以身殉职，世人会以为墨者言行不一，贪生忘义。这样，社会上求严师、贤友、良臣，必然不会再求于墨者。今天我以身殉职，是实行墨者之义，继承了墨子的事业，将其发扬光大，何况我已将巨子之位传于宋之贤者田襄子，所以墨者绝不会绝于世。徐弱听后说，遵巨子之言，我请先死。孟胜死后，随其殉死的弟子有180人，两个去传命授巨子位于田襄子的弟子，完成使命后，也赶回荆国殉死。

墨子要求墨家成员具备吃苦耐劳、艰苦奋斗，以天下为己任的献身精神，要达到这种精神境界，必须加强自身的修身磨炼。墨子的大弟子"禽滑厘子事子墨子三年，手足胼胝，面目黧墨，役身给使，不敢问欲"，就是一个典型的例子。墨子认为，"世之君子欲其之义之成"，必须"助之修其身"，就好比"欲其墙之成"，必须由"人助之筑"一样，因为"君子以身戴行者也"。无论是从事什么事业，必须以身、行为本，只有本身达到了一定的道德、精神、修养的境界，做什么事才会有所本，使思想、行为达到自觉的统一。反之，修身欠缺，必然意志薄弱，信念不坚定。这样，"志不疆者智不达，言不信者行不果。……守道不笃，遍物不博……本不固者末必几，雄而不修者，其后必惰，原浊者流不清，行不信者名必耗"。墨子"言必信，行必果"的作用，正是墨者长期自身磨炼修身的结果。

墨子以天下为己任，"兴天下之利，除天下之害"是墨者义不容辞的社会责任，他们并不追求个人的荣华富贵。相反，为了求天下之利，勤生薄死，以自苦为极，倡导大禹沐雨栉风、形劳天下的自我牺牲精神。墨子本身也是大禹式的人物，他量腹而食，度身而衣，以裘褐为衣，以跂蹻为服，日夜不休，奔走于各国，宣传、实践他的兼相爱、交相利的理想主义，以求天下之利，除天下之害。为了止楚攻宋，墨子率领弟子，十日十夜，足重茧而不休息，裂裳裹足，日夜兼程，赶到楚国，制止了这场侵略战争，实现了他的非攻主张。墨子这种先天下之忧而忧、自我牺牲的博大精神确实具有很大的感染力和号召力，能激起社会一部分人宗教式的政治热情。因为受到这种精神感染的信徒，往往在精神上有一种超脱尘世俗事的心态，有一种作为人间救世主的良好的自我体认，从而使墨家成员在精神信念上、思想方式上、实际行动上都有类似宗教式的迷惑、沉浸、执着，一往无前，义无反顾的情感和气概。

墨子以求天下之利为核心内容的教义，使得墨家成员有着一种共同信仰，一种执着追求的精神境界，规范着墨者的思想和行为的基本方向。严格的自我磨炼，使墨家成员不仅具有为墨子教义忘我牺牲的品格力量，而且具备了艰苦奋斗的体魄和精神。这使墨者在相当困苦的环境中坚持下去，发挥出超常的作用和影响。在墨家集团内部实行巨子制度，使得墨者的思想、行为得到了高度的集中，墨者集团力量的效应可得到充分发挥。犹如一个人数不多，但勇猛异常的敢死队，他们舍身赴义的英雄气概，具有一种压倒一切的气势。说墨家是以宗教集团式的组织进行他们的政治活动是墨子政治实践的基本特征之一，是因为它具备了宗教式组织的基本条件：宗教领袖（巨子）、教义（俱诵墨经）、教规（墨者之法）和宗教精神（狂热的信念、执着的追求）。

墨子政治实践的第二个基本特征是，社会下层的小生产劳动者是墨家集团的基本力量。春秋战国之际，小生产劳动者是一种个体的自由劳动者。他们是刚刚从"工商食官"的制度下解脱出来，他们对统治阶级的依附关系比较薄弱，这使得他们中间的佼佼者有可能为了改变自己的社会和生活处境，加入到处奔走、常无定处、以求天下之利为目的的墨家集团。同时，小生产劳动者分散经营的特点，使他们往往寄希望于有人用权威的力量来解救和保护他们，从思想上他们容易接受以巨子为领袖的墨家集团的组织形式。小手工业生产者的行会制度有比较严格的等级观念，特别是师傅的权威力量和学徒期间相当刻苦的生活磨炼所留给他们的心理压力，又使他们比较容易接受墨家集团的各种严格的教规。在平时生活中，小生产劳动者普遍存在互助友爱的风尚习惯，这使得墨家集团能在集团内部实现有力助人、有财分人、有利交人的教义，使得墨家集团有可能在经济生活上维持下去。《墨子·耕柱》篇记载了一则故事，说明了墨家集团内部实行了有财相分的主张。墨子弟子耕柱子游仕于楚国，墨子几个弟子路过楚国，耕柱子仅以几升之食招待。这几个弟子因其招待不厚，回来报告墨子，说耕柱子在楚做官于墨家无益。墨子认为未必这样。后来，没过多久，耕柱子派人送十金给墨子，并表示自己有罪，没有及时给墨家集团以经济援助，今天送上十金给先生，请先生相分。墨子兼相爱、交相利的大同社会比较合乎小生产劳动者的心态，而"有能则举之"的政治上机会平等的主张，更能激起他们的政治热情。墨者平时从事的工匠技术活动，例如制造各种守城机械等等，也使小手工业生产者在这样的集团中有用武之地。上述的这些条件、因素都使得墨子能吸引和凝聚小生产劳动者加入其集团。

墨子政治实践的第三个基本特征是任侠仗义，"士为知己者死"的作风。这种信义重于生命的道德观是当时社会的风尚，"士为知己者死"是当时社会所推崇的道德品质，一批以死相报于知己，以命证其信义的文士、武士及平民百姓都得到世人交口称誉。如专诸刺王僚，聂政刺韩傀，田光自杀报太子丹，侯嬴自杀报信陵君都被传为一时美谈。这种任侠仗义的作风在墨家集团中得到集中的反映，"言必信，行必果"是墨者必须遵守的一个信条，墨者巨子孟胜以死报阳城君就是一个典型的范例。孟胜清醒地认识到正是墨家的这种以死报知己、以命践信义的精神，才使墨者在社会上受人尊敬，才会求严师、贤友、良臣于墨者之中，才会使墨学不绝，信徒倍增。如果巨子一旦偷生忘义，则墨学必绝于世。墨者这种任侠仗义的作风，一则使墨者能被各国君主作为"死士""敢死队"所利用，这类"死士"确是当时复杂的政治斗争所需要的；二则也是墨者集团一个重要的凝聚力，尚勇重义，达信轻生确使墨者摒弃了尘世俗事的困扰。"墨子服役者百八十人皆可使赴火蹈刃，死不旋踵"，世称墨子之门多勇士。司马迁在《史记》中对游侠的描述和墨者的行为极为相似，"今游侠，其行虽不轨于正义，然其言必信，其行必果，已诺必诚，不爱其躯，赴士之厄困"。这和墨子所说的"言必信，行必果，使言行之合，犹合符节也"，"任，为身之所恶，以成人之所急"如出一辙。"布衣之徒，设取予然诺，千里诵义，为死不顾世，此亦有所长，非苟而已也。故士穷窘而得委命，此岂非人所谓贤豪间者邪！诚使乡曲之侠，予季次，原宪比权量力，效功于当世，不同日而论矣。要以功见言信，侠客之义，又曷可少哉！"司马迁在这里称颂的虽是汉代游侠，但汉代游侠是墨者的遗风余韵，小生产劳动者正是布衣之徒。汉初田横五百壮士以身殉田横的故事和墨家弟子 183 人以身殉墨家巨子孟胜的事迹其精神实质完全一样。

2. 墨子政治实践失败的原因分析

墨学虽为当时显学，其弟子充满天下，显荣者无数，但是墨子的政治主张并没有得到实现，他的政治实践是失败的。失败的原因，总的说来是在于，墨子的政治理想不适应当时新兴封建地主经济和政治结构的建立和发展。"理论在一个国家的实现程度，决定于理论满足这个国家的需要程度。"既然墨子的社会政治思想不能满足封建地主阶级国家的政治需要，那么，在此基础上墨子进行的政治实践的失败就是必然的结局。下面，我们具体分析一下，墨子政治实践失败的若干原因。

墨子基于小生产劳动者物质利益和思想而提出的兼爱、非攻的政治主张是战国争霸的政治局势所不能接受的，小生产劳动者的美好愿望不能代替由客观经济、政治矛盾必然导致的，必须用战争解决问题的现实。战国争霸的现实需要的是战争所必需的富国强兵的具体措施。墨子非攻的空谈不能制止战争的发生，更不能由此获得政治斗争的胜利。春秋战国期间政治斗争、战争异常激烈频繁，既有对北方氏族的战争，也有诸侯间的兼并和诸族内部的内战。"春秋之中，弑君三十六，亡国五十二，诸侯奔走不得保其社稷者不可胜数。""争地以战，杀人有盈野；争城以战，杀人盈城。"战争状况的激烈频繁虽能刺激对战争器械的研制，但应看到，在当时的战争水平，战争器械在战争的胜负中所起的作用是比较微小的。决定战争胜负和称霸的根本问题是如何解决耕战问题，做到足兵足食，这是春秋战国诸侯面临的最现实的问题，直接关系到他们的胜败存亡。"礼堕而修耕战"是当时社会的普遍状况。战争年代，社会需要的是有实际才能的政治家和军事家，因为他们能提出解决耕战问题的策略和具体方法。虽然各国诸侯都以乐养贤士为荣，但这只是一种时代风尚的虚荣心，也是一种争取真正治国安邦的政治家、军事家所必需的手段。《管子·治国》篇有一段话很中肯地揭示了这一时代需要。"凡为国之急者，必先禁末作文巧。末作文巧禁则民无游食，民无所游食则必农。民事农则田垦，田垦则粟多，粟多则富国，国富者兵强，兵强者战胜，战胜者地广。"这个道理谁认识得最清楚，贯彻得最彻底，采取的措施最得力，谁就会成为政治斗争和战争的胜利者。当时的理想主义者儒、墨两家之所以显而不为世用，就是没有认识到足兵足食是当时最迫切需要解决的政治社会问题，也提不出切实可行的方法。虽然孔子说过"足食，足兵，民信之矣"，但他认为信比食、兵更为重要，"民无信不立"。卫灵公曾问阵于孔子，孔子对曰："俎豆之事，则尝闻之矣；军旅之事，未之学也。"墨子虽然强调赖其力者生，但他的着眼点不是为了解决战争的物质基础——足兵足食问题。相反，墨子提倡兼爱非攻，《管子·立政九败解》批评说："寝兵之说胜，则险阻不守；兼爱之说胜，则士卒不战。"险阻不守，士卒不战，亡国指日可待了。墨者的游侠作风，虽能替人主卖命，但作用范围毕竟很小，且不能持久。另一方面，游侠以武犯禁，不驯难制，"士为知己者死"，往往会为个人的信诺而蔑视、触犯封建统治阶级要求政令一统、令行禁止的政治秩序。游侠往往对小国、弱国更有用，因为它们在政治、经济、军事上的弱小，使它们不可能寄希望于获得战争的胜利。小国、弱国更迫切希望利用游侠的力量，用死士阴谋行刺的方法来挽救亡国失败的命运，这毕竟是蚍蜉撼树，螳臂当车。一时谋杀的成功确会改变某些政局、战事的进程，但无法根本改变政治、经济、军事力量的对比，无法根本改变历史发展的必然进程。游侠的存在对建立统一的封建统治是成事不足，败事有余。秦始皇焚书，以吏为师，儒墨皆微，然至汉代儒学中兴，而墨学却一蹶不振，几成绝学，个中原因，墨者的游侠作风确是一个重要因素。顾颉刚曾中肯地分析了这个现象："及汉代统一既久，政府之力日强，儒者久已尽其润色鸿业之任务，而游侠犹不驯难测，则唯有执而戮之耳，故景帝诛周庸，武帝族郭解，而侠遂衰；举贤良，立博士，而儒益盛。……范晔作史，不传游侠，知东汉而后遂无闻矣。"

墨子提出兼爱、尚贤、功利、节欲等社会准则，直接危害了新兴地主阶级所建立的社会秩序。墨子兼爱和尚贤的思想，从其基本的阶级特征而言，它突破了血缘的樊篱，冲击了家庭宗法的等级制度。封建地主阶级的政治统治是建立在以家庭为生产单位的小农经济的基础之上，因而以家庭血缘为纽带的家族宗法制是其社会的基本组织结构，"君君臣臣父父子子"的信条，表明了君统和宗统的结合，王权和族权的结合。家族宗法是封建地主阶级政治统治的必要构成部分，孟子所说的"天之本在国，国之本在家"揭示了封建地主阶级所要建立新的社会秩序的本质。孟子批评墨子兼爱是无父，是因为墨子的思想危及了以家族宗法为基础的封建社会的政治秩序。墨子强调"官无终贵，民无终贱"的平等思想突破了血缘门第的束缚，墨子要求"有能则举之"的政治平等是直接针对封建社会的政治等级体系，威胁了封建地主阶级的政治统治。以家庭宗法为基础的封建三纲（君为臣纲，父为子纲，夫为妻纲）是封建社会小农经济所必需的社会秩序，只有这种社会秩序才能维护小农经济生产方式的生存和发展。政治等级和宗法等级不仅是地主阶级维持政治统治所必需，而且在小农经济生产占统治地位的社会环境中，一般人在心理上也能心安理得地承认和接受。荀子批评墨子"有见于齐，无见于畸，有齐而无畸，则政令不使"[①]，"不知一天下，建国家之权称，上功用，大俭约而慢差等，曾不足容辨异，县君臣"[②]等等论断，确实是一针见血地指出了墨子兼爱、尚贤、平等思想不合现实社会状况和政治需要的空想特征。

墨子代表小生产劳动者要求物质利益的功利主义思想，直接触及地主阶级的经济利益。并且，墨子的功利主义与地主阶级为了维护自己的经济利益而极力宣扬的"君子喻于义，小人喻于利"，"德成而上，艺成而下"的价值观念不相容。墨子提倡节用、节葬、非乐的禁欲主义，也不合新兴封建地主阶级追求奢侈享乐的口味和以富显贵的政治需求。

墨子的大同社会的理想虽然能激励起一部分人的政治热情和信仰狂热，墨家严厉的清教徒式的生活虽然能凝聚一部分的信徒，构成了一个类似宗教式的活动集团，但总的说来，它们从思想到实践不符合社会普遍的心态，很难得到社会普遍长久的支持。庄子说墨子"其生也勤，其死也薄，其道大觳，使人忧，使人悲，其行难为也，……反天下之心，天下不堪"。司马迁评论说，"墨者俭而难遵"。这些评价说明墨子的理想太高，不合常情常欲，很难实现。墨子的学说中只有受苦的说教，没有享福的预示，因此，很难长久地吸养大批信徒。为了实现墨子这个大同理想，墨子既要求信徒在生前过着异常清苦的物质生活，就是在墨子的理想社会中，也仅以量腹而食、度身而衣的温饱生活为足，又要求信徒死后仅以寸棺薄葬，并没有死后享受天堂之福的心理补偿。从表面形式看起来，墨子大同理想和实践精神是伟大的，但在具体实践中，却是可赞而不可行，可望而不可即。生也苦，死也苦，人生是一片苦海，既没有现实的乐园可以憧憬，也没有死后的天堂借以慰藉。不像其他宗教，虽然生前要求人们遵守清规戒律，清心寡欲，死后却为笃诚的信徒提供了一个无限美好的天堂生活，等待着信徒们脱离人生苦海后去享受。宗教的魅力正在于使信徒感到人生太苦，相信笃诚信教可在死后的天堂得到补偿。从这点看，宗教是以死后的美好世界鼓舞了生前吃苦的理所当然。现实的吃苦和理想的美好的心理上互补，从而能在实践上赢得众多的信徒，发生持久的影响和凝聚力。墨子的学说却并不提供一个死后的天堂作补偿，"其道大觳"这个评语确实中肯。墨子给人提供的就是吃苦。这违背了人的自然物欲的本性。墨子的吃苦禁欲主义违背了自然人性论的另一个基本的，而且是更重要的方面，即人不仅仅为了生存，生存只是起码的第一步，而且人活着会不断地追求更高水平的物质和精神生活。墨子以自苦为极的道德生活准则和人们追求物质享受的自然欲望相悖，正是这种物质利益的欲望，促使了各个社会阶级、社会阶层的政治活动。墨子虽然代表小生产劳动者的利益和思想，真切地感受到他们的生活困境，大声疾呼和勇敢地批判了社会的不平等，但墨子不能进一步提出能鼓舞他们人生及为之斗争的美好前景。不管是生前的富裕生活还是死后的天堂，墨子都没能用生前死后的幸福前景来吸引他们。从这个角度看，墨子的政治学说和政治实践要长久地吸引、凝聚广大小生产劳动者及其他社会阶层确实是很困难的。

从墨子本身的政治实践看，存在着两个根本弱点。其一，没有灵活机动的战略战术，缺乏通过必要的迂回曲折来达到政治目的的手段。其二，墨子的思想虽有一种比较彻底的平等感，但是缺乏一种翻天覆地、颠倒乾坤的精神。墨子虽然大力倡导实干，注重实际，但是在政治实践中却更多地沉耽于说教改良的幻想之中。

墨子一生周游列国，对各国君主宣传其主义，并自负地认为自己的学说是天下唯一可安国定邦的真经。"子墨子曰：吾言足用矣，舍吾言革思者，是犹舍获而捃粟也。以其言非吾言者，是犹以卵投石也，尽天下之卵，其石犹是也，不可毁也。"其弟子入仕各国者也不少，虽然有些君主愿意听墨者说教，但不愿实行之。在这种情况下，墨子既不审视自己主张的可行性，从而审时度势做出适当的自我调节，也不采取一些有效的手段方法，迂回曲折地达到自己的政治目的，而是采取言不听不处其朝，义不行不任其事的做法，一走了之，以示清高。在现实的政治实践中，这种做法是相当幼稚的。政治活动是一个相当复杂的社会活动，是社会各阶级相互影响的综合效应，很少有直线、捷径的实现方式。墨子也没有认识到一种社会政治主张的实现必须具备一定的社会基础。也就是说，这一政治主张应能解决现实的社会矛盾，存在实现这一政治主张的阶级力量和其他社会政治经济条件。一种政治理想超越了社会的现实需要和社会的物质条件，虽然可能很有魅力，但一接触到社会实际，便成为美丽的泡影了。不仅统治阶级姑妄听之，就是连在某种程度上代表了自己利益的社会阶级也往往是姑妄听之，并不认真对待它们，更不要说去实践它们了。

墨子社会政治思想的内在矛盾使其失去了自我调节的机制。既要尚贤平等，又要尚同专制；既要为小生产劳动者的利益呼吁，又要大讲天下同利；既要兼相爱，交相利，又将希望寄托于明君、贤相、清官。墨子基本的社会政治思想就表现为这矛盾的两面，实现了任何一面，就必然会损害另外一面。墨子要求两面兼顾，因而既不能适应地主阶级建立新的社会秩序的政治需要，也不能在实际上满足或维护小生产劳动者的政治和经济利益。墨子这种社会政治思想的内在矛盾决定了墨子在政治实践上是以走上层统治阶级的路线为其唯一方向。他一生游说劝教各国王公大人，将自己社会改革宏图的实现系于君主一人，天真地认为只要君主决心一下，兼爱的理想社会就立刻会实现。"我以为则无有上说之者而已矣，苟有上说之者，劝之以赏誉，威之以刑罚，我以为上之于就兼相爱，交相利也，譬之犹火之就上，水之就下也，不可防止于天下。"墨子主观上要为小生产劳动者谋利益，实践上却希望统治阶级良心发现，大发善心，实现普爱，而没有看到当时争霸兼并、战争不断的现实。哪个国君真的实行墨子的主张，等待他的不是兼爱的社会，而是亡国的命运。

改良主义的幻想，游说劝教的方式，使墨子不能从其所代表的小生产劳动者阶级身上汲取力量，忽视了作为其学说社会基础的阶级。这样，墨子的学说和思想不具备为了小生产劳动者阶级，推翻现有统治秩序的造反精神，依靠、团结和组织小生产劳动者的力量，通过政治斗争、武装斗争等暴力形式来实现自己的政治主张，维护和争取本阶级的利益。相反，墨子认为统治阶级能够实现维护小生产劳动者利益的政治主张。为了使统治阶级相信做到这一点的必要性，墨子不得不借用天、鬼权威作为一种恫吓、震慑力量，来警告统治阶级必须做到这一点。这种天鬼形式的采用，更减弱了墨子政治实践的斗争力量，增强了其说教改良的色彩。从某种意义上说，墨子说教改良的政治实践一方面固然反映了小生产劳动者由于力量的分散，生产规模的狭小而导致的政治上的缺乏远见，希望有救世主出来给他们安排一个理想的生活环境的这个弱点。同时，专走上层路线的说教改良，也使得墨子和其所代表的小生产劳动者在感情上疏远，从而很难得到广大劳动阶层的普遍理解、同情和支持。因而，墨者集团只能是少数狂热信徒所组成的类似宗教式的团体，成为效忠于王公大人的"敢死队"，而不能动员和组织起广大劳动阶层，形成和统治阶级相抗衡的政治力量。这使得墨学和墨者的政治影响虽然很广泛，但政治实践的力量却是相当薄弱微小，要靠这微小薄弱的力量来实现兼相爱、交相利的社会宏图无疑是幻想神话。

墨子的政治实践是失败的，墨子的政治理想也无疑是一个乌托邦，墨家作为一个学派，秦汉之后也湮没消失了，这都是历史事实。但是，墨子作为小生产劳动者的思想代表，他站在小生产劳动者的立场上，对社会勇敢地批判和大胆地揭露，真诚地同情小生产劳动者生活的艰辛，为他们的痛苦大声疾呼，为他们的幸福奔走跋涉，这些思想、感情和行为确实震撼了一个时代。墨子为了实现自己的主义艰苦卓绝、忘我献身的感人事迹和精神，熏陶了一代人，也深刻影响了中华民族对理想人格的塑造和追求。"墨子真天下之好也，将求之不得也，虽枯槁不舍也。"

三、墨子的经济思想

墨子非常重视国家和民众的经济建设，在生产与消费等方面提出了卓越的思想，本节将从墨子的生产观、消费观、价值规律等方面对墨子丰富的经济思想进行探索并加以展开。

（一）墨子的生产观

1. 人类从事生产的必要性

人类为什么要从事生产呢？墨子指出，人类与动物是截然不同的，"今人固与禽兽、麋鹿、蜚鸟、贞虫异者也。今之禽兽、麋鹿、蜚鸟、贞虫，因其羽毛以为衣裘，因其蹄蚤以为绔屦，因其水草以为饮食。故唯使雄不耕稼树艺，雌亦不纺绩织纴，衣食之财固已具矣。今人与此异者也：赖其力者生，不赖其力者不生。"（《墨子·非乐上》）墨子的意思是说，现在的人本来就与禽兽、麋鹿、飞鸟、爬虫（孙诒让云，"蜚与飞通……贞通征。"）不同。现在的禽兽、麋鹿、飞鸟、爬虫，凭借它的羽毛作为穿的衣裳，凭借它的蹄爪作为裤子和鞋子，凭借地面上的水草作为饮食。所以虽然（孙诒让云："唯旧本作惟，今从吴钞本改。唯虽字通。苏云，惟当作虽。"）即使雄的不耕种、稼穑、植树、种菜，雌的也不纺纱、绩麻、织布，穿衣、饮食的钱财本来就已经具备了。现在的人与这些动物不同：依靠自己力量的人才能生存，不依靠自己力量的人就不能生存。墨子在此指出人类与动物之本质的不同，人不能垂着两手而靠天吃饭，也不能不劳而获而靠他人养活。人类为了生存，不能懒散，必须勤奋劳动，努力耕种织布，以生产充足的衣食之财。否则，就会面临着生存的危机和灭种的威胁。所以劳动是人类生存最基本的前提条件，侵占他人财富者、掠夺集体财富者、鲸吞国家财富者，应该受到最强烈的谴责，以至法律的严厉制裁。

2. 生产对于国家的重要性

墨子认为生产对于国家的政治、经济、军事、国防、外交等方面具有极大的重要性。墨子先从反面进行了论证，其云，"民有三患：饥者不得食，寒者不得衣，劳者不得息。三者，民之巨患也。"（《墨子·非乐上》）就是说，臣民有三种忧患：饥饿的人得不到食物，挨冻的人得不到衣服，劳累的人得不到休息。这三者是百姓最大的忧患。其实，百姓的忧患就是国家的忧患。饥寒的原因就是劳动的人数太少了，不能生产足够的食物和衣服等。既然连百姓之衣食都无法安置，国家的政治肯定就不会稳定。国家的政治既然不稳定，那么经济就不可能得以发展。《墨子·七患》篇又云："凡五谷者，民之所仰也，君之所以为养也。故民无仰，则君无养；民无食，则不可事。"这就是说，五谷是百姓生存所必须依赖的，也是国君生存的给养。因此，百姓失去了依赖，国君也就失去了给养。臣民没有食物，就不可能从事任何事业。国君就无法管理与统治，国家的实力因此会变得脆弱，此时更容易遭受其他国家的进攻。

墨子又从正面进行了论证，《墨子·尚贤中》云："贤者之治国也，蚤朝宴退，听狱治政，是以国家治而刑法正。贤者之长官也，夜寝夙兴，收敛关市、山林、泽梁之利，以实官府，是以官府实而财不散。贤者之治邑也，蚤出暮入，耕稼树艺，聚椒粟，是以椒粟多而民足乎食。故国家治则刑法正，官府实则万民富。上有以絜为酒醴粢盛，以祭祀天鬼；外有以为皮币，与四邻诸侯交接；内有以食饥息劳，将养其万民；外有以怀天下之贤人。是故上者天鬼富之，外

墨子讲学

者诸侯与之，内者万民亲之，贤人归之。以此谋事则得，举事则成，入守则固，出诛则强。"其意思是说，贤者治理国家，清早进朝，很晚退居，审听奏本，处理政务，因此国家就治理得很好，而且刑法公正。贤者为政长，晚睡早起，收聚关口、市场、山林、湖泊、作物的赋税，以充实官府。因此，官府充实并且财物不散失。贤者治理乡邑，早出晚归，耕种庄稼，栽种果木，收聚辣椒豆粟，因此辣椒、大豆、粟米丰富，百姓的食物充足。所以国家治理，则法律公正；官府充实，则万民富裕。上用清洁的酒食祭品以祭祀上天和鬼神；对外用精制的皮件和钱财，与四周相邻的诸侯国交往和接触；内部有食物使饥饿者能吃饭，使劳动者能休息，将以保养万民；在外以广博的胸怀吸引天下的贤人。所以在

上，有天鬼使之富裕；在外，诸侯国与之结交；在内，万民亲附之，贤人归向之。因此谋事就会得到计谋，举办大事就会成功，入朝统军守国就会固若金汤；出征诛伐就会锐不可当。

由此可见，只有大力发展生产，国家的政治凝聚力、军事与国防实力、外交影响力等才能得以壮大；只有在贤明的政策引导下，只有在经济实力逐渐增强的情况下，综合国力才会不断增强与提升，此时方可称为"国泰民安"。

3. 强调人人生产，反对不劳而获

《墨子·非命下》篇说："今也王公大人之所以早朝晏退，听狱治政，终朝均分，而不敢息怠倦者，何也？曰：彼以为强必治，不强必乱；强必宁，不强必危；故不敢怠倦。今也卿大夫之所以竭股肱之力，殚其思虑之知，内治官府，外敛关市、山林、泽梁之利，以实官府，而不敢怠者，何也？曰：彼以为强必贵，不强必贱；强必荣，不强必辱；故不敢怠倦。今也农夫之所以蚤出暮入，强乎耕稼树艺，多聚升粟，而不敢怠倦者，何也？曰：彼以为强必富，不强必贫；强必饱，不强必饥；故不敢怠倦。……王公大人怠乎听狱治政，卿大夫怠乎治官府，则我以为天下必乱矣；农夫怠乎耕稼树艺，妇人怠乎纺绩织纴，则我以为天下衣食之财将必不足矣。"《礼记·学记》云："知困，然后能自强。""强"即"勉力、努力、奋力"之意。可见，墨子的意思是说，现在的王公大人之所以早入朝、晚退朝，听审奏本、治理政务，在朝时均分其职责而不敢休息、怠惰、困倦，是什么原因呢？答道，他们认为努力做事国家必定治理，不努力做事国家必定混乱；努力做事国家必定安宁，不努力做事国家必定危机；所以不敢倦怠。现在的卿、大夫之所以竭尽全身之力，殚尽思虑的智慧，对内治理官府，对外收聚关口、市场、山林、湖泊、桥梁等的利益，用以充实官府之库而不敢懈怠，是什么原因呢？答道，他们认为努力做事必定高贵，不努力做事必定下贱；努力做事必定光荣，不努力做事必定耻辱；所以不敢懈怠困倦。现在的农夫之所以早出晚归，努力耕种庄稼、植树种菜，多收豆粮而不敢困倦懈怠，是什么原因呢？答道，他们认为努力做事必定富裕，不努力做事必定贫困；努力做事必定温饱，不努力做事必定饥寒；所以不敢懈怠。……如果王公大人懈怠于审听奏本、治理政务，卿、大夫懈怠于治理官府，那么，我认为天下必定要混乱了；如果农夫懈怠于耕种庄稼、植树种菜，妇人懈怠于纺线、绩麻、织布，那么，我认为天下人穿衣、饮食的资财将必定不足了。

《墨子·非乐上》又云："赖其力者生，不赖其力者不生"。就是说，依靠自己劳动以创造财富者就能生存；反之，不依靠自己劳动以创造财富者就不能生存。这用当今的语言讲，就是"不劳动者不得食"。可见，无论是政长还是农夫，各个行业的人，人人都要努力从事劳动。否则，不但人们要受冻挨饿，而且还会导致天下大乱。所以只有人人努力做事，天下的资财才会充足，社会才能稳定繁荣。如果怠于政务、不劳而获，则将导致社会混乱。"赖其力者生，不赖其力者不生。"的另一层含义，是指分配制度，只有依靠自己劳动的人，才能分配社会财富；自己没有参加劳动的人不能分配社会财富。有的学者认为，"对物质生产的重视，为前此所无，唯后之法家可与伦比。于此亦可见，法家的生产论实源于墨子。"这种评价并不过分。

4. 强调储备财物

在《墨子·七患》篇中说："故《夏书》曰'禹七年水'，《殷书》曰'汤五年旱'，此其离凶饿甚矣，然而民不冻饿者何也？其生财密，其用之节也。故仓无备粟，不可以待凶饥。库无备兵，虽有义不能征无义。"此处之"仓"字，原文讹为"食"字，今据孙诒让改正。这里的意思是，禹之时，曾遭七年水灾，汤之时曾遭五年旱灾，这已是很严重的饥荒了，但百姓中没有受冻挨饿的，何故呢？因为他们生财充足，用财节俭。所以说仓库里没有储备充足的粮食，就不能应付饥荒之年；武库里没有储备足够的兵器，即使是正义的，也不能去征伐不正义的。《墨子·七患》又云："且夫食者，圣人之所宝也。故《周书》曰：'国无三年之食者，国非其国也；家无三年之食者，子非其子也。'此之谓国备。"其意为，粮食是圣人的珍宝啊！《周书》上说：一个国家如果没有储备足够三年的粮食，那么这个国家就不是他们的国家了；一个家庭如果没有储备足够三年的粮食，那么儿子就不是他们的儿子了。这就是国家的最基本的储备。储备粮食无论是对于增强国防，还是应付天灾人祸，都是至关重要的。

5. 重视合理分工

为了提高劳动生产效率，发挥劳动者的技术专长，调动人民的生产积极性，墨子阐述了合理分工的必要性。《墨子·非命下》云："农夫……蚤出暮入，强乎耕稼树艺，……妇人……夙兴夜寐，强乎纺绩织紝。"这就是根据性别、体能进行的分工。《墨子·耕柱》篇云："治徒娱、县子硕问於子墨子曰：'为义孰为大务？'子墨子曰：'譬若筑墙然，能筑者筑，能实壤者实壤，能欣者欣，然后墙成也。为义犹是也，能谈辩者谈辩，能说书者说书，能做事者做事，然后义事成也。'"'欣'为'操表测量之意。'这里的意思是，墨家弟子问墨子：对于行义什么是最重要的事？墨子说：比如筑墙，能筑的筑，能实土的实土，能测量的测量，这样墙就筑成了。行义就像这样，能演说辩论的就演说辩论，能讲解古书的就讲解古书，能从事政务的就从事政务，这样行义之事方可成矣。墨子在此指出了分工的必要性与合理性，即是为了提高生产的效率。在分工方面有如下含义，即按男女分工、按体脑分工、按行业分工、按技术专长分工。这是一种自然的、合理的、必要的分工。分工则是社会发展到一定程度的标志。

6. 强调全面税收充实国库

《墨子·尚贤中》云："贤者之治国也，蚤朝晏退，听狱治政，是以国家治而刑法正。贤者之长官也，夜寝夙兴，收敛关市、山林、泽梁之利，以实官府，是以官府实而财不散。贤者之治邑也，蚤出暮入，耕稼树艺，聚椒粟，是以椒粟多而民足乎食。故国家治则刑法正，官府实则万民富。"墨子在此强调贤者为官，早起晚睡，收聚关口、市场、山林、湖泊、桥梁之利，以充实官府国库，这里指钱财。又强调贤者治乡邑，早出晚归，收聚豆粮，以充实官府国库，这里指粮食。国库里钱粮充足，那么，国家就能治理好，万民就会富裕。此处墨子之"利"即今之"税收"。他反对漏税，重视各行业的全面税收，而且要求收税之政长早出晚归、廉洁奉公、尽职尽力地工作，将各种散佚之财收归国库，以增强国家的经济实力。这样不但国库充实，而且财物也不会散失以至浪费。只有国家富强，万民才能安居乐业。

（二）墨子的消费观

节用的总原则是："凡足以奉给民用，则止。诸加费不加于民利者，圣王弗为。"（《墨子·节用中》）这就是说，凡是足以供给民用的，就可以了。增加种种费用，而无益于百姓利益的，圣王不去做。节用具体体现在如下方面：

对于君主，《墨子·节用上》曰："圣人为政一国，一国可倍也。大之为政天下，天下可倍也。其倍之，非外取地也；因其国家去其无用之费（'用之费'三字据孙诒让补于此）足以倍之。"其意为，圣人施政一国，一国可得到加倍的利润。扩大到施政天下，天下可得到加倍的利润。其利益之加倍，不是因为向外扩大了土地，而是因为其国家省去了无用的花费。

墨子从古圣王制为节用之法、饮食之法、衣服之法、兵器舟车之法、节葬之法、宫室之法等方面，提出了节用所应把握的合理分寸。比如，对于节用之法，墨子说："凡天下群百工，轮车、鞼匏、陶冶、梓匠，使各从事其所能。曰：凡足以奉给民用，则止。"（《墨子·节用中》）这就是说，凡是天下的百工，如制车轮的、造车子的、鞣制皮革的、烧陶器的、炼金属的、做木匠的等，使各人从事自己所擅长的技艺，凡是足以供给民用的，就可以停止了。墨子在此要求生产不要过剩，不要过多消耗自然资源，造成不必要的浪费。

对于饮食之法，墨子说："古圣王制为饮食之法，曰：'足以充虚续气，强股肱，耳目聪明，则止。'不极五味之调，芬香之和，不致远国珍怪异物。"（《墨子·节用中》）至于饮食，凡足以充饥补气，强壮四肢，使人耳聪目明，就可以停止了。不去极尽五味与芬香的调和，不去招致远方国家的珍贵、奇异、罕见的食物。这就是要求人们在饮食上不要追求稀罕之物，不要奢侈浪费，不要花费不必要的时间猎奇，同时要保护自然资源，以利于可持续发展。

对于衣服之法，墨子说："冬服绀緅之衣轻且暖，夏服絺绤之衣轻且清，则止。"（《墨子·节用中》）就是说，冬天穿深青色的衣服，又轻又暖；夏天穿细葛布或粗麻布衣服，又轻又凉，就可以了。墨子劝诫道，不要过分追求穿着奢华。因为穿着过于奢华，人的思想就会远离朴素的本质了；穿着过于华丽，也偏离了穿衣的根本目的。

对于舟车之法，墨子说："车为服重致远，乘之则安，引之则利；安以不伤人，利以速至。此车之利也。古者圣王，为大川广谷之不可济，于是制（原文为'利'，据孙诒让改）为舟楫，足以将之，则止（原文误为'上'，据孙诒让改）。虽上者三公诸侯至，舟楫不易，津人不饰。此舟之利也。"（《墨子·节用中》）其意为，造车以载重行至远方为目的，乘它比较安全，控制比较便利就可以了。安全就不会伤人，便利就会运行快捷。这是用车的便利。古代圣王因为大河深谷不能渡，于是就制造了船桨，足以能行驶渡河就可以了。即使是上面的三公、诸侯驾到了，船桨不更换，船夫不装饰，这就是乘船的便利。乘车船的目的，完全是为了交通的方便，并不是为了奢侈的装饰。

对于节葬之法，墨子说："衣三领足以朽肉，棺三寸足以朽骸，堀穴深不通于泉，流不发泄，则止。"其意为，衣服三领，足以使死者之肉体朽烂在里面，棺木三寸，足以使死者的骸骨腐烂在里面，挖掘墓穴要深但不要通泉水，尸体的气味不散发于外面就可以了。墨子反对"棺椁必重、葬埋必厚、衣衾必多、文绣必繁、丘陇必巨"（《墨子·节葬下》）的竭尽家财、耗虚府库的殉葬、厚葬与久丧。

对于宫室之法，墨子说："其旁可以圉风寒，上可以圉雪霜雨露，其中蠲洁可以祭祀，宫墙足以为男女之别，则止。"其意为，房屋的旁边可以抵御风寒，上面可以防御雪霜雨露，里面清洁干净可以祭祀，墙壁足以使男女分开居住，就可以了。

当然，"节葬""非乐"思想则是"节用"思想的进一步发挥，"非乐"的目的也是为了"节用"。他大力提倡节用，认为"俭节则昌，淫佚则亡。"（《墨子·辞过》）反对统治阶级"饰车以文采，饰舟以刻镂"（《墨子·辞过》）的奢华，要求大家尽量省去任何一个不必支用的钱币。他认为，节用就是珍惜国家财富、保护民众资财。他倡导，圣王要努力避免使民劳累，使民亏财，在使民劳作之时，又要尽量养民。这体现了深刻的人道主义精神。

在灾荒之年更要节俭，《墨子·七患》篇云："岁馑，则仕者大夫以下皆损禄五分之一；旱，则损五分之二；凶，则损五分之三；馈，则损五分之四；饥、大侵，则尽无禄，廪食而已矣。"根据灾荒之年的具体情况，墨子提出了靠相应地减少政长的薪水，压缩财政支出，靠政长与百姓同甘共苦度过荒年。

墨子提出的"生产"与"节用"两个观念是相辅相成的，生产是节用的前提条件，节用是为了更好地生产，其目的是为了使人类更好地生存下去，因为

墨子思想

人类生存需要耗费由生产而得到的财富。但是因为人类的消费是必须的，所以墨子实际上是提出了低度消耗资源与适度消费的原则。这两个原则也是可持续发展的核心内容。墨子事实上在两千多年前已提出了可持续发展的初步思想了。

（三）墨子认识的价值规律

墨子对商品交换的价值规律进行了探讨，《墨经》中概括出了两个条目，现在对其加以研究。

《经下》："买无贵，说在仮其贾。"

《经说下》："买：刀粜相为贾。刀轻则粜不贵，刀重则粜不易。王刀无变，粜有变。岁变粜，则岁变刀。若鬻子。"

毕云："仮，反字异文。"孙云："集韵二十阮：反，或作仮"。谭云："仮即反的繁文。"故"仮"即作"返"解。《说文》云："反，覆也。"张惠言云："反，变也。"故"反"意指反覆、变化。"贾，價之省文。""價"即今"价"字，意为物价、价格。故经文释为："买卖并无所谓贵贱，因为物价在反复变化。"

"刀，指刀币。"《管子·轻重乙》篇云："黄金刀布者，民之通货也。"故"刀"指货币。"粜"即今"籴"字，《说文》云："粜，市谷也。"故"刀粜相为贾"意为，货币与谷物相互为价（价值）。即"刀""粜"相互作为其等价物，如一块"刀"等于十升"籴"。"易，……轻也。""轻""重"指贱、贵，引申为贬值、升值之意。故"刀轻则粜不贵，刀重则粜不易。"意为："货币贬值了，谷物并没有变贵；货币升值了，谷物并没有变贱。"张惠言云："王者所铸，故曰王刀。"可见，"王刀"为法定货币。"王刀"通常用贵重的金属铸造而成，在先秦时期，贵重金属的开采是有限的，其价值是相对不变的。故"王刀无变，粜有变。岁变粜，则岁变刀。"可解释为，"法定货币的价值相对不变，但谷物的价值有变化。因为年景丰歉，每年谷物的价值是变化的，谷物的价值既然变化了，那么每年法定货币的价值也会变化。""鬻，卖也。"故"若鬻子"意为"就像卖儿卖女一样"。因为卖儿卖女之价，亦随年景的丰歉而变。

《经下》：“贾宜则雠，说在尽。”

《经说下》：“贾：尽也者，尽去其所以不雠也。其所以不雠去，则雠，舌贾也。宜不宜，舌欲不欲。若败邦鬻室嫁子。”

“贾”通“价”，即物价。“宜，谓适时。雠，亦省作售，义为卖出，今言行销。”毕云：“售字，古只作雠，后省。”故“雠”为“售”无疑，意为卖出、出售。“‘尽’是把货不行销的原因尽数去掉的意思。”张纯一同之。故“贾宜则雠，说在尽。”意为，“物价贵贱合宜适时，才能售出。因为在将货物不能行销的原因尽数去掉之后是这样的。”

经说内之“所”字据孙诒让增补。“舌，即正。”《说文》云：“正，是也。”《广韵》云：“正，正当也。”《玉篇》云：“正，定也。”故“正”意为“正当、决定、取决”。《说文》云：“邦，国也。”郑玄注《礼记·曲礼上》曰：“有室，有妻也。妻称室。”故本条经说可释为：“所谓‘尽’，是指去掉货物不能行销的所有原因。货物不能销售的原因去掉后，货物就得以售出，这就是正价（用今天的话讲就是商品的价值）。货物的价钱合宜不合宜，取决于买者主观想买不想买（用今天的话讲就是商品的价格）。这好比战败国卖房屋、卖妻妾、嫁女子一样。”墨子在此论述了商品的价值与价格，及其规律。价值是不变化的，价格则是随买卖双方的意愿而变化的。正如“败邦思去，急鬻其室。”此时是难以卖出好价钱的。谭戒甫说：“价格即正价，价值即时价。正价是一种固定之价，不随时涨跌的。”这是不对的。其将价格与价值的概念颠倒了，“正价”应该是“价值”，“时价”应该是“价格”。

四、墨子的人文思想

墨子不仅是一位有名的科学家，而且还是一位著名的人文学者。他的思想学说贯穿了以人为本的理念，体现了浓厚的人文精神。他反对命定，力主人为。倡导“以身戴行”、勇能兼具、贵义尚利等人生原则。同时，墨子还以尚贤使能为妙方，对理想的社会进行了初步的建构。

墨子的人文精神首先体现在他关注人类的理性态度。他在与动物的比较中确立了人的主体地位，否定了无常的命运，坚持身体力行，反映了他的人格个性和对主体精神的高扬。其次体现在他对做人尊严的渴望。墨子着重讨论了勇能兼具的人生理想，贵义尚利的人生原则，区分君子小人，从而完成自我实现。再次体现在对自由、平等、和谐的理想社会的向往。墨子坚持从讨论社会治乱的根源开始，以尚贤使能为妙方，对理想的社会形态进行了初步的建构。

（一）以人为本

人是自然的儿子，是自然发展、演化的产物。但人不仅仅是一种自然存在，人在自然的进化中最终借助劳动、语言和意识而从自然中离析和超拔出来。因此，人同时而且更主要是一种社会性、文化性和精神性的存在。

人的尊严和价值怎样才能在社会中得以肯定呢？这个问题是既古老又新鲜的问题。早在古希腊时期，苏格拉底就提出了"认识你自己"的口号，这个口号无疑对人类的自我觉醒有一定的价值。苏格拉底还提出"自知自己无知"的理论，这成为人的自我发展的前提，只有认识自己有待于发展和进步才能继续发展。聪明人最大的聪明在于他知道自己还有什么缺点，假如人们都能知道自己的不足，人类就会变得聪明得多，社会进步也将快得多，人类文明也将会高得多。

墨子在将人和动物的比较中发现了人的特征。墨子在《非乐》篇中对人类跟禽兽有什么区别，进行了深入的讨论。他认为对于禽兽来说，羽和毛是它们的衣服，蹄和爪是它们的鞋子，水和草是它们的食物。所以它们雄的不必耕作，雌的不必纺织，衣食都不会发生问题。人类则不同，人类一定要出力做事，然后才可以生存；若不出力做事，就不能够生存。人要靠种庄稼、栽果树、种蔬菜、纺纱织布等生产劳动来维持生存。

墨子在《非乐》篇中，解释人兽之别的大道理，并极力劝勉人民勤奋生产，是针对当时统治者兴乐害民而发的。他举出了齐康公兴乐丧国的例子。墨子说，从前齐康公喜欢舞乐，宫中养了一大批歌者舞者，他将国家的大笔经费花费在这些人身上。他不准歌者舞者粗衣粗食，因为吃得不好，会使容貌憔悴丑恶；穿得不好，一举一动看起来都不好看。所以吃的必定是上等的白米好肉，穿的必须是华美文绣的衣服。这批人，不从事衣食财用的生产，完全依赖他人供养，而消耗又如此之大。所以墨子强调说："当今的为政者醉心于音乐"，使人民的衣食财用受到这么大的损失，所以沉迷于舞乐之中是不对的。

齐康公在位 14 年，因沉湎于酒色，不理国政，被宰相田和逐出王位，只得到分给他的一座小城容身。

关于人和动物的区别，先秦儒家有和墨子不同的视角。孔子、孟子认为人贵在"形"，贵在"言"，贵在"仁义"。孟子甚至说，人如果不仁不义，赤子之心被丢失，那么"则离禽兽不远矣"。还说："人之所以异于禽兽者几希，庶民去之，君子存之。"也就是说人和禽兽的差别就那么一点点，君子保存了人性，没德性的人丢失了人性。

荀子认为，人在动物中最有智慧，"有血气之属莫知于人"。人与动物的区别，还在于人有"辨"，"辨"同"别"，"别"的具体内容就是"义"。他说："水火有气而无生，草木有生而无知，禽兽有知而无义；人有气、有生、有知亦且有义，故最为天下贵也。"人与动物的另一个区别，还在于人能群，动物不能群。人与牛马相比，"力不若牛，走不若马，而牛马为用，何也？曰：人能群，彼不能群也"。这里所说的"群"，并不是自然成群之群，而是指结成一定的群体，具有一定的组织，与我们所说的"社会性"颇相近。

上述两说，都有一定的道理，但都没有讲到根本上。墨子所说，更为切中要害。"赖其力者生"，这里提出一个"力"字。通常而言，动物何尝没有"力"？老虎、狮子、大象比人的"力"还大呢！但是，墨子讲的"力"具有特别的意义。一是这种"力"与生存、生命联系在一起，"赖其力者生"，意思是通过出力求得生存，发展生命；二是对"力"赋予了全新的含义。《经上》说："力，形之所以奋也。"意思是说力是形体运动的原因。《经说上》解释道：奋，就是自下而上地举起重物。《经上》还说："生，形与知处也。"人生就是形体与智力的活动。综而观之，墨子对"力"赋予的全新含义是：力是与求得生存与发展的活动联系在一起的，而这种活动是有意识的（知）、能动的（奋）。因此，墨子这里所说的力，就是今人乐道的光荣的"劳动"，劳动创造人类、劳动创造世界的"劳动"。

墨子以人为本的理念不仅建立在人和动物的区别的讨论基础上，还表现在他对"兴天下之利，除天下之害"的追求上。墨子在《非乐》篇中说，仁者行事，务必要为天下人求福利，为天下人除祸害，以便作为天下人的规范。因此，需要以对于天下万民有利与否来决定他的行事：凡是有利于人的，就做；不利于人的，就不做。

（二）命定与人为

孔子的学生冉耕病了，孔子前去探问，从窗户外握着冉耕的手说："要死了，这是命呀！这样的人而有这样的病！"这里肯定了人的疾病和死亡是命中注定的。

孔子的另一位学生司马牛忧愁地说："别人都有兄弟，偏偏我没有。"子夏说："我听老师说过：'死生有命，富贵在天。君子对工作严肃认真不出差错，对人恭敬有礼貌，则四海之内皆兄弟。'君子何必着急没有好兄弟呢？"所谓"死生有命，富贵在天"，正是代表命定论思想的惯用语。

天命观念使得穷人和富人认定命由天定不可更改，这就怀疑了人的力量，否定了人的力量，使人无所作为，从而消磨了人们改变穷苦现状的积极性，同时它还可以庇护暴君坏人的不义行为。对此，墨子有着比较清醒的认识。

在《非命下》篇中墨子以为"命"是"暴王所作，穷人所术（述），非仁者之言也"。也就是说"命"是暴王所创作。因为在春秋战国时代的大变动中，统治阶级为了维持他们的身份和特权，非得要有一种理论来保护他们不可，所以创立"有命"之说。他们说："我有民有命"，任谁也改变不了他们为王的命运，他们藉命作为恣欲纵乐、作威作福的正当理由。一旦失败了，便托词说"我命固将失之"作为掩饰。而人民受其愚弄，相信"君主有君主的命运，臣下有臣下的命运"，甘心受其统治。

不肖之民，有因好逸恶劳，不事生产，而陷于冻馁、穷困潦倒的，然而不知道反省悔悟，而一味归之于"命"。所以墨子说命是"穷人所述"，可见命定之说麻醉愚民之甚。

那些主张有命论的人说：命中注定富足就富足，贫穷就贫穷，注定人多就人多，人少就人少；命注定国家治理就治理，注定混乱就混乱；命注定一个人长寿就长寿，短命就短命。命运既定，你再怎样奋斗，也胜不过命运。

这种命定之说，会使人民依赖命运而不努力工作，因而阻碍政治、社会的进步，所以墨者斥为"非仁者之言"。而偏偏是这种主张有命的人杂在民间太多了，所以才造成当政者的困惑。作为执政者都希望国家富足，人民增多，政治清明，但结果是，国家不富足，反而贫穷；人民不增多，反而减少；政治不清明，反而混乱。为政者得到的，不是他们所希望的，而是他们所厌恶的。

如果命运决定了人的一切祸福，上帝、鬼神及国家的行政都将失去效力；这样一来人们心中就没有任何约束、制裁的力量。这时社会上将呈现不义、不忠、不慈、不孝、不良、不悌等种种坏现象，从而导致社会紊乱、政治败坏。所以墨子极力反对命定之说。

墨子及其弟子反对命定论，强调人为。认为儒家提倡的所谓命，是指人的智慧和力量对之无可奈何的某种先天的必然性。儒者宣扬人的种种现实遭遇都是由命预先安排好的，非人力所能改变。而墨者主张人们应该在认识世界的基础上，运用自身的力量顽强奋斗，以图改变现状，达到预期的目的。墨者认为儒者宣扬的命定论是一种害人的懒汉哲学，它能消磨人的意志，使人放松奋斗，安于现状，并最终导致国家的沦丧。

墨子曾做过《非命》的专题讲演，弟子记为《非命》上中下三篇。在篇中墨子用形式逻辑的归纳法证明说，古代桀之所乱，汤受而治之。纣之所乱，武王受而治之。世界还是这个世界，人民还是这个人民，在于桀纣则天下乱，在于汤武则天下治，分明是人力的作用，哪里有什么命呢？

墨子还说：当今天下的君子撰写文章、发表言论，并不是"命"使他们的喉咙、舌头劳苦、使他们的口吻快利，实在是他们衷心想对国家、乡里、人民和政治有所贡献。

现在为政者所以要一早上朝，天晚才退朝，勤勉地处理刑狱，治理政事，每天都这样做，不敢怠惰厌倦，这是为什么呢？他们以为勤勉去办公，国家必定可以治理，若不勤勉，国家必定要混乱；勉力地去做事，国家必定可以安宁，若不勉力，国家必定要危险。所以他们不敢怠惰，不敢厌倦。

农夫们之所以要日出而作，日暮而归，耕田种菜，多聚豆粟，而不敢怠倦，为什么呢？因为他们知道勤勉地耕种，就可以富足；不勤勉耕种，就要穷困。勤勉地耕种，就可以吃得饱；不勤勉耕种，就得挨饿。所以他们不敢荒废农事。

妇人之所以早起晚睡，努力地纺纱织布，多治麻丝葛绵，而不敢怠倦，为什么呢？因为她们知道勤必富，不勤必贫；勤必暖，不勤必寒。所以不敢怠倦。

现在，假如大家都相信有命，那么为政的官长必定懒于处理刑狱、政事，天下就会乱了。农夫懒于耕田种菜，妇人懒于纺纱织布，天下的衣食财用就要缺乏了。照这样治理天下，将不利于事奉天地鬼神，也不利于保养百姓，百姓势必会背叛离散，不能忠于王上。结果，在国内防守不能坚固，出外诛讨敌人也不能胜利。从前的暴王——桀、纣、幽、厉，之所以会丧失国家、灭亡社稷，都是因为这个缘故。

所以墨子强调说：当今天下的士君子，心中果然想兴起天下的利益，除去天下的患害，那么对于主张有命的说法，是不可以不极力加以反对的。因为命运之说，乃是一般暴戾的君主所创造，是一般坏人所传说，是一般懒人所依赖的，并不是仁义之人所说的话。现在要行仁义，就不可不细察而力加反对。

（三）以身戴行

墨子强烈反对命定论，所以特别强调力行务实，他曾说："君子以身戴行者也。"也就是说，一个名副其实的君子首先是力行之士。庄子说墨者："以绳墨自矫，而备世之急""形劳天下""以自苦为极"，努力为天下办实事是墨者之所以为墨的主要特色。为立清名，不计利害。否则见利而忘名，就不足为"天下之士"。

墨子有《修身》专篇，且放在全书第二篇的位置，可以看出墨者对于个人修养非常重视。墨子有不少关于修身的言论，而且他强调"口言之，身必行之"。

儒家说:"君子务本,本立而道生。"又说:"孝悌也者,其为仁之本与?"儒家修身亦重本,不过儒家讲亲亲,以孝为本。墨者亦重本,但不是孝而是行。《修身》篇开宗明义指出:打仗虽讲究阵法,但决定战争胜负的根本因素是士气;丧礼虽有具体的礼节,但在丧事活动中最根本的原则是内心要哀戚,而一个正人君子,虽然重视学说知识,但最根本的是一个"行"字。行,在这里有行动、品行二义。有行动故理论有实效,有品行故理论才能付诸实施。对于君子来说,学与行相比,行是更基本、更深层的修养,因此主张修行在先,博学在后。比如建筑,基础不牢固,是建立不起千尺高屋的。本国人民还没有亲附,就不要招徕远方之人;亲戚还不团结,就不要贪图远交;一件事情没有结果,就不要同时兴办几件事;对一物还不明所以,就不要追求博闻。同样道理,修行未成,基本未固,也就不要侈谈博学、高蹈的事。

儒家也讲修行,但他们修行的目的是治身,同时也把治国、治天下放在重要的地位;墨家则不然,他们把修身作为治世的先决条件。

墨子的修身,特别强调以身戴行,不主张空发议论,具体有如下表现:

首先是克己内省。孔子曾说:"一日克己复礼,天下归仁焉。"并提出"非礼勿视,非礼勿言,非礼勿听,非礼勿动"的戒条。墨子《修身》篇的思路也大体相类。强调要严格要求自己,看到不修善行的人被人攻击,不要讥笑别人,而要反省自己是不是也有不修之行,是不是也有得罪人之处。同时还要时刻提醒自己,要能够不听诋毁之言,不说攻击别人的话,不生残害人的心理,口不出恶言,耳不入恶声,心不存杀念,心思清明,气象纯和,这样纵然好饶舌的人也没有地方施其口舌。

其次是力行务实。在树立自己形象的同时,墨子特别强调要结合人生的具体实践。第一要注意慎交择友。墨子说:"据财不能以分人者,不足与友;守道不笃,偏(辨)物不博,辨是非不察者,不足与游。"贤者有分财之义,朋友有通财之谊,管鲍相交,正是朋友有财互济的典型。不能坚持道义,识见浅薄,是非不分,与这样的人交友必受伤害。俗语说,近朱者赤,近墨者黑,慎交择友,这是人生的必修课。

第三，要求实戒虚。墨子说："本不固者未必几。"实行是本，名誉是末。一旦本立，必然末生；一旦功成，必然名新。先有实行，后有名誉，切不可贪图虚名虚誉。"名誉不可虚假"，更不可投机取巧，欺世盗名。"名不可简而成也，誉不可巧而立也"，这是墨子的人生信条。要想立名延誉，只有脚踏实地，一步一个脚印地实干，才能实至而名归，没有立竿见影，也没有终南捷径。

第四，要谦虚谨慎。《墨子·修身》篇认为夸夸其谈而不力行，说得再好也没有人听；虽有功劳但自吹自擂，再有本事也无人信服。聪明人心知其意，而不繁言絮语；有功劳的人谦虚处世，反而能名扬天下。

第五，要朴质无华。墨子的《修身》篇还强调，就文和质而言，言不在多，而在于睿智；文不在华丽，而在于见解透辟。墨者贵质尚朴，故务智务察。言多若无智，就是废话连篇；文华而不察，就是华而不实。无智无察，就不能行身处事，干大事业。只有内心真正养成乐善之心，才能永久为善；只有自觉的行动，才能坚定不移。凡是不植根于个性，修持善言善行的，都是短暂的，用墨子的话说："善无主于心者不留，行不辩于身者不立。"

最后是自强不息。墨子不仅把以身戴行作为人生法则，而且还把它当作人生的最高理想，这种理想就体现在对自强不息的追求上。关于这一点，墨子说过三句话："力事日强，愿欲日逾，设壮日盛。"前一句是中心，后两句是效果。"力事日强"，即自强不息；"愿欲日逾"，即理想越来越远大；"设壮日盛"是说道德设施日益壮大。这与《周易》"君子终日乾乾""君子以自强不息"的意思大致相同。

在墨子看来，自强不息需要保持清醒的头脑。墨子曰："贫则见廉，富则见义，生则见爱，死则见思。"意思是说，居贫有节操，不贪取他人之物；居富有爱心，能分财以济贫。不贪即廉，能分则义。这就是能够处理好利害和义利的关系。穷而有守，富而能仁，这样必然活着时受爱戴，死后被人怀念。这与孔子"贫而乐，富而好礼"之说，孟子"贫贱不能移，富贵不能淫"之论比较相近。

自强不息更需要持之以恒，也就是持中守常。墨子反对一曝十寒，主张持中守常。他说："藏于心者无以竭爱，动于身者无以竭恭，出于口者无以竭驯。

畅之四肢，接之肌肤，华以髀颠，而犹弗舍，其唯圣人乎？"意思是说，内心的爱不要用完，行为举止不要过谦，言语不要过分驯顺。因为一旦过分了就难以持久。任何好心善意，都必须适度。心有常爱，行有常谦，言有常雅，内在的美德泽润于四肢肌肤，直至华发顶颊，也保持不懈，这就进入圣人的境界了。

（四）勇能兼具

《论语·宪问》篇记载："子曰：君子道者三，我无能焉：仁者不忧，智者不惑，勇者不惧。"也就是说孔子认为光明磊落，胸怀坦荡，没有什么见不得人的想法和言行；他们的心态平和舒坦，既不自卑，也不骄傲。他们有追求真理的自信，因为他们努力学习，不断提高自己的修养，积极进取，活到老，学到老，所以基本上没有什么东西让他们迷惑。他们对于现实的功利，没有什么特别的追求，不会算计得失，筹谋利害，所以他没有什么可以忧愁的，也没有什么东西能够让他们感到害怕。对智、仁、勇的强调反映了孔子对人生的观察和思考。然而对墨子来说，孔子的终点正是他的起点，在人生观方面，对于勇和能的强调成为墨子主张的最重要的特色。

活动于战国时期的墨者集团，带有一定的军事性质，其成员要常常帮助小国、弱国守卫城池，或受雇做别人的保镖。他们在为国为民兴利除害思想的指引下，或在抑强扶弱的侠义心肠与打抱不平的正义感驱使下，能够勇猛无畏，完成惊天地、泣鬼神的壮举。陆贾《新语·思务篇》说："墨子之门多勇士。"《淮南子·泰族训》说："墨子服役者百八十人，皆可使赴火蹈刃，死不旋踵。"墨者的勇敢精神是出了名的。《修身》篇也特别强调："战虽有阵，而勇为本焉。"墨者把战士的勇敢精神看成是比交战时的战斗队列更为重要的决胜因素。

怎样看待勇敢，如何处理敢和不敢的关系，墨子为此进行了认真的思考。《墨经》对勇敢做出了接近于经典性的定义："勇，志之所以敢也。以其敢于是也命之，不以其不敢于彼也害之。"也就是说，勇是指人的思想意志敢于做某件事情。由于某人敢于做这件事情就可以叫作勇，并不因他不敢于做另一件事情而妨碍称之为勇。可见勇是敢与不敢的"同异交得"，即敢和不敢这两种相异

（相反、矛盾）的性质集于一件事情，这就是勇这个概念的本质规定。说一个人勇敢，并不要求他什么事情都敢做。既敢又不敢，敢和不敢互补，这是勇敢的应有之义。

对于人的能力，墨子也有比较清醒的认识，他一方面强调人的能力是有限的，另一方面又指出人生贵在各尽所能，为社会做出应有的贡献。

人的能力是有限的。任何一个人有所能，也就有所不能，而不会万事皆能。墨子用"同异交得"的观点和方法看待能和不能的关系，提出了下述论证。《墨经》中说："不能而不害，说在容。举重不举针，非力之任也。为握者之奇偶，非智之任也。若耳、目。"也就是说墨子认为，人有所不能，不害其所能。这可以拿人的头部器官耳朵和眼睛的功能来打比方。善于举重的大力士不善于举针绣花，因为举针绣花并不是大力士的长处。善于握筹计算的数学家不善于演讲和辩论，因为演讲与辩论并不是数学家的长处。犹如耳朵的作用在于听声音，而不在于看东西，可是耳朵不会看东西并不妨碍它发挥听觉的功能；眼睛的作用在于看东西，而不在于听声音，可是眼睛不会听声音并不妨碍它发挥视觉的功能。

墨子的知识在先秦思想家中算是广博的。《庄子·天下》篇曾说墨子"好学而博"，墨子也说过"贤良之士"是"博乎道术者"，他本人在壮年时就被称为"北方的贤圣人"，然而就是号称博学多能的贤圣墨子也并不是什么都能。例如墨子在音乐方面就缺乏才能，不仅如此，他还对音乐有一概否定的偏激情绪。显然，他的这种"不能"，并不妨碍他的所"能"。

如果拥有能力，墨子是主张学而能的。他所谓的贤人智者是"厚乎德行、辩乎言谈、博乎道术"的，即品德高尚、能言善辩、知识广博，而这些都是通过学习、训练而能获得的。墨子和他的弟子们，就是通过学习而成才的一些典型。然后他们又根据自己的切身体会劝导别人学习，广收门徒，培养各种专门人才，以适应社会需要。

墨子还特别强调要各尽所能。他教导学生说，成就墨者"为义"的事业，应各尽所能，人尽其才，规定"能谈辩者谈辩，能说书者说书，能从事者从事"，就像筑墙一样，能运土的运土，能打夯的打夯，能测量的测量，各用所长，分工合作，墙就筑成了。

（五）贵义尚利

墨子在《贵义》篇说："万事莫贵于义"，就是说天下事没有比行义更重要的了。为什么如此呢？他在《天志下》篇中说："义者，正也。"在《经上》篇又说："义，利也。"墨子认为"义"包含了"正"与"利"两个意思。这里的"利"是指社会全人类的"公利"而言，而不是指个人的利，或一个阶层的利。换句话说：凡"正当"而且"有利"于全人类的事情，便叫作"义"。"义"可以说是墨子人生哲学的最高理想。

墨子认为万事莫贵于义，即仁义道德是天下最贵重的事情，并且要独自刻苦而为义，即不惜牺牲个人利益，宁肯自己一人受苦，也要一心一意为实现仁义的理想而奋斗。

对于墨子的行义精神，有人相信他，有人钦佩他，但也有人认为他多事。据《贵义》篇记载，墨子从鲁国到齐国遇到一个老朋友，那个老朋友对墨子说："现在天下人都不肯行义，而你却偏要苦苦地去做，你还是停止吧！"墨子回答说："假如这里有一个人，他有十个儿子，只有一个儿子肯耕田，其余的九个儿子都坐享其成，不肯做事，那么这个耕田的就不能不更加努力去耕田了。为什么呢？因为吃的人多，耕田的人少。现在天下既然没人肯行义，你就应当劝勉我更加努力才是，怎么反倒阻拦我呢？"

更有甚者，以为墨子的行义是有"狂疾"的结果。根据《耕柱》篇的记载，一位名叫巫马子的儒者对墨子说："你行义，别人不见得会佩服你，鬼神也不见得降福给你，你还要去做，真是有狂疾！"墨子回答说："现在假定你有两个仆人，一个看见你时就做事，另一个看见你时也做事，不见你时也做事。这两个人，你喜欢哪一个呢？"巫马子说："我当然喜欢那个看见我时也做事，不见我时也做事的。"墨子说："那么，你也是喜欢有狂疾的了。"在这里，墨子通过打比方，把论敌巫马子引入自相矛盾的圈套，驳得他哑口无言。在墨子看来，做好事并不是为了给人看，为仁义的理想而奋斗，即使人未见未知，也毫

不松懈，这不是有什么神经病，而是有高度道德自觉的表现。

为了消除人们对"义"的误解、困惑甚至非议，墨子苦口婆心、不遗余力地宣传自己的主张。据《鲁问》篇记载，鲁国的南部有一位隐士，叫吴虑。他冬天制陶，夏天耕种，自认可以跟舜相提并论。墨子听说了去拜访他。吴虑对墨子说："仁义呀，仁义呀！自己干就是了，何必到处游说宣传？"墨子说："你所谓仁义，也就是有力量就帮助人，有财产就分给别人吗？"

吴虑说："是的。"

墨子说："我为了不使天下人受饥饿，曾经想去耕田。但是我所能做的只是一个农夫的工作。一个农夫耕田所收的粟米，分给天下的人时，每人还分不到一升米。即使每人能得一升米，也不能令天下饥饿的人吃饱。为了能使天下人都有衣服穿，我曾想去纺织。但是我能做的只抵得过一个妇人的工作。一个妇人纺织所成的衣服，分给天下的人时，每人还分不到一尺布。即使每人能分到一尺布，也不能使天下贫寒的人温暖。"

"为了救助诸侯的患难，我曾想披着坚固的铠甲，拿着锐利的兵器，去帮助他们作战。但是我的力量不过只抵得上一名兵士。一个兵士虽努力作战，也不能抵御三军。这也是很明显的事。这样看来，那些作为收效不大，不如诵习先王的道术，研究先王的学说，了解圣人的言辞意旨，去游说居于上位的王侯贵族，去晓谕广大的平民百姓，那样做，效果要大得多。王侯贵族如能实行我的主张，各人的品德就可以改善。所以我以为虽不去耕田纺织，然而功劳远超过耕田纺织。"

吴虑还是不能了解墨子的意思，他说："行义重在实行，似乎用不着像你那样到处去游说。"

墨子最善于打比方，也真有诲人不倦的精神，于是他用了一个比喻，他问吴虑说："现在假定天下人都不知道耕田，那么请问你：教人耕田的与不教人耕田的，以及独自去耕田的，这三种人，谁的功劳最大呢？"

吴虑说："教人耕田的功劳最大。"

墨子又问："那么现在假定要去攻打不义之国，这时，击鼓令人进攻的，与不击鼓令人进攻的，以及独自作战的，这三种人，谁的功劳最大呢？"

吴虑说："击鼓指挥众人进攻的功劳最大。"

墨子说："义也是一样。因为天下懂得'义'的人很少，所以，教他们行义功效比较大，为什么不向人家游说呢？我到各处去游说，而能使更多人懂得'义'的话，那么，我行义不就是更有成果吗？"

墨子在这里遇到的对手吴虑，是一位自食其力，但有消极避世思想，安于洁身自好的隐士。吴虑把自己的思想、行为看作符合仁义的标准，这与热衷宣传仁义、积极救世的墨子大相径庭。墨子为了说服吴虑，先从仁义的定义入手，进而推心置腹地讲解自己的切身体会，以反复打比方的语言技巧引导对方进入自己的推理逻辑，最后使吴虑不得不放弃自己的打算，转而信服墨子行义的主张。

墨子反复讨论义的问题，涉及义的内容相当广泛，究其要者，把义和利统一起来是墨子思想的主要特点。他主张"利不外己，己在所利之中"。利人利己就是义。墨子反复强调的"国家、百姓、人民之利""为万民兴利除害""上利于天，中利于鬼，下利于人，三利无所不利"，就是说，任何人的言行、动机是出于义，即为了利人，则结果也是义，即已经利人。

关于如何为"利"，墨子认为要顺从天意，亦即民意。天"不欲"的不能做，天"欲"的就努力做。而天所"欲"的，是人民的共同要求，因而天意即民意。以天下事为自己分内事，尽自己的能力去干，不必犹豫，这就是行义。

墨子常把仁义并列使用，爱是仁，利是义，所以爱利也就是仁义的意思。《经上》给"仁"下定义说："仁，体爱也。"也就是说，仁是全体的爱，全部的爱，即对人类的爱，不是部分的爱，有差等的爱。它是对民众最有利、最能反映民众要求和愿望的爱。

（六）不击亦鸣

《礼记·学记》记载有一段儒家答问的要领："善待问者如撞钟，叩之以小者则小鸣，叩之以大者则大鸣，待其从容然后尽其声。不善答问者反此。"

儒家弟子奉此教条，答问以谨慎、保守为戒。据《公孟》篇记载，公孟子

对墨子说："君子应当拱手侍立，等待国君发问。问他时，他就说；不问他时，他就保持缄默。君子好像钟一样，敲他时，他便响；不敲他时，他便不响。"

墨子回答他说："关于这个，说法共有三种，你现在不过知道其中之一罢了；而且你对于这一种的意思，也不曾弄清楚。倘若在暴虐无道的国家，直接规谏君主，会使你蒙不逊之名。如果通过他身边的人去规谏他，又会说你在议论他。在这种情形下，君子迟疑着不敢率先发言，所以保持缄默。你说不击则不鸣，是在这种不得已的情况下才如此。"

"如果主上治理国政，在应付国家的危难，而举措影响大局，形势紧急，好比机关陷阱一样，马上就要发动。这时，君子必定要进谏。如果君主知道他的谏言会带来利益，一定会接受。所以君子在这种场合，要不击亦鸣。

"又有一种情形，倘若君主违背仁义，发动战争，虽然拟定了很巧妙的方略，实行军事计划；但是，这个战争的目的，是为了要侵略无辜的国家，扩张自己的领土，掠夺他国的财物。如果发动这样的战争，一定会为天下所耻笑。不义的战争，对于攻人的一边，及被攻的一边，都不会带来利益。君子在这种场合，也要不击亦鸣。

"你刚才将君子比做钟，说击则鸣，不击则不鸣，是君子应有的态度，但是你自己怎么样呢？我没有问你，你却自己来和我说话。岂不是不击而鸣吗？所以，照你的理论来说，你不是君子。"

在这一节里，墨子批评了公孟子对儒家的教条没有彻底了解。一般儒者以"不击则不鸣，击则鸣"的态度作为君子的美德；而墨子则强调应随情况而异，并非一成不变。这也是儒墨两家处事态度相异之处。

在《非儒》篇，墨子对儒家的这个观点有更严厉的批评。儒者说："君子像钟一样。敲他，他就发出声音来；若不去敲他，他是不响的。"

墨者反驳说："大凡仁义之人，事奉主上，必定尽忠；侍奉父母，必定尽孝。君主有善行，就加以表扬；君主有过错，就极力谏净，这才是为人臣之道。现在，若敲他，他才发出声音；不敲他，他便没有声音，隐藏自己的机智，储藏自己的力量，冷静地等问到时才对答。虽是对于国君与父母有极大利益的事，若不问他，他终不讲出来。倘若有大乱将要发作，有盗贼将要叛乱，事情紧急，好像机关之将发动一样，而我独知其秘，却因国君与父母不曾问我，终不说出，这岂非大乱之贼吗？以这样的态度处世，为人臣就不忠，为人子就不孝，事奉兄长就不恭顺，交接朋友，就不诚实。

"有些人对一些事情都以消极为美德，不肯积极发言；但一旦看到事情对于自己有利，就争先恐后地争取。如果君主所问对他无甚利益，他就拱着双手，朝下望着，好像有什么东西堵住他喉咙那样，咽着声音回答说：'这个我没学过。'即使非常需要他出力，他却走得远远的。大凡修道治学、行仁施义的人，大则可以治人，小亦可以任事，远者博施以济众，近者修身以立德。不合于义的则不处，不合于理的则不行，一切举措，无非在替天下求福利，遇着不利于天下的事，就停止去做。这才是君子之道。"

"不击则鸣"的明哲保身的处世方式，与墨子"求兴天下之利，而除天下之害"的积极态度是相悖的，墨子是"击亦鸣，不击亦鸣"。

墨子出身社会下层，他从独特的视角考察了当时社会存在的诸多问题。同时，他通过尚贤使能，建立社会组织，对社会进行了积极的整合。至于理想的社会模式，墨子特别强调了人人劳动、和平共处、爱无差等的观点。

（七）察乱何自起

墨子在社会下层生活的经历，使他对人民的疾苦深有感触，对社会问题有透彻的了解，对社会问题产生的根源有独特的认识。他在《兼爱上》篇中说："圣人以治天下为事者也，必知乱之所自起，焉（乃）能治之；不知乱之所自起，焉（乃）能攻之；不知疾所自起，则弗能攻。……圣人……当察乱何自起。"因此，分析社会问题的来龙去脉成为墨子考察社会问题的基本出发点。

在墨子看来，社会问题的根源首先在于社会的不平等，这种不平等突出地表现在王公大人骨肉之亲的无故富贵。《墨子·尚贤下》篇中说："今王公大人，其所富，其所贵，皆王公大人骨肉之亲，无故富贵，面目美好者也。……无故富贵面目美好者，焉故必知哉？若不知，使治其国家，则其国家之乱可得而知也。……是故以赏不当贤，罚不当暴，其所赏者已无故矣，其所罚者亦无罪。是以使百姓皆攸心解体，沮以为善，垂其股肱之力，而不相劳来也；腐臭余财而不相分资也；隐匿良道而不相教诲也。若此则饥者不得食，寒者不得衣，乱者不得治。"也就是说，王公大人骨肉之亲并非智者贤者，而是无故富贵的，用他们治理社会，势必赏罚不当，百姓离心离德，不能坚守社会规范，而是自私自利，从而产生饥寒、贫穷、秩序混乱等社会问题。

火箭破云梯

墨子认为社会行为规范和道德标准的混乱也是产生社会问题的重要根源。墨子在《天志下》篇中说："今有人于此，入人之场园，取人之桃李瓜姜者，上得且罚之，众闻则非之。是何也？曰：不与其劳，获其实，已非其有所取之故，而况有逾于人之墙垣，担格人之子女者乎？与角人之府库，窃人之金玉蚕絲者乎？与逾人之栏牢，窃人之牛马者乎？而况有杀一不辜人乎……今王公大人之加罚此也，虽古之尧舜禹汤文武之为政，亦无以异此矣。今天下之诸侯，将犹皆侵凌攻伐兼并，此为杀一不辜人者，数千万矣，此为逾人之墙垣，担格人之子女者，与角人府库，窃人金玉蚕絲者，数千万矣……而自曰'义'也。……少而示之黑谓之黑，多示之黑谓白，必曰：吾目乱，不知黑白之别。……今王公大人之政也，或杀人，其国家禁之，此蚤越有能多杀其邻国之人，因以为文，此岂有异责黑白……之别者哉！"也就是说，如果有人拿了别人的一桃一李，被发现都要受罚，人们都会指责他，因为他不劳而获，拿了他不应该占有的东西，违犯了社会行为规范和道德标准，所以人们对他的指责和惩罚是正当的。但那些掌握权力的统治阶级侵略、攻伐、兼并别国、抢掠杀人要比任何一个有严重越轨行为的百姓还严重千万倍，却自曰为"义"，还要书之史册，传遗于后世，以为光彩，以小盗为"盗"是正常的合理的，而以大盗为"义"则是黑白颠倒的社会怪现象！墨子对此愤愤不平，指责这些社会统治者都是些目光短浅的"世俗君子"。他在《鲁问》篇中说："世俗之君子，皆知小物而不知大物。今有人于此，窃一犬一彘，则谓之不仁，窃一国一都则以为义，譬犹小视白谓之白，大视白，则谓之黑。"有这些目光短浅、黑白颠倒的人统治社会，社会没有一个统一的行为规范和道德标准，社会正常秩序就无法维护，一系列的社会问题便由此产生。

墨子认为当时的社会问题主要表现在社会关系的失调，在他看来，社会秩序的紊乱，必然造成社会中集团与集团、人与人之间关系的失调。《墨子·兼爱下》篇中说："当今之时，天下之害孰为大？曰若大国之攻小国也，大家之乱小家也，强之劫弱，众之暴寡，诈之谋愚，贵之傲贱，此天下之大害也，人与为人君者，之不惠也，臣者之不忠也，父者之不慈也，子者之不孝也，此又天下之害也。"也就是说社会关系的失调主要表现在三个方面：其一是由于国家之间的兼并和侵夺，造成强劫弱，众暴寡，诈欺愚，贵傲贱，各统治集团之间及统治集团内部关系紧张，以致兵戎相见。其二是由于君不惠，臣不忠，父不慈，子不孝，造成各种社会角色的承担者都不恪守自己的职责和义务，不按既定的社会行为规范处理与他人的关系。其三表现在社会下层人民（即所谓"贱人"们）也争强斗勇，互相之间损人而利己。这些社会现象的存在充分反映了社会关系从上到下的严重失调。

在墨子看来，社会关系的失调给劳动人民带来了巨大的忧患。他在《非乐上》篇中概括指出："民有三患。饥者不得食，寒者不得衣，劳者不得息。三者，民之巨患也。"究其原因，墨子认为从社会方面看是由于社会秩序的混乱。他在《耕柱》篇中分析说："今大国之攻小国也，攻者，农夫不得耕，妇人不得织，以守为事；攻人者，亦农夫不得耕，妇人不得织，以攻为事。"连绵不断的兼并战争造成了社会生活秩序的混乱，严重影响了社会的生产活动，动摇了人民社会生活的物质基础。墨子在《非命下》篇中进行了分析，指出："农夫怠乎耕稼，妇人怠乎纺绩织纴，则我以为天下衣食之财，将必不足矣。"也就是说社会关系的失调，严重地影响了社会的生产活动，从而形成劳动者饥不得食、寒不得衣、劳不得息的社会问题。

（八）尚贤使能

对如何解决当时的社会问题，进行社会整合，墨子提出了自己的设想。他

认为从总体上看要兴天下之利，除天下之害。对各个具体的诸侯国则可采用不同的方案。《墨子·鲁问》篇说："子墨子曰：凡入国，必择务而从事焉。国家昏乱，则语之尚贤、尚同；国家贫，则语之节用、节葬；国家憙音湛缅，则语之非乐、非命；国家淫僻无礼，则语之尊天事鬼；国家务夺侵凌，则语之兼爱、非攻。"这种择务而从事的方案是切实可行的。

针对社会上不平等以及社会行为规范和道德标准的紊乱等问题，墨子提出了尚贤使能的社会组织原则。墨子在《尚同上》篇中说："古者民始生，未有刑政之时，盖其语人异义。是以一人则一义，二人则二义，十人则十义，其人兹众，其所谓义者亦兹众。是以人是其义，以非人之意，故交相非也。是以内者父子兄弟作怨恶离散，不能相和合，天下之百姓，皆以水火毒药相亏害，至有余力不能以相劳，腐朽余财不以相分，隐匿良道不以相教。天下之乱，若禽兽然。"墨子认为，在人类蒙昧时期，还没有"刑政"等社会制度，人们的行为没有一定的规范，所以出现"人是其义，而非人之义"的社会现象，人们都认为只有自己的行为才是正确的，而去指责别人的行为，结果是互相非难、莫衷一是。社会中父子、兄弟及其他一切人际关系都不能协调，整个社会就像禽兽的世界一样混乱无章，人类的共同生存和生活受到极大的影响。

墨子认为要解决社会的混乱，就必须推行尚贤使能的社会组织原则，制定共同的行为规范和道德标准，一同天下之义。墨子在《尚同中》篇中指出："明乎民之无止长以一同天下之义，而天下乱也；是故选择天下贤良、圣知、辩慧之人，立以为天子，使从事乎一同天下之义。天子既以立矣，以为唯其耳目之请，不能独一同天下之义，是故选择天下赞阅、贤良、圣知、辩慧之人，置以为三公，与从事乎一同天下之义。天子三公既已立矣，以为天下博大，山林远上之民，不可得而一也。是故靡分天下，设以为万诸侯国君，使从事乎一同其国之义。……是故择其国之贤者，置以为左右将军大夫，以远至乎乡里之长，与从事乎一同其国之义。"墨子认为人类进入文明社会，需要一套社会组织系统，而这个社会组织系统的基本原则就是尚贤尚同，也就是利用贤人制定社会统一的"义"，结束"一人一义"、人们各是其义而非人之义的无规可循的混乱局面，建立正常的社会秩序。他在《天志中》篇指出："天下有义则治，无义则乱。"

在墨子看来，贤人之所以能够一同天下之义，首先是他们在德性、论辩技巧、求知方法等方面拥有杰出的才能。墨子在《尚贤上》篇中说："况又有贤良之士厚乎德行，辩乎言谈，博乎道术者乎！此固国家之珍而社稷之佐也。"对贤人的特点进行了精到的概括。关于贤人的德行，墨子更注重有德的行为，也就是在不断地行动中体现出来的意志。《墨子·修身》篇中说："志为强者智不达，言不信者行不果。"也就是说，必须具有勤奋不倦的意志和能力，努力取得成功为世界带来利益。同时，言行一致也是墨子及墨者处世做人的道德行为准则。《墨子·兼爱下》篇中说："言必信，行必果，使言行之合，犹合符节也。"《墨子·耕柱》篇也说："言足以复行者，常之；不足以举行者，勿常。不足以举行而常之，是荡口也。"墨子认为言行不一是道德人格衰败的表现，他在《公孟》篇中说："今子口言之，而身不行，是子之身乱也。"

关于贤人辩乎言谈，博乎道术的知性能力，墨子也进行了特别强调。在墨子看来，精于论辩是非常重要的，贤人必须强迫统治者认识到他们所走的道路是错误的，必须能够强迫统治者服从于论辩的力量。关于论辩的作用，《墨子·尚贤下》篇进行了分析，其中说："今王公大人，其所富，其所贵，皆王公大人骨肉之亲，无故富贵，面目美好者也。……使不知辩，德行之厚若禹汤文武，不加得也。王公大人骨肉之亲，躄、瘖、聋、瞽，暴为桀纣，不加失也。是以赏不当贤，罚不当暴。"也就是说，贤人仅有德行是不够的，还要知辩。为了支持他的论辩，墨子从经验事实出发考虑问题。他的三表法有两种是以事实为基础的，所谓"上本之于古者圣王之事"，即是指要研究历史，依据历史的经验和行之有效的知识作为立论的根据。所谓"下原察百姓耳目之实"，就是要研究实际的情况，把广大人民群众的经验作为立论的依据。为了支持论辩，墨子总是不断地使用事实和自称的事实，作为获得真理的主要途径。

贤人之所以能够"一同天下之义"，还由于贤能往往并举。《墨子·尚贤上》篇中说："故古者圣王之为政，列德而尚贤。虽在农与工肆之人，有能则举之……故当是时，以德就列，以官服事，以劳殿赏，量功而分禄，故官无常贵，而民无终贱，有能则举之，无能则下之。"此外，墨子还在《尚贤中》篇指出："故古者圣王甚尊贤而任使能，不党父兄，不偏富贵，不嬖颜色。贤者举而上之，富而贵之，以为官长；不肖者抑而废之，贫而贱之，以为徒役。是以民皆劝其赏，畏其罚，相率而为贤者，以贤者众而不肖者寡，此谓进贤。然后圣人听其言，迹其行，察其所能而慎予官，此谓事能。"

为了保证尚贤使能的实现，墨子还动用了"天""鬼"和政治的力量。墨子认为，如果社会中有人不按天意办事，就会受到天的惩罚。他在《天志上》篇中说："当天意而不可不顺，顺天意者，兼相爱、交相利，必得赏；反天意者，别相恶、交相贼，必得罚。"也就是说天对于顺从其意者赏，对于逆反其意者罚，赏罚分明。而所谓天意，在墨子看来就是一个和谐的社会，他在《天志中》篇中说："明乎顺天之意……则刑政治，万民和，国家富，财用足，百姓皆得暖衣饱食，便宁无忧。"

对于鬼神，墨子强调他们是可以赏贤罚暴的。墨子在《明鬼》篇中分析，春秋战国时期，天下失义，诸侯力征，君臣、父子、兄弟、正长、贱人，都不按照自己承担的社会角色及相应的行为规范办事，以至"民之为淫暴寇乱盗贼，以兵刃毒药水火，御无罪人乎道路术径，夺人车马衣裘，以自利并作"，这种"天下大乱"的现象就是因为人们"不明乎鬼神之能赏贤而罚暴也"。如果人们都知道鬼神赏贤罚暴的威力，社会秩序就不会发生混乱了。

在墨子看来，对于"贤者""能者"制定的社会行为规范要靠政治的力量贯彻执行。只要能够严格执行这些行为规范，就进行褒扬；如果不遵守这些行为规范，则对其进行批评和惩罚。首先动用社会舆论对他施加压力，即《尚同下》篇所说："上之所罚，而百姓所毁。"其次动用法律武器制裁越轨行为。墨子在《尚同上》篇中说："古者圣王为五刑，请以治其民，譬若丝缕之有纪，网罟之有纲，所连收天下之百姓不尚同其上者也。"

（九）和谐社会

针对当时存在的各种社会问题，墨子不仅提出了整合社会的基本方案，而且还对理想的社会模式进行了系统的构建，勾画了一个人人劳动、人人兼爱、没有战争的美好蓝图。

墨子认为生产劳动是人类社会生存的基础，也是人类和其他动物的根本区别。他在《非乐上》篇中说："今人固与禽兽、麋鹿、蜚鸟、贞虫异者也，这禽兽、麋鹿、蜚鸟、贞虫，因其羽毛以为衣裘，因其蹄蚤以为绔屦，因其水草以为饮食。故唯使雄不耕稼树艺，雌亦不纺绩织纴，衣食之财固已具矣。今人与此异者也，赖其力者生，不赖其力者不生。君子不强听治，即刑政乱；贱人不强从事，即财用不足。"也就是说，社会的每个成员都必须努力劳动，人才能生存，社会才能发展。

在墨子看来，劳动是创造物质材料的基本手段，是满足人们生活需要的前提，所以人人劳动是天经地义的，他在《非命下》篇中对此进行了分析。在他看来，只有人人劳动，才能丰衣足食。对于不劳而获的行为，墨子是深恶痛绝的，他认为这是不道德的行为。他在《天志下》篇中主张"人人之场园，取人之桃李瓜姜者"是"不与其劳，获其实，己非其有而取之"的窃夺行为，必须受到社会的谴责。

墨子不仅强调了个体劳动的必要性，还特别重视社会劳动，他认为社会劳动是使社会上下安定的重要保证。由于社会的不同需要，地区物质资源的差异，各人能力的强弱等等区别，社会劳动的分工在所难免。关于社会劳动分工，墨子认为就是提倡各尽所能，各从其事，各守其职，每个人都能发挥自己的才能。

社会现实由于分工的不同，形成了贫富不均、贵贱不等的状况，社会物质财富是社会各阶层共同劳动的结果，但是社会物质财富的分配却由于社会地位的差异而不公平。针对这种情况，墨子倡导人们的劳动不仅是为了自己，人与人之间正如《尚贤下》篇中说："有力者疾以助人"，《天志中》篇中说"欲之有力以相营"，《鲁问》篇所说"有力以劳人"的"交相利"的关系，都是说要自觉努力地帮助别人。同时，墨子特别强调要按劳取酬，主张"赖其力者生，不赖其力者不生"的分配关系，反对"不与其劳获其实"。墨子在《尚同中》篇把那些"舍余力不以相劳，……腐朽余财不以相分"的人视为"禽兽"。这样，人人自觉做到"有力者疾以助人，有财者勉以分人"，于是饥者得食，寒者得衣，劳者得息，社会秩序日益安定与和谐。

人人劳动、有财均分的实现，是人人兼爱的社会原则的重要保证。《墨子·经下》篇说："无穷不害兼"，也就是说如果空间是无穷无尽的，在这无限大的空间中，每个有穷区域都实行了兼相爱的行为准则，则在这无穷的空间中没有一个地方是不兼爱的。所以，无穷的空间当然是充满兼爱的。如果人也多得无限，而每个人都实行兼爱的主张，则这无穷多的人也必然是充满兼爱的。虽然，有时并不知道某人在何处，但这并不妨碍其他人用兼爱的主张去对待他，《墨子·经下》篇说："不知其所处，不害爱之。"

墨子举了一个例子，生动地说明了兼爱之士、兼爱之君是受社会普遍欢迎的。人们选择朋友、选择国君时，思想上、心理上总偏爱于兼士、兼君，而不喜欢别士、别君。别非兼是，以兼易别就是一个必然的结论。《墨子·兼爱下》篇中说："使其一士者执别，使其一士者执兼。是故别士之言曰：'吾岂能为吾友之身，若为吾身，为吾友之亲，若为吾亲。'是故退睹其友，饥即不食，寒即不衣，疾病不侍养，死丧不葬理。别士之言若此，行若此。兼士之言不然，行亦不然，曰：'吾闻为高士于天下者。必为其友之身，若为其身，为其友之亲，若为其亲，然后可以为高士于天下。'是故退睹其友，饥则食之，寒则衣之，疾病侍养之，死伤葬埋之。兼士之言若此，行若此。"也就是说兼士爱人若己，别士拔一毛利天下而不为。墨子进一步分析指出，如果现在有一个即将远游的人要在这兼别两士之中选择一个寄托自己的妻室儿女，请其照料，他将选择谁呢？墨子肯定地说，只要不是愚笨之人，虽然可能他也不主张兼相爱，但他必定选择兼士来照料自己的妻室儿女。取兼士、弃别士是因为兼士能照料好他的家庭，有利于他的切身利益。

墨子认为，不仅士做朋友可以由己选择，作为一国之君的人也应由民选择。他在《兼爱下》篇中继续说："使其一君者执兼，使其一君者执别。是故别君之言曰：'吾恶能为吾万民之身，若为吾身，此泰非天下之情也。人之生乎地上之无几何也，譬之犹驷驰而过隙也。'是故退睹其万民，饥即不食，寒即不衣，疾病不侍养，死丧不葬埋。别君之言若此，行若此。兼君之言不然，行亦不然。曰：'吾闻为明君于天下者，必先万民之身，后为其身，然后可以为明君于天下。'是故退睹其万民，饥即食之，寒即衣之，疾病侍养之，死丧葬埋之。兼君之言若此，行若此。"也就是说兼君视民若己，别君不顾人民死活。墨子进一步分析指出，如果碰到灾荒之年，万民多有疾苦。在这样的时候，人民选择、拥戴谁做一国之君呢？墨子认为，只要不是愚笨之人，虽然他们也不是主张兼爱的人，但肯定会拥护兼君而摒弃别君。因为兼君与万民有利，而别君只顾自身，不管万民疾苦。

在墨子看来，以兼易别就能达到人人温饱、安居乐业这个目的。反之如果以别易兼，则社会小到偷盗欺诈，大到攻战掠夺，社会秩序不稳，政局动荡，朝不保夕，诸事荒废，财物耗尽，生灵涂炭。民不能安居乐业，国不能长治久安。

墨子的理想社会还是一个没有战乱和纷争的理想社会。他在《非攻中》分析认为，任何社会冲突对人们的生活都是有害的。大国攻小国，大家乱小家，强凌弱，诈欺愚，都是不合理现象。互相攻伐，贻误农时，又增加军费，加重了人民负担。从军打仗还要死伤许多人，战争的目的不过是"贪伐胜之名，及得之利"，但其结果是"计其所得，反不如所丧者之多"，给人民造成严重的"饥寒冻馁""疾病"、死亡等灾祸，对任何人来说都是有害而无利的。因此在理想社会里，无论是大国、小国，大家、小家，强、弱，智、愚，都有同样的存在权利，应该互相爱护、共同受益，社会也就没有冲突而日益和谐了。

五、墨子的科技思想

墨子及其学派，为先秦时期的显学。但墨子学派与其他学派相比，唯一的特点是墨子及其门徒除了讲理论，还注重动手操作的技艺传授。我们可以设想，墨子学派讲学授徒，是一方面讲原理，同时还注意实地操作的训练。今天传下来的《墨经》及《经说》应当是当时墨子学派的教学大纲。技艺学习，不光靠口头记诵，还要懂得动手制作，必要时借助图解、实地演示来进行教学。后来的手工业工人，师徒传授，也是手把手教授，发现不对，师傅从旁纠正。

当年墨学得到广泛流传，固然靠了墨子的思想指导，也应当归功于墨子学派有言传身教的好传统。汉以后，墨学衰落，停滞了 1000 多年，只剩下文字记载留供后人研究，当时实际操作的传授方式中断以后，难以衔接得上。这样，给后来的研究者带来了极大困难。《墨经》的部分内容较为难懂，有些难点是古籍研究中遇到的共同困难，如传抄错误、字句脱落、文字颠倒、竹简位置颠倒，都会造成研究的障碍。还有一种困难是《墨经》研究独有的困难——古代书简本来就只有几个字，当年传授靠老师当面指点。今天我们只有靠文献记载，借助于推理，也要借助后来的科学知识对原著进行诠释。

科学是发展的，时代越早，科学发展越带有不成熟的一些特点。我们今天对《墨经》进行解释，不能不使用现代概念，但要防止把古代人的思想现代化，把古人所不曾有的一些思想强加给古人。

墨子学派中有很多有价值的精华部分，也有很多看不懂的地方。本章只就有把握，可以做出科学解释的关于光学、力学、数学中的一部分介绍给读者。其余大量原始资料，留待有兴趣的专门学者进一步去探索。

（一）墨学对光学的贡献

《墨经》有 8 条讲述光学的内容。它讨论了阴影问题，针孔成像问题，光的直线进行问题，以及球面反射镜成像问题。《墨经》中关于光学实验的记录，无不和近代光学实验的结果相符合。寥寥数百字，形成了相当完整的成体系的光学著作。钱照临先生曾说："世界光学知识最早的记录，一般的说法是属于欧几里得的。在他那书里有一段记录光是直线进行的文字。……但找不出用任何实验来证明。……光是直线进行的基本性质的伟大发现，《墨经》所说的要比欧几里得来得早，并且来得好。就是这一点，《墨经》在世界科学史上应有崇高的位置。"对于以上看法，现在分条举例说明。

1. 物蔽光成影

《经下》："景不徙，说在改为。"

《经说下》："景，光至景亡，若在，尽古息。"

古时认为影子不动，是相当普遍的说法。上述"景"即影。这一条说明物蔽光而成影的理论。只要物不动，影子也不会动。这种不移的状态就是终古止息。所以说"若在，尽古息"。

至于认为物移之后，影子还在的说法，只是错觉。这在中外记录中都有类似的说法。例如：

《庄子·天下》："飞鸟之景，未尝动也。镞矢之疾而有不行不止之时。"

《列子·仲尼》："影不移者，说在改也。"

可巧，古希腊的芝诺也说"飞箭不动"。与影不动有类似之处。它是说在飞箭经过的每一点上，都有一定的位置，是静止的，它在这一点上就不能同时又不在这一点上。所以是不动的。

以上情况说明：

①物体遮蔽日光而成影子，影子是不动的；

②人们有时认为影子可以移动，是因为未消失的旧影与新生的新影相连续而造成的幻觉；

③如果物体移动，而日光又照在原处，则原处的影子一定消失；

④如果物体不移动，则原处的影子也不移动。

2. 双影的形成

《经下》："景二，说在重。"

《经说下》："景，二光夹一光，一光者景也。"

明确指出，一个光源只有一个影。两个光源会有两个影（图1）。

图1甲，只有一个光源，只生成一个阴影。图1乙是A、B两个光源照射而成的，所以说"说在重"。如果两个光源，对称地在树的两旁，树一方受A光，另一方受B光，也就是各有一面背光，一面受光。背光处就生成阴影。两个光源，两个阴影。又比如足球场四角都有强大光源，所以足球场中的人都有四影。

以上说明：

①一物有时能得到两个阴影，原因在于同时有两个光源存在于两个方向；

②如果两个光源对称地置于物体两侧，物体只能背在光照的一面产生阴影。

3. 小孔成像

《经下》："景到，在午有端，与景长，说在端。"

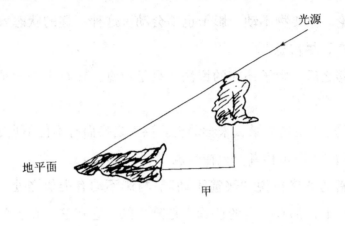

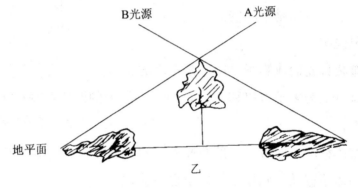

图1

《经说下》："景，光之人，煦若射。下者之人也高，高者之人也下。足蔽下光，故成景于上。首蔽上光，故成景于下。在远近有端与于光，故景庳内也。"

这一节是讲光线通过小孔可以成像，并形成倒影的理论（图2）。

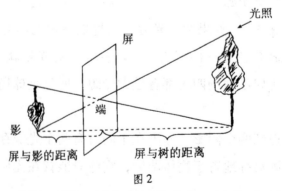

图2

成像的关键之一是孔（端）要小。如果孔大，就成不了像。可看图3。

光线自右向左，通过的孔太大，光线在A点相交，A点在幕前，所以在幕

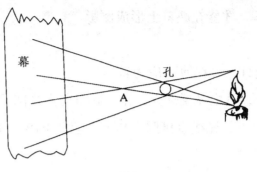

图 3

上不能成像。成像的大小，还与距离有关（图 4）。

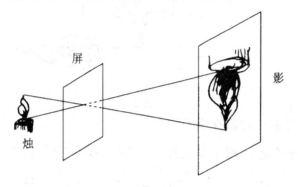

午与烛近，午与幕远，影大

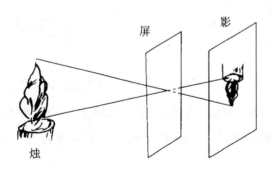

午与烛远，午与幕近，影小

图 4

以上说明：

①光线穿过屏的小孔，映在幕上必成倒影。

②发光物体、反光物体、映幕与屏的距离，决定倒影的大小。

③只有具备条件，才能在映幕上形成倒影。

4. 光的反射

《经下》："景迎日，说在搏（应为转）。"

《经说下》："景，日之光反烛人，则景在日与人之间。"

如果在正常情况下，光线直接照在物上，应如下图（图5）：

图 5

日光由左方射来，背影在右方。

如果有一个平面镜反射过来再照人，就会形成下图（图6）：

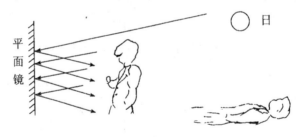

图 6

上图（图6），阳光从右边照向平面镜。光线由镜反射，又照在人身上，形成人影，影在太阳与人之间，这是一种特殊现象。所以叫作"景迎日"，也就是"日之光反烛（照）人"。"日光反烛"，即回光反射。日光的反射如图（图7）。

M是平面镜。光线 BA 射于 A 点，当即反射如 AD。CA 是垂线。∠BAC 是入射角，∠DAC 是反射角。这就是光线的反照情况。

5. 影的大小与远近

《经下》："景之大小，说在地（地当为柂）岳远近。"

《经说下》："景，木柂，景短大；木正，景长小；大（光）小于木，则景

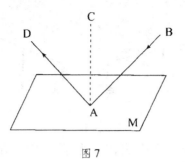

图 7

大于木。非独小也。"

这一段是说日光照射的影子，它的大小不只与距离有关，而且与被照的实物（木柱）是否直立有关。立柱正直，其影长；立柱斜，其影短。立柱正直，其影较淡；立柱斜，其影较浓。现画图说明（图8）。

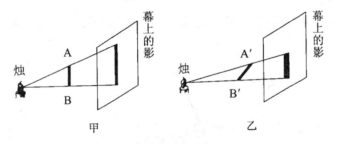

图 8

甲乙两图，柱与幕距离相等，AB 与 A′B′长度相等。只因 AB 是直立，所以影子高、细、淡；A′B′斜立，影子短、粗、深。

至于柱的远近，也影响影的大小。可比较下图（图9）。

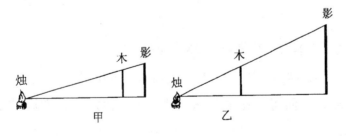

图 9

烛大于木，烛小于木，效果也不相同。也可比较下图（图10）：

6. 凹面镜的成像

《经下》："鉴位，景一小而易，一大而正，说在中之外内。"

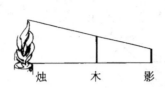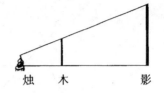

图 10

《经说下》："然鉴分，鉴中之内，鉴者近中，则所鉴大，景亦大。远中，则所鉴小，景亦小，而必正。起于中，缘正而长其直也。中之外，鉴者近中，则所鉴大，景亦大。远中，则所鉴小，景亦小，而必易。合于中而长其直也。"

中（焦点）之内，见图 11。

AB 近于焦点，则所鉴大，影亦大。CD 远于焦点，则所鉴小，影亦小。即 A′B′>C′D′。但所得之影均较实物为大，即 A′B′>AB，C′D′>CD。实物在焦点之内，成

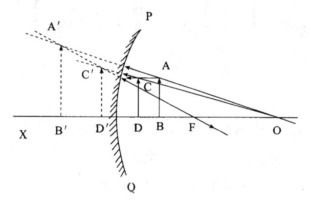

图 11

PQ 凹面镜　O 球心　F 焦点　OX 正轴

AB、CD 鉴者实物　A′B′、C′D′所成虚像　A′B′>C′D′

像必在镜后，正而虚，比实体大。即"一大而正"，亦即"起于中，缘正而长其直也"。

中（焦点）之外，分两种情况。

①实物位于球心之外，如图 12。

AB 近于球心 O，所鉴大，影亦大，成像 A′B′。CD 远于球心 O，所鉴小，影亦小，成像 C′D′。A′B′>C′D′。所得之像均比实物小，且是倒立实像。这就

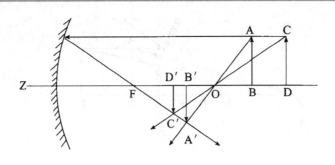

图 12

是"亦小""而易"。

②实物位于焦点和球心之间，如图 13。

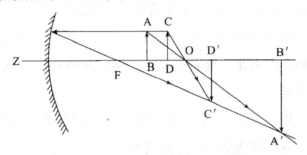

图 13

AB 近于焦点 F，所鉴大，影亦大，成像 A′B′。CD 远于焦点 F，所鉴小，影亦小，成像 C′D′。A′B′>C′D′。所得之像均比实物大，A′B′>AB，C′D′>CD，是在球心之外的倒立实像。即"合于中而长其直也"。

7. 凸面镜成像

《经下》："鉴团，景一，不坚白，说在荆（形）之大。"

《经说下》："鉴，鉴者近，则所鉴大，景亦大；亓（其）远，所鉴小，景亦小，而必正。"

凸面镜的成像只有一个。光体移近于镜，在所现的光强，成像也大；光体移远，光变弱，成像也小。但都是正立的。

凸面镜的成像也分两种情况：一是物体距镜面较远时，则在镜后生成一个较小而正立的虚像；二是物体距镜面较近时，在镜后生成一个较大而正立的虚像。但像都比实物要小（图 14）。

PQ 凸面镜　O 球心　F 焦点　AB＝CD　A′B′、

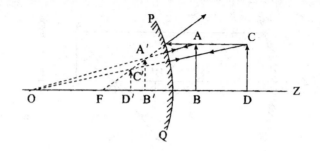

图 14

C′D′各为 AB、CD 在镜后的小而正的虚像，A′B′>C′D′

8. 平面镜成像之理

《经下》："临鉴而立，景到。多而若少，说在寡区。"

《经说下》："临，正鉴，景寡。貌能、白黑、远近、柂正，异于光鉴。景当俱就。去亦当俱，俱用北。鉴者之臭，于鉴，无所不鉴。景之臭无数，而必过正；故同处其体俱。"

关于平面镜成像，《经下》原文及《经说下》原文在于说明下面三种情况。

①一物俯照平镜，成像单一而且是倒的。

平面镜成像只有一个。其所以是倒像，是因为像的形态、白黑、远近、斜正，都是人的眼睛对望光线所现的缘故（图15）。

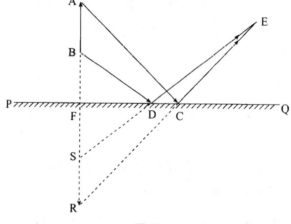

图 15

PQ 是一个镜面。AB 是一实物。E 为眼睛。

A 处的光线抵镜面 C 点，反射至 E；B 处的光线射于 D 点，也反射至 E。而人们只以为反射光线是从镜面的 R 点反射而产生的。R 是 A 的像点，同理，S

是 B 的像点。此外，AB 上各点都有像点，依次排列为 RS，聚合而成物像。AF 与 FR 同长。RS 是与 AB 大小相等，方向相反的颠倒的虚像。AB 的箭头向上，RS 的箭头向下，成为倒像。因只此一像，所以说"正鉴，景寡"。

②二平面镜成 90。角（图 16）。

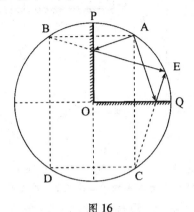

图 16

两个平面镜 OP、OQ，其中 OQ 平放于桌面，OQ 倚在墙上。

二镜成 90°。物体 A 同时照在 OP、OQ 镜上。E 是眼睛。

按上述反射的道理，图 16 中 A 在 0P 的虚像为 B，在 OQ 上的虚像为 C。而虚像 B 对于 OQ 镜又成虚像 D，虚像 C 对于 OP 镜也成虚像 D，所以共成三像。因 D 是二像的重合，故说"景当俱就"。

③二平面镜小于 90°角

如果两个平面镜的夹角小于 90°，成像会多于三个。公式为：像数 = 360÷角度－1。设二镜夹角为 12°，可得像数 360÷12－1 = 29 个。也就是说，两个平面镜夹角越小，成像越多。现以下图（图 17）说明：

A 在平镜 OP 上成虚像 B，B 在平镜 OQ 上成虚像 C，C 又在平镜 OP 上成虚像 D，D 在平镜 OQ 上成虚像 F。同理，A 在平镜 OQ 上成虚像 G，G 在平镜 OP 上成虚像 H，H 在平镜 OQ 上成虚像 I，I 在平镜 OP 上成虚像 F。全此，与 A 在 OP 镜的虚像 F 重合为一。两镜共成像 7 个，按公式计算，360÷45－1 = 7，结果相同。以上，因成像反复反射，故说"无数"。

如果夹角为 120°时，按公式计算应得三像减一像，得二像。因三像中包括一个具像，只因在镜背的方向，已不能见，故说"俱用北（背）"。

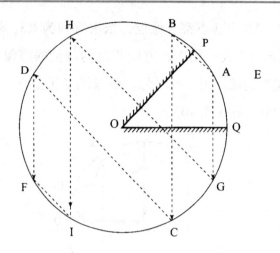

图 17

平面镜 OP 与 OQ 相接。OQ 平置，OP 悬起，二镜夹角为
∠POQ，成 45°角，物体 A 照于二镜之上，E 为眼睛。

"景之臭"接"鉴者之臭"。物体成像后相继反射，故说"无数"。"过正"是反其正常，在这里指正角斜庚的意思。"其"与"之"同。"体"，部分。"同处其体俱"即图 17 中的 F，是两个虚像的重合。

（二）墨学对力学的贡献

墨子学派对于力学很有研究，达到了当时世界最高水平。《经上》说，"力，形之所以奋也"，就是说力是物体运动变化的原因，这个内容就是牛顿第二定律，只是没有明确提出加速度问题。墨子学派对于加速度是知道的，只是没在这一条中写出来。实际上，所谓"奋"即变速运动。又如《经下》在讲到輨车时，有些说法如"上者愈得，下者愈亡"，"上者愈丧，下者愈得"。这些"愈"字，都含有加速度的意思。《经说上》："力，重之谓下，举重奋也"。这里讲物体下落，即引力作用的必然现象。墨子是引力学说的最早发现者。西方讲引力的发现，首推 17 世纪的牛顿，而墨子早在 2000 年前就提出了引力问题，而且"引无力也"，可看作墨家的引力定义。

《墨经》中关于力学的条目，可举例说明如下：

1. 动力

《经上》："力，形之所以奋也。"

《经说上》："力，重之谓下，举重奋也。"

这一条是墨子学派对力的基本概念。从"力，形之所奋也"看，在于说明物体改变动止状态的基本动力。

《经说下》"力，重之谓下"，是说引力的作用。没有引力物体不会下落。墨子不但洞察力可改变物体动止的状态，而且还是引力的最早发现者说，"引，无力也"，很像引力的定义。

2. 动源于力

《经上》："动，或从也。"

《经说上》："动，偏祭从者，户枢免瑟。"

这一条是说物体从一方面用力送，它就可以移动。这有如门的开关，从一边用力，就可以开或关上，但必须去掉门闩。

这一条是上一条的注解，说明力发挥作用的过程。

3. 动与静

《经上》："止，以久也。"

《经说上》："止，无久之不止。当牛非马。若矢过楹。有久之不止。当马非马。若人过梁。"

这里所谓"止"，使动静止下来。这是靠力来完成的。止要靠时间来显示，所以说"止，以久也"。这是静态分析。久，一作灸，有挡的意思。按《经说上》，久即"古今旦暮"，应是时间的长久。楹，堂前的柱子。矢过两楹之间，转眼即逝，这是一种动态。人过桥一步一停地走，这又是一种动态。人们依于时空，时空变了，人物也要变。"无久之不止"，不止是动。"无久之不止"是不存在没有时间的动。反过来说就是"有久之不止"。此条说物体的静止或不静止都需要时间。矢过楹很快，一刹那也是时间。这样说和把牛当作"非马"一样正确。人过桥很慢，一步一停的假象，不能认为真的不动。如果这样，就和错把马当成非马一样了。这如梁启超所说，时间有"无久"与"有久"两种。有久易察，无久很短暂，不易察觉。这一条是讲物的运动，时时在变，不易察觉。

又据谭戒甫《墨经分类译注》，应是："动荡的物必止，这是用力久柱的原

故。这相当于'牛'是'非马'一样正确。比方一矢过两楹之间，物（矢）动时有外力久柱也不会停止，这样说和'马'是'非马'一样不正确。又如过桥，当人为河水所阻时，不能前进，是有久。但有了桥，就可以继续前进。'有久必止'是常态，'有久不止'是变态。"

4. 合力

《经下》："合与一，或复，否。说在拒。"

《经说下》无。

这一条经说无文，不易考察。可有两种理解：

一是按《墨经分类译注》，这一条属于力学。它是说合是合力，是几个力的综合。"一"是一力。合与一有敌对之意。"复"是合力，或反动力。"否"是"不复"，言回力过小，不易察觉。拒是抗力、抵抗力。

二是据《墨子校注》，认为这一条说的是矛盾的关系。合与一既合之后，思想自身又孕育矛盾，生出否定思想，而易相对立。

5. 平衡

《经下》："负而不挠，说在胜。"

《经说下》："负，衡木。加重焉而不挠，极胜重也，（左）右校交绳，无加焉而挠，极不胜重也。"

这一条说明：人用一扁担挑物是平衡的。若一头加重，就是要倾倒。如果不偏不斜，就是"极胜重"。两立柱间拴绳，不负重也是弯的，这是极不胜重。说"负而不挠"，是可以承重，即"说在胜"。

6. 杠杆

《经下》："奥而必出，说在得。"

《经说下》："衡，加重于其一旁，必捶。权重相若也，相衡则本短标长。两加焉，重相若，则标必下。标得权也。"

在秤已平衡时，在一头加重，这一头必然下垂。因为未加重前，权（秤砣）与物（重）是相均衡的。所以说："衡，加重于一旁，必捶，权重相若也。"一杆秤（如图18），本短，标长。按今天的公式说，本的长度与所悬重量的积等于标的长度与秤砣的积，两头就会平衡。这时两头加以相等重量，则秤砣一头必然下垂，这就是"两加焉，重相若，刚标必下"

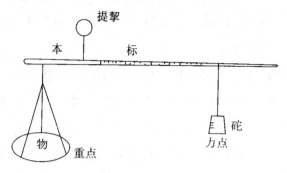

图 18

以上，与古希腊阿基米德的杠杆原理表述有异，含义相同。

7. 上提与下曳

《经下》："挈与收仮（反），说在薄。"

《经说下》："挈有力也，引无力也。不正，所挈之止于施也。绳制挈之也。若以锥刺之，挈，长重者下，短轻者上，上者愈得，下者愈亡，绳直权重相若，则正矣。收，上者愈丧，下者愈得；上者权重尽，则遂挈。"

本条接上一条杠杆而言。讲挈与收两种力量。挈，上提。收，下曳。仮，挈与收用力相反，薄，迫、逼。挈与收用力相反，故曰"说在薄"。关于力的方向的分析，提出"挈有力也"，"引无力也"的看法。

杠杆一头悬物，一头悬权。悬物一头往下坠，必然使秤砣一头上扬。这是"长重者下，短轻者上"。

绳直是指悬物及秤砣的绳与秤杆垂直，这样就等于平衡。这就是"绳直权重相若，则正矣"。

挈与收相反，如果物过重，物下坠，权上升。下坠是收力，上升是挈力。下坠越有力，上升越无力。这就是"上者愈丧，下者愈得；上者权重尽，则遂挈"。

8. 辒车

《经下》："倚者不可正，说在剃。"

《经说下》："两轮高，两轮为辒，车梯也。重其前，载弦其前。载弦其轴，

而悬重于其前，是梯。挈且挈则行，凡重，上弗挈，下弗收，旁弗劫，则下直，扡或害之也。沈梯者不得沈直也。今也废石于平地，重不下，无躃也。若夫绳之引轫也，是犹自舟中引横也。"

这一段是说辒车的制作与原理。这种车的特点是前低后高，又叫梯车。在车的前方（后轮之前）置以重物。一拉（挈）一推（挈）即可行走，不太费力，所以叫作"挈且挈则行"。因车自己有前重的特点，所以上面不用提（上弗挈），后边不用拉（下弗收），旁边不用推（旁弗劫），就可以顺利行走。如果有偏斜就妨碍行走了。

"今也废石于平地"应移后。上面的实验，用绳子拉车和江中行船时用绳子拉着走是一个道理。所以说"若夫绳之引轫也，是犹自舟中引横也"。

9. 引力

《经下》："堆之必柱，说在废材。"

《经说下》："堆，并石絫（累）石，耳（佴）夹帝（寝）者（堆）柱也。方石支地石，关石于其于（下），悬丝于其上。使适至方石。不下，柱也。胶丝去石，挈也。丝绝，引也。未变而名易，收也。"

解一：这一节是说运动的理论。经文比较简单，只是说堆材需要支撑。经说比较复杂，它说：a. 垒石块，下设支柱；b. 以丝系石，下至方石。抽掉支柱，方石悬空不动，这是靠丝的挈力；c. 石重丝断，石头坠下，这是引力；d. 上提之力叫挈，下送之力叫收。

解二：本条在于说明建筑过程，废是放置，材是石料。并，并的繁文。絫，通作累。耳，佴的省文。帝，寝的省文。庙制，中为太室，即寝。夹室之前的堂为耳。平地，即平的地基。丝，匠人用的墨线。方石即标准石。柱是"定屋脚"。去石，指去掉石的多余部分。引是引满，补充。名易的易是平正，收是成就。

这一段的意思是说：建筑，先开始奠基。调集石材，设计厢房，夹室，这一过程是"堆"。然后立石于平地上，以距地一尺为标准。石过大的要裁减，这是挈。过小的要补，这是引。合适的叫作收。

按照这一意见，《经说下》文应是："堆，并石，絫石，耳夹帝者，堆也。

柱也。今也废石于乎地，方石去地尺，关石于其下，悬丝于其上，使适至方石石下，柱也。胶丝去石，挈也。丝绝，引也。未变而名易，收也。”

10. 力均

《经下》：“均之绝否。说在所均。”

《经说下》：“均，发均悬。轻重而发绝，不均也。均，其绝也，莫绝。”

这是研究弹性力学的问题。《列子》也讲这一问题。其《汤问》篇说：“均发均悬轻重而发绝。发不均也。均也，其绝也，莫绝。”还举例说，“人以为不然，自有知其然者也。詹何（楚人，善钓，闻于国）。以独茧丝为纶，芒针为钩，荆条为竿，剖粒为饵，引盈车之鱼”。《仲尼》篇又说：“发引千钧，势至等也。”可见这在古代是一个较为普及的辩题。

经文是说，以发悬重，是否会断，关键在于是否均匀。对于均匀，单丝有均匀与否的问题，一束也有同样的问题。如果轻重不等，就不是均匀，不均匀处必然会断裂。颜道岸教授指出，这一命题的提出，是以实验为基础的。没有多次艰苦的实验，很难有这样的认识。

（三）墨学对数学的贡献

墨子是伟大的逻辑学家，他一方面借用逻辑研究数学，同时也借用数学研究逻辑。墨子的数学成就包括基本概念和几何学的内容。现举例说明。

1. 整体与部分的关系

《经上》：“体，分于兼也。”

《经说上》：“体，若二之一，尺之端也。”

经文：兼是全体，体是部分。

经说：体与兼的关系，很像二与一的关系，又很像尺与端的关系。在墨子的数学理论中，尺是几何学的线，端是几何学的点。因此，如果把尺比作兼，端正好比作点。如以二与一相比，二是兼，一是体。即二为一之兼，一为二之体。尺为端之兼，端为尺之体。

2. 平行线

《经上》："平，同高也。"

《经说上》："谓台执者也，若兄弟。"

这一条讲两线平行的原理。如果 AB 与 FG 平行，EK、CD 是两条平行线的垂线，则 CD＝EK（图 19）。

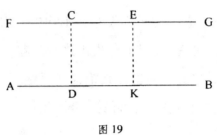

图 19

3. 解释径同长

《经上》："同长，以相尽也。"

《经说上》："同，楗与狂之同长也。"

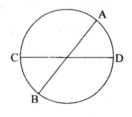

图 20

这一条是说，穿过圆心的径线是同长的，犹如门楗与门框同长。如图 20 的直径 AB＝CD。

4. 圆的定义

《经上》："圆，一中，同长也。"

《经说上》："心中，自是往，相若也。"

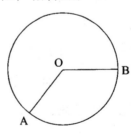

图 21

心中即中心。圆的中心即圆心。"自是往"即自中心往，就是半径之长。"相若"即相等，半径等长。图 21 说明从 O 到 A、B 是等长，即"中，同长也"。《经上》和《经说上》的内容，既是圆的定义，也是作圆的方法，简单、明了、适用。

5. 方形（不限于正方形）

《经上》："厚，有所大也。"

《经说上》："厚，惟无所大。"

图 22 是一个长方体。ABCD 是一个平面。BF 是厚，也是高。有了厚，才有体积，所以说："厚，有所大也。"

如果只讲 A、B、C、D，它只有平面，没有厚，因而只有面积，没有体积。所以说："厚，惟无所大。"《庄子。天下》说"无厚不可积也"，就是这个道理。

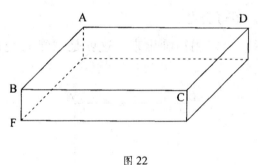

墨子诠解

墨子思想

图 22

6. 圆三径一

《经上》："直，参也。"

《经说上》：无。

这一条无经说。对它有两种可能的解释。

一是认为墨家关于圆三径一的界说。故"直"前应有圆字。全文应是"圆，直参也"。或与"圆，一中同长也"合成一条。中国古代"参"的用法不同于三，而是三分之一。

二是认为它不是欧几里得原理，这不是用"两点之间最短的路径"，为直线做解释。而是用"三点排列"，视线重合作直线定义。……这样的解释，以视线为直线。这不是数学的解释，而是物理的解释。

7. 圆的做法《经上》："圆，一中同长也。"

《经说上》："圆，规写交也。"交，原误作支。

如图23中，AB、CD都是直径，圆心是0，以O为圆心，就可以做出圆的图形。

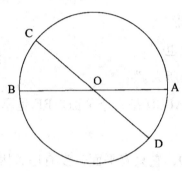

图 23

8. 方形的做法《经上》："方柱隅四讙也。"

《经说上》："方，矩写交也。"

这个图形（图24）可以用矩画出来。这就是"矩写交也"。但画出的图形不一定是正方形。

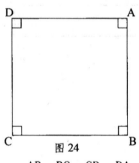

图 24

AB、BC、CD、DA是四柱。∠A、∠B、∠C、∠D是直角。此图即是"柱隅四讙"。

9. 倍数

《经上》："倍为二也。"

《经说上》："倍，二尺与尺，但去一。"

这个命题是说：倍是一的自加。二尺与一尺，只不过是二尺减去一而已。

10. 点

《经上》：“端，体之无序而最前者也。”

《经说上》：“端，是无同也。”

端是几何学上的点，是线的顶端，所以说，端是“体之无序而最前者也”。又因它的前方更无其他，它处于最前，所以“是无同也”。它既在“最前”，就不参与排列的顺序，所以说“无序”。端，应理解为最前点。

11. 中

《经上》：“有间，中也。”

《经说上》：“有闻，谓夹之者也。”

这一条说明有间是有中的，像门框一样，夹着中有二间，见图25。

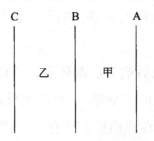

图25

A、B、C 三者各为
一间。甲、乙为中，中
的两侧是间。甲是中，
AB 是间，夹着中。

12. 间

《经上》：“间，不及旁也。”

《经说上》：“间，谓夹者也。尺前于区穴，而后于端，不夹于端与区穴，及，及非齐之及也。”

本条是说，间不涉及两旁，间就是离中的夹者，像几何学的线，独立存在，不夹在点和面之内（及，不是齐等之齐）。

13. 纑

《经上》：“鲈，间虚也。”

解一：《经说上》：“纑，间虚也者。两木之间，谓其无木者也。”这里是线缝，是虚的。纑，无厚之面。间虚，说只有长、广而无厚，是间之虚。

墨子思想

解二：泸是二间之中的虚线。虚是两木之间，无木的夹缝。

14. 盈

《经上》："盈，莫不有也。"

《经说上》："盈，无盈无厚。"

盈，器满则盈。故说"莫不有"。尽，器中空。器空则尽，故说"莫不然"。厚，有长、宽、高的立体。莫不有，即长、宽、高俱备。盈，充实弥满，无所不有。"无盈"当于无厚处求之。无厚者至小无内。

15. 撄

《经上》："撄，相得也。"

《经说上》："撄，尺与尺俱不尽，端与端俱尽，尺与（端）或尽或不尽，坚白之撄相尽，体撄不相尽。"

撄，体积的增加。增加后成为新的体积，所以说"体撄不相尽"。尽，即一致。线与线长短不一，故曰"不尽"。点与点没什么不同，故曰"为尽"。至于点与线，因线由点组成，就点而论，它有尽，就线而论，就不尽。

16. 仳

《经上》："仳，以有相撄。"

《经说上》："仳，两有端而后可。"

解一：仳，并，比。几何学的割线。相撄，即相交。一体分割为二，成为两体。它与割线相交，是为相撄。如果两体已经分离，就是不相撄。说"仳，有两端而后可"，是割线的界说。

解二：仳，比的繁文。以，和谓同义。从有两端看，是比较线段的长短。

撄是黏合。比较线段的长短有黏合与不黏合两种，见图26。图26甲，A 线短，B 线长。把 A 线放在 B 线之上，AB 即是长出之数。这是黏合。图26乙，用圆规，以 DA 为半径，在 BD 线测量，使 AD、CD 都等于 A 线长，这时 A、B 线不黏合。

解三：《经上》："似，有以相撄，有不相撄也。"

《经说上》："似，两有端而后可。"

似，应作仳。有，应作目。似，即几何学的相似形。相似形有相撄不相撄

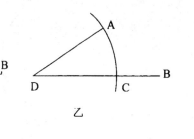

甲　　　　　乙

图 26

两种。

　　图 27 中，△AOB 与 △AOC 相似，而又相攖。各边都可叠合。但 △ABC 与 △AOB、△AOC 只相似，不相攖，因不能重合。比较相似，必须有两个条件相等，所以说"故两目端而后可"。

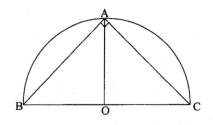

图 27

∠A 为直角。AB ＝ AC，AO 是从 A 至 BC 的垂线，

O 是圆心，AO、OB、OC 是半径。

17. 次

　　《经上》："次，无间而不相攖也。"

　　《经说上》："次，无厚而后可。"

　　解一：次，即几何学所谓相切。攖，即几何学所谓相交。相交，即属割线。二体相切时，其中没有间隔，也不相交。所以说"次，无间而不相攖也"。"无厚而后可"，也是切线。切线与圆相交，只有一个切点，见图 28。

　　解二：《经上》："次无闻而不攖攖也。"

　　《经说上》："次无厚而厚可。"

　　这里，攖攖当作相攖。

　　这是哲学解释，而不是几何学解释。要点是：相次无间而不相攖，只有宇宙符合这一条件。宙弥异时，宇弥异所。无所不在，方为无间。宇宙至小无内，

墨子思想

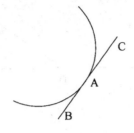

图 28

CB 线是圆的切线，切点是 A，A 无厚。BC 线与圆无间。

至大无外，故以厚拟之。厚与无厚通而为一。

"有厚、无厚"是战国时的一个辩题。《荀子·修身》也说："有厚无厚之察。"所以有厚无厚联用，不必改。

18. 儇

《经上》："儇、稇、柢。"

《经说上》："儇、昫、民也。"

解一：如图 29 中，柢是切线与圆相切之点。圆的一周都可作切点，所以说"俱柢"，儇即圆。轮转一周即为一环。

解二：儇、稇、柢当为环稇柢。在《经说》中稇作昫音，柢作民，当作氏，即柢，本也。氏与本义同。至于环之为物，旋转而专峀，若互相为本，故曰"俱柢"。

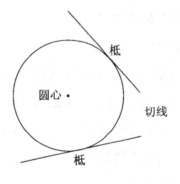

图 29

墨子及其后学，长于理论，扎根实践，讲求实效。在数学、力学、光学之外，他们对于声学、机械、土木等方面也具有不可磨灭的贡献。比如具有起重作用的桔槔，发射巨箭的连弩车，投掷武器和炭火的转射机，监听敌人动静的罍听，都是当时的重要发明。当前，对于墨子及其后学的实际贡献，还知之不多，有待进一步研究和发掘。

五、墨子的天人思想

有人主张天人相分，也有人主张天人合一，与两者不同，墨子强调要尊天事鬼，爱人节用，提出了天人合作的理论模式。他认识到天的价值，倡导以天为法，要顺天之意，不要反天之意。他肯定了鬼神的存在，利用鬼神沟通天人、控制社会。他充分尊重人的主体地位，贯通天、神、人成为他思想学说的核心特征。

西方人偏向于认为两者是两个平等并列的现成的事物共处的关系，即把人和世界看成是两个现成的事物，人似乎本来是独立于世界的，世界似乎是碰巧附加给人的，或者说，是碰巧与人聚会在一起的。西方传统哲学中主客的关系就是这样的，客体是现成的、外在的被认识者，主体是现成的、内在的认识者，两者彼此存在。中国哲学中"天人相分"的主张和此有些相类。他们把"天"看作是无意志、无目的的大自然，认为人们应当努力认识自然及其变化法则，顺应自然，保护自然，利用自然为人类服务，从而就有可能改变人在自然界中的被动地位，逐渐成为自然界的主人。

另外一种观点认为，人乃容身于世界之中，依寓于世界之中，世界乃是由于人的"在此"而对人揭示自己、展示自己。也就是说，人生在世，是同世界万物打交道，对世界万物有所作为，而不是首先进行主体认识。这种观点和中国传统哲学中"天人合一"的理论较为合拍，这里的"天"是指世界、自然、万物，也就是说这种理论强调人和世界是息息相通、融为一体的。"天人合一"的理论在中国哲学史上长期占据着主导的地位，它把"天"看作是有意志的至上神，主张人们应该自然与自然合而为一顺应自然的规律。

与上述两种思路颇为不同，《墨子·公孟》篇指出："子墨子曰：'夫知者，必尊天事鬼，爱人节用，合焉为知矣。'"在墨子看来，真正的智慧是建立天、

鬼神和善良的人之间的联系，所以《天志》《明鬼》《非命》构成《墨子》一书的核心，其中沟通天、神、人的内在逻辑，天人合作的思维模式，成为墨子思想学说的主要特征。

（一）以天为法

中国古代思想家对于"天"的认识，大概始于夏、商时期。从西周时起，"天"的概念就有两种相反的含义。一种是有意志的天神、天命、天道，一种是自然界的天体，即古文献上说的茫茫的苍天。以《周易》的经文为例，《乾卦》九五爻辞"飞龙在天"、《中孚卦》上九爻辞"翰音登于天"、《明夷卦》上六爻辞"初登于天，后入于地"，这些都是以上天与下地相对，指的是自然的天体、天象。但这一类的记载不多，多数是关于天神、天命的记载，如《大有卦》上九爻辞"自天祐之，吉无不利"，《大畜卦》上九爻辞"何天亏衢，亨"，《姤卦》九五爻辞"以杞包瓜，含章，有陨自天"，这里讲的"天祐""天衢""天陨"都是指有意志的皇天上帝。

再如，《尚书》中的"天命"一词，更是比比皆是，仅就《周书》的部分，其中《泰誓上》有"天命诛之"，《大诰》有"天命不易"，《酒诰》有"惟天降命"，《召诰》有"夏服天命""殷受天命""我受天命"，《吕刑》有"敬逆天命"等等。这些记载说明，天命观念是夏、商、周三代占统治地位的社会思潮，当时所谓的天人关系也就是天命决定人事的关系，是根据天道以定人事，把天道作为社会秩序、行为规范的最后根据。

墨子认为"天"是有意志的，它的意志是衡量一切事物的标准。据《墨子·法仪》篇记载，墨子说：无论做什么事情，都不可以没有法则；没有法则而事情能够做成功，那是从来不曾有过的事。虽是士人将相，但都有一定的法则；就是做工匠的，也都有法则去遵守。工匠画方形用短尺，画圆形用圆规，画直线用绳墨，量偏正用悬锤。无论是不是巧工，都以这四种工具当作法则。巧工能够恰合法度，不巧的虽不能恰合，但是依照法则模仿着去做，仍然胜过自己随意画的。所以，百工制造物件时，都遵守法则。

治国与做事一样，也有一定的法则，这个法则就是"天"，墨子在《法仪》篇指出："然则奚以为治法而可？故曰莫若法天。天之行广而无私，其施厚而不德，其明久而不衰，故圣王法之。"在墨子看来，"天"是人格的天，主宰的天，天代表最高的智慧，最广的仁爱，最大的权能，所以圣王把它作为治理国家的根本大法。在《天志》篇中，墨子认为"天志"还可以用来量度天下的统治者，考察他们的行政设施；也可以来量度万民的意识行为与言谈。凡是顺从天志的，都是好的；不顺从天志的，都是不好的。以天志为标准，来度量天下的王公大人和卿大夫们仁与不仁，就像分别黑白一样，立即就可以辨明。

在墨子看来，天还在冥冥之中监视人的行为，有爱有憎，能赏能罚，如果人们获罪于天是无法逃避的。墨子在《天志下》篇对此问题进行了讨论，他说："当今天下的士君子，对于小道理都知道，而不知道大道理。何以见得呢？这可以从下列情形看出来。"

"比如一个人在家里得罪了家长，还有邻人的家可以逃避。然而父母兄弟，以及相识的人，都要告诫他：'不可以不警戒呀！不可以不谨慎呀！哪里有住在家里还得罪家长的？这还行吗？'"

"非但处家如此，就是处国家也是如此，在这个国家得罪了国君，还有邻国可以逃避，然而父母兄弟，以及相识的人，都要告诫他说：'不可以不警戒呀！不可以不谨慎呀！哪里有住在这国，而可以得罪国君的？这还行吗？'"

"以上这两种情形，都是有地方可逃避的，然而尚且要这样深切的警戒，何况没有地方可以逃避的，那大家岂不是要更加警戒才行吗？古语曾经说过：'在青天白日里，若做了错事，有什么地方可逃避吗？'回答说："无处可以逃避。'"

"上天监察分明，虽是高林深谷，幽僻无人的地方，上天都看得很清楚。然而天下的士君子，对于上天，反而疏忽，不知道互相告诫。从这一点来看，我所以知道他们是知小而不知大的。"

墨子以天为法，还在于他认为义出自至贵至智的上天。据《天志中》篇的记载，墨子说："当今天下的士君子，若要行仁义，就不可不考察义的由来。"

义是从何而来的呢？

墨子说："义不是从愚笨和卑贱中来的，义是从尊贵和聪明处来的。"

何以知道义不是出于愚笨卑贱，而必定是出于尊贵与聪明呢？

墨子说："因为义的解说就是'正当'。"

何以知道义的意思就是"正当"呢？

墨子说："天下有义就治，无义就乱，所以知道义就是正当合宜的意思。因为愚笨卑贱的，不能匡正聪明尊贵的；而聪明尊贵的，却能匡正愚笨卑贱的，由此可知义不出自愚笨与卑贱，而必定出自尊贵与聪明。"

那么谁是最尊贵的？谁又是最聪明的呢？

墨子说："只有天是最尊贵的，天是最聪明的，所以义实在是出于上天的了。"

现在天下的人都说："天子比诸侯尊贵，诸侯比大夫尊贵，这是我们确定知道的，但是天比天子更尊贵，比天子更聪明，这个我们是不曾知道的。"

墨子说："我之所以知道天比天子尊贵，比天子聪明，有我的理由。因为天子若行善，天能赏赐他；天子若暴戾，天也能处罚他；天子若有疾病灾祸，必须要斋戒沐浴后，预备洁净的酒饭，去祭祀天与鬼神，天就能将他的疾病灾祸除去。但是我从来不曾听说过天向天子祈福，所以我知道天的尊贵与聪明，实在居天子之上。不仅如此，我们可以从先王的书籍上，得到更多的证据，书上曾训释天的明道说：'聪明圣哲的就是上天，将他的光明照临天下。'这是说天的尊贵聪明在天子之上。"

（二）顺天之意

如何贯彻以天为法的原则，墨子认为要从顺天意入手。而弄清楚天意究竟是什么，则需要搞清楚天的好恶。

据《天志上》篇的记载，墨子认为，天喜欢"义"而厌恶"不义"。率领天下的人民，去行合乎义的事情，那么我们就是在做上天所喜欢的事了。我们做上天所喜欢的事，上天也会做我们所喜欢的事情。我们喜欢什么？厌恶什么？我们一般人都喜欢福禄而厌恶灾祸，如果我们不去做天所喜欢的事，反而去做天所不喜欢的事，我们就无异于率领天下人民去求灾祸了！

上天为什么喜欢"义"，而厌恶"不义"？因为天下的事物，合乎义的才能存在，不合乎义的必定灭亡；合乎义的方能富足，不合乎义的必定贫困；合乎义的才会治理，不合乎义的必定混乱。上天既然喜欢人类滋生，不喜欢他们的死亡；喜欢他们富足，不喜欢他们贫困；喜欢他们治理，不喜欢他们危乱，从这一点我所以知道上天喜欢合乎义的事情，而厌恶不合乎义的事情。

既然天喜欢"义"而厌恶"不义"，所以墨子认为顺天之意最基本的要求就是以"义"去治人。据《天志下》篇的说法，以"义"去治人是怎样的呢？

是大国不去攻打小国，强盛的不去欺负弱小的，人多的不去贼害人少的，尊贵的不去傲视卑贱的，富庶的不去看轻贫穷的，少壮的不去侵凌衰老的，天下所有的国家都不用水火毒药兵器互相戕害。这样便上有利于天，中有利于鬼神，下有利于人民，三者都受到利益，这就叫作"天德"。凡是从事于此事的，都是圣哲聪明、合乎仁义、忠诚仁厚、讲慈爱、行孝道的，所以要以天下最好的名称加在他们身上，这是什么缘故呢？就是因为他们顺从了天的意志。

在墨子看来，顺天之意，进一步的要求就是以"义"去正人。根据《天志上》篇的记载，墨子认为"义"是用来正人的，不能由下面的来匡正在上位的人，必须由地位高的匡正地位低的。所以老百姓竭力去做事，也不能任意去做，还有士人在上面匡正他；士人竭力去做事，但也不能任意去做，有卿大夫在上面匡正他；卿大夫竭力去做事，但也不能任意去做，有三公和诸侯在上面匡正他；三公、诸侯竭力去做事，但也不能任意去做，有天子匡正他；而天子也不能任意去做，还有上天来匡正他。天子管理三公、诸侯、卿大夫、士、庶人，这是天下人知道得很清楚的。至于上天管理天子，天下的百姓恐怕还不知道呢！从前三代圣王，如禹、汤、文武等，想使天下的百姓都知道上天是高于天子的，所以都喂牛羊、养猪犬、预备很洁净的酒饭，去祭祀上帝鬼神，向上天求福；我们从来就不曾听说过：上天向天子求福。所以我们知道：天是高于天子的。

墨子认为顺天之意的最高要求就是兼爱天下。据《天志下》篇的记载，墨子讨论分析指出：

怎样才是顺从天的意思呢？

墨子诠解

墨子思想

兼爱天下的人，就是顺从天的意思。

何以知道兼爱天下的人是顺从天的意思呢？

因为上天享食所有人民的物产。

何以知道上天享食天下所有人民的物产呢？

因为从古至今，无论如何遥远偏僻的国家，都要养牛羊、喂猪狗、预备洁净的酒饭，很恭敬地去祭祀上帝山川鬼神，因此知道上天是享食天下一切人民的物产的。

上天既然享食天下人民的供祭，就必定要兼爱天下的人民了。这正好比楚国和越国的国君一样。楚王享食楚国境内的赋税物产，他就爱楚国的人民；越王享食越国境内的赋税物产，他就爱越国的人民。现在上天享食天下一切的赋税物产，所以知道他必定兼爱天下的人民。

上天兼爱天下的人，不仅享食天下一切赋税物产一事可证明，另外还有一些事也可证明。例如现在若是有人杀害了一个无辜的人，必定会遭到灾祸。那么请问：杀无辜的人是谁呢？是上天的子民。降凶祸的又是谁呢？是上天。倘若上天心中实在不爱这些百姓，为什么当有人杀害了无辜的人时，上天也要给他凶祸呢？由这一点可以知道，上天爱百姓是极深厚的，是极普遍的。

何以知道天是这般的爱护百姓呢？我们可以从贤者必赏善罚暴中知道。

何以知道贤者必定要赏善罚暴呢？我们可以从三代圣王的行事上知道。

从前三代的圣王，如尧、舜、禹、汤、文武等，都要兼爱天下的人民，使他们都得到福利，率领着他们去敬事上帝、山川、鬼神。上天以为这些圣王能爱他所爱的人，能施福利于他愿施以福利的人，于是乃大大地赏赐他们，使他们居上位，为天子，以做表率；而天下的百姓也都赞扬他们，虽至万世之后，仍受人赞美，称之为"圣人"。由此可以证明上天赏赐善良。

从前三代的暴王，如桀、纣、幽、厉等，兼恶天下的人民，戕害他们，率领着他们去侮慢上帝、山川、鬼神。天以为这些暴王施恶于他所爱的人，戕害他所要施以福利的人，于是大大地处罚他们，使他们父子离散、国家灭亡、丧失社稷、身被忧患，而天下百姓也都毁骂他们，虽历经万世之后，仍受人毁骂，称之为"暴王"，这就是上天罚暴的证明了。当今天下的士君子，若要行事合乎义，就不可以不顺从天的意志。

（三）反天之意

在墨子看来，要真正贯彻"以天为法"的主张，还必须避免反天之意现象的出现。墨子认为反天之意其表现从根本上说就是分别亲疏，以威力治人。据《天志下》篇记载：

以威力治人的又是怎样呢？

大国去攻打小国，强者去欺侮弱小，人多的去戕害人少的，机诈的去欺骗愚笨的，尊贵的去傲慢卑贱的，富庶的去看轻贫穷的，少壮的去侵凌年老的，天下所有的国家都一起用水火毒药和兵器互相戕害。这样便上不利于天，中不利于鬼神，下不利于人民，三者都受到损害，这就叫作"天贼"。凡是从事这些事的，都是扰乱治安的匪寇，都是盗贼，是不仁、不义、不忠诚、无恩德、不慈爱、不孝顺的，所以要以天下最坏的名称加在他们身上，这是什么缘故呢？就是因为他们违犯了天的意志。

墨子认为，反天之意还有一种具体的表现就是诸侯国国君远离"义"理，喜欢攻战，对此《墨子·天志下》篇进行了讨论，其中记载道：

自从墨子设立了"天志"作为法则，我们才知道，天下的士君子距离所谓"义"还远着呢！何以知道？因为那些大国的国君，都用一种叫嚣式的语调，高唱侵凌邻国的论调，说："我既为大国，若不去攻打小国，又怎能算是大国呢？"

于是，就聚集谋臣战将，分遣舟车队伍，去攻打无罪的国家。攻入该国的国境，将禾麦割去，砍伐他们的树林，摧毁他们的城郭，填没他们的沟池，焚烧他们的祖庙，屠杀他们的牲口。人民抵抗的都遭杀害，不抵抗的都把他们俘虏回去，男的当仆役马夫，叫他们做苦工；女的就做斟酒的奴婢。而一般喜欢攻战的国君，不知道这是不合乎仁义的，反而得意地去告诉他的四邻诸侯，说："我攻打某国，将该国的军队打得大败，杀了他们的将领多少人。"

邻国的国君也不知道这是不仁义的，于是预备皮革货币，派人前往道贺。

喜欢攻战的国君，这一来更不知道这事是不合乎仁义的。于是将那些战胜的事写在竹简上，记在素帛上，收藏在府库之中。后世的继承者，要遵循他先君的遗训，必定要说："何不打开我们的府库，看看我们的先君所遗的教训是怎样的呢？"

这上面必定不会说文王和武王是怎样地去治理天下，必定是说："我攻打某国，将它们的军队打垮，杀若干将领。"

所以，喜欢攻战的国君不知道攻战是不合乎仁义的，他的邻国的国君也不知道，因此，攻战世世代代传下去，永不休止。这就是我听说的：对于大事，反而不知道。

墨子认为，反天之意的行为出于一些不仁不祥的人，对此，他在《天志中》篇进行了讨论。指出：我们知道天下有一种不仁爱与不吉祥的人，例如儿子不敬事父亲，臣子不敬事国君，弟弟不敬事兄长，这都是天下的君子所称为不仁不祥的人。

现在上天爱护天下的人是如此的深厚：将日月星辰分开，以照耀天下；使分春夏秋冬四时，以为纲纪常度；降下雪霜雨露，使五谷生长，丝麻顺遂，使人民得以供给财用；又分列山川溪谷，广布各种事业；设定王公侯伯，以监察人民的善恶；赏赐贤良，惩罚贪暴；征收五金、鸟兽而用之，从事于五谷与丝麻的生产，以供给人民的衣食财用，从古到今，都是如此。

现在假使此地有一个人，极喜欢他的儿子，为他儿子的利益竭力地去做事，等到儿子长大了，却不报答父亲的恩惠，那么天下的君子都要说他不仁不祥。现在上天对于天下一律爱护，对于万物都施以惠利，纵使细微到秋毫之末，也没有不是上天所创造的；人民得享此福利，上天爱人，可算是深厚的了。然而人民不仅不知道报答上天的恩惠，而且也不知道这是不仁不祥的事。

所以，墨子感慨：现在天下的人，只明白小道理，而不明白大道理。

（四）鬼神有无

在墨子的时代，政治潮流已由神权进入君权，很多人对"天道"和"鬼神"已产生怀疑，我们在《论语》里面不是看到"子不语怪、力、乱、神"的话吗？这时一些知识分子已逐渐摆脱天与鬼神的羁绊。墨子害怕一般民众一旦也失去了宗教信仰，将无法约束自己的行为而为非作歹，于是利用神权思想在中下层社会的影响力，极力申明鬼神的存在和其制裁力，借此防止人们相恶相贼，以加强互爱互利。

与儒家对鬼神模棱两可的态度不同，墨子明确地肯定了鬼神的存在。《墨子·公孟》篇记载，公孟子说："鬼神是没有的。"又说："君子必须学习祭祀之礼。"墨子反驳他说："你既然不相信鬼神的存在，何以又去学祭祀之礼呢？这就如同知道没有客人，你却还要去学招待客人的礼节；没有鱼可捕，还要去结渔网一样，不是很可笑吗？"墨子认为儒家对于鬼神半信半疑的态度是相当荒唐可笑的。

在《墨子·明鬼下》中墨子说："当今天下的王公大人和士君子们，如果真想为天下人求福利，替天下除祸害，那么对于鬼神的有无，是不可以不考察清楚的。"

那么怎样将鬼神的有无考察清楚呢？

墨子说："要考察一件事情的有无，必须以众人耳目所闻见，实际的经验做标准。如果听到看到，就必定以为有；假使不曾听见，不曾看见，就必定以为没有。既然如此，何不到一个乡里去，询问该地的居民。倘若他们说：从古到今，有人曾见过鬼神的形状，听过鬼神的声音，那怎么可以说鬼神是没有的呢？假使他们说：没有看见过鬼神的形状，没有听见过鬼神的声音，那怎么可以说鬼神是有的呢？"

主张无鬼神的人说："天下人说曾听见过鬼神的声音，看见过鬼神的形状的。不可胜计；但究竟有谁真的听见过鬼神的声音，看见过鬼神的形状呢？"

墨子说："若以众人所共同看见的，众人所共同听见的为标准，那么我要说的杜伯、句芒神、庄子仪、观辜、王里国、中里徼的事情，就是极好的例证。所以鬼神的存在，是不容怀疑的。"

杜伯是周宣王的臣子，杜伯不曾犯死罪，周宣王却将他杀了，杜伯临死时说："我不曾犯罪，而国君却要杀死我。死者若无知，也就罢了；倘若死者有

墨子思想

知，不出三年之内，必定要使国君知道！"

到了第三年，宣王会合诸侯在圃田打猎，车子有数百辆，随从的有数千人，布满野外。到了正午时，杜伯忽然出现，坐着白马素车，穿着朱红色的衣服，戴着朱红色的冠帽，拿着朱红色的弓，挟着朱红色的箭，追赶着周宣王，对着他的车上放箭，一箭射中宣王的心窝，宣王的脊梁折断，跌倒在车里，伏在弓袋上死了。这时候，参加田猎的周人都亲眼看见了这件事，远方的人都听说了这件事，此事曾记载在周的国史上。为人君的都以此事教训他的臣子，为人父的都以此事告诫他的儿子，说：

"戒惧！谨慎！凡是杀无罪的人，他得到凶祸，受鬼神的诛罚，是这样的快啊！"

照这书上所说的看来，鬼神的存在，有什么可以怀疑的呢？

从前，秦穆公有一天正午时，在庙里看见一个神人从门外进来。这位神，人面鸟身，穿着素色的衣服，脸形方正。穆公见了大为惊惧，急忙逃走。

那神说道："不要害怕！上天嘉许你的明德，命我给你添寿 19 年，使你的国运昌隆，子孙兴旺，不失秦国。"

穆公再三叩拜，说："请问尊神的大名。"神说："我乃句芒神是也。"

从前，燕简公的臣子庄子仪，不曾犯死罪，燕简公将他杀了。庄子仪临死的时候说："我是无辜的，而国君却要杀我；死人倘若无知便罢，死人若有知，不出三年，我必定要使吾君知道厉害。"

一年后，燕人要去祖泽这个地方举行大祭。燕国的祖泽，犹如齐国的社稷、宋国的桑林、楚国的云梦一样，这是全国男女百姓集合的大场所。到了正午时分，燕简公正驾着车子在祖泽的大道上跑，庄子仪突然出现，拿着一根朱红色的拐杖来打简公，当头一杖，简公倒在车上死了。这个时候，燕国跟随的人都曾亲眼看见，远方的人也都听说了这件事。此事曾记在燕国的国史上，诸侯都把它当作谈话的资料，说：

"凡是杀无罪的，他获得凶祸，受鬼神的诛罚，是如此这般的快啊！"

照这个记载看来，鬼神的存在怎么可以容人疑惑不信呢？

当宋文君鲍在位的时候，有一个臣子叫观辜，他是掌管祭祀活动的，有一次他到神祠里去，厉神附在祝史的身上，拿了一根木杖出来，对观辜说道：

"观辜，为什么圭、璧都不合规定的度量？酒饭都不洁净？祭祀用的牛怎么不肥壮？毛色怎么不纯？春夏秋冬所献的祭品都失其常时，是你做的事，还是你的国君鲍做的事呢？"

观辜说："鲍年幼，还在襁褓中，怎么会晓得这些事呢？这都是我这个执事之臣观辜所做的。"

于是祝史举起木杖敲了下去，把观辜打死在坛上。当时，在场的宋国人都曾亲眼看见，远方的人也都听说了这件事情。这件事记载在宋国的国史上，诸侯都互相传说这件事，说："一般对于祭祀不恭敬、不谨慎的，鬼神的诛罚，是这样的快速啊！"

照这项记载看来，鬼神的存在，有什么可以怀疑的呢？

从前，齐庄公有两个臣子，一个名叫王里国，一个名叫中里徼。这两个人打了三年的官司，最后还不能判定谁是谁非。齐庄公想将他二人都杀掉，又恐怕误杀那个无辜的；想将他二人一起释放，又恐怕将有罪的开脱了。于是命他们二人牵一头羊，前往神祠去发誓。两人都答应了，于是各自发誓，先将羊杀了，把羊血洒在社土上。将王里国的誓词读完，便宣读中里徼的誓词，中里徼的誓词尚不曾读至一半，死羊突然跳了起来，触向中里徼，把他的脚给触断，守社的人见死羊显灵，乃将中里徼击死在他发誓的地方。那时齐国的人，当场的都曾亲眼看见，远方的也都听说过这件事，这事曾记在齐国的国史上面，诸侯们都互相传说这件事，说："发誓昧心不诚实的，鬼神诛罚的降临，是这样的快啊！"

照这项记载看来，鬼神的存在，实在不能怀疑。

所以墨子说："虽是深山高林，幽微隔绝无人的处所，行事都不可不谨慎，因为有鬼神在旁边看着！"

（五）鬼神之明

墨子常说"上利于天，中利于鬼，下利于人"，可见"鬼神"介于"天"

与"人"之间，为天人之间的媒介。而墨子又认为"鬼神明智乎圣人"（《耕柱》）。鬼神的聪明既超越圣人，而鬼神的地位又在人之上，所以鬼神当然具有支配、监察的能力。

在墨子看来，鬼神比圣人还要明智。《耕柱》篇记载了墨子与巫马子的相关论辩。其中记载：

巫马子问墨子说："鬼神与圣人相比较，哪个更明智？"

墨子回答说："鬼神和圣人明智，就像耳聪目明的人比之于聋子瞎子一样。从前夏君命令蜚廉在山上开采金属矿藏，并在昆吾铸造大鼎；命令伯益杀鸡，将血洒在产于白若的龟身上用来占卜，卜辞说：'鼎铸成，四只脚呈方形。不用生火它就会煮熟，不用抬走，它自己就会隐藏；不用移动，它自己就会行走。用它在昆吾之墟祭祀，请鬼神来享用。'占卜后又念了封兆的占辞：'神已经享用了！你看那蓬蓬的白云，一簇在南，一簇在北，一簇在东，一簇在西。九只鼎已经铸成，将来还要流传三国。'后来夏后氏失掉了它，殷人接受了它。殷人失掉了它，周人又接受了它。夏、商、周递相接受这鼎，已经几百年了。假如有一位圣明的君主召集他的良臣，跟他杰出的相国共同谋划，哪里能知道数百年以后的事情呢？然而鬼神却能够知道，因此说，鬼神比圣人明智，就像耳聪目明的人比之于聋子瞎子那样。"

墨子认为鬼神之明还表现在它超越人之上，具有支配和监察人的权力，这一点通过古代圣王对鬼神的信仰可以看出。《明鬼下》篇讨论认为：

当初周武王灭了殷，诛戮纣王后，命令诸侯们分掌殷商的祭祀，说："同姓的诸侯王掌殷祖先之祀，异姓的列侯祭山川四望之属。"可见周武王必定以为鬼神是有的，所以他灭了殷之后，还命诸侯分掌祭祀。假使真没有鬼神的话，武王何以要分派祭祀呢？

不只是武王如此行事，古代圣王行赏必在祖庙，行罚必在祠社举行。行赏为什么一定要在祖庙呢？因为要向鬼神显示他分配的平均。行罚为什么要在祠社呢？因为要向鬼神显示他处断公允。

而且，虞、夏、商朝的圣王，他们最初建国营造都城时，必定先要在国中选择一个适当的地方修造祖庙；必定要选择一个草木茂盛的所在立为神祠；必定要在国中选择慈孝善良的父兄，命他们去做太祝和宗伯；必定要在六畜中挑选肥壮、纯色的作为牺牲祭神。圭璧、琼璜等祭祀用的玉器，都要以适合自己的财力为度。五谷中，必须选择黄熟芳香的去酿酒造饭；酒饭等祭器的多寡，都需以每年年底的好坏而定。所以古代圣王治理天下，必定先要去照管鬼神之事，然后再顾到人事，就是因为这个缘故。所以说："官府中的设备以先治祭器、祭服为急务，将它们都预备齐全，一齐收藏在府库中；将太祝、宗伯等分派停当，使他们一齐立于朝廷之上。祭神用的牺牲，平时不与通常养的牲口聚在一起。古代圣王，他们为政的方法是这样的。

古代圣王必定以为鬼神是有的，所以他们对于鬼神之事才这般的关切，这般的重视，还恐怕后世子孙不能够知道他们的用心，所以又写在竹简上面，记在素帛上面，传给后世子孙。又恐怕他们腐败蠹坏，因此绝迹，而后世子孙把他们忘怀，所以更琢在盘盂上，刻在金石上，以显示慎重。还恐怕后世子孙不能恭敬小心地侍奉鬼神，获得福禄，因此先王的书上记载着圣人说的话。虽是一尺帛上，一篇书上，论到鬼神的事，是屡见不鲜，并且重重复复，说了又说，这是为何呢？因为圣王以敬事鬼神为急务啊！

在墨子看来，鬼神之明突出地表现在能够见善必赏，见恶必罚，这在先王的书上有明确的记载。墨子说《诗经·大雅》上面就说："文王在万民之上，其功德显著于天。周虽是旧邦，但所受天命却是新的。周的德业光显，天命常在。文王死后，神灵升降于宇宙间，常在天帝左右。威仪穆穆的文王，他的声名将永垂不朽。"

如果没有鬼神，文王死后，他怎么能够在上帝的左右呢？因此我知道周书上说鬼是有的。

假若只有周朝的书上说有鬼神，而商朝的书上说没有，那么有鬼之说也不足信。现在让我们来看看商代的书上是怎样说的。商书上说：唉！当古代还没有发生祸患的时候，一切的兽类爬虫，以及飞鸟，没有不依道而行的。何况人类，谁敢怀有二心？山川鬼神，没有安宁的。治理天下的人，假如能恭敬诚实，就可以将天下统一，永保而不失。

我们知道，那山川鬼神之所以不敢不安宁，是因为要协助禹的规划。因此，

　　若只有商朝的书上说有鬼神，而夏朝的书上却不这样说，那么有鬼之说仍不足信。现在我们再来看看夏朝的书上怎么说。禹誓上说："将要在甘地发动大战，王乃召唤左右六军的将领听训。王说：'有扈氏轻蔑侮辱我这应运而兴的帝王，怠慢废除王朝所规定的历法。上天因而要断绝他的国运。'有扈氏说：'我之有天下，有如太阳在正午的时候一样，其威无比，无人能灭我！'今天我要和有扈氏拼死一战！你们所有的官兵百姓，我并不要你们的田地和珍宝，我不过是在替天施行诛罚罢了。车子左面掌射的，和车子后面执戈的，若玩忽你们的职守，那你们就是不恭谨于我的命令。驾车的如不将马驾驭好，也是不恭谨于我的命令。你们要是听从我的命令，我就报告祖先的神灵而赏赐你们；要是不听从命令，我就在社神的牌位之前加以杀戮。"

　　所以行赏时必定要在祖庙里面，处罚时必定要在神祠里，以表明分配的平均及处理的公正。古代圣王的意思，必定以为鬼神是要赏赐贤人、诛戮贪暴的，所以他们才要在祖庙里行赏赐，在神祠里行罚戮，我因此知道夏朝也认为是有鬼神的。

　　所以上古的夏书，其次的商书、周书，都再三地说鬼神是有的。说了又说，这是什么缘故呢？就是因为圣王看重这件事。照这些记载上所说，鬼神的存在，还有什么可疑的呢？并且古时候在丁卯吉日，须祭祀土地和四方神灵，年终时祭祀祖先，以求延年益寿。假使没有鬼神的话，向谁去求延年益寿呢？

　　所以墨子说："应当相信鬼神能够赏赐贤良、诛戮贪暴啊！如果人们都能有这样的信念，官吏治理官府时，就不敢不廉洁自爱；见有贤人就不敢不赏；见有贪暴，就不敢不罚。而做坏事、扰乱治安的人也会因此绝迹，天下就太平了。"

（六）鬼神与社会

　　墨子认为鬼神不仅比圣人明智，而且还在社会上发挥了积极的控制作用，百姓相信鬼神能使天下治，对国家是非常有利的。对此，《墨子·明鬼下》篇进行了讨论。墨子说自从三代圣王死后，天下人便不讲道义，诸侯之间用武力互相征伐，人君对于臣下不肯施恩惠，臣子对于主上不肯尽忠心，父兄对于子弟不慈爱，子弟对于父兄不孝敬，官长不肯认真办公，平民不肯努力地去做事，人民从事淫乱、凶暴、抢劫、盗窃之事，用兵器、毒药和水火，在路上劫害无辜之人，抢人车马或衣服而自利，种种害人的行为，一齐从此开始，所以天下乱了。这是什么缘故呢？这是由于百姓们对于鬼神的有无疑惑不定，对于鬼神能够赏善罚暴的作用，没有深刻的体认。现在假使天下都相信鬼神能赏善罚暴，天下怎么会混乱呢？

同时，在墨子看来，虽然不能完全证实鬼神的存在，但仅仅是祭祀鬼神的活动就可以发挥"合欢聚众，取亲于乡里"的作用，从而实现社会的稳定，这对于百姓自然是非常有利的，《明鬼下》篇对此进行了讨论。

墨子说：古往今来的鬼神，有天上的鬼神，有山川的鬼神，也有人死后变成鬼的。虽然有时候儿子比父亲先死，弟弟比哥哥先死，但是照天下的常理来说，总是先生的先死，那么先生的不是父亲就是母亲，不是哥哥就是姐姐了。现在预备洁净的酒饭，恭敬小心地去祭祀，假使鬼神真有的话，这无异于把父母和兄姐请来进饮食，这对于他们不是很有益处吗？假使鬼神实在没有的话，这不过是稍微破费了一点钱财，去预备酒饭和祭畜罢了；而且所谓破费，并不是把酒饭等祭品倒在沟里白白丢掉呀！而是内而宗族，外而乡里，都可以请他们来饮宴。纵令鬼神真的没有，这样也可联欢聚会，联络乡里的感情啊！现在主张无鬼神的人说："鬼神本来就是没有的，所以不必花费钱财，去预备这些酒饭牺牲等祭品。这不是爱钱财，舍不得去预备酒饭牺牲等祭品吗？他们这样又得到什么好处呢？他们的这种行为，从上说，违犯了圣王书上所说的话，从内说违背了百姓孝子的行事。你如果想做天下的上士，这实在不是做上士应行之道。

所以墨子在该篇的最后，把尊明鬼神和兴天下之利、除天下之害联系起来，充分肯定了其社会功用。他说："今王公大人、士君子，中实将欲求兴天下之利、除天下之害，当若鬼神之有也，将不可不尊明也，圣王之道也。"

当然，鬼神控制社会及人生的作用在现实生活中并不能得到充分的验证，因此墨子的主张经常受到弟子或他人的诘问。《墨子·鲁问》篇记载：墨子让曹公子到宋国做官。三年后，曹公子回来见墨子，说："当初我到您门下学习，穿粗布衣服，吃野菜汤之类的食物，早上有吃的，晚上就得不到了，没有东西来祭祀鬼神。现在因为听了您的教诲，家境比原来好了。有了宽裕的家境，我恭恭敬敬地祭祀鬼神。但家中的人大多白白死去，牲畜也不兴旺，自己又患病在身，我不理解老师的学说是不是可用。"

墨子说："不是这样。鬼神希望人做的事很多：希望人处于高官厚禄时能让贤；钱财多时要分给贫困的人。鬼神难道只是想拿走祭品吗？现在你处于高官厚禄却不懂得让贤，这是第一件不祥；你钱财多却不懂得把它们分给贫困的人，这是第二件不祥。现在你侍奉鬼神，只是祭祀罢了，却问病人从哪里来，这好比一百道门只关了一道门，却问'强盗从哪里出来'？像这样去向灵验的鬼神求福，那怎么可以呢？"

另据《公孟》篇记载，有一次墨子卧病在床，有一位弟子名叫跌鼻，上前问道："先生，你认为鬼神什么都知道，能够降祸或赐福，做好事的给奖赏，做坏事的给处罚，如今先生是圣人，为什么会生病呢？是不是先生说的话有不对的，或是鬼神不是什么都知道？"

墨子说："尽管我生病了，怎么能一下子就得出鬼神不是什么都知道的结论？人生病有多种原因，或者是由于天气冷热，或者是由于劳累过度等，譬如一百道门只关了一扇门，盗贼还是能进得来。"

针对弟子的责问，墨子进行了解释，说你们跟着我没有得幸福，并不是鬼神不明，而是因为你们善事做得不够，勉励他们继续做善事。但这种理论对于现实生活中一直做善事而得不到回报的人是解释不通的。针对弟子们对鬼神不明在墨子自身上的反映，墨子也进行了解释，说自己得病有很多原因，这包括寒暑、劳苦等，并不是因为鬼神赏善罚恶的缘故。墨子的这种解释不能超越现实人生去讨论鬼神的存在问题，理论上还有很大的漏洞，既不可能证其有，也不能证其无。所以墨子关于鬼神的理论还不是很彻底完善的理论。

（七）一同天下之义

墨子虽然设计了天具备的善良美好的意志，也就是使人"有力相营，有道相教，有财相分"，"相爱相利"成为"义"的本源，但是他认为人类历史的客观起源与此大相径庭。在他看来，人类发源于一种混乱无序的状态，具体来说就是表现为"人是其义，以非人之义"。《墨子·尚同上》篇对此进行了讨论，他认为，古时候，当天下的人民过着还没有政治组织的原始生活时，所说的话，各人有各人的一番道理。一个人有一种道理，两个人有两种道理，十个人有十种道理；人数越多，所说的道理也就越多。每个人都以为自己对而别人错，因此彼此之间，就互相攻击。在家庭里面常常因为父子兄弟各人的看法不一致而互相怨恨，使得亲戚离散，不能和睦相处。天下的老百姓也因为意见不同而互相争斗，拿水火毒药这些东西来损害别人。因此人人自私自利。有余力的人，不愿意替别人服务；家里有财物，宁可多得让它腐烂，也不愿分一些给别人；学问好的也不愿意教导别人。因而天下乱得像动物世界一样。也就是说在墨子看来，在人类的蒙昧时期，由于没有相应的政治组织，人的行为没有一定的规范，都认为自己的行为是正确的，他人的行为是不正确的，结果人与人之间不能很好地协调，社会就像动物世界一样杂乱无章。

墨子认为，人类原始社会的混乱无章，是因为"无政长"，所以提出首先建立以天子为中心的社会政治体系，"一同天下之义"，他认为只有这样，人类社会才能建立秩序，摆脱愚昧，走向文明。天子之所以成为社会行政中心，在墨子看来首先是因为他是天意的代表，是沟通天人关系的重要渠道。《墨子·天志上》篇中指出："故昔三代圣王禹、汤、文、武欲以天之为政于天子，明说天下之百姓，故莫不犓牛羊豢犬彘，洁为粢盛酒醴，以祭祀上帝鬼神而求祈福于天，我未尝闻天下之所求祈福于天子者也。我所知天之为政于天子者也。"也就是说，天委托天子管理百姓。

其次，墨子认为天子还是民意的代表，是民众普遍利益的象征。在墨子看来，民众发现社会混乱的根源就因为无政长，需要选择贤者充任这种角色，担负起管理社会的责任。《墨子·尚同上》篇明确强调了这一点，指出："明乎天下之乱者，生于无政长，是故选天下之贤可者，立以为天子。"也就是说，社会的混乱在于缺乏一个必要的权威，而民众选出的天子正好可以充实这一真空。当然，天子之所以能够治理天下的混乱局面，还由于他是民众普遍利益的象征。《墨子·天志中》篇认为："天下有义则治，无义则乱。"所以，只有结束"一人一义"无规可循的混乱局面，建立反映民众普遍利益的规则，社会才会有一定的秩序，而天子无疑是很好的人选。《墨子·尚同下》篇指出："此皆是其义，而非人之义，是以厚者有斗而薄者有争，是故天下之欲同一天下之义也，是故选择贤者，立为天子。"

再次，在墨子看来，天子遵从天意，热爱人类的人格也是他能够成为社会行政中心的重要原因。《墨子·尚同中》篇指出："故古者圣王，明天鬼之所欲，而避天鬼之所憎，以求兴天下之利，除天下之害，是以率天下之万民，斋戒沐浴，洁为酒醴粢盛，以祭祀天鬼。其事鬼神也，酒醴粢盛不敢不蠲洁，牺牲不敢不腯肥，圭璧币帛不敢不中度量，春秋祭祀不敢失时几，听狱不敢不中，分财不敢不均，居处不敢怠慢。曰其为正长若此，是故上者天鬼有厚乎其为政长也，下者万民有便乎其为政长也。天鬼之所深厚而能疆从事焉，则天鬼之福可得也。万民之所便利而能疆从事焉，则万民之亲可得也。其为政若此，是以谋事得，举事成，人守固，出诛胜者，何故之以也？曰唯以尚同为政者也。故古者圣工之为政若此。"也就是说，作为圣土的大子，上得天鬼的保佑，下得百姓的亲近，兴天下利除天下之害是他的崇高追求，一同天下的是非观念是他的执政性格，所以他成为社会行政中心是理所当然的。

按照墨子的设想，由乡长一同一乡之义，由国君一同一国之义，最后由居于社会行政中心的天子一同天下之义，对此，《墨子·尚同上》篇进行了讨论，其中记载：

里长是这一里内的贤能的仁人，他发布政令于里中的百姓说道："听到好与不好的事情，必定要报告乡长。乡长认为对的，大家也必定要认为对；乡长认为不对的，大家也必定认为错。去掉你不好的话，学习乡长的话；去掉你不好的行为，学习乡长的好行为。那么这一乡还有什么理由要乱呢？我们考察一乡所以治理好的缘故，是因为乡长能够统一乡人的意见，所以国家才治理得好。"

乡长是这一乡的贤能的仁人，他发布政令于乡中百姓，说道："听到好或不好的，必定要报告国君。国君认为对的，大家也必定要认为对；国君认为错的，大家也必定要认为错。去掉你不好的话，学习国君的好话；去掉你不好的行为，学习国君好的行为。那么这一国还有什么理由会乱呢？我们考察一国所以能治理好的缘故，那是因为国君能够统一一国人的意见，所以国家才治理得好。"

国君是这一国的贤能的仁人，国君发布政令于国中百姓，说道："听到好和不好的，必定要报告天子。天子认为对的，大家必定要认为对；天子认为错的，大家也必定要认为错。去掉你不好的话，学习天子的好话；去掉你不好的行为，学习天子好的行为。那么天下还有什么理由会乱呢？我们考察天下所以治理得好的缘故，那是因为天子能够统一天下人的意见，所以天下才治理得好。"

（八）尚同与治天下

墨子认为用天子来一同天下之义的根本目的是为了实现行政组织的上下沟通，和社会成员的思想沟通以及信息沟通，从而实现天下太平的治理目标和理想。

在墨子看来，行政管理的第一步是推举天下的贤能者为正长。也就是说，选天下最贤良的人立为天子，让他担任一同天下之义的任务，即管理国家事务。由于任务重大，一个人能力有限，所以再选天下贤良之士立为三公，协助天子工作。天下地域广大，不便管理，所以再设立诸侯国君，让他们一同其国之义。国君立定了，因为同样的理由，再选择乡里的贤良之士为正长，一同其乡里之义。这样，天子、三公、诸侯国君、乡里之长的行政组织系统就建立起来了。在这个系统里，上对下是"政之"，即统治、管理；下对上则是服从，"无从下之政上，必从上之政下"。墨子认为，有了这个统治管理系统，混乱就可以消除。

行政管理的第二步是要求所有的人都要以上级的是非作为自己的是非。自己有了好的思想，应马上报告上级，这种好的思想就变成上级的。上级有了过错，则加以劝谏，以使其改正，这样上级就一定比下级正确、高明。每一级正长本来就是他那个范围内的最贤能者，所以，人人都要与上级的意见保持一致，而不要与下级朋比为奸。墨子强调自下而上的思想同一，下级要学习上级的善言善行，以上级的言行作为自己言行的标准。同样，墨子强调，上下级，即统治者与被统治者对于功过是非应有统一的认识，只有这样，社会成员的思想才能互相沟通。

行政管理的第三步是要求上下通情，简单说来，就是下情上达和上情下达，或者叫信息沟通。高高在上的统治者对于下层的情况能够"不往而视，不就而听"，"一视而通见千里之外，一听而通闻千里之外"，这是墨子极力推崇的善政。这种情况在当时只不过是一种美好的理想。不仅上级应了解下级的情况，下级也应了解上级的意图。墨子希望"上下情通。上有隐事遗利，下得而利之；下有蓄怨积害，上得而除之"。这是尚同所应取得的政治效应。为了实现这种政治局面，取得这种政治效应，所有的人都必须逐级向上报告下情，各级官吏不能隐匿不报。墨子的这种设想有一定道理，当代的行政管理机构采取了许多先进的通讯设备，设立了相应的机构，订出了许多规章制度以保证沟通的有效进行。下级及时、准确地向上级汇报情况，显然是必要的。

这种上下沟通的管理方法可以逐步应用于家族、国家、天下治理，实现天下太平的美好理想，对此《尚同下》篇进行了较详细的讨论，其中记载：

要使天下人对事理的看法一致，怎样做才可以呢？墨子说：何不试使一个家长对全家人发布命令说："你们若见到爱利此一家族的，必要报告。若要见到贼害此一家族的，也必定要报告。那就等于自己爱家利家了。上面知道将要奖赏你，众人听到了就要赞美你。若是见到而不上报，那就等于自己贼害家族了。上面

墨子邮票

知道将要惩罚你，众人听到了，就要责骂你。"

全家族的人都想得到长上的奖赏，而避免责罚。因此，见到好和不好的人都向上报。家长得以知道谁是好人就赏他，谁是恶人就罚他。

善人得赏，恶人得罚，那么一家就治好了。这不正是出之于"尚同"的道理吗？家族已经治理好了，难道这样治理国家就已经完备了吗？还没有呢！国家是许许多多的家族组合而成的。大家都认为自己家族的道理对，别人的道理错，于是严重的就会出乱子，轻的就起争执。所以，又有使家长统一全族人的意见以上同于国君的必要。

国君也要对全国民众发布法令，说："你们若是见到爱利此一国家的，必定要报告。若是见贼害此一国家的，也必定要报告。那就等于自己爱国利国了。国君知道了，将要赏赐你；众人听到了就要赞美你。若是不上报，那就等于自己贼害国家了。国君知道了，将要惩罚你；众人听到了就要责骂你。"

全国人民，都想得到长上的赞赏，而避免责罚。因此，人民见到好的就往上报，见到不好的，也往上报。国君得以知道谁是好人，而赏赐他；谁是恶人，而惩罚他。

善人得赏，恶人得罚，那么国家就治理好了，这也是行之以"尚同"之道所致。国已经治理好了，难道这样治理天下的方法就已经完备了吗？还没有！

天下是由许多国家组合而成的。大家都认为自己的国家对，别的国家错，于是严重一点的就交战，轻一点的便相争。所以又要使国君统一全国人民意见去尚同于天子。

天子也对天下的万民发布命令，说："你们若见到爱利天下的，必定要报告；若见到贼害天下的，也必定要报告。那样就等于自己爱利天下。上面知道了将要奖赏你；众人听到了，就要赞赏你。若是不往上报，那就等于自己贼害天下。上面知道了，就要惩罚你；众人听到了，就要责骂你。"《尚书·太誓》也这样说：人民若见到奸巧的人就要报告，否则，事情被发觉了，便和奸人同罪。

所有天下的人，都想得到天子的赞赏而避免责罚。因此所见的事，不论好坏都往上报。天子因而可以得到善人而赏他，得到恶人而罚他。

善人得赏，恶人得罚。那么天下就可治理好了。

天下已经治理好，于是天子因统一天下的意见而尚同于天。

这种尚同的说法，上用之于天子，可以治理天下；中用之于诸侯，可以治理国家；下用之于家长，可以治理家族。大用之以治天下，不会不完满；小用之治一国或一家，也不会发生阻碍。所以说：治天下之国，就如同治一个家；用天下的人民，就如同用一个人。这就是尚同为政的好处啊！

所以尚同是为政的根本，是治理天下的要领。

（九）贯通天、神、人

墨子虽然主张尊天明鬼，但是其思想学说则是以人为本位的。他讲天志、明鬼神，其立足点都是人，使人强力从事。所以强力非命、弘扬人的主体地位是墨子思想学说的根本特征。

墨子的天志更多的是借天来表达墨子的意志和人类共同的意志。墨子是想将自己兼爱、非攻、利天下的思想，通过天的意志变成人类普遍的社会规则，从而规范每个人的思想和行为。正如他在《天志上》篇中所说："我有天志，譬若轮人之有规，匠人之有矩。轮匠执其规矩，以度天下之方圆，曰：中者是也，不中者非也。今天下之士君子之书，不可胜载，言语不可尽计，上说诸侯，下说列士，其于仁义则大相远也。"同时还说："顺天意者，兼相爱，交相利，必得赏。"最后认为这种天志"上将以度天下之王公大人为刑政也，下将以量天下万民为文学出言谈也"。所以墨子的天志更多是人类言行的社会规则，而不是超自然的神秘主宰。

墨子强调鬼神之明，也只是为了兴天下之利、除天下之害，并不重视祭祀鬼神的礼仪形式。真正相信鬼神的人十分重视与鬼神的沟通，对于他们来说，祭祀的礼仪形式是非常重要的，因为只有通过这些形式，才能证实鬼神的存在及它们对人事的影响。墨子并没有去讨论这些内容，说明他对鬼神的具体情况并不特别关心，只是想凭借鬼神的力量给自己的思想学说增加一种威力。侯外庐在《中国思想通史》第一卷中指出："是的，墨子的明鬼是一种落后的思想传统，尤其是他为了明鬼之有无，引经据典，强辩甚多。然在古代，争取鬼神，谁知道不是一种斗争呢！"祀天祭鬼原是贵族的专利，庶民百姓，当然不能祭天祀鬼。墨子将天、鬼大众化了。天是万民可顺、应顺之天，鬼也应是大家可祭之鬼。墨子的天、鬼对百姓来讲，是兴天下之利、除天下之害的天、鬼；对于贵族统治者来说，则是一种惩儆的工具。由此看来，贵族统治阶级用来恫吓、威胁万民的天、鬼，在墨子的手里变成了一种百姓约束贵族统治者的重要手段。这种转换确实表明了墨子不仅将宗教之天、鬼变成了义理之天、鬼，而且将贵族之天、鬼变成了大众之天、鬼。

墨子尊天明鬼的根本目的在于爱人利人，在他看来，爱人利人的根本在于生人，而生人最好的办法就是强力非命。关于强力，墨子充分肯定了其积极的作用。他在《非乐上》篇中强调指出："今人与此异者也，赖其力者生，不赖其力者不生。君子不强听治，即刑政乱；贱人不强从事，即财用不足。"认为强力是人类生存的根本所在。也就是说，在墨子看来，如果不强力劳动，则生活资料就会不足，人和社会的生存就会失去基础，社会就必然不会稳定。《墨子·七患》篇所说的"时年岁凶，则民吝且恶"，即是很好的说明。

在墨子看来，人类生存需要强力劳动创造生活资料，而要更好地生存还需要节用，也就是合理地运用生活资料。《墨子·七患》篇中说："凡五谷者，民之所仰也，君子所以为养也，故民无仰则君无养，民无食则不可事，故食不可不务也，地不可不力也，用不可不节也。"明确主张开源和节流相辅相成，劳动和节用并举。墨子认为，节用可以使社会稳定繁荣。《墨子·辞过》篇指出："节俭则昌，淫佚则亡。"节用还可以防备不测之天灾，《墨子·七患》篇说："虽上世之圣王岂能使五谷常收而水旱不至？"正由于此，才需要节用俭养以备歉收之年，使广大人民不致冻饿而死。

墨子认为真正的爱人利人就是要非命，避免天命观念给人生带来的不利影响，树立人的主体地位。《墨子·非命中》篇指出："自古以及今，生民以来者，亦尝见有命之物，闻命之声者乎？则未尝有也。"《墨子·非命下》篇也指出："夫岂可以为命哉？故以为其力也！"这样，墨子利用百姓耳目之实否定了命的存在。同时墨子还从历史治乱和现实生活的实践否定了命的存在，指出了有命的危害。《墨子·非命上》篇中指出："在于桀纣，则天下乱；在于汤武，则天下治，岂可谓有命哉。"《墨子·非命下》篇也认为如果信有命则怠于劳动，所以墨子特别在《非命上》篇强调："执有命者不仁"，同时还说："执有命者之言，不可不非，此天下之大害也。"

墨子在《非乐上》篇中指出："仁之事也，必务求兴天下之利，除天下之害，将以为法乎天下，利人乎既为，不利人乎既止。"也就是说，以是否对人有利作为兴利除害的根本标准，充分反映了以人为本的观念，这是墨子思想学说的基本特点。

首先，墨子试图直接沟通天与人的关系，而不是像儒家那样在天人之间再制造一个天命的观念，从而突出了人的主体地位。孔子继承了传统的天命观念，他认为天命是天的意志，决定人事的成败祸福，是一种客观的存在。《论语·颜渊》里面所做"死生有命，富贵在天"的判断就是一个很好的说明。与孔子为代表的儒家不同，墨子不讲天命而讲天志，是说天在现实世界中，通过圣人、贤人、天子等以天为榜样，爱人利人的意志发挥自己的作用，所以他所说的天志更多是人类普遍意志的反映，不是超越人类的意志而独立存在的。具体说来，墨子所说的天，是有意欲、有感觉、有情操、有行为的"人格神"，而所谓天意是"上尊天，中事鬼神，下爱人"。正是由于天志的存在，沟通天人才成为顺理成章的事情。

其次，墨子也试图沟通神与人的关系，而不是像儒家那样"以鬼为神"，同样突出了人的主体地位。孔子继承了传统的自然神观念，他所讨论的鬼神更多的是一种客观的存在，和人没有必然的联系。《论语·述而》所说的"子不语怪、力、乱、神"，即反映了孔子把神和自然联系起来的倾向。与儒家不同，墨子明鬼的目的，在于让鬼神干预人间的生活，和事鬼紧密地结合起来。墨子在《公孟》篇所强调的鬼神"能为祸福，为善者赏之，为不善者罚之"，说明墨子事鬼主要是为了借助鬼神促进社会道德的进步，把鬼神和人间的善恶祸福结合起来，肯定了神与人之间的联系。

然后，墨子强调只有借助政治秩序的中介作用，才能将天、鬼神与人真正地联系在一起，而政治秩序的建立则主要依赖于人的经验和智慧，所以墨子沟通天、神、人的思想特征，虽然有一定的宗教色彩，但更多地强调了人文精神。在墨子看来，人类的个体缺乏一个共同的意志，一人一义，从而导致了社会秩序的混乱，而要改变这种局面，就必须一同天下之义，寻找人类共同遵守的原则。如何一同天下之义，墨子认为必须挖掘人们积极主动的意志和智能，沟通神人，沟通天人。《墨子·尚同下》篇中说："是故天下之欲同一天下之义，是故选择贤者。"也就是说，只有选择有智慧并且聪明能干的人才能一同天下之义。在墨子看来，选择出贤者后，还需要把他们立为天子、三公、国君、大夫等等，让他们上同于天，只有这样才能根治天下之乱，建立良好的社会秩序，这些主张在《墨子·尚同》篇里得到了充分的论证。

当然，墨子的尊天事鬼，沟通天、神、人的思想学说基本上是以社会政治为出发点的。也就是说在墨子看来，社会的和谐、稳定与繁荣，离不开和鬼神的合作，只有让统治者相信天和鬼神的存在，才能实现兼爱、非攻。但是历史的经验和现实的利益，使统治者很难相信这种具体而有用的天、鬼的存在。对于普通的百姓而言，他们希望绕开社会政治，直接和天、鬼进行沟通，而这些愿望在墨子的思想学说中很难找到满足的途径，因为墨子本人对祭祀天、鬼的礼仪不感兴趣，没有进行必要的讨论，所以墨子沟通天、神、人的努力没有发挥应有的作用。

六、墨子的教育思想

美国爱丁堡大学美籍华人李绍昆教授说，墨子是"伟大的宗教教育家、伟大的科学教育家、伟大的社会科学教育家和中国的革命教育家。"这一评价是十分恰当不过的。《淮南子·泰族训》篇云："墨子服役者百八十人，皆可使赴火蹈刃，死不还踵，化之所致也。"墨家弟子这种英勇牺牲精神完全是墨子的教化熏陶所造就的。可见，墨子教育之功效是何等之巨大！本文从教育目的、教育内容、教育原则、教育方法、教育理论、教育建制等方面对墨子的教育思想详加探讨。本章最后还论述了墨子的教育思想对当今教育的几点重要启示。

（一）教育目的

在墨子看来，教育目的是为国家培养大量的"兼士"，以"兴天下之利，除去天下之害"（《墨子·兼爱中》），从而进一步实行天下之"公义"或"正义"。墨子所言的"兼士"具有如下标准：

1.《墨子·兼爱中》篇提出："兼相爱、交相利"。意思是所有的人都相互爱护同时相互给予对方利益。"兼士"当然也理应爱护所有的人，同时利于所有的人。《墨子·兼爱下》篇又云："兼士……曰：'吾闻为明君於天下者，必先万民之身，后为其身，然后可以为明君于天下。'是故退睹其万民，饥则食之，寒则衣之，疾病侍养之，死丧葬埋之。兼士之言若此，行若此。"可见，"兼士"的行为是，看到饥饿的人就给其饭吃，看到寒冷的人就给其衣穿，看到有病的人就侍养，看到死丧的人就埋葬之。并且他的言行完全一致，犹如合符节一样。

2.《墨子·尚贤下》篇云："有力者疾以助人，有财者勉以分人，有道者劝以教人。"

《左传·成公十四年》云："惩恶而劝善。""劝"意为"提倡"。可见，墨子的意思是，"有力气的就迅速帮助别人，有财产的就努力去分给别人，懂事物规律的就倡导他去教诲别人。"墨子所培养的"兼士"除了出力助人、分财予人外，还将教诲别人作为一项主要内容，教育在墨子心中所占据的地位十分重要。

3.《墨子·贵义》篇云："默则思，言则诲，动则事，使三者代御，必为圣人。必去喜，去怒，去乐，去悲，去爱，而用仁义。手足口鼻耳，从事于义，必为圣人。"孙诒让云："御，用也。"墨子的意思是说，"沉默的时候就思考，讲话的时候就教诲，行动的时候就做事。使三者交替进行，必定成为圣人。必须去掉喜、去掉怒、去掉乐、去掉悲、去掉爱，而使用仁义。手足口鼻耳都用来从事于仁义，必定成为圣人。"必须思考、教诲、行动三者交替进行才能成为圣人。可见，教诲（或教育）所占的比重较大。这比明代哲学家王守仁的命题

"知行合一"内容丰富得多，王守仁说："知是行之始，行是知之成"；"未有知而不行者，知而不行，只是未知。"他认为必须"知行并进"。但是，在教育的过程中也能增进自身的知识，"教学相长"就是"教"与"学"两者互相促进与提高。显然，在这一点上，墨子是要胜于王守仁的。

4. 墨子希望培养众多的"兼士"，以利于国家的统治与稳定。《墨子·尚贤上》篇云："是故国有贤良之士众，则国家之治厚；贤良之士寡，则国家之治薄。故大人之务，将在于众贤而已。"意思是说，"若国家拥有众多贤良人士，那么国家的治理就厚实、稳固；若国家拥有的贤良人士少，那么国家的治理就薄弱、动荡。因此大人物的首要任务，是使贤良人士增多。"如何使"贤良之士"亦即"兼士"增多呢？那只有通过良好的教育来培养。

（二）教育内容

《墨子·耕柱》篇云："能谈辩者谈辩，能说书者说书，能从事者从事，然后义事成也。"

可见，墨子所言的教育内容可分为"谈辩、说书、从事"三类。"谈辩"是指学习谈话、论辩的方法与技巧，目的是为了培养政治家、游说之士与辩论之士；"说书"是指阐明书本中的理论与原理，目的是为了培养教师与学者，包括：经济、政治、伦理、法制等学科；"从事"是指学习科技、农业、工业、商业、兵器等方面的知识，以用之于生产实践。

《墨子·尚贤上》篇云："况又有贤良之士，厚乎德行，辩乎言谈，博乎道术者乎，此固国家之珍，而社稷之佐也。"墨子所言的"厚乎德行，辩乎言谈，博乎道术"，是指道德品质高尚、善于思辨与言谈，广泛精通自然科学和社会科学原理以及实用技术这三个方面。

综上所述，墨子教育内容可分为：德育、游说、外交、逻辑、政治、经济、伦理、法制、自然科学、农业、工业、商业、应用技术、军事工程、兵器、射箭、体育、军事训练等方面。

（三）教育的原则

墨子关于教育的原则有量力而行原则、实践性原则、主动性原则三个方面。

1、量力而行原则

《墨子·公孟》篇云："二三子有复于子墨子学射者，子墨子曰：'不可。夫知者，必量亓力所能至，而从事焉。国士战且扶人，犹不可及也。今子非国士也，岂能成学又成射哉？'""有"通"又"；"知"通"智"；"亓"即"其"的古文。这段文字的意思是，"两三个学生又再次找墨子学习射箭，墨子说：'不可以。智慧的人必定量其能力所及而从事啊！国家的战士既战斗又要搀扶别人，尚且不可能做到。现在你不是国家的战士，怎么能既要完成学业又要学成射箭呢？'"墨子完全是根据学生的能力所及，以施教的。在学生能力所不及之处，墨子不教。可见，墨子在教学的过程中贯彻了量力而行原则。

2、实践性原则

《墨子·修身》篇云："士虽有学，而行为本焉。"意思是，士人虽然有学问，但是行为是其根本之所在。《墨子·兼爱下》篇又云："言必信，行必果，使言行之合犹合符节也，无言而不行也。"其意即，出言必定守信用，行为必定要果断，使言行一致就象与符节相合一样，没有出了言而不实行的。

墨子反对仅停留于言谈而不从事实践者。《墨子·公孟》篇云："口言之，身必行之。今子口言之，而身不行，是子之身乱也。"意思是说，口出言，自身必须实行。现在你口已出言，但自身不去实行，是你自身混乱啊！《墨子·耕柱》篇又云："子墨子曰：'子之言恶利也？若无所利而不言，是荡口也。'"孙诒让云："'不言'疑当作'必言'。"墨子的意思是，你说的话有什么益处呢？若是没有什么益处还一定要讲，是放任口舌啊！此外，毕沅校注本《佚文》篇载，"禽子问曰：多言有益乎？墨子曰：虾蟆蛙蝇日夜而鸣，舌干擗，然而不听。今鹤鸡时夜而鸣，天下振动。多言何益？唯其言之时也。（见《太平御览》卷三九零）"可见，墨子反对说无益的废话，认为说话一定要适时宜方能奏效。

《墨子·修身》篇云："志不强者智不达，言不信者行不果。"意即，意志不坚强的人智力就不会发达，出言不守信的人行为就没有成果。

可见，墨子在教育过程中贯彻了实践性原则。

3、主动性原则

《墨子·公孟》篇云："公孟子谓子墨子曰：君子共已以待，问焉则言，不问焉则止。譬若钟然，扣则鸣，不扣则不鸣。子墨子曰：……若大人为政，将因于国家之难，譬若机之将发也然，君子之必以谏，然而大人之利，若此者，虽不扣必鸣者也。"这里的意思是，公孟子说，君子拱手等待，有人问就说，没有人问就不说。就好象钟一样，敲就鸣响，不敲就不响。墨子说，……如果王公大人执政，国家将要发生灾难，就象弩机将发一样，君子必须劝谏，当然这是王公大人的利益。像这样，虽然不敲钟，也必须要鸣响。墨子对"问焉则言，不问焉则止"的批评，可以引申于教育：在教育学生时，不要只等学生提问才回答，而要发挥主观能动性，积极主动地教育学生。这体现了教育的主动性原则。

（四）教育的方法

墨子的教育方法主要体现于因材施教与动手实验。

1、因材施教

《墨子·耕柱》篇云："子墨子游荆耕柱子於楚，二三子过之，食之三升，客之不厚。"

这是在讲墨子使耕柱子到楚国游学，以扬其名。

《墨子·贵义》篇云："子墨子仕人于卫，所仕者至而反。"这里是说，墨子将所培养的弟子送到卫国去从政。墨子肯定对其进行了为政方面的教育。《墨子·公孟》篇云："有游於子墨子之门者，身体强良，思虑徇通，欲使随而学。子墨子曰：'姑学乎，吾将仕子。'劝于善言而学。"这里的意思是说，墨子对游于门前的人说，你先学习吧！我将推荐你去做官。墨子是因其有从政之才，而施教的。

《墨子·公孟》篇云："二三子复于子墨子学射者，子墨子曰：不可。"意即，有两三个学生再次找墨子想学习射箭，墨子根据他们适宜于学习的情况，不同意他们学习射箭。

《墨子·公孟》篇云："告子谓子墨子曰：'我治国为政。'子墨子曰：政者，口言之，身必行之。今子口言之，而身不行，是子之身乱也。子不能治子之身，恶能治国政？"意即，告子想从政，墨子说你言行不一致，连自身都很混乱，怎么能施政呢？

纵观诸篇，墨子在教育的过程中是贯彻了因材施教的原则。

2、动手实验

比如，对于《墨经》中所记载的凹面镜成像实验，科学家钱临照先生说，"墨经这条实验记载是丝毫没有错误的，只是当时做实验的人没有用烛炬做发光体而就把他自己的脸作发光体，把自己的眼睛做观察的仪器罢了。现在我们试立在凹面镜前的远处行向镜面，就看见自己的小而倒的人像自焦点迎面而来，等人走近球面中心时，人像仍小，仍倒，但逐渐模糊，以至不辩。这时因为像成在离人不及 25 厘米地方，这样已小于人的视距，所以看不清楚了。待人到达球面中心时，此时像也成在此处，好比把东西放在我们的眼球上面，当然是看不到了。人要是更向前，大而倒的像就成在人的后面，更无从得见。但人走过焦点再向镜面而去，则大而正立的像又可见到在镜子后面了。所以当人从远处走向凹面镜时，初见是小而倒的像，当人行进球面中心和达焦点之前，像由模糊至毫无所见；过焦点，大而正的像又可见了。这样说来，《经》文的'一小而易，一大而正'是一个忠实的实验记录，并没有遗失记载什么啊！"（参见本书墨子的科学思想中之光学思想部分）可见，墨子在教育的过程中是重视动手实验的。

如果墨家弟子在学习的过程中，没有通过反复实验，又怎么可能造出像连弩车、转射机等这样的守城器械呢？正是因为墨子在教学的过程中借助于实验方法，墨家才取得了杰出的科学成就。我国目前的学校教育大多只注重灌输书本知识，忽视动手能力的培养，结果培养的学生往往高分低能，缺乏社会实践能力，墨子的思想很值得借鉴。

（五）教育理论

墨子的教育理论主要体现在三方面，即：教育救世论、人性所染论与天志决定论。

1. 教育救世论

《墨子·鲁问》篇云："翟以为不若诵先王之道，而求其说，通圣人之言，而察其辞，上说王公大人，次匹夫徒步之士。王公大人用吾言，国必治；匹夫徒步之士用吾言，行必修。……故翟以为虽不耕织乎，而功贤于耕织也。"《孟子·公孙丑下》云："知其罪者，惟孔距心，为王诵之。""诵"，意为"陈述"。《汉书·高后纪》云："未敢诵言诛之。"颜师古注引邓展曰："诵言，公言也。""诵"，意为"公开"。故"诵"之意为"公开陈述、宣传、传授"。《韩非子·解老》篇："道者，万物之所然也，万理之所稽也。""道"意为"法则、规律"；《论语·卫灵公》："道不同，不相为谋。""道"意为人生观、世界观或政见等。故"道"意为"规律、观念"。《礼记·投壶》："某贤于某若干纯。""贤"之意为"多、胜"。可见，墨子之意为，不如传授先王的治世规律，进而寻求他们的学说，了解圣人的言论，考察他们的文辞，上以游说王公大人，其次游说百姓、行走之人。王公大人采用我的言论，国家必然治理好；百姓、行走之人采用我的言论，行为必定修正。……所以，我墨翟认为虽然不耕种、织布，但是功效胜过耕种、织布。

《墨子·鲁问》篇云："子墨子曰：'籍设而天下不知耕，教人耕，与不教人耕而独耕者，其功孰多？'吴虑曰：'教人耕者其功多。'……子墨子曰：'天下匹夫徒步之士，少知义而教天下以义者，功亦多。'"墨子的意思是说，假设天下人不知道耕种而教人耕种，与不教人耕种而独自耕种，那个功效更大？吴虑说，教人耕种的人功效更大。墨子又说，天下百姓、行走之人很少知道"义"，因而教天下人为"义"者，功效也更大。墨子在此强调教育的作用之大、功效之显著：上有利于为政治国、下有利于传授百姓技艺；上有利于弘扬天下之公义，下有利于百姓之修行。

《墨子·鲁问》篇又云："凡入国，必择务而从事焉。国家昏乱，则语之尚贤、尚同；国家贫，则语之节用、节葬；……国家务夺侵凌，即语之兼爱、非攻。"毕沅校注本"即语之兼爱非曰"之"非曰"间脱"攻故"二字。墨子这是在上说王公大人，根据其国情分别游说不同的内容，从而教化各国君主为义从善。

墨子上说王公大人最为成功的范例是"止楚攻宋"，《墨子·公输》篇云："公输盘为楚造云梯之械；成，将以攻宋。子墨子闻之，起于齐，行十日十夜而至於郢……子墨子见王，曰：'今有人於此，舍其文轩，邻有敝舆，而欲窃之；舍其锦绣，邻有短褐，而欲窃之；舍其粱肉，邻有糠糟，而欲窃之。此为何若人？'王曰：'必为窃疾矣。'……楚王曰：'善哉！吾请无攻宋矣。'"墨子通过对楚王的教化，终于制止了一场楚国对宋国的侵略战争。

墨子向百姓游说的例子也很多。比如：《墨子·鲁问》篇云："鲁人有因子墨子而学其子者，其子战而死，其父让子墨子。子墨子曰：'子欲学子之子，今学成矣，战而死，而子愠，而犹欲粜，籴雠则愠也。岂不费哉？'"《左传·僖公五年》云："公使让之。""让"意为"责备"。"雠"即今"售"字。这里的意思是说，鲁人的一个随墨子学习的儿子在作战中死了，其父责备墨子。墨子说，你儿子学成而战死，你愤怒。这就像卖米，米卖出去了你却愤怒，这不荒谬吗？

墨子努力通过教育，以挽救颓世，他提出的是教育救世论。

2. 人性所染论

《墨子·所染》篇云："染于苍则苍，染于黄则黄，所入者变，其色亦变，……故染不可不慎也！非独染丝然也，国亦有染。舜染于许由、伯阳，禹染于皋陶、伯益，汤染于伊尹、仲虺，武王染于太公、周公。此四王者所染当，故王天下。……夏桀……殷纣……厉王……幽王……此四王者，所染不当，故国残身死，为天下僇。……非独国有染也，士亦有染。其友皆好仁义，淳谨畏令，则家日益、身日安、名日荣，处官得其理矣，……其友皆好矜奋，创作比周，则家日损、身日危、名日辱，处官失其理矣。"墨子的意思是说，丝在苍色中染就变成苍色，在黄色中染就变成黄色，所以染色不可不慎重啊！不但丝可染，国君也可染。舜、禹、汤、武被臣相熏染正当，所以成为天下之帝王。桀、纣、厉、幽被臣相熏染不当，所以国破身亡。不但国君可染，士亦可染，朋友好，则家日日得益、身体日日平安、名声日日荣显，为官也得其道理。反之，则家日日有损、身体日日危险、名声日渐辱没。大臣、朋友的熏染与影响，也就是大臣、朋友的教化，直接导致了人的变好与变坏。俗语道，"近朱者赤，近墨者黑"，也是指熏陶、影响的巨大作用。

墨子在此强调了教育环境对人所起的潜移默化的重要作用，这一作用是普遍的，是不可忽视的。

3. 天志决定论

《墨子·天志中》篇云："子墨子曰：天之意，不欲大国之攻小国也，大家之乱小家也。强之暴寡，诈之谋愚，贵之傲贱，此天之所不欲也。不止此而已，欲人之有力相营，有道相教，有财相分也。"墨子的意思是说，上天的旨意是：不要大国进攻小国，不希望大家族扰乱小家族。强大的暴虐弱小的，狡诈的谋算愚蠢的，高贵的傲视卑贱的，这是天之所不希望的。不仅仅如此，上天希望人与人有力就互相营救，有道就互相传授，有财就互相分出。这里特别重要的是，上天希望懂得道理就要互相传授与教化。换言之，"天志"是墨子教育理论的一个方面，上天要求人们"有道相教"，这就是天志决定论。

（六）教育建制

墨子的教育建制从空间角度来看，包括：社会教育与学校教育；从时间角度来看，从短期学校教育延伸到终身教育。

1. 社会教育

墨子是伟大的教育家，他面对全社会进行广泛的教育。《墨子·鲁问》篇云："上说王公大人，次匹夫徒步之士。"就是说，墨子首先对在上的王公大人进行教育，其次对平民百姓进行教育。《墨子·耕柱》篇云："子墨子谓鲁阳文君曰：大国之攻小国，譬犹童子之为马也。童子之为马，足用而劳。今大国之攻小国也，攻者农夫不得耕，妇人不得织，以守为事；攻人者，亦农夫不得耕，

妇人不得织，以攻为事。故大国之攻小国也，譬犹童子之为马也。"墨子这是在教育鲁阳文君不要攻伐别国。《墨子·鲁问》篇云："子墨子见齐大王曰：'今有刀于此，试之人头，卒然断之，可谓利乎？'大王曰：'利。'子墨子曰：'多试之人头，卒然断之，可谓利乎？'大王曰：'利。'子墨子曰：'刀则利矣，孰将受其不祥？'大王曰：'刀受其利，试者受其不祥。'子墨子曰：'并国覆军，贼杀百姓，孰将受其不祥？'大王俯仰而思之曰：'我受其不祥。'"墨子在此通过对齐大王的教育，制止了齐国即将对鲁国发起的侵略战争。

《墨子·公孟》篇云："不强说人，人莫之知也。"意思是说，不努力去说服、教育别人，别人就不知道理。《墨子·鲁问》篇云："鲁之南鄙人，有吴虑者，冬陶夏耕，自比于舜。子墨子闻而见之。吴虑谓子墨子：'义耳义耳，焉用言之哉？'子墨子曰：'子之所谓义者，亦有力以劳人，有财以分人乎？'……"《墨子·公孟》篇云："有游于墨子之门者，子墨子曰：'盍学乎？'对曰：'吾族人无学者。'子墨子曰：'不然，夫好美者，岂曰吾族人莫之好，故不好哉？夫欲富贵者，岂曰我族人莫之欲，故不欲哉？'"这些，墨子都是在广泛地教育平民百姓。

墨子还要求自己的弟子也同样对王公大人与平民百姓进行游说与教育，由此形成了一个庞大的社会教育网络。比如，《墨子·鲁问》篇云："子墨子游公尚过于越。公尚过说越王，越王大说。"这是在讲公尚过游说、教育越王。墨子及弟子的游说、教育在一定程度上推动了社会的发展与进步，使墨学产生了巨大而持久的影响。

2. 学校教育

在文物资料方面，最近发现河南鲁山保存了大量关于墨子的文物遗址，如"墨子故里"碑，"墨子贤人"碑，墨子隐居处古遗址，墨子讲学处古遗址，墨子庙遗址，墨子洞等等。从墨子讲学处古遗址来看，墨子在当时是建立了学校的。所讲的课程有力学、光学、数学、工程技术、政治学、军事科学、逻辑学、各国历史、外交学、射箭技艺、守城训练等。从墨子所要求的"厚乎德行"（《墨子·尚贤上》）来看，他很重视德育教育；墨子还重视对学生的意志培养，通过艰苦的学习生活来磨炼意志、锻炼毅力。《墨子·备梯》篇云："禽滑厘子事子墨子三年，手足胼胝，面目黧黑，役身给使，不敢问欲。"《庄子·天下》篇亦云，墨翟"使后世之墨者，多以裘褐为衣，以跂𫏋为服，日夜不休，以自苦为极。"此乃是其证。此外，墨子还特别重视国防教育。比如，《墨子·备城门》篇云："吾欲守小国，为之奈何？子墨子曰……"墨子的再传弟子是孟胜，他在为阳城君守城时说："死之所以行墨者之义而继其业者也。"（《吕氏春秋·高义》篇）遂率弟子一百八十三人全部壮烈殉难。墨家勇于为义的英勇牺牲精神，实在是"惊天地、泣鬼神"，这种精神铸成了中华民族伟大的侠义精神与尚武自卫精神。这些显著的教育效果，都是学校正规教育的成果。

3. 终身教育

学校教育仅仅是短期教育，墨子将教育延伸到学生的终身，这就是终身教育。

《墨子·鲁问》篇云："子墨子使胜绰事项子牛。项子牛三侵鲁地，而胜绰三从。子墨子闻之，使高孙子请而退之。曰：'我使绰也，将以济骄而正嬖也。今绰也禄厚而谲夫子，夫子三侵鲁，而绰三从，是鼓鞭于马靳也。翟闻之：言义而弗行，是犯明也。绰非弗之知也，禄胜义也。'"《左传·定公九年》云："吾从子，如骖之靳。"杜预注曰："靳，车中马也。"这里的意思是说，墨子让弟子胜绰去项子牛处做官。项子牛三次侵犯鲁国领土，胜绰三次都跟从了。墨子听说后，派弟子高孙子请求项子牛辞退胜绰，并且说：我让胜绰去，是为了制止骄横、匡正邪僻。现在胜绰俸禄丰厚了，却欺诈你夫子，你三次侵犯鲁国，胜绰三次都跟从了，这就像扬鞭打马车的中马一样。我翟听说过，出语讲仁义却不实行，是违背了明白的道理。胜绰并不是不知道，而是将俸禄看得比义还重啊！可见，墨子因弟子胜绰助项子牛伐鲁，违背了"义"，而派弟子高孙子去项子牛处辞退胜绰。胜绰是在墨子处学成后去事项子牛的，但是墨子还要关心并继续教育胜绰。这是一种正规教育的延伸，是一种终身教育。此亦系墨子的一种为义之举。墨家弟子"赴火蹈刃、死不还踵"的侠义精神实乃墨子教化之所致啊！

（七）对当今教育的启示

墨子的教育思想对当今教育的启示如下：

1. 竭诚爱国。墨家是坚决维护和平，反对侵略战争的，这在前面有很多论述。

2. 树立理想。墨家为己者甚少，为人者甚多；以自苦为极，损己救世；墨家匡扶正义，利国利民。这体现了正义的精神。

3. 学以致用。墨家弟子之所学是理论联系实际的，他们有的从政、有的讲学、有的游说、有的生产、有的造兵器、有的搞科研。墨子的理论在社会实践中应用广泛，墨家弟子可以说是能文能武、能生产能研究的全才。王裕安教授说："墨子的教育……其最突出的特点就是综合教育加实践锻炼。墨子的综合教育体现在教育思想的全面性和教育内容的广泛性两个方面。墨子在教育方法上注重实践，他培养的学生能够学以致用，学成后直接从事拯救社会和普济民生的大业，成为时代的栋梁之材。……墨子的多科教育和注重实践，实在是避传统教育之短，开素质教育之源的伟大创举。"

4. 磨炼意志。墨家特别重视意志与体能训练，这同时也是良好的心理训练。墨家的衣食住行均甚为简陋，且又"日夜不休、以自苦为极"，需要极为坚强的意志力。墨子"裂足裹裳""行十日十夜"，以止楚攻宋，正是这种意志力的写照。

5. 正本清源。《墨子·修身》篇云："原浊者流不清，行不信者名必耗。"意思是说，源头混浊，水流不会清澈；行为无信，名声必然败坏。对教育而言，除了从学生内心正本清源之外，必须净化教育环境。从这一方面来看，教育不仅仅是教师的使命，也是政府、社会、学校、企业、家庭等共同承担的重大使命。只有大家都来关心、支持教育事业，才能造就德志体全面发展的高素质人才。

七、墨子的军事思想

（一）以战去战——演说战争观

1. 反对攻伐掠夺的不义之战

墨子深知战争给人民所带来的灾难，倡导"非攻"，反对战争。

墨子把大国对小国的攻伐掠夺，视为"天下之巨害"。从以下诸方面描述了战争给人民带来的灾难。

（1）贻误农时，破坏生产。农业在很大程度上是"以时生财"。而大国之君兴兵打仗，冬天怕冷，夏天怕热，专挑选春秋好季节进行。春天出兵就种不了庄稼，秋天出兵就耽误收获。只要误了一个季节，老百姓饥寒冻馁而死者，就不可胜数。可是一出兵，时间长的要几年，短的要数月，这就使成千上万的劳动力脱离生产，不知要使多少人死于沟壑。所以，攻伐就等于斩断了老百姓的衣食之源。

（2）抢劫财富，不劳而获。墨子常用类比推理，来揭露战争对人民财产的掠夺和破坏。他在讲演中说：

今有一人，入人园圃，窃其桃李，众闻则非之，上为政者得则罚之。至攘（抢夺）人犬豕鸡豚者，其不义，又甚入人园圃窃桃李。至入人栏厩，取人马牛者，其不仁义，又甚攘人犬豕鸡豚。至杀不辜人也，曳其衣裘，取戈剑者，其不义，又甚入人栏厩，取人牛马。（《非攻上》）对窃人桃李、抢人犬豕鸡豚牛马、杀人越货者，那些大国君主"皆知而非之，谓之不义"。可是攻小国，"入其沟境，刈其禾稼，斩其树木"，见什么抢什么。《孙子》提到大军所到之处，"侵掠如火"，"掠乡分众，廓地分利"，"掠于饶野，三军足食"。（《军争篇》《九地篇》）这反映了大国抢掠小国的实情。墨子认为，这种抢掠行为比起人人反对的盗窃行为不知坏多少倍，可是大国国君却把这叫作"义"。这难道是知道义和不义的区别吗？墨子说：

今有人于此，少见黑曰黑，多见黑曰白，则以此人不知白黑之辨矣。少尝苦曰苦，多尝苦曰甘，则必以此人为不知甘苦之辨矣。今小为非，则知而非之，大为非攻国，则不知非，从而誉之，谓之义，此可谓知义与不义之辨乎？是以知天下之君子也，辨义与不义之乱也。（《非攻上》）

墨子把大国对小国的攻伐掠夺行为，看作跟盗窃一样，都是"不与其劳获其实，以非其所有而取"的不义行为。可见，墨子的非攻理论，是对其保护劳动成果的平民道德观的引申和扩大。

（3）残害无辜，掠民为奴。墨子指出，大国君主命令自己的部队进攻小国，"民之格者，则迳杀之。不格者，则系操而归。丈夫以为仆圉胥靡，妇人以为舂酋"。（《天志下》）老百姓稍有反抗之意，则予以残害。而无反抗之意者，就用绳索牵连，掠回为奴。男的做种种苦役，女的做舂米或侍酒奴婢。

土地虽广，好战则民凋。战争对大国的民众，也是深重的灾难。一次出征，动辄"兴师十万，出征千里"。（《孙子·用间篇》）由于种种原因，在路上死的就"不可胜数"。战争的结果，"丧师多不可胜数，丧师尽不可胜计"。即使攻下一个三五里大的小城，"杀人多必数万，寡必数千"。正如古代童谣谓"大兵如市，人死如林"。而当时的大国疆域辽阔，地广人稀，有许多不毛之地还未开垦，所以最缺乏的是劳动力。墨子认为，这种战争正是"杀所不足"（指劳动力）而"争所有余"（指土地），是一种愚蠢行为。

墨子亲眼看到战争给人民带来的沉重灾难。他说：

至夫差之身，北而攻齐，舍于汶上，战于艾陵，大败齐人，而堡之泰山，东而攻越。（《非攻中》）

吴王夫差于公元前484年兴兵北上攻齐，在大汶河流经泰安处驻军，摆开阵势，与齐军鏖战艾陵，杀死齐军主帅国书，俘获齐兵车八百乘，将齐军打得落花流水，并在泰山附近筑堡垒固守，又东向而攻越。艾陵在今山东泰安东南。这个地区，正是墨子出生和生活的地方。

由于墨子了解到生民百遗一、念之断人肠的战争惨祸，因此，经常指名批评齐、晋、楚、越四大国穷兵黩武的政策和恃强凌弱的霸权行径。同时，主张小国（如鲁、宋、卫等）储兵备战，抵御强寇。

2. 支持防守诛讨的正义之战

墨子反对大国攻小国的侵略战争，但他知道光靠讲道理是不能使大国君主放弃战争的。所以，墨子主张深谋备御，用积极的防御战争，制止以大攻小的侵略战争。他赞颂诛讨，支持以正义征伐无义的战争。

一次，墨子跟"好攻伐之君"辩论。好战君主提出，您"以攻伐为不义"，可是过去"禹征有苗、汤伐桀、武王伐纣"，这不都是"攻伐"吗？为什么禹、汤、武王都被人们看作"圣王"，受到尊敬呢？

墨子回答："子未察吾言之类，未明其故者也。"（《非攻下》）即指出对方混淆了"攻"（攻伐掠夺的不义之战）和"诛"（以有义诛讨无义的战争）这两个不同的概念，违反了形式逻辑的同一律，以历史上圣王诛讨不义、惩治暴君的战争为论据，来为自己的攻伐掠夺辩护，这完全是南辕北辙风马牛不相及。

墨子的战争观，是以明确区分正义和非正义这两种不同性质战争为前提的。

有备无患，忘战必危。由于墨子支持防守诛讨的正义之战，所以他主张兴修城郭沟池，加强守备，以应不测。他反复申述：

备者国之重也；食者国之宝也；兵者国之爪也；城者所以自守也。此三者国之具也。

库无备兵，虽有义不能征无义。城郭不备全，不可以自守。心无备虑，不可以应卒（应付突然事变）。

国罹寇敌则伤，民见凶饥则亡，此皆备不具之罪也。

（《七患》）

粮食、兵器、城堡是国家最重要的三项战备。城郭沟池修得不好，不利于防守。没有充足的武器装备，不能以有义诛讨无义。思想上要是麻痹大意，就要在敌寇的突然进攻面前失利。这都是不积极备战的罪过。只有做到"入守则固，出诛则强"，才能保卫人民的生命财产。

（二）军队编制

1. 全民皆兵

墨子关于组成军队的基本思想，是举城全民皆兵。只有如此，才能以寡敌众，以弱胜强。

据《备城门》篇记载，墨子的守城方案中假定敌人有"十万之众"。墨子在《非攻下》篇说："今好攻伐之国，若使兴师，徒十万，然后足以师而动矣。"春秋末期军事家孙武的军事论文屡言"兴师十万""十万之师举""带甲十万"等（《作战篇》《用间篇》），正反映墨子所针对的好战大国的实情。

而墨子及其后学所守之城，是"率万家而城方三里"。（《杂守》）也就是《非攻中》所说的"三里之城，七里之郭"，或战国时人常说的"千丈之城，万家之邑"（《战国策·赵策》）。这种城的规模，是属于郡县级的小城镇。

墨子提出，抵御十万敌军，要组织约五千守军。城上男兵一千人，女兵两千人，老人兵（六十岁以上）和儿童兵（十五岁以下）一千人，预备队（包括突击队、敢死队等）一千人。再加上城内各处守卫、巡逻，以及各种后勤保障人员等，不把全城一万户居民都动员起来，是不足以抵御敌兵十万之众的。

《墨子》书影

（1）妇女的动员。组织女兵参战，这在古兵书中是独树一帜的。《号令》篇说："女子到大军，男子行左、女子行右。"几千女子，听到集合的鼓声，立即到岗位上报到，为行动迅速需男女分途。《号令》篇又说："丁女子、老少人一矛。"女兵和男兵一样，手持武器直接参与战斗。《旗帜》篇说："守城之法：女子为姊妹之旗。"女兵军团有特殊军旗。"男女皆辨异衣章徽，令男女可知。"男女兵各穿不同军装，佩戴不同徽章，使男女兵易于分辨。女子作战英勇，跟男兵一样可受到"赐钱"的奖励和免征徭役、租税的优待。《备穴》篇说："诸作穴者五十人，男女相半。"连坑道兵也有一半是女性的。古有民歌一首："李波小妹字雍容，褰裳逐马如卷蓬，左射右射必叠双。妇女尚如此，男子安可逢

（敌）？"这首民歌唱出了精于射术的巾帼英雄的风采。在墨者组织的守城战斗中，有此类参与"疾斗却敌""坚守胜围"的女中豪杰，男子中也定有不甘示弱的勇士。（《号令》）

（2）老人和儿童的动员。墨者把老人和儿童也动员起来了。

因城内里为八部。部一吏，吏各从四人，以行冲术（道路）及里中。里中父老不与守之事及会计者，分里以为四部，部一长，以苛往来。不以时行，行而有他异者，以得其奸。　　　　　　　　　　　　　（《号令》）

守城之法：五尺童子为童旗。　　　　　　　　　　　　（《旗帜》）

睨小五尺不可卒者，为署吏，令给事官府与舍。

　　　　　　　　　　　　　　　　　　　　　　　（《杂守》）

老人不能上城当兵和搞后勤的，可以参与巡逻、维持秩序和监视形迹可疑者。城上儿童军团有特殊军旗。儿童不能上城当兵的，可参与后勤服务工作。

（3）各行业和各阶层人民的动员。墨者主张把各行业、各阶层和各种有一技之长的人，都动员起来：

收贤大夫及有方技者与工，第之（编制）。举屠、沽者置厨给事，第之。凡守城之法：百官供财，百工即事。士皆有职。　　　　（《迎敌祠》）

有谀人、有利人、有恶人、有善人、有长人、有谋士、有勇士、有巧士、有死士、有内人者、［有］外人者、有善［爱］人者、有善斗人者，守（郡守）必察其所以然者，应名乃纳之。使人各得其所长，天下事当。均其分职，天下事得。皆其所喜，天下事备。强弱有数，天下事具矣。

　　　　　　　　　　　　　　　　　　　　　　　（《杂守》）

各级官吏、各种有一技之长者（如医生、工匠）都纳入战时体制，按军队组织形式加以编制，使之互相统属。如屠夫、卖酒人专事部队膳食炊饮工作。为了守城的胜利，大家有钱出钱，有力出力，尽量调动一切人的积极性。在这守城战斗的非常时期，郡守要采取开明的用人方针，尽力化消极因素为积极因素，最大限度地团结一切能够参加战斗的人。平时乐善好施、喜欢助人者，善于出谋划策者，心灵手巧者，勇猛无畏者，侠客义士等，自然各有其用。个子高大，也有特殊用场。即使平时爱讲坏话者，品行恶劣者，常打架斗殴者，只

要参与守城战斗，也应该欢迎。新住户应与老居民一律看待，不加歧视。总之，凡参与守城战斗者，不考虑其出身、经历、德行、业务、才干等等一律收纳，各定其守，各有分职，务使发挥所长，各乐得其所欲。做到了这一点，守城大事就有了人力的保证。

2. 军队编制

墨者规定军队的编制和组织系统：

城上步一甲、一戟，其赞（佐）三人。五步有伍长，十步有什长，百步有佰长。旁有大帅，中有大将。

（《迎敌祠》）

百步一亭，亭一尉。尉必取有厚重忠信可任事者。

（《备城门》）

守城将营无下三百人。四面四门之将，必选之有功劳之臣，及死事之后重者（烈士重要亲属），从卒各百人。

（《号令》）

令将自卫，筑十尺之垣，周桓墙。 （《号令》）

将出而还，与行县，必使信人先诫舍，室乃出迎，闻守，乃入舍。

（《号令》）

城上每步有五人坚守，其中一人带甲，一人持戟，三人辅佐。五步编为一伍，有伍长。十步编为一什，有什长。百步为一佰，有佰长。伍长、什长、佰长是下级军官。百步设一亭，亭设一尉。《旗帜》篇说："亭尉各为帜。"尉是中级军官，有特殊军旗。

将帅是战争前线的高级指挥官。每个将帅统领三百名常备职业军人，有卫兵一百名。将帅外出（如巡行各县）回来时，先有通讯员报信，家属出迎并报告郡守方可回家。可见将帅之上还有郡守。

郡守被尊称为"太守"（《号令》），为一郡之长，由武官兼任，是郡邑保卫战中的主将，相当于城防司令。郡守的住地和办公处，有特殊的建制和保卫措施（详见本章四）。

可见，墨者的军队编制系统，是由士卒、伍长、什长、佰长、亭尉、将帅、郡守组成的塔状结构。

3. 军装、徽章和军旗

为保证武装组织的集中统一和战斗行动的迅速准确，部队还规定了不同军兵种的着装、徽章的制别，以及不同的军旗。《旗帜》篇说：

城中吏、卒、民、男女皆辨异衣章徽，令男女可知。城上吏置之背，卒于头上。城下吏、卒置之肩。左军于左肩，右军于右肩，中军置之胸。各一。

即官吏、兵卒、平民、男女各着不同制式的服装，每人一枚徽章佩戴于不同部位。从徽章佩戴部位一望可知其岗位是在城上还是在城下；是军官还是兵卒；是左军、右军还是中军。

不同等级的军官，以不同颜色或长度的旗帜为标志。"亭尉各为帜"，"城将为绛帜"。墨者规定了不同级别军官、旗帜的不同制式。

守城之法：木为苍旗。火为赤旗。薪樵为黄旗。石为白旗。水为黑旗。食为菌旗。死士（敢死队成员）为苍鹰之旗。劲士（大力士）为虎旗。多卒为双兔之旗。五尺童子为童旗。女子为姊妹之旗。弩为狗旗。戟为旌旗。剑盾为羽旗。车为龙旗。骑为鸟旗。凡所求索，旗名不在书者，皆以其形名为旗。城上举旗，备具之官致财物，物足而下旗。（《旗帜》）

城上需要木头、火种、木柴、石头、饮水、食物、弓弩、戟、剑、盾、车、骑等军需品，或者城上的敢死队员、大力士、兵卒、成童、女兵等在编人员，都各有不同颜色或形制的旗帜。旗名不在此列者，还可视需要临时增设相应的旗帜。城上举旗为号，城下管后勤的军官，根据旗帜的指示，筹措军需或输送人员上城，满足要求则下旗为号。这是后世旗语的萌芽。

4. 军令、赏罚和思想工作

命必足畏，赏必足利，令必行，令出辄人随，省其可行，不行。

为守备程而署之曰某程，置署术街（通道）、衢阶与门，令往来者皆视而仿（依照执行）。

传令里中者以羽，羽在三老所。家人各令其家中，失令与稽留令者，断。（《号令》）

即命令应该及时公布、传达和执行，并及时派人检查执行结果。命令除张贴在大街小巷、交通要道之外，还可用羽毛信的形式，使其迅速传递到街道和居民家中。传递过程中遗失命令文本或擅自滞留延缓者断为有罪。

"诸以众强凌弱小及强奸人妇女，与喧哗者，与［擅自］上城者，衣服不如令者，皆断。"断即断为犯罪或违反军纪。"诸有罪过"而较轻者，"令除厕罚之"（罚其清扫厕所）。（《号令》）

《备城门》篇记墨子把"赏明可信而罚严足畏"，看作是保证守城战斗胜利的必要条件之一。"诸行赏罚"一定要出于公心，而不能徇私情，泄私愤。

《旗帜》篇规定，在城墙外守战栅的军人，"三出却敌"，"建旗其署，令皆明白知之，曰某子旗"，即三次出击打退敌人，郡守就下令亲自设宴招待，授予大旗，这是一种很高的奖赏。《号令》篇规定，守城战斗结束后，对在战争中"疾斗却敌"，把敌人打退，并使敌人再也不能重上的，每队选出二人，赐予上俸。而胜围之后，"城周里以上，封城将三十里地为关内侯，副将则赐上卿，丞及吏比于（相当于）丞者，赐爵五大夫。官吏、豪杰与计（提出好建议）坚守者十人，及城上吏比五官者，皆赐公乘。"参与守城的男子，每人升爵两级。"女子赐钱五千。"男女老少没有直接参与战斗的，每人赐钱一千。三年中免征徭役、租税，以"劝民坚守胜围"。郡守在奖励"邑中豪杰、力斗诸有功者"的同时，一定要亲自到"死伤者家"慰问，"令其怨结于敌"，即明白这是敌人带来的灾难。

《杂守》篇说："安则示以危，危示以安。"天下安定时，要指出不安定因素；天下不安定时，要指出安定的前景。这种注重安定民心、鼓舞士气的思想工作，是战争中所不可缺少的。

总之，命令、赏罚和思想工作的目的，都是为了调动军民的积极性，以保证战斗的胜利。

（三）新发明　显威力——武器装备

1. 枯木朽株齐努力，随地取用皆武器

墨子注重军事武器的储备、发明和应用。他说："兵者国之爪也。"国家没有兵器储备，犹如老鹰失去了利爪。"库无备兵，虽有义，不能征无义。"仓库里没有储备充足的兵器，虽为有义之师不能征讨无义之敌。

为赢得战争的胜利，墨子在兵员论上坚持全民皆兵，把人民的主观能动性发挥到最高限度。在武器论上主张配备充足的武器装备，同时利用墨者集团多能工巧匠的优势，发明威力巨大的新式武器，改造旧式武器，使之具有更大的杀伤功能。

墨者十分注意利用和征集就地取材的廉价武器，以及改造农、牧、手工业工具而成的武器。

二步积石。石中钧以上者五百枚。无石以抗（敌），蒺藜、砖皆可善防。

为蒺藜投，长二尺五寸，大二围以上。（《备城门》）

蒺藜投必当队而立，以车推引之。（《备梯》）

两步为十二尺。十二尺之内放置重十五斤以上的石头五百块，用以投掷上城敌人。把蒺藜捆好，放在敌人进攻必经的通道上，以阻滞敌人。

（二十五步）备沙，毋下千石。

沙五十步一积。

置器备撒沙砾。（《备城门》）

用抛撒沙子的方法迷伤爬城敌人的眼睛。另规定城上军官居所灶灰、糠、秕、谷皮、马屎"皆谨收藏之"，这也是为了在战斗中用以迷伤敌人眼睛。

关于农、牧、手工业工具改造的武器，计有：

二步置连梃（连枷）、长斧、长锥各一，枪（投枪）二十枚，周置二步中。

（《备城门》）

梃长二尺，大六寸，索长二尺。 （《备蚁附》）

客（敌人）则蚁附城，连梃、沙灰皆救之。 （《备蚁附》）

长斧、柄长八尺。十步一长镰，柄长八尺。 （《备城门》）

长锥，柄长六尺，头长尺，锐其端，三步一。 （《备城门》）

这里，连梃原是农家用的打禾工具连枷，分两节，可旋转，取其用力省而打击重，故被改造为武器，用以攻击像蚂蚁似的密密麻麻爬城墙的敌人。镰原来也是农具，投枪原为打猎工具，斧、锥原是手工业工具，被改造为切割、投

墨子思想

刺、砍杀敌人的武器。这些武器，容易就地取材、便于民兵改制和操纵。

2. 设渠苔收罗敌矢，施巧计取箭于敌——诸葛亮草船借箭的先驱

《三国演义》第四十六回称，诸葛亮用轻快船二十只，各以布幔草人伪装。在一个浓雾笼罩的凌晨，孔明促舟而进。五更时分，船逼近曹操水寨。孔明叫把船一字摆开，擂鼓呐喊。曹军闻声，一万名弓弩手齐向船放箭，箭如雨发。船上一面草人受箭已满，又把船反转，另一侧逼近水寨受箭。待日高雾散，急收船回。二十只船两边草人上排满箭支，清点结果，共得曹军送箭十万余支。这就是有名的诸葛亮草船借箭的故事。诸葛亮此计，实源于墨者的"以苔罗矢"：

遂拒寇，为高楼以射敌，城上以苔罗矢。（《备高临》）

城上二步一渠，渠立柱，长丈三尺，冠（露出部分）长十尺，臂长六尺。二步一苔，苔广九尺，长十二尺。

（《备城门》）

城上七尺一渠，长丈五尺，埋三尺，去堞（城上矮墙，女墙）五寸，夫（露出部分）长丈二尺。臂长六尺，半植一凿柄，径五寸。夫两凿，渠夫前端下堞四寸而适。埋渠，凿坎，覆以瓦，冬日以马屎塞，皆待命，或以瓦为坎。（《备城门》）

这里详细记载了渠苔的构造、安装和作用。城上距女墙五寸处，牢靠深埋一立柱，地下部分三尺，地上部分十尺（或十二尺）。柱上凿孔，安装横竿，外面张苔。渠犹如船上的桅杆，苔就像船帆。渠苔的作用是收罗敌人射来的箭或抛来的石块，而箭、石可重复使用。在敌人爬城时，也可以火燃苔，抛盖于敌人头上，用来烧伤敌人。阻挡矢石、收罗敌矢和烧苔覆敌，这是渠苔的一物多用。

3. 巧置罌听测敌情，声学原理有妙用

在墨者的守城装备中，规定有"罌听"一项。《备穴》篇说：

穿井城内，五步一井，附城足。高地一丈五尺，下地得泉三尺而止。会陶者为罌，容四十斗以上，固幕之以薄鞈革，置井中，使聪耳者伏罌而听之，审知穴之所在，凿穴迎之。

罂是大陶罐，小口大腹。在罂口上蒙以薄皮，放入井中。让耳朵灵的人伏在罂口上听，探知敌方挖掘坑道的方向所在，以便迅速采取措施，迎击敌人。这是巧妙地利用声学振动传播的原理，而设计的一种简单的测声仪器。

4. 窑灶鼓橐，窒息强敌

《备穴》《备突》和《备城门》诸篇，阐述了一种重要的坑道防御战中的装备，即窑灶鼓橐（鼓风吹火器，相当于风箱）。其中详细指明窑灶鼓橐的构造、安装、操作方法等。《备穴》篇说：

令陶者为瓦窦（管道），长二尺五寸，大围，中判之，合而施之穴中，偃一覆一，善涂其窦际，勿令泄，两旁皆如此，与穴俱前，下迫地，置糠与炭其中，勿满。炭、糠长恒窦，左右相杂，相如也。穴内口为灶，令如窑，令容七八圆艾。灶用四橐。穴且遇，以桔橰冲之，疾鼓橐熏之。必令明习橐事者勿令离灶口……然则穴土之攻败矣。

窑灶鼓橐的结构是，在坑道中建立一座简易的类似烧陶器、砖瓦的窑灶。窑灶用艾绒、炭火引燃煤块。《备穴》篇说："百十煤，其重四十斤，燃炭佐之，满炉而盖之，毋令气出。"窑灶连接瓦制管道（以两半圆瓦筒合成，用泥涂缝）。管道中均匀放置引燃生烟的炭、糠混合物。

穴中与敌人遇，则皆御而毋逐，且（佯）战败以待炉火之燃也。

（《备穴》）

穴中与敌人遭遇，只招架防御而不追逐进攻，并且假装战败退却，以等待炉火的燃烧。这时，有"穴者"（坑道兵）负责穴口的掘进和堵塞，有武士"以矛救窦，勿令（敌）塞窦"，"遇一窦而塞之，凿其窦，通其烟。烟通，疾鼓橐以熏之"。而熟练的冶铁鼓风技师，则谨守灶口，疾速鼓动排橐（以管道相连的风箱系列），用浓烟窒息敌人。

城百步一突门。突门各为窑灶，灶入门四、五尺，为其门上瓦屋，毋令水潦（雨水）能入门中。吏主塞突门……门旁为橐，充灶装柴艾，寇即入，下轮而塞之，鼓橐而熏之。（《备突》）

这是用窑灶鼓橐作为保卫城门、城墙的武器。

救垒池者以火与争，鼓橐，凭垣（女墙）外内，以柴为燔。（《备城门》）

墨子思想

这是以窑灶鼓橐来烟熏填塞我护城河的敌人。

总之，窑灶鼓橐的作用在于烟熏窒息敌人，近似于今日的催泪弹或化学战。但是，如果敌人用烟熏我，怎么办呢？《备穴》篇说：

盆持醯，客即熏，以救目。救目，分方凿穴，以盆盛醯置穴中，大盆毋少四斗，即熏，以目临醯上。

酒精比水可多溶解有害气体。所以，对付敌方烟熏，除向其他方向凿孔通气外，就是在坑道内预备一盆酒，以便避烟护目。这有点类似今日防毒面具的作用。

从墨者的设计看，窑灶鼓橐是军官（吏）、坑道兵（穴师、穴者）、管道兵（陶者）、鼓风兵（明习橐事者）和武士（力勇之士）的协同作战。它是把制陶和冶金的设备、工艺，加以改造，移植到小城防御战中，作为坑道战、城池保卫战的防御武器。

5. 巧机奇器多功能，旋转投掷显威风——掷车和转射机的发明

墨者在守城战斗中发明和应用了可以旋转投掷武器的掷车、转射机，即墨子说的"技（巧）机掷之，奇器［投］之"。（《备高临》）这大大加强了远距离杀伤的功能。《备城门》篇说：

转射机，机长六尺，埋一尺。两材合而为之稳，稳长二尺。中凿夫（露出部分）之为通臂，臂长至垣。

在城上每二十步就要装十台转射机，每台由一位熟练射手和一位助手操纵，随时准备开机投射。如派遣突击队开挖敌人准备水攻的堤坝，就需"城上为［转］射机疾佐之"（《备水》）。说明转射机是配合部队完成守城任务的重型军械。

另有一种用来投掷武器的器械，叫作"掷车"：

诸掷车皆铁什（用铁加固）。掷车之柱，长丈七尺，其埋入者四尺。夫长之丈以上至三丈五尺。马颊（像马头形状的筐笼，用以盛装抛射物）长二尺八寸。试掷车之力而为之困（加固），夫四分之三在上。马颊在三分中。治困以大车轮。

（《备城门》）

墨者规定二十步、三十步或五十步安装一台掷车。转射机或掷车可抛射剑

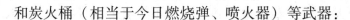

和炭火桶（相当于今日燃烧弹、喷火器）等武器：

施剑其面，以机发之。（《备梯》）

以木大围，长二尺四寸，而中凿之，置炭火其中而合幂之，而以掷车投之。

（《备城门》）

掷车或转射机在击退敌人的云梯之攻（《备梯》）、水攻（《备水》）、土台之攻（《备高临》）、人海战术（《备蚁附》）时，都可以发挥其强大威力。

关于掷车、转射机的动力，在当时的条件下，可能是利用弹力。因为当时人们已经知道利用皮条、竹木或金属弹簧，可以产生弹力。1988年夏，河南省考古工作者，在信阳地区光山县流庆山发掘春秋早期黄季佗父墓，出土一百一十件金属弹簧形器，均为螺旋线左旋圆柱体，形状同现在的金属弹簧没有区别。在这些金属弹簧旁，伴有一团丝线和二十八件箭镞（含箭杆）。这种安排看来不是偶然的，它暗示了利用弹簧器的弹力，可以提高弓箭的射杀力。战国时期墨者的能工巧匠们，也很可能利用金属弹簧，来制造投掷射击的器械。

6. 挽弓当挽强，用箭当用长。一发竟百中，弋射制强梁——连弩车的发明

墨者发明的一种最有力的进攻武器，要算是"连弩之车"了。《备高临》篇说：

备高临以连弩之车。材大方一尺，长称城之厚薄。两轴三轮，轮居筐中，重下上筐。左右旁二植（柱），左右有横植。横植左右皆圆柎，内径四寸。左右皆缚弩于植。以弦钩弦，至于大弦。弩臂前后与筐齐。筐高八尺。弩轴去下筐三尺五寸。连弩机郭用铜一百三十斤。引弦辘轳收。筐大围半。左右有钩距，方三寸。轮厚尺二寸。钩距臂博（宽）尺四寸，厚七寸，长六尺。横臂齐筐外，爪尺五寸，有距，博六寸，厚三寸，长如筐。有仪（瞄准仪）。有屈申，可上下。为武（弩床），重一石，以材大围五寸。矢长十尺，以绳〔系于〕矢端，如弋射，以辘轳卷收。矢高弩臂三尺。用弩无数，出入六十枚。用小矢无留。十人主此车。

弩是用机关发射箭的弓。一种是依靠手臂力量张开弓弦，这叫作"臂张"。后来也有用脚踏力量来张开弓弦的，这叫"超足而射"，也叫"蹶张"。弩的发射力量大小，以弓弦能拉动的重量来计算。齐宣王能用手臂力量拉开三石弓

（三石合三百六十斤）。周围大臣故意奉承他说："这弓不下九石，不是大王谁能拉开它？"于是齐宣王终生以为自己能拉开九石弓，其实不过三石。（《尹文子》）魏国武卒有"十二石之弩"，即它的弓弦可拉动十二石重量。

《备城门》篇说：

二步一木弩，必射五十步以上。及多为矢。即无竹箭，以楛、赵榆可，益求齐铁矢，播以射冲及梌枞。

城上两步即配备一张木弩。《号令》篇说："诸男子有守于城上者。什六弩，四兵。"即守城男卒十人中有六人持弩，四人持其他兵器。城上每三十步建立一座宽十尺、长一丈二尺的"弩庐"。还有专门"载矢"的车子。（《杂守》）并规定在坑道战中，因地方狭窄，要使用型号缩小的"短弩"（《备穴》）。可见墨者在守城战斗中普遍用弩。

墨者所用木弩，射程要求达五十步（古尺三十丈）以上，箭杆规定为竹制或楛木和赵国所产柘榆，铁矢最好为齐国所产。可见其武器装备讲求高质量，这是为了提高射击敌方冲梯、瞭望塔等重要目标的准确性和杀伤力而必备的。

据《备高临》篇记载，禽滑厘问墨子：

敌人积土为高，以临吾城，薪土俱上，以为羊黔（土山基址），蒙橹俱前，遂属之城，兵弩俱上，为之奈何？

敌人以牛皮和大盾为遮掩，用柴薪和黄土筑起土山，接近我城，兵弩等进攻武器都用上了，我们怎么办？墨子回答说，我们用"连弩之车"。

墨子的"连弩之车"，如果我们把它复制出来，摆在古兵器的展览大厅里，那一定相当宏伟壮观。

连弩，顾名思义，是把许多弓弩联结起来。用一个带现代意味的名词，可以叫作弓弩系列、弓弩集群或弓弩母机。因为它要"以弦钩弦，至于大弦"，可见它的弦至少有三层或更多层次。其钩弦的装置，是一个网状结构。这样多的子弓弩，这样多层次的弓弦，张拉的力量绝不是一个人的臂力或脚踏力所能胜任的。所以"引弦"要用"辘轳收"，即用绞车来牵引。而其发射机关，自然应该坚固、耐磨而又灵便，于是规定要用铜制："连弩机郭用铜一百三十斤。"发射机关用铜竟重一百三十斤，约合今三十四公斤。而钩住弓弦的钩距

（牙）有三寸见方，钩距臂有一点六八立方尺之大。弩床底座所用木材横截面为一平方尺大，长度跟城墙厚度相当。车轮厚度为一尺二寸。为了增加射击精确度，车上装有瞄准仪。为调整射击方位，特地装有名叫"屈申"的装置（可能是利用斜面的简单机械，如螺旋之类），以保证车身可上可下。这种重型机械需有十人驾驭。唐代大诗人杜甫有诗云："挽弓当挽强，用箭当用长。射人先射马，擒贼先擒王。杀人亦有限，列国自有疆。苟能制侵凌，岂在多杀伤？"墨者的连弩车，要算当时最强劲有力的弓弩了。其用箭之长，竟有十尺。而且一次能发射六十只。至于"小矢"，可发射"无数"，也勿需回收。所以这可以说是"一发竟百中"了。所射十尺长箭，用细绳系连矢端。射出一次，还可用绞车收回，重复使用。这就像狩猎中的"弋射"。不过，一般的弋射，是用来猎获空中的飞雁。而墨者的弋射，是为了制服横暴的敌寇。

这种"连弩之车"的威力，正如后人所描绘的：弩"以绞车张之，巨矢一发，声如雷吼"。"其牙一发，诸弦齐起，及七百步，所中城垒，无不摧陷，楼橹亦颠坠"。（杜佑《通典》）墨者很清楚武器装备的重要。自己小城不过万家，而"务夺侵凌"的敌国强寇，却有十万之众。要保卫自己的小城，需要运用杀伤力最强的武器，消灭敌人有生力量，否则是不能克敌制胜的。如果让墨者写诗，他们当写："苟能制侵凌，岂畏多杀伤？"墨子也正是这样回答禽滑厘的：

强弩射之，投机掷之，奇器［投］之，然则羊黔之攻败矣。（《备高临》）

用"强弩"即"连弩之车"向敌人射箭，用转射机向敌人投剑，用掷车向敌人抛火，总之，把一切进攻手段都用上，才能击败攻城的强寇！

（四）城防工程

墨家很重视修筑城墙等工事，"城郭不备全，不可以自守"（《七患》）。墨子说"凡守围城之法：城厚以高，壕池深以广，楼撕修，守备缮利"，"然后城可守"（《备城门》），即城墙修得又厚又高，护城河挖得又深又宽，城门楼修得高大又坚固，守城器械准备得充分又完好等等。这些条件都具备了，才能在敌人千军万马的围攻下坚守取胜。墨者集团的智者们，在各种城防工程中，充分施展了自己的才能。

1. 烽火城外百尺楼——遍布四郊的报警设施

战争是时间、速度和组织能力的竞赛。《杂守》篇记载了当时遍布城市四郊的亭燧守望和烽火报警设施。

筑邮亭（亭燧守望处所）者圜之（圆形），高三丈以上，令倚杀（有坡度）。为臂梯，宽三尺，连板三尺，复以绳连之。堑再匝，为悬梁（吊桥）。亭一鼓，笼灶。寇烽，警烽，乱烽，传火，以次应之，至主国止。其事急者，引而上下之。烽火以举，辄五鼓传，又以火属之，言寇所从来者多少，毋淹滞。去来属次，烽勿罢。

《号令》篇也有记载：

望见寇，举一烽。入境，举二烽。压郭，举三烽。入郭，举四烽。压城，举五烽。夜以火，皆如此。

以上内容详细说明了亭燧建筑的制式和传递信息的方法。在城堡的四面郊野，每隔一定距离，筑一高台。台下周围开挖双重壕沟，并安装吊桥以防卫。台上建高数丈的守望观测楼亭，楼亭内有阶梯以供攀登，并设有鼓、灶和举火的滑车。发现敌情，若在白天，就点燃柴薪，以升烟为号；若在黑夜，就提升火炬，以举火为号。敌情紧急，引火反复上下。烽火和击鼓音配合，可以表示出来寇多少。见寇举一烽，入境举二烽，到外城举三烽，进外城举四烽，到内城举五烽。如此各亭燧辗转传递，讯息可速达于城上。

伴随烽火和击鼓的装置，还有树表和举帜的设施：

士侯无过十里，居高便所树表，三人守之。比至城者三表，与城上烽燧相望，昼则举烽，夜则举火。

（《号令》）

侯者曹无过三百人，日暮出之，为徽帜。空隧（幽径）要塞之人所往来者，令可以迹者无下里三人，平明而迹。各立其表，城上应之。侯出越田表，斥坐郭门之外内，立其表，令卒之半居门内，令其多少无可知也。即有警，见寇越田表，城上以麾指之，辄击鼓，整旗以战备，从麾所指。（《号令》）

寇附攻前池外廉（敌人攻到护城河外沿），城上当队（敌人正面进攻处）鼓三，举一帜。到水中洲，鼓四，举二帜。到藩（篱），鼓五，举三帜。到凭垣，鼓六，举四帜。到女垣（墙），鼓七，举五帜。到大城，鼓八，举六帜。乘大城半以上，鼓无休。夜以火，如此数。寇却解，辄部（署）帜如进数，而无鼓。（《旗帜》）

树表是建立标记。士候或斥候是警戒兵。城外十里之内，在高地建立警戒点，树立标记。这是亭燧守望的辅助设施。每个警戒点派三个警戒兵守卫。城郊警戒兵白天黑夜轮流值班，并配有特殊旗帜。每天清早，派熟练的侦察兵（"可以迹者"），到行人常经过的路径、要塞去勘察行迹，树立标记，并与城上互通信息。发现敌情，城上用旗指挥，按规定击鼓，全城警戒，随时准备迎击敌人。

当敌人进攻到护城河外沿时，城上正对着敌人进攻处击鼓三下，举一面旗帜。如此到水中洲、栅栏、城墙根、女墙等，都有击鼓、举旗的不同规定。敌人退却时，举旗数与进攻时相当，不过，没有击鼓配合。

烽燧、击鼓、树表和举帜等，是发出不同军事信号的装置和设施。烽燧、树表、举帜是属于视觉符号。击鼓属听觉符号。由于它们可以表达不同的敌情信息，所以具有跟自然语言符号同样的指挥功能和交际功能。墨者把这些视觉和听觉符号叫作"言"，可以表示"寇所从来者多少"等语义。烽燧、击鼓、树表、举帜有语形（不同的符号约定）、语义（含义）和语用（人的理解）的不同性质。因此，可以把这看作是中国古代军事符号学的萌芽和应用。

2. 连云列战格，飞鸟不得逾——壕池内外的设防

《备城门》记载了守城阵地前沿严密的警戒措施：

寇所从来，若昵道、近候与城场，皆为候楼。立竹箭水中。

墙外水中为竹箭，箭尺广二步，箭下于水五寸。杂长短。前外廉三行，外外向，内亦内向。（《杂守》）

凡敌人进攻必经的道路、场所，都建立哨楼。据介绍，在护城河中，有一丈二尺宽的竹签带。所插竹签上端，在水面下五寸，使敌人看不出。竹签削得尖尖的，或长或短，互相间杂。在靠护城河外沿的三行竹签，外面的一行尖朝

外，里面的一行尖朝里，以便使敌人进出都受阻。在护城河与城墙之间的开阔地上，布满了层层战栅：

置裾城外，去城十尺，裾厚十尺。伐裾之法，小大尽本断之（做栅栏的树木连根挖出），以十尺为断，离而深埋之，坚筑，毋使可拔。（《备梯》）

长五尺，大围半以上，皆削其末，为五行，行间广三尺，埋三尺，犬牙竖之。（《备蚁附》）

战格，埋四尺，高者十尺，木长短相杂，锐其上而外周厚涂之（外涂厚泥防火烧）。（《备蚁附》）

战栅由大小树木构成。采伐时连根掘出，高者十尺，短者五尺，削尖树干上端，然后犬牙交错，长短相杂，坚固埋之，周围夯实，外涂泥，使敌人不易拔出或烧毁。远远望去，根根削尖的木桩密竖如林，敌方大队人马和大型军械休想接近城堡。

3. 设巧计诱敌深入，藏暗机强寇被擒——伪装的活动吊桥

兵不厌诈。《孙子》说："兵者，诡道也。""兵以诈立。"《韩非子》说："战阵之间，不厌诈伪。"在墨者的城防工程中，也贯穿了这一指导思想：

去城门五步大堑之，高地丈五尺，下地至泉，三尺而止，施栈其中，上为发梁而机巧之，比附薪土，使可道行。旁有沟垒，毋可逾越。而出挑（战）且（佯）败，敌人遂入。引机发梁，敌人可擒。敌人恐惧，而有疑心，因而离。

（《备城门》）

离城门三十尺，挖一条壕沟，一丈五尺深，下面挖出地下水。壕沟上敷设吊桥，吊桥有活动桥板，以特地精心设计的机关控制，可视需要接通或断开。吊桥上临时铺上树枝和黄土，看似平坦大道，可以行人走车马。桥两边有沟垒，不可逾越。当敌我两军对垒时，派突击队前去挑战，敌人进攻，我佯装战败，且战且退，诱敌深入。敌人上当，一齐拥上活动吊桥。机械师立即引发暗藏的机关，活动吊桥顿时拦腰断开，桥上敌寇纷纷落入水中，一一被擒。其他敌人见状，犹如惊弓之鸟四散溃逃。

这种计擒强寇的"发梁机巧"（伪装活动吊桥），很可能是墨者集团军事机械师的发明。《太白阴经》谓："转关桥一梁。为桥梁，端著横栝。拔去栝，桥

转关，人马不得渡，皆倾水。秦用此桥以杀燕丹。"这里说的"转关桥"，即袭用了墨者的"发梁机巧"。

4. 一夫当关，万夫莫开——城门的防卫设施

"枥上骅骝嘶鼓角，门前老将识风云。"墨子深知城门防卫的重要，为此特撰《备城门》篇。

当时城门的防卫设施，计有城门外的活动吊桥、城门的关锁、活动保险门的增设和城门楼居高临下的守护等四道防线。

（1）城门外的活动吊桥。这是城门的第一道防线。

（2）城门的关锁。《备城门》说：

门植关必环固，以固金与铁包之。门关再重，包之以铁，必坚。锁关，关二尺，锁关一管，封以守印。时令人行貌（视察）封及视入框深浅。

顶门杠一定要用铜铁之类的金属部件加固。门关双重，以铁加固。门锁长二尺，其上封盖城防司令的官印。经常派人检查封印是否完好和门闩入框深浅度是否合格。这是城门的第二道防线。

（3）活动保险门的增设。《备城门》说：

凡守城之法，备城门为悬门沉机，长二丈，广八尺，为之两相如。门扇数令相接三寸，施土扇上，无过二寸。堑中深丈五，广比扇，堑长以力为度，堑之末为之愚，可容一人所。

为了以防万一，增设活动保险门，即"悬门沉机"。悬门长两丈，宽八尺，与城门相当。两扇悬门密接合缝。为防敌人火攻，门上涂泥，并备有救火设备（水缸、麻斗、革盆）。悬门上设开闭机关，有专人管理。若有敌情，速开动机关，将悬门放下。这是城门的第三道防线。

（4）城门楼居高临下的守护。《备城门》说：

属城再重楼。皆令有力者主敌，善射者主发，佐皆厉矢。

另《号令》篇说：

及（敌）附城，守城将营无下三百人。四面四门之将，必选择之有功劳之臣及死事之后重者（烈士的重要亲属），从卒各百人。门将并守他门。门之上，必为高楼，使善射者居焉。

四面城门之上，皆建保卫城门的高楼。每位守门的将官，率领由力士（有力者）和优秀射手（善射者）组成的百名精兵，随时监视着城门外的开阔地。如有敌人接近，即刻用利箭射之。这是城门的第四道防线。

上述城门防卫设施，在当时已是相当周密的。可谓一夫当关，万夫莫开。

5. 城上建楼亭，谨候望敌人

登城上展望四周，许多楼亭尽收眼底。

子墨子曰：问穴土之守耶？备穴者城内为高楼，以谨候望敌人。（《备穴》）

城四面四隅皆为高楼，使重室子居其上候敌，视其状态与其进退、左右所移处。（《备城门》）

百步一亭，垣高丈四尺，厚四尺，为闺门两扇，令各可以自闭。亭一尉，尉必取有重厚忠信可任事者。

（《备城门》）

城上建楼亭，为的是瞭望监视敌人，以便及时采取相应措施。墨者在其军事论文中，指明楼亭的建制、数据和作用，列举了"城上之备"即各种军需的配备，并指出：

城上广三步到四步（即十八到二十四尺），乃可以为使斗。（《备城门》）

即除各种实用的楼亭建筑之外，还要留下足够的地盘（十八到二十四尺），以便丁采取种种战斗行动。

6. 管制交通的街门岗哨

在守城战斗进行时，城内实行戒严，各街门设管制交通的岗哨：

巷术通周道者必为之门。门二人守之。非有信符勿行。不从令者斩。（《旗帜》）

门有吏，主诸门里管闭，必须太守之节。谨择吏之忠信者，无害可任事者。（《号令》）

各街巷通大道处均设置里门岗哨。主管军官由太守（战时地方最高武官）委派。每个岗位派两个警戒兵守护，没有通行证者不得通行。墨子止楚攻宋成功，路过宋国时正下大雨，想进街里避雨，因没有通行证而被拒绝入内。（《公输》）就是说，墨子制定的各种规矩，也管住了他自己，他自然也得遵守。

7. 戒备森严的城防司令部

墨者军事论文所指的保卫对象，是郡级小城。小城的中心是郡守的住处和办公处所，墨者称为守楼、守堂、守宫、守舍等。《号令》篇说：

守堂下为大楼，高临城，堂下散周道。

守宫三匝，外环，隅为之楼（岗楼）。内环为楼（大楼），楼入堡宫丈五尺为复道。

守楼临质宫而善周，必密涂楼，令下无见上，上见下。下无知上有人、无人。

堡宫之墙必三重，墙之垣，守者皆累瓦釜墙上，保卫必取戍卒有重厚者。

环守宫之术衢，置夹道，各垣其两旁，高丈，为俾倪（窥视孔），监视堡宫。夹道、垣外衢街皆为楼（岗楼），高临里中，楼一鼓。

郡守的住地和办公地，在城的制高点（巨大的夯土台基）上。内有宏伟的楼堂建筑群，居高临下，俯瞰全城。周围有数重高大的墙垣，以及守卫严密的繁复道路。"守楼"的建筑也很有讲究：上可看下，下却不能看到上边。

郡守在楼堂中应客，郡守堂有专人负责把通信兵送来的紧急情况报告郡守。郡守将其与城门和城墙上交来的情报予以参照，并做出决定。"守无行城，无离舍。"作为指挥官的郡守深居简出，固然不足取，但此举当是出于非常时期的安全角度考虑的。

（五）防御战实施

1. 积极防御，彪炳千古

在兴利除害的总目标之下，墨子提倡积极防御的战略方针。古有"墨翟之守"或"墨守"的成语。战国时齐说客鲁仲连，曾写信劝说燕将撤聊城之守："今公又以弊聊之民，拒全齐之兵，期年不解，是墨翟之守也。"（《战国策·齐策六》）可见当时已有"墨翟之守"的成语流传。

著名史学家司马迁未为墨子立传，但在《孟子荀卿列传》中顺便提到墨子，肯定其"善守御"，即善于守城，长于打防御战。

此后，"墨翟之守"和"墨子善守御"又被简化为"墨守"，而"墨守"又成为"善守"的同义语。后汉何休把自己的一本著作取名为《公羊墨守》，意为《春秋公羊传》义理深远，不可驳难，如墨子之守城然。（《后汉书·郑玄传》）明清之际思想家黄宗羲有"未尝墨守一家"之语（《钱退山诗文序》）。至于"墨守成规"这个成语，更是尽人皆知。撇开其中墨守成规而不知改变的贬义不说，所谓"墨守"的意思，仍是取墨子"善守"之意。

墨子的防御战，是积极防御，而不是消极防御（专守防御或单纯防御）。《号令》篇说：

> 凡守城者以急伤敌为上，其延日持久，以待救之至，不明于守者也。能此，乃能守城。

即把杀伤来犯之敌，看作守城战斗的当务之急。那种单纯防守，是不利于御敌守城的。又说：

> 敌人但至，千丈之城，必郭迎之，主人利。不尽（及）千丈者勿迎也，视敌之部曲众（多）少而应之。此守城之大体也。其不在此中者，皆心术与人事参之。（《号令》）

当时的"千丈之城"相当于郡县级小城，大约住有居民万户。墨者认为，须出兵拒敌于郭门之外，杀伤敌人。当然，具体的作战部署还要视敌人的数量多少、力量强弱，及参酌敌我力量的对比等因素而变通，不能死守书本的规定。《备梯》篇说，当敌人在我英勇抗击下"引兵而去"时，还要"令吾死士（敢死队）左右出突门击溃师，令贲士（勇士）、主将皆听鼓之音而出"杀敌，并在整个战役中屡屡"出兵施伏"（布置埋伏），到深夜在城上四面配合下，杀伤敌人的有生力量，动摇侵略者的军心。

2. 坚壁清野，准备战斗

当时的城市，已是周边地区政治、经济、文化的中心。有时为了保卫城市，不得不暂时牺牲局部利益，实行坚壁清野的措施：

> 城之外，矢之所逮，坏其墙，无以为客御。三十里之内，薪蒸木皆入内。狗彘豚鸡食其肉，敛其骸以为醢，腹病者以起。（《迎敌祠》）

寇至，先杀牛羊鸡狗凫雁彘，皆剥之，收其皮革、筋、角、脂、脑、羽。（《杂守》）

除城场外，去池百步，墙垣，树木大小俱坏伐除去之。

（《号令》）

去郭百步，墙垣、树木大小尽伐除之。外空井尽窒之，无令得汲也。外空室尽发（拆除）之，木尽伐之。诸可以攻城者尽纳城中。当街材木不能尽纳，尽烧之，无令客（敌）得而用之。（《号令》）

在城郊一定范围之内，推倒墙垣，砍伐树木，拆除民房，宰杀禽畜。这样做一是为避免敌人掠夺利用；二是不给敌人提供掩蔽藏身的条件；三是征集利用物资以加强备战。这也是贯彻墨子节约和物尽其用的思想。皮革、筋角、脂羽等可以收购可以作为军需品（制盾甲、飞矢与火炬等的原材料）。骨头也要集敛起来，制成肉酱，据说这可以用来治病。

论小城不自守通（交通要道）者，尽保其老弱、粟米、畜产。（《号令》）

城小人众，保离乡老弱国中及大城。（《号令》）

估计没有能力守住的郊区交通要道，要把老弱、粟米、畜产转移至城中加以保护。估计小城无法坚守，则把老弱疏散到安全地带或其他大城。

3. 擂鼓动员，迅速集合

《号令》篇说：

卒有警事，中军疾击鼓者三。城上道路，里中巷街，皆无得行。女子到大军。令行者男子行左，女子行右，无并行。

寇至，楼鼓五，又周鼓，杂小鼓乃应之，小鼓五后从军，断。

“万鼓雷殷地，千旗火生风。”敌人进犯的消息，突然来到了。郡守、将领立即发布命令。中军司鼓，按照早已规定好的鼓点暗号，紧急擂响了战鼓。军令如山倒，在集合部队的紧急时刻，城上的道路，城中的街巷，都不许行人随意走动。女兵疾步走出家门，与年轻力壮的男卒一起，奔赴岗位。敌寇接近城墙了。城门楼上擂鼓五遍。城上四周紧接着击鼓以警众。凡装备有小鼓的各分队都立即响应，擂鼓集合部属。如果哪个部队小鼓擂响五遍，尚未把部队集合起来，部队首长就要受惩处。

兵贵神速。上述一切，都是为了保证以最快的速度集合部属。守城战斗是关系国家存亡、人民生命财产安全的大事，而时间就是生命，贻误战机就是犯罪。所以，军队编制中的每个人，都应服从这一整体利益。

4. 兵来将挡，水来土掩——守城战法种种

常言道："兵来将挡，水来土掩。"墨子对当时流行的攻城战法有精深研究，并在此基础上提出针锋相对的攻破方法。所谓《备高临》《备梯》《备水》《备穴》《备蚁附》等篇，就是墨子提出的各种攻破方法。

有一次，禽滑厘问墨子："今甲兵方起于天下，大攻小，强执弱，吾欲守小国，为之奈何？"即小国如何实行积极防御的战略方针，抗击好战大国的侵略行径。

子墨子曰："何攻之守？"

禽滑厘对曰："今之世常所以攻者，临、钩、冲、梯、堙、水、穴、突、空洞、蚁附、轒辒、轩车，敢问守此十二者奈何？"（《备城门》）

临、钩等十二种攻城战法是兵员、武器、工程和战术几种要素的综合作用。墨子及其后学禽滑厘等对这十二种战法都有相应的对策。现略述几种如下。

（1）破高台攻城法。《备高临》说：

禽子曰："敢问敌人积土为高，以临吾城，薪土俱上。以为羊黔（土山基址），蒙橹俱前，遂属（临近）之城，兵弩俱上，为之奈何？"

子墨子曰："子问羊黔之守也？羊黔者将之拙者也，足以劳卒，不足以害城。守为台城，以临羊黔，左右出距。各二十尺，行城三十尺，强弩射之，技机掷之，奇器［射］之，然则羊黔之攻败矣。"

"临"的战法，是敌方在城外用牛皮和大盾为掩护，以树枝、黄土为原料，筑土台以窥望城内，并以"兵弩"射城。"临"有居高临下的意思。

墨子认为，这是敌人一种并不聪明的战法。因为它足以使士卒劳顿，而不足以重创吾城。这时，我方可以在城上像搭建筑脚手架那样，构筑一座三丈高的"台城"（行城），并于台上用强弩放箭，巧机抛掷，奇器投射，敌"临"的战法，就可以攻破。

（2）破云梯攻城法。《备梯》篇说：禽滑厘问墨子，如果敌人多而且勇敢，

把护城河填平，武士争先恐后地爬云梯登城墙，我们怎么办？

墨子回答说，云梯是一种重兵器，移动困难。对付的办法是，让"力士"操纵连弩车、掷车、转射机和冲撞机等各种器械，"令案目者视敌，以鼓发之，夹而射之，重而射之，技机掷之，城上繁下矢、石、沙、灰以雨之，薪火、水汤以济之"，"则云梯之攻败矣"。就是说，对准爬云梯的敌人，各种武器都用上。利剑刺向敌人，冲撞机向敌人撞击，矢、石、沙、灰像下雨一样，落在敌人头上；薪火向敌人烧去，开水向敌人浇去，云梯之攻是不难击破的。

（3）破水攻法。《备水》篇说：

备水谨度四旁高下。城中地偏下，令渠其内。及下地，地深穿之，令漏泉。置测瓦（水涨表）井中，视外水深丈以上，凿城内水渠。

这是讨论测量水位和开挖排水沟渠的方法。墨者认为，应该仔细测量城内外地势高低。如果城内地势偏低，就开凿排水沟。如果地势特别低洼，排水沟要挖到露出地下水位为止。

若敌人在城外筑堤拦水，准备水淹吾城，《备水》篇提出如下对策：

并船以为十临。临三十人。人擅弩。必善以船为辒辌。二十船为一队，选材士有力者三十人共船，其二十人有锄，厚甲鞮鍪（头盔）。十人擅矛。视水可决，以临辒辌（用船冲撞敌堤），决外堤，城上为转射机疾佐之。

为了决开敌人堤坝，特组织强有力的船队。把两船合并为一，这叫作"临"。船队由十临即二十条船组成。每临由三十名训练有素的"力士"做乘员，十临共需乘员三百名。其中二百人披甲戴盔，手持锄镢，担任决堤任务。一百人持矛做掩护。实施决堤作业时，城上用重武器"转射机"给予有力配合，则敌水攻之法可破。

（4）坑道战术。《备穴》篇说：

禽子曰：敢问有善攻者，穴土而入，缚柱施火，以坏吾城。城坏，或中人，为之奈何？

子墨子曰：问穴土之守耶？备穴者城内为高楼，以谨候望敌人。敌人为变、筑垣聚土非常者，与旁有水浊非常者，此穴土也。急堑城内，穴其土直之，凿穴迎之。敌人在城墙上挖掘坑道，在坑道中先立坑木支撑。然后烧断坑木崩塌

城墙，并杀伤守城将士。对此，墨子提出，第一步是在城墙高楼中密切瞭望监视敌人。发现城墙外有聚土、城濠水浑浊等现象，就可判断敌人正在挖坑道。第二步是以坑道战术对付坑道战。《备城门》篇说：敌人为穴而来，"我急使穴师选士，迎而穴之"。掘坑道技师挑选技术熟练的坑道兵来进行开掘操作。"必审知攻隧之广狭，令斜穿其穴，令其广必夷客隧。"即我之坑道不与敌之坑道正对，而是要斜穿，使挖掘出的土，可顺势夷平敌人坑道。这当是墨者参与挖掘坑道的经验之谈。《备穴》篇说：

穴中为环利索，穴二。

攻穴为传土之〔具〕，受六参（畚箕），约绳以绊其下，可提而举投。已，则穴七人守退垒之中，为大庑，藏穴具其中。

凿坑道时使用两部绞车（辘轳），作为运土器械。穴中筑有侧洞，可供守护、休息和贮藏工具之用。

在坑道中有以下战斗方式：

穴且遇，为桔槔，必以坚材为夫（杆），以利斧施之（装上利斧），命有力者三人用桔槔冲之。

为铁钩拒长四尺者，穴通，以钩客穴。

为短矛、短戟、短弩，穴通以斗。（《备穴》）

即用冲撞机冲撞击杀敌人，用铁钩拒推拉杀伤敌人，用短弩飞矢射杀敌人，用短矛、短戟与敌人"短兵相接"。

当然，不要忘记"窑灶鼓橐"也是墨者喜用的坑道战武器。

（5）破"蚁附"攻城法。《备蚁附》篇说：

禽子曰："敢问敌人强梁，遂以附城，后上先斩，以为法程，堑城为基，掘下为室，前上不止，后射既疾，为之奈何？"

子墨子曰："子问蚁附之守耶？蚁附者将之忿者也。守为行楼射之，技机挪之，火汤迫之，烧苔覆之，沙石雨之，然则蚁附之攻败矣。"

蚁附就是以密集的队伍攻城。敌军法规定"后上先斩"，即谁爬城落在了后边，就先杀谁的头。"将之忿"，就是敌人攻城久攻不下，于是将帅不胜其愤怒，驱使部下像蚂蚁一般去爬城。《孙子·谋攻篇》说："修橹轒辒，具器械，三月而后成，距堙又三月而后已。将不胜其忿，而蚁附之，杀士三分之一，而城不拔者，此攻之灾也。"制造攻城的巢车（瞭望塔）和轒辒，准备攻城器械，就花了三个月，构筑攻城的土山又花了三个月。于是将帅等得不耐烦了，命令部队以密集队形冲城。即使数万军士死去三分之一，而城还是拿不下来，这是一种很坏的进攻方法。可见孙子也认为这是不高明的战术。

蚁附，今天叫作人海战术。墨子提到的破蚁附的战斗方式有多种。除"行楼射之""技机掷之""火汤迫之""烧苔覆之""沙石雨之"之外，还有一种对付"蚁附"的特殊战法：

备蚁附为悬脾。以木板厚二寸，前后三尺，旁广五尺，高五尺。而制为下磨车（辘轳、绞车），轮径尺六寸。令一人操二丈四矛，刃其两端，居悬脾中。以铁锁二缚悬脾上衡，为之机。令有力者四人上下之，勿离。施悬脾，大数二十步一。攻队在，六步一。（《备蚁附》）

悬脾战法，是四位大力士用绞车牵引木箱，箱内藏勇士操长矛以刺敌。悬脾这种特殊军械，二十步安装一台。敌人正面进攻处，六步安装一台。这种守城战斗，看来是相当壮观的。墨者充分地利用了自己的技术优势，以增强部队的战斗力。

5. 追击穷寇，毫不留情

墨子的积极防御方针，不仅体现在守城战斗的相持阶段，而且体现在反攻阶段，主张要极力追击歼灭敌人。

儒家学者提出一个观点，即"君子胜不逐奔，掩函弗射，驰则助之重车"。意即君子打仗胜利，不追逐溃逃的敌人，用手按住箭囊不向敌人射箭，敌人准备溃逃，则帮助引挽重车。

墨者认为，这种观点是极其荒谬的。他们把交战双方分为仁人（仁义之师）和暴人（残暴掠夺别国财富的军队）两类。它们之间的组合，有以下三种：（1）双方都是"仁人"；（2）双方都是"暴人"；（3）一方是"仁人"，一方是"暴人"。

如果交战双方都是"仁人"，则这种假定不成立。因为"仁人以其取舍是非之理相告，无故从有故，弗知从有知，无辞必服，见善必迁"，即"仁人"

是讲道理、服从真理的，不会相互交战。

如果交战双方都是"暴人"，则无论怎样实行"胜不逐奔"，也还是不能算是"君子"。因为交战双方都是非正义的，都是"残暴之国"。

如果交战的一方是"仁人"，另一方是"暴人"，那么"仁人"应该贯彻"为世除害"的总方针，"兴师诛罚"暴人，而不应该实行"胜不逐奔，掩函弗射，驰则助之重车"的错误方针。如果这样，将会使"暴乱之人得活，天下害不除"，而这就等于"群残"天下的父老兄弟，而"深贼（害）世"，是最大的"不义"。（《非儒》）

墨者所批评的儒者"君子胜不逐奔"的观点，也就是历史上有名的宋襄公式的仁义道德。宋襄公曾说："寡人闻君子曰：不推人于险，不迫人于厄，不鼓不成列。"（《韩非子·外储说左上》）《孙子·军争》说："归师勿遏，围师必缺，穷寇勿迫。""穷寇勿迫"后世一般引作"穷寇勿追"。

按照墨者的观点，"穷寇"应该毫不留情地追击歼灭。这是墨子战争观的必然引申，因为他的基本立场，是坚持以正义战争反对不义战争，所以必然主张积极防御，并在防御中尽一切努力最大限度地消灭敌人。而消灭发动侵略战争的敌人，才能有效地保卫祖国和从事和平劳动的人民。墨子的这种思想是独到而深刻的。

八、墨子的逻辑思想

胡适在美国哥伦比亚大学时所写的博士论文中指出："墨翟也许是在中国出现过的最伟大人物。""墨家是'伟大的科学家、逻辑学家和哲学家'，'一种高度发展的科学方法的创始人'。可以说，不了解墨家逻辑思想的地位和价值，就不可能真正了解中国传统文化的特质及其在人类文化遗产中的地位。"科学哲学认为，科学认识发生的标志在于科学认识工具的产生，而"科学认识工具包括科学仪器和科学方法两大类。科学仪器是科学认识工具中的物质技术手段；科学方法则是观念形态的认识工具。"逻辑方法就是科学方法之中的一种方法，研究逻辑对于科学认识以至于数学研究意义重大。近人梁启超将《墨经》誉为："世界最古名学之书。"而谭戒甫则认为，墨子"遂开华夏二千年前独到之辩学。"《墨经》的确是中国古代最悠久、最系统、最全面地提出逻辑科学理论的著作，在中国和世界逻辑史上都占据着及其重要的地位。本章从本质论、概念论、判断论、推理论、规律论等几个方面详加阐述墨家的逻辑思想。

胡适

（一）本质论

汉语中的"逻辑"一词是英文 Logic 的音译，Logic 源于古希腊文中的 Logos（逻各斯），其原意为思想、理性、规律等。中国古代与逻辑相对应的词是"辩"或"名"，"辩学"或"名学"就是指逻辑学。墨家将"谈辩"作为一种重要的方法进行思考与传授，在《墨经》中"辩"是论理与克敌制胜的法宝，由"辩"便发展而产生了"辩学"。

1. "辩"的含义《经上74》云："彼，不可两不可也。"

《经说上》云："彼：凡牛，枢非牛，两也无以非也。"

"彼"原作"攸"，张惠言在《墨子经说解》中云："'攸'当为'彼'。"所言是也，此乃因"攸"与"彼"形近而误抄也。《说文》云："彼，往有所加也。"梁启超在《墨经校释》中云："'彼'者何？指所研究之对象也。能研究之主体为我，故我所研究之对象对'我'而名'彼'也。"故"彼"指讨论或争论的对象，也指特定的论题。故经文之意为："正反两方所争论的命题，不可以正反两方面都不成立（即，不可以正反两方面都是假的）。"墨子之意是，这一命题必然有一方是真的。

《春秋繁露·深察名号》篇云："凡者独举其大也。"故"凡"为总括副词，表示某类情况包括在内，今意为"大凡、大概、要略"。谭戒甫云："枢，区之繁文。"姜宝昌亦云："枢，读为区，以枢之声符为区也。""区"即"别也。"

《说文》云:"枢,户枢也。"段注曰:"户所以转动开闭之枢机也。"张纯一云:"必属加于牛身之机。疑为横母牛鼻,制牛行走之木。"按:此释义非当也。"非"之本意是"离也、违也、背也",在辩学中指命题之"假"。故经说之意为:"大凡讲牛,区别于非牛,这两个命题不可以都是假的。"换言之,甲说某物是牛,乙说某物不是牛,这两人所持的立论不可能都是错误的。亦即,必有其一是正确的。伍非百将"凡牛枢非牛"改为"凡牛非牛若枢",非是也。因为原文本义甚明,擅改原文本不可取也。

《经上75》云:"辩,争彼也。辩胜,当也。"

《经说上》云:"辩:或谓之牛,或谓之非牛,是争彼也,是不俱当,不俱当,必或不当,不当若犬。"

《说文》云:"辩,治也。"段注曰:"治者,理也。俗多与辨不别。辨者,判也。"引申为双方相争论以明辨是非。《说文》云:"胜,任也。"段注曰:"任者,保也。保者,当也。凡能举之、能克之,皆曰胜。"故"胜"之意为,"胜任、克敌、担当、制胜"。《正韵》云:"当,犹合也,理合如是也。"故"当"指"理当、正当、适当"。可见,经文之意为:"所谓辩,就是争论某一命题。辩论得胜的一方,是因为理由正当。"

经说之"或渭之非牛"句中的"或"字,毕沅校注本漏抄。孙诒让云:"疑当作辩者,或谓之牛,或谓之非牛"。明嘉靖癸丑陆稳刊本、正统道藏本均不误。故《墨经》原文当有"或"字。但是孙诒让增添"者"字,非是也,因为诸本皆无。毕沅本在"必或不当"前衍"不"字,非是也。今据道藏本、明嘉靖癸丑陆稳刊本、吴钞本删之。

"不俱当,必或不当"为省略句,其意为:"不俱当,必或当,或不当"。故经说之意为:"辩:或者说这是牛,或者说这不是牛,是在争论一个命题,这两个命题不能都是真(正确)的。既然不都是正确的,必然或者真(或当)或者假(不当),不正当(命题假),就像将(远处的)牛视若犬一样。"

《经下》云:"谓辩无胜,必不当,说在辩。"

《经说下》云:"谓:所谓非同也,则异也。同则或谓之狗,其或谓之犬也。异则或谓之牛,牛或谓之马也。俱无胜,是不辩也。辩也者,或谓之是,或谓之非，当者胜也。"

经之意为："说正反两方辩论的同一个命题均为假，必然是不正当的，这可以从'辩'的内涵中推论出来。"墨家的意思是：对于同一个命题的辩论，正反两方不可能同时都是错误的。

关于经说，毕沅校注本将"所谓"之"所"误抄为"非"。在末句"当者胜也"之"当"与"者"之间衍"也"字，今据正统道藏本、明嘉靖癸丑陆稳刊本、孙诒让本等删之。关于"牛或谓之马"句中之"牛"，伍非百云："当作其"。今暂从之。经说之意为："谓：所谓不同就是异。同就像或者说此物是狗、或者说此物是犬一样，这是不能形成辩论的；异则就像或者说这是牛，或者说这是马一样，两者都没有获胜，这不能算是辩论。所谓辩论，或者说这个命题是真的，或者说这个命题是假的，真（正当）的命题是能胜任检验的命题。"

《庄子·齐物论》中讲了一段理论，就是"辩无胜"或"相对主义"的观点。庄子认为，假如你与我辩论，你胜了我，能证明你是正确的吗？我胜了你就能证明我是正确的吗？庄子思想的实质是："一切人的见解和主张虽然都是一偏之见，但都自以为是，以别人为非。既然认识都是相对的，也很难说哪一方面的意见是正确的。辩论仅能使各方面继续发挥其一偏之见，并不能决定是非。"按照庄子的理论推论下去，认识真理是绝对不可能的，这是一种彻底的不可知论。这与墨子的"辩胜当也"不同。

2. "辩"的作用

《墨子·小取》篇之首云："夫辩者，将以明是非之分，审治乱之纪，明同异之处，察名实之理，处利害，决嫌疑。"张纯一将原文"明同异之处"误抄为"明异同之处"，非是也。应当先明"同"，后明"异"。伍非百云："纪，纲要也。"此乃引申为规律。墨子之意为："所谓辩，是要分清是非的区别，审察治与乱的规律，分明同与异之所在，考察概念与事物之关系的道理，决断利害，解决疑虑。"

（1）辩的重要性。《墨子·修身》篇云："辩是非不察者，不足与游。"可见，明辩是非是何等的重要！墨子认为，时之众人都以"窃人桃李"为非，但

是却以"攻伐别国"为是，此乃混淆是非、黑白不分！詹剑峰说："是非不分，皆由于思之不审，而思之不审，皆由于辩之不察。但欲辩之察，则必立一客观标准以为衡量。"墨子在辩学中所确立的客观标准是："辩胜，当也。"其意为，在辩论中获胜的一方，是因为辩论的理由正当。

（2）辩对于国家的重要性。《墨子·尚同》篇云："夫明乎天下之所以乱者，生于无政长。"《荀子·王制》篇亦云："是非不乱，则国家治。"这充分说明只要能明辨是非，就能牢牢把握治理国家以至于治理天下的客观规律。

（3）区别同异。区别事物之同与异也是需要加以分辩的。《墨子·经上39》云："同，异而俱于之一也。"又云："异，二体、不合、不类。"（《经上88》）这就将同与异明显地区分开了。德国哲学家莱布尼兹曾说过，世界上没有两片完全相同的树叶。这就是将树叶之同又区分为异了，这是同中之异。哲学史家罗素说，"莱布尼兹（1646—1716）是一个千古绝伦的大智者"。但是，莱氏对于树叶同异之说并没有超出两千年前墨家对于"同"的定义。

（4）观察概念与事物之关系的道理。"名"即"概念"，"实"即"事物"。墨家认为，"实"先于"名"而存在，"实"独立于思维而存在，"名"存在于大脑的思维中；强调"以实正名""以名察实"。《经上81》云："名实合为"，就是说"名"与"实"相符合，才能有所作为。

（5）分辨利害。《墨子·大取》篇云："义，利。不义，害。志功为辩。"墨了是综合动机与效果来分辨"利"与"害"，这种的方法是比较完善、客观、科学的。这是讲了分辨利害的原则。《墨子·大取》篇又云："利之中取大，害之中取小也。害之中取小也，非取害也，取利也。其所取者，人之所执也。遇盗人，而断指以免身，利也；其遇盗人，害也。"这是讲了权衡利害的原则。

（6）决断嫌疑。就是将嫌疑难断的、似是而非的问题通过分析、判断、推理加以解决。

3."辩"的方法

《墨子·小取》又云："焉摹略万物之然，论求群言之比。以名举实，以辞抒意，以说出故。以类取，以类予。""焉"，意指"乃、才、于是。"《广雅·释诂》云："略，求也。"张纯一云："略，约要也。……摹，广求也。然，谓万物之现相与实相。""然",即"样子、现象"。"比",即排列比次或顺序。"名",即事物之名;《经上31》云:"举,拟实也。""实"即事物之实体。"抒",即"表达。"故本段经文之意为:"乃探索把握万物的状貌与现象,辩论、选择、探求各种观点的不同。用概念来描述与模拟事物,用判断来抒发表达思想,用推理来揭示事物的原因。按照同类的原则进行归纳,按照同类的原则进行推论。"可见,墨子在运用"辩"的方法时遵循了下列程序:

(1)广求并索取万物的现状、状态与现象,总揽事物之全貌。

(2)抽象、归纳、约要事物的现象与实相。

(3)探求、分析各家观点之异同。

(4)用概念来列举、代表、把握事物,用判断来表达思想,用推理来揭示事物的成因。

(5)从"类"中抽取,以"类"来推断;亦即,按照"类"来进行归纳与推论,或曰:就事物之类以求其关系而推断之。

詹剑峰说:"因为思维在语言的基础上发展,以语言的形态来表现,所以就思维的外壳说,'名''辞''说'三者称之为言,就思维自身的结构说,'名''辞''说'三者却是思维的形式。"可见,墨子是遵循着非常科学的方法来进行"辩"的,能比较准确地揭示出事物运动变化的规律。

4."辩"的准则

《墨子·小取》篇续云:"有诸己不非诸人,无诸己不求诸人。""诸,'之于'的合音词。之,指以上论辩的方法。"其意为:"自己有正当的论辩理由就不会被他人所攻破(非);自己没有正当的论辩理由不要求之人同意自己的论辩。"伍非百云:"己有非则不得以之非人也……己所不能立者,亦不责人以能立也。……此两种规律,一言己有可以破者,则不可以破人。一言己有所不能立者,则亦不责人以能立也。"所言非是也。因为,其一、讲自己"有可以破者",其二讲自己"有所不能立",难道自己的论辩就没有正确的可能性吗?墨子的这两句话是阐明了两个意思,即:

真的命题是不会被别人攻破的;假的命题不必要求别人参与诡辩。

这是墨家在阐述"辩"的准则。真理是永远都不会被战胜的;对于谬误,一旦被发现，必须坚决予以摒弃。

（二）概念论

鲁胜在《墨辩注》叙中曰：“名者所以别同异，名是非。……墨子著书，作辩经以立名本。”意即：墨子著《墨经》，以此建立了“名”的根本。《说文》云：“名，自命也。”段注云：“祭统曰：夫鼎有铭。铭者，自名也。”“名”之本义为“名称、名字”。《论语·阳货》曰：“多识于鸟兽草木之名。”《周礼》郑玄注：“古曰名，今曰字。”此均是其证。到了墨子，“名”除了保持其本义外，还被引申作为逻辑学的专门术语，用以指“概念”。

1. 名的本质

《经上 31》：“举，拟实也。”

《经说上》：“举：告以文名，举彼实故也。”

《说文》云：“举，对举也。”段注曰：“对举谓以两手举之。”《广韵》云：“举，擎也，言也。”《说文》云：“拟，度也。”段注曰：“今所谓揣度也。”“拟”即今“拟”。吴毓江云：“举，称谓也。拟，拟象也。”故经文之意为：“称谓某一事物，应该模拟该事物之实在。”

关于经说，孙诒让云：“举”，“道藏本、吴抄本作誉涉上而误。”所言当也，此乃因大写的“誉”与大与的“举”形近而误抄也。张云：“文名，谓假文为名。”意即，借用文字来表达事物的名称。孙诒让云：“疑此篇之字多误为文，此文名亦当作之名，之名犹言是名，与彼实文相对，亦通。”非当也，《墨经》用词甚为精炼，用“之”处实不多见；改原文不可取。“故”，张纯一云：“旧本故字，倒著也下，毕孙本均断属下章，读作故言也者，误。曹本移著此也字上，是也。今从之。”所言当也，“故”断下句显然非是。因为下句之标目字为“言”，“故言”作标目字不可。再者，墨子常将“也”置句末，似乎已成为惯例。《经上 1》云：“故，所得而后成也。”“实故”，是指决定某事物成为该事物的原因或根据，亦即该事物的本质。故经说之意为：“举：用文字形式的概念表达事物，须模拟对象之实在的根据、缘故或本质。”

《经上32》云："言，出举也。"

《经说上》云："言：言也者，诸口能之，出民者也。民若画俿也。言也谓，言犹名致也。"

《说文》云："言：直言曰言，论难曰语。"《荀子·非相》篇杨倞注曰："言，讲说也。"故经文之意为："言，就是讲出模拟实物的话来。"

经说之首原无标目字"言"。余以为因其下有一"言"字，义甚明，故省而略之；或以为二"言"字相连，抄漏一"言"字。故今补正标目字"言"。梁启超《墨经校释》云："以经说首字必为牒经标题之例校之……'言'字即牒经之文也。此下当叠一'言'字。"此亦可作为佐证。

吴毓江云："民、名字通，下同。出名为口之本能，凡口能所出举者，皆言也。下文曰：'声出口，俱有名。'"毕沅云："俿，虎字异文。""名若画虎"意为事物犹如虎，用概念（名）来描述与表述事物就像画一只虎一样。"名"原文为"石"，孙诒让云："'石'，疑'名'之误，犹与由通，谓言因名以致之。"因"石"字无义，今从之，此乃因形近而误也。故经说之意为："言：所谓言，各人之口都能讲，道出事物之名啊！事物之名就像画虎一样。言就是讲，言是由名所致产生的。"

以上两条经文表述了概念"名"与语言的关系：有了概念与由概念所组成的语言，那么，思想就可以交流了，名作为表述拟实的概念也就具备了意义。"言由名致"说明了语言是由概念所产生的，而概念则是认识的产物。

《墨子·小取》篇云："以名举实。"其意为，用概念（即，名）来拟举、模拟、摹写或把握事物之本质。换言之，概念是由摹拟事物而产生的。"以名举实"绝不是仅仅停留在事物的表面上，而是触及事物的本质。所以，名（概念）的本质是在于对事物的准确描述。

《经说上81》云："所以谓，名也。所谓，实也。名实耦，合也。"其意为，之所以这样说，是名（概念）。所指谓的，是事物。概念与所指谓的事物一致，才是符合。墨子要求"名"要符合其"实"，即名（概念）与所指谓的事物要完全相一致，同一类的"名"反映同一类事物的共同属性。总之，概念（名）是对客观事物的摹拟与反映，概念（名）乃是反映一类事物的共相（本质）。

2. 名的分类

墨家还对名进行了分类。

《经上79》："名，达类私。"

《经说上》："名：物，达也，有实必待文名也；命之马，类也，若实也者必以是名也；命之臧，私也，是名也止于是实也。声出口，俱有名，若姓字灑。"

《说文》云："名，自命也。"在此，"名"意为一切事物之名称。《尚书·召诰》云："周公朝至于洛，则达观于新邑营。"蔡沈注曰："遍观新邑所经营之位。"故"达"指通达、周遍。"类"，指类似、相似、类别。《广雅·释诂》云："类，象也。"此乃是其证。"私"指私有、专有、私属。故经文之意为："所谓名，可分为达名、类名、私名三种。"

"物，达也。"孙云："言物为万物之通名。《荀子·正名》篇云：'故万物虽众有时而欲遍举之，故谓之物。物也者，大共名也。'即此意。"故，"物"即宇宙万物之意。《论衡·物势》篇云："万物生天地之间，皆一实也。"故"实"为"物"之本质。"有实必待文名也"之"名"原文为"多"，孙诒让又曰："窃疑多当作名，言名为实之文也。上文云：'举：告以文名，举彼实也。'可证。"张纯一、吴毓江、姜宝昌等从之。孙校是也，今从之。此乃因形近而误也。

纵观本条经说，原文当增补、校正为"命之物，达也，有实必待文名也；命之马，类也，若实也者必以是名也；命之臧，私也，是名也止于是实也。声出口，俱有名，若姓字灑。"这样语言才更为对仗。但是，无论是讲"物""马"，还是讲"臧"，都谈到"名"与"实"的关系。如果在讲"物"时，讲"实"与"多"的关系，显然不通。故旧本原文"有实必待文多也"之"多"应校正为"名"。《庄子·逍遥游》云："名者，实之宾也。"亦可作为佐证。

《说文》云："命，使也。从口从令。"段注曰："令者，发号也，君事也。"故"命"指命名、命令。《诗·小雅·大田》云："曾孙是若。""若"之意为"顺从"。《国语·晋语二》："夫晋国之乱，吾谁使先若夫二公子而立之，以为朝夕之急。"在此"若"之意为"选择"。"臧"，即古"藏"字，意为藏匿。

故时候守藏之奴名"臧"，在此引申为私人之名也。

张惠言《墨子经说解》曰："人而名之臧，是私也。名止于是实，凡人不得名之。"墨子之"私名"与现代逻辑学之"单独概念"相当。"字"原文作"字"，孙诒让曰："毕云疑字。张云当为字。物之有名，如人之姓字，按毕张校是也。姓字亦一人之私，与臧相似。"今从之。

故经说之意为："名：命名'万物'，是世间全体事物的名称，有万物之实在必然对应于文字形式的名称。命名'马'，是一类事物的名称，选择这类实在必然用这类（实在）的名称。命名'臧'，是个别事物的私有名称，这个名称仅适用于这个实在的事物。声音出自口，都有一定的名称，就好像这个人姓名的字是'灑'一样。"

如图所示，可以看出墨子对于名的分类，这种分类方法仍然是比较科学的。

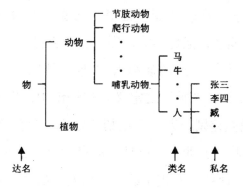

3. 名的定义

正确的思维必须概念明确，而概念之明确必须依靠定义。定义是揭示概念内涵的方法，也是准确思维的逻辑手段。"概念乃模拟实相、反映事物之'所以然'的及'有之必然'的属性。这是对定义所下的很好定义，因为现在讲下定义的规则一般是五条，而最基本的一条是定义必须揭露事物的本质属性，不得以偶然属性充之，墨经早已掌握了这条规则的精神。"《墨子·小取》篇云："以名举实"。其意即：要求概念必须把握事物的本质。墨家常将定义的内涵与外延结合起来使用，这是非常完美的明确概念的方法，体现了理论思维的灿烂火花与科学精神的严谨气息。

墨家定义的方法主要有两种，即：属加种差定义与发生定义。

1、属加种差定义是一种基本的定义方法。这种方法是首先找出被定义项的"邻近的属概念"，然后找出被定义项与其他同级种概念之间的差别，亦即"种差"，再将"邻近的属概念"与"种差"加在一起，构成定义。如：

《经上37》云："罪，犯禁也。"

《经说上》云："罪：不在禁，惟害无罪，殆姑。"

《说文》云："辠，犯法也。秦以辠似皇字，改为罪。"《说文》云："禁，吉凶之忌也。"《集韵》云："禁，戒也、谨也、止也。"故经文之意为："所谓罪，就是违犯了国家的禁令。"

《书·多方》云："告尔四国多方，惟尔殷侯尹民。""惟"，意为"虽"。《荀子·荣辱》篇云："巨涂则让，小涂则殆。"杨倞注曰："殆，近也。"孙诒让云："姑与辜通。言罪不必犯禁，惟害无罪则及罪也。"《说文》云："辜，辠也。"故"姑"即"辜"亦即"罪"之意。可见，经说之意为："罪：不在国家禁令之列，虽然有危害，但是不能定罪。但危害已经接近犯罪了。"

墨家在此先找出了"邻近的属概念"即"禁"，然后找出了"种差"即"犯"，二者之叠加构成了"罪"之定义。在经说中，墨家又详细阐述了"禁"与"罪"之概念的细微差别，即：不在禁令之列，虽然有危害，但是无罪，不过这种危害已接近、临近犯罪了。可见，墨家的定义是何等的严密！

2、发生定义即"种差"所指明的是对象发生的情况。如：

《经上59》云："圆，一中同长也。"

《经说上》云："圆：规写支也。"

经文关于圆的定义，是从圆的产生过程来进行定义的，即：圆是由与一个点（圆心）等长距离的所有的点构成的轨迹。这也是当今几何学中关于"圆"的纯粹数学的定义。而经说则是关于"圆"的纯粹操作定义，即：用圆规画出的起笔点与终笔点相接触的图形。可见，墨子的定义是具有何等的严密性与科学性。

现代西方哲学中有一个"操作主义"哲学流派，其创始人为美国物理学家布里奇曼，该学派认为：任何概念无非是一套操作。狭义的操作指物理操作，如度量、实验等；广义的操作则包括思维、讨论、用纸笔进行演算等动作。其实，如果要谈"操作主义"的鼻祖，当首推墨子。墨子关于概念的定义，其中不少完全是按照"操作"的方法来进行定义的。

对于事物之本质属性的反映，通常称为概念的内涵。如："人"这一概念的内涵是有语言、能思维、会制造工具等；对于事物的某些特有属性的反映，通常称为概念的外延。如："人"这一概念是指古今中外的所有的人。墨家的定义，通常是将内涵与外延结合起来，从而给事物的名（概念）下一个准确的定义。如：

《经上40》云："久，弥异时也。"

《经说上》云："今久：古今旦暮。"

"久，弥异时也。"是时间的内涵定义，即时间是遍布、充满的各种不同时刻之绵延的总和。"今久：古今旦暮"是时间的外延定义，即时间有古、有今、有旦、有暮等构成的。如此，墨家对于时间的定义就显得十分准确与科学了。可见，墨家重视概念之外延的划分，比如将时间概念之外延划分为"古""今""旦""暮"。因此，划分是思维由抽象到具体的过程，是概念的内涵不断丰富的过程，是概念的明确性不断增加的过程，也是思维不断趋于缜密的过程。

（三）判断论

墨子所言的"辞"，即今之判断。那么什么是辞？辞由什么构成？辞有哪些种类？

1. 辞的本质

《书·吕刑》篇云："民之乱，罔不中听狱之两辞。"这里"辞"指诉讼供词。到了墨子，辞已经引申为判断或命题了。

（1）判断（辞）的本质特征。

《墨子·小取》篇云："以辞抒意"，就是用判断来表达思想的意思。"从形式逻辑来看，这个定义很好，到现在还可用，因为辞是陈述意思的思维形式，故墨子用'以辞抒意'这一简要的定义来揭露辞的本质属性。"

《荀子·正名》篇提出了"辞也者，兼异实之名以论一意也。"此即辞是综合不同事物的概念以论述一种思想的意思，此处"辞"之意亦为"判断"。

那么，辞怎样才能成立呢？辞必须联合不同概念以反映事物的本质联系，或者说辞是融合不同的概念来表达一个完整的思想，因为一个孤立的概念是不可能表达一个完整的意思的。孤立的概念谈不上对与错（或曰真与假），而判断则有对与错（或曰真与假）之分。可见，辞（判断）是用来表达对事物判断的一种思维形式。

辞（判断）必须由概念组成，思维要赖以进行，亦必须借助于判断，思维的结果亦必须以判断的形式表达出来，才能使他人明白其含义。

（2）论证围绕判断（辞）展开。

《墨子·大取》篇云："夫辞，以故生，以理长，以类行者也。"此处"夫辞"二字据孙诒让增补。其意为："辞的提出与推演，必须基于论据而产生，按照逻辑规律发展，依据类推演绎。"可见，在《墨经》中，辞是一切论证的中心，所有论证都是围绕着辞而展开的。

（3）判断（辞）的真与假。

既然有判断，就会产生判断是否与客观事物、客观规律相符合的问题，也就是判断的真与假问题。那么，何谓判断的真与假呢？

《经上100》云："缶，无非。"

《经说上》云："（正）：若圣人有非而不非。"

伍非百云："缶"，"当作圣"。非是也，其实为曲解。在墨子书中，"缶"即"正"字。《说文》云："非，违也。从非下翅，取其相背。"故"非"当指错误，与"是"正好相反。故经文之意为："所谓正（正确），就是没有错误。"

经说之意为："正：就像圣人一样，常人看起来其似乎有错误，但是其实他并没有错误。"墨子在此是给"正"下定义，或者说是在给真的命题下定义。任何一种判断如果与客观事实一致，那么这一判断就是正确的，或者说这一判断就是真的。

《经下8》云："假必誖，说在不然。"

《经说下》云："假：假必非也，而后假。狗假霍也，犹氏霍也。"

《说文》云："假，非真也。"故"假"指虚假、谬误，与"真"完全相反。《说文》云："誖，乱也。""誖"，即今"悖"字。故"誖"意即混乱、错误。孙诒让云："誖与非义同。正者为是，则假者为非，非即不然也。"《说文》云："然，烧也。"段注曰："通假为语词，训为如此。"故"然"即如此、样子。可见，经文之意为："假的判断必然与客观事实（或真理）相反。这可以从事物原本就不是这个样子推论出来。""假必誖"与"正无非"两个命题正好相对应而成立。

《墨子·小取》篇云："假者，今不然也。"意即：所谓假，就是现在不是其本来的样子，但是以前曾经是其本来的样子的。可见，所谓假，就是指事物所呈现的现象是不真实的，此亦可以称之为假象。谭戒甫云："霍亦鹤之省文。"吴毓江已云："霍即鹤字。"姜宝昌同之。今从之，因为"霍"即古写之"鹤"字的部分，省略所致。《说文》云："霍，飞声也。"段注曰："此字之本义也。"疑鹤飞有声之意，此亦可作为"霍"即"鹤"之假借字的佐证。孙诒让训："霍亦并当为虎"，似乎没有任何根据。"氏"即"姓或姓氏"。故经说之意为："假必然与事实相违背，而后才成其为假。狗假装成鹤，就像姓霍的人并不是鹤一样。"

墨子在此定义了"假"，亦即辞之假，或者说是命题之假，假就是判断与事实不符合，假的命题也就是错误的命题，这种命题是不能揭示客观真理的。

2. 辞（判断）的种类

《墨子》中所运用的判断种类较多，涉及简单判断、复合判断；模态判断、非模态判断；此外，还有时态判断等。

（1）简单判断包括直言判断与关系判断，直言判断包括全称判断、特称判断与单称判断；墨子对直言判断、全称判断、特称判断、单称判断、关系判断等均有论述。

直言判断即："S 是（或不是）P"的形式。在《墨经》中常由"所谓"与"所以谓"组成的这种判断形式，谓之"合"。《经说上 81》云："所以谓，名也；所谓，实也；名实耦，合也。""合"即主项"所谓"与谓项"所以谓"的相符合。在这种判断中，肯定判断即为主项与谓项的一致（同一），比如《经上 8》："义，利也。"否定判断即主项与谓项的相异（不同），比如《墨子·大

取》："鬼，非人也。"

全称判断，墨子是用了一个"尽"字来表示的。《经上43》："尽，莫不然也。"其意即"尽，就是全部都是这样。"特称判断，墨子是用了一个"或"字来表示的。《墨子·小取》："或也者，不尽也。"其意即"或，就是说不都是这样。"单称判断，墨子常省略谓词"是"或"为"，比如《经说上79》："命之臧，私也，是名也止于是实也。"其意即"给此人命名为臧，是私名，这个名字与这个实在的人相对应。"

《墨子》中还运用了关系判断，以断定事物与事物之间的关系。如《经上61》："倍，为二也。"意即"倍，就是两个原数。"

（2）复合判断，即自身包含有其他判断的判断，常由两个或更多个判断组成。复合判断包括假言判断、选言判断、联言判断、负判断等，《墨经》对之也均有论述。

假言判断的形式常用："若……则……""若……必……""藉设……则……"等。如：《墨子·鲁问》篇："子墨子曰：'籍设而天下不知耕，教人耕；与不教人耕而独自耕者，其功孰多？'吴虑曰：'教人耕者其功多。'"

选言判断常用词"或"，其形式为："……或……"。比如：《经说上44》云："始：时或有久，或无久，始当无久。"其意即："始：时间或者是有限长的时间段，或者是没有长度的时刻。所谓开始，是从某一时刻算起的。"在这里"或"表示了选言判断。

联言判断是断定几种事物情况同时存在的复合判断，其由"并且"连接两个或两个以上的判断所组成。其形式为："……并且……""……且……"。有时亦可省略。《墨子·耕柱》篇云："我爱邹人于越人，爱鲁人于邹人。"其意为："我爱邹国人甚于越国人，爱鲁国人甚于邹国人。"这两个判断的情况同时存在；构成联言判断。

负判断亦称判断的否定，是否定某个判断而形成的判断。常用词"并非"或"非"。比如：《墨子·小取》云："欲无盗，非欲无人也。……不爱盗，非不爱人也。"此处，"不爱人也"是省略主词之判断句，"非不爱人也"就是对判断句"不爱人也"的否定，此系负判断。

（3）模态判断包括必然判断与可能判断，非模态判断包括实然判断。《墨经》中已经广泛地运用这几种判断了。

《经上 84》云："合，正、宜、必。"

《经说上》云："合：兵立反中，志工，正也；臧之为，宜也；非彼必不有，必也；圣者用而勿必，必也者，可勿疑。"

《说文》云："合，合口也。"段注曰："引申为凡会合之称。"故"合"意即符合。《说文》云："正，是也。"《说文》云："宜，所安也。"故"宜"即适合、适宜、可能。《经上 52》云："必，不已也。"其意即："所谓必，就是一直不停止。"换言之，必，就是一定是这样的。经文 52 之"已"，意为停止、完毕。《诗·郑风·风雨》云："风雨如晦，鸡鸣不已。"《国语·齐语》云："有司已于事而竣。"是其证。

故本条经文之意为："所谓合，就是'是'、'可能'、'必然'"。

经说之标目字"合"，诸本原文均为"古"，杨保彝《墨子经说校注》曰："疑'合'之讹。"孙诒让、谭戒甫、张纯一、吴毓江、姜宝昌等均从之。与经文互校，"古"校为"合"甚当，此乃因形近而误抄或竹简烂脱所致也。

《说文》云："兵，械也。""古者持兵而立，必两人合耦。……兵立必正，参伍为偶，有合义。""反"通"返"。《国策·卫策》云："智伯果起兵而袭卫，至境而反。"便是其证。《说文》云："中，内也。"段注曰："入部曰：'内者，入也。''入者，内也。'然则中者，别于外之辞也，别于偏之辞也，亦合宜之辞也。"故"中"指"中间、中正、合宜。"孙诒让云："'工'疑'功'之省。《大取》云：'志功为辩'。又云：'志功不可以相从也。'是其证。"谭戒甫亦云："工，功之省文。"故"工"即"功"之意。张纯一云："志，心之所之也。"其意即，心之所至。故"志"即"意志、动机"。"功"显然意为"效果、功效"。"臧"即守臧奴之名，参见《经说上 79》。

"彼"即所争论的命题。《说文》云："圣，通也。"段注曰："《周礼》：'六德教万民，智仁圣义忠和。'注云：'圣通而先识。'"故"圣"意即"圣明、圣智、先知"。"用"即"为、使用"之意，引申为处事。《诗·邶风·雄雉》云："不忮不求，何用不臧！"《周易·乾卦》云："潜龙勿用。"均是其证。

故经说之意为："合：两兵站立转向中间，动机与效果一致，是'正'；守藏之奴臧的行为，是'宜'；不存在这个命题必然不会有争论，是'必'；圣人处事而不绝对，所谓'必'，就是没有什么可怀疑的。"

命题断定的是事物的确实情况，是实然判断。"兵立反中"这是讲了一个真实情况，此乃系实然判断。

命题断定的是事物的可能情况，是或然判断。守藏奴臧之行为有各种各样的可能性，可以如此，也可以如彼，也可能是听从主人的意见等，故"臧之为宜也"是或然判断。

命题断定的是事物发展的必然情况，是必然判断。"必也者可勿疑"就是说必然判断可以毋庸置疑。

（4）《墨经》中还运用了时态判断。

《经上33》云："且，言然也。"

《经说上》云："且：自前曰且，自后曰已，方然亦且。"

《国策·秦策一》云："三年，城且拔矣。"此意为"将"。《诗·唐风·山有枢》云："且以喜乐。"此意为"暂且"。《诗·郑风·溱洧》云："士曰既且。"陆德明释文："且，音徂，往也。"其亦可引申为"刚刚"或"已经"。"言"即"言论、发言"之意。"然"即"状态、样子、情形"。故经文之意为："所谓且，就是所说的状态。"

《广韵》云："已，成也。"《玉篇》云："已，止也、毕也、讫也。"故"已"指"过去、已经"。"已"亦有"往"的意思。《诗·大雅·行苇》云："方苞方体。"故"方"之意为"始、刚、正在"。谭戒甫云："不前不后，即方然，亦曰且，为今，即现在。"故"方然"即现在。

诸旧本原文在"方然亦且"后还有"若石者也"四个字。孙曰："俞云'若石者也'涉下句'君以若名者也'而衍，又误'名'为'石'耳。"伍非百、张纯一、谭戒甫、周才珠、齐瑞端等均据此而删之，今从之。孙诒让云："若石者也疑当作臣民也者。"所言非是也。姜宝昌言"这些虚词的语法作用有似于表达实在事物的称名"，其说不免牵强。"若名者也"与前后文实不相关，故删之甚当也。

故经说之意为："且：从事件发生之前向后看，可称为'且'；从事件发生之后向前看，可称为'已'；事件刚刚发生或正在发生也可称之为'且'。"

"自前曰且"，说明在事件发生之前预见到事件即将发生，是"将要"的意思，这是表示未来的时态判断。

"自后曰已"，说明从事件发生之后再回头向前看，事件已经发生了，是"已经"的意思，这是表示过去的时态判断。

"方然亦且"，说明事件刚刚发生、或正在发生、或正在进行之中，是"现在"的意思，这是表示现在的时态判断。

可见，《墨经》中已经广泛运用有关时间的模态判断了。

（四）推理论

《墨子》中已经大量地运用推理来阐明思想，与推理相对应的词是"说"。墨子对"说"的本质、"说"的作用、"说"的种类、"说"的谬误等均有详尽的阐述。

1. "说"的本质

《经上73》云："说，所以明也。"

《说文》云："说，说释也。""说"在《墨子》书中为"解说、说明、原因、解释、论证"等意，在逻辑的意义上做"推理"讲。《墨子·小取》篇云："以说出故"，就是用推理来阐明立论的原因，"故"即原因或根据的意思。吴毓江云："说所以明事物之原因与理由也。"故经文之意为："所谓说（推理），就是明确立论的原因。"此可谓是阐明了"说"的本质了。换言之，"说"就是阐明一件事物所以然的道理，让他人明白与信服。

在《墨经》中，不仅"说"的特征与推理一致，而且"说"也被准确地表达为"推"。所谓推理，就是通过考察已知的东西，进而推出未知的东西。詹剑峰说得好："说一方是推度，另一方是说明，前者是自悟，后者是悟他。自悟是建立在亲知的基础上，而悟他亦借助于别人的亲知。"而此处之"亲知"就是过去的经验。

《经下60》云："在诸其所然，未者然，说在于是推之。"

《经说下》云："在：尧善治，自今在诸古也，自古在之今，则尧不能治也。"

《尔雅·释诂》云："在，察也。""诸"即"之于、之乎"之意，"然"即"现象、样子"。《集韵》云："推，顺迁也。"《左传·襄公十四年》云："或挽之，或推之。"杜预注："前牵为挽，后送为推。"故"推"指顺迁、推进、推理、推论等。可见，经文之意为："考察其所呈现的现象，未呈现者的现象亦可知道，根据在于从现存的现象中可以推论出（尚未出现的现象）来。"

《说文》云："今，当时也。"故"今"即"当今"之意。可见，经说之意为："在：说尧善于治理，是从现在考察古代所得出的结论；从古代考察现代，那么尧也就不一定能治理了。"从现代考察古代，通过归纳推理可得出结论：尧是善于治理国家的，因为这样的归纳推理是完全的；但是，从古代考察现代，确实无法知道尧是否还能够治理当今社会，因为这样的归纳推理是不完全的。墨子这是在讲归纳法。

《经说下70》也是讲了一个推理：已知室外物体的颜色是白的，但是不知道室内物体的颜色，有人说室内物体的颜色与室外物体的颜色相同，于是可以推出室内物体的颜色是白色的结论。

陈孟麟说："如果要求从前提到结论的理由是充足的，就必须结论本来已为前提所蕴涵。而'说'，不过是通过推理，把这种蕴涵关系加以揭示罢了。……'说'是从前提到结论的思维形式。从前提到结论，既可以是推理，又可以是论证（证明反驳）。从推理看，'说'是出故的思维形式，是获取知识；从论证看，'说'是明故的思维形式，是揭明知识。"此可谓是对墨家之"说"的极好总结。

2."说"的作用

"说的根本作用是'出故'，即提出论说的逻辑根据。就《墨辩》的分析看，'出故'有两方面的意义：一方面，为推理提供前提；另一方面，为论证提供论据。因此，作为推理的'说'，不仅是由已知进到未知的认识形式，而且是使所立辞得以确立的论证手段。"

《墨子·非攻中》云："以往知来，以见知隐。""以"即"用、将、拿"与"用作为标准"之意。《左传·宣公四年》："以贤，则去疾不足；以顺，则公子坚长。"乃是其证。"往"即"往日、过去"，《周易·系辞下》云："彰往而察来。"《论语·微子》云："往者不可谏，来者犹可追。"是其证。故"以往知来，以见知隐。"意为："用过去推知未来，用显现的现象推知隐藏的本质。"此正是运用推理来认识未知的过程。与此同时，在《墨子·鲁问》篇中，墨子还驳斥了彭轻生子的观点："往者可知，来者不可知。"可见，墨子不是不可知论者，而是可知论者。

推理论证有助于克服现有知识与感性经验的局限，以认识未知的知识与未感受的经验；有助于透过事物的表面现象认识事物的内在本质；有助于借助过去的认识或经验去预见事物的未来发展的趋向；有助于把握事物运动、变化、发展的客观规律。这些就是墨子之"说"的作用。

3. "说"的范畴

墨子的逻辑思想具有系统性、全面性，墨家首次在中国逻辑史上赋予"故、法、类"等基本概念以逻辑学意义，并将其作为逻辑推理的基本范畴，这些范畴被广泛地运用于墨家的各种推理之中。

（1）故

《经上1》云："故，所得而后成也。"

《说文》云："故，使为之也。"段注曰："今俗云原故是也。"故经文意即"原因，就是得到它，其后才会产生某一结果。"墨子在书中常提及"故"，就是在追问"为什么"，就是在探索事物的原因、理由与根据。《墨子·尚贤上》篇云："是其故何也"，其意即指这件事的原因是什么呢？

"故"的第一层含义是：事物的缘故，也就是事物形成的原因。《墨子·公孟》篇云："今我问曰：'何故为室？'曰：'冬避寒焉，夏避暑焉，室以为男女之别也。'"此处"何故为室"意即建造房屋的原因是什么。

"故"的第二层含义是：作为逻辑的根据、作为推理的理由。《墨子·大取》篇云："夫辞，以故生。"其意即：推理依据原因而产生。《墨子·小取》篇云："以说出故"。就是通过推理阐明事物的原因。在此，"故"是一个逻辑

学的范畴。

"作为逻辑根据的故，有重要的作用。首先，有了故，才能有立辞过程中的论据，也才能有类推过程中的论据。其次，《墨辩》认为'说'（推理或论证）具有使人通晓道理的作用，'故'是使'说'具有这种作用的关键。'说，所以明也。'（《经上73》）是因为'说'可以'出故'。再次，故是判别谬误的依据。"

（2）法

《经上71》云："法，所若而然也。"

《说文》云："法，刑也"。段注曰："木部曰：'模者，法也。'竹部曰：'范者，法也。'土部曰：'型者，铸器之法也。'"《诗·大雅·大田》："曾孙是若。""若"意即"顺从"。《论语·雍也》："雍之言然。""然"即"是"。《论语·宪问》："其然，岂其然乎？""然"即"如是、这样"。故经文之意为："所谓法，就是遵循、顺从这样"。可见，"法"指规律、模式、共相等。

《墨子·法仪》篇："百工为方以矩，为圆以规，直以绳，正以县。无巧工不巧工，皆以此五者为法。"故"百工从事，皆有法所度。"既然百工从事都有法度与规则，那么，就可以将这一规则作为衡量与检验的标准。《墨子·天志中》云："今夫轮人操其规，将以量度天下之圜与不圜也，曰：中吾规者谓之圜，不中吾规者谓之不圜。是以圜与不圜，皆可得而知也。此其故何？则圜法明也。匠人亦操其矩，将以量度天下之方与不方也。曰：中吾矩者谓之方，不中吾矩者谓之不方。是以方与不方，皆可得而知之。此其故何？则方法明也。"这里就是用标准来衡量与检验事物，"法"对于逻辑来说，就是检验推理正确与否。

（3）类

《周易·乾·文言》："则各从其类也。"故"类"指"种类、类别"。《荀子·非相》篇云："类不悖，虽久同理。"此意为："同类事物不会相违背，即使时间很长其规律还是同样的。"《墨子·小取》篇云："以类取，以类予。"意即："按照同类的原则进行归纳，按照同类的原则进行推论。"可见，"类"是墨家分析与区分事物的根据，同类事物其道理应该相同。

《墨子·公输》篇云："宋无罪而攻之，不可谓仁。知而不争，不可谓忠。争而不得，不可谓强，义不杀少而杀众，不可谓知类。"墨子的意思是，你公输盘既然讲义，不杀少数人，而去杀众多人，这不可以说你是知道同类事物之道理相同。反之，你如果知道了这一点，就不应该去杀众人。

早期墨子逻辑思想中的"法"，到了后期演变为"理"。"理"作为"条理、准则、规则、原理"的意思，是对"法"的进一步发挥。《墨子·大取》云："夫辞，以故生，以理长，以类行也者。"意思是说，所谓推理，就是凭借原因而产生、凭借规则而生长、凭借类同而推行，也就是对"故""理""类"三个基本范畴的推演。

4."说"的种类

墨子在论辩中娴熟地运用了多种不同的推理方式，在《墨子·小取》篇中概括、总结为"或""假""效""辟""侔""援""推"与"止"等八种具体的推理方式，现详细加以阐明。

（1）"或"

《墨子·小取》云："或也者，不尽也。"

《左传·宣公三年》："天或启之，必将为君。"《荀子·修身》："亦或迟或速，或先或后。"故"或"之意当为："可能、或者"。《经上43》："尽，莫不然也。"可见，"或也者，不尽也。"之意即："所谓'或'，就是不全部都是这样的。"换言之，"或"意为："有不然"。亦可说成是，所谓或，就是可能是这样的，也可能是那样的。

详细究来，"或"式推论有二：其一是有的事物这样，有的事物那样；其二是一个事物可能是这样，也可能是那样。甚至事物或许还有更多的情形。比如，墨子与公孟子的一段对话，就是用"有不然"去否定"莫不然"的：

《墨子·公孟》篇云："公孟子曰：'君子必古言服，然后仁。'子墨子曰：'昔者，商王纣、卿士费仲，为天下之暴人，箕子、微子为天下之圣人，此同言而或仁不仁也。周公旦为天下之圣人，关叔为天下之暴人，此同服或仁或不仁。然则不在古服与古言矣。且子法周而未法夏也，子之古非古也。'"

在此墨子通过反面例证论证了公孟子所言"不尽然"，也就是说，通过列举反面例证与公孟子所言相矛盾，从而驳倒了公孟子的命题。

"或"在判断上相当于特称判断或选言判断。在推理上既指用"有不然"去否定"莫不然"，比如上文墨子与公孟子的对话；又可以指选言推理，比如：

《经说上44》云："始：时或有久，或无久，始当无久。"其推理过成如下图所示：

$$因为：时或有久，或无久，$$
$$始非有久，$$
$$所以：始当无久$$

（2）假

《墨子·小取》云："假，今不然也。"其意即：假，就是现在所呈现出的是事物非本质的现象。换言之，所谓假，就是指事物所呈现的现象是假象而不是真相。"假"既可以表示判断，比如，"马有五条腿"这一判断就是假的；"假"也可以表示假言推理和二难推理。

"假"作为假言推理的例证如下：

《经下77》云："学之益也，说在诽者。"

《经说下》云："学：以为不知'学之无益'也，故告之也，是使智'学之无益'也，是教也。以学为无益也教，誖。"

经文"学之"后，伍非百云："脱无字"。非是也。因为本命题所论证的是"学之益也"，而非"学之无益"，这可以从经说之释义中得到论证。故伍说非是也。《说文》云："诽，谤也。"段注曰："诽之言非也，言非其实。"故"诽"指"非议、批评、曲解"。故经文之意为："学习有益，可以从诽谤此命题者处推论出来。"

经说之首诸本原文均为"学也"二字，余疑"也"字为衍文，今删之。因为：其一、《墨经》之标目字，通常仅为一个字，标目字用两个的，未见；其二、"也"与前后文均不相关，纯属多余；其三、此疑因经文"学之益也"所衍，特意标明是该经文之解释。姜宝昌云："学也：二字为牒经标目字。一字者，通例。二字者，特例。"所言非是也，因为"也"纯粹为语气助词，置入标目字，既多余又无意义。吴毓江云："句首'也'字，曹笺作'他'，即指诽者。"吴说亦非是也，因为"他"字在经说文中纯属多余，《墨经》文字简练无比，很少见有"他"字的。

孙诒让云："智亦与知同。"故经说之意为："学：假定你认为他人不知道'学习没有益处'，所以告诉他'学习没有益处'，这是使他知道'学习没有益处'，而这正是教导。既然你认为'学习没有益处'又去教导他人，这是相矛盾的。"所以说"学之益也"之命题得到论证。墨子的推理过程如下图：

> 假定：你认为"学之无益"是正确的命题，
> 又假定：别人不知道"学之无益"，而你告诉他，
> 告诉他，就是使其知道"学之无益"，而这是教导。悖。
> ——————————————————————————————
> 所以："学之无益"是错误的命题，故"学之有益"命题得证。

"假"作为二难推理的例证如下：

《经下71》云："以言为尽誖，誖，说在其言。"

《经说下》云："以：誖，不可也。之人之言可，是不誖，则是有可也。之人之言不可，以当，必不审。"

"言"即"言论、言辞、命题"。"誖"即今"悖"字，是"违背、相反、错误、背理"之意。故经文之意为："认为所有言论都是矛盾的，这是错误的，这可以从其言论中推论出来。"

《吕氏春秋·音律》篇："修别丧纪，审民所终。"高诱注："审，慎。"故"审"指"审慎、慎重"。"之人之言可"诸本原文为"出入之言可"，孙诒让曰："以下文校之，'出入'当作'之人'，形近而误。"谭戒甫、伍非百、吴毓江、张纯一、姜宝昌等均从之。孙校是也，因为"出入之言"文意不通。

《汉书·蒯通传》："事有适可。"此处"可"指"合宜、合适、适当、可能"。刘禹锡《生公讲堂》诗："一方明月可中天。"此处"可"意为"当、正"。"之"在此意为"此"，《诗·周南·桃夭》："之子于归。"是其证。故经说之意为："以：所谓悖，就是不正当。此人的言论正确，就是不背理，那么这就意味着有的言论是正确的。此人的言论不正确，而认为是正确的，必然是不审慎的。"其推理过程为图：

（3）效

假设：此人的言论是正确的，就是不背理。

那么这就意味着有的言论是正确的。

假设：此人的言论是不正确的，

那么就是将不正确的言论认为是正确的，为不审。

（亦即："言悖，当"之命题为非）

此人的言论或者正确或者不正确。

———————————————————————

所以："言为尽誖"，誖。

《墨子·小取》篇："效者，为之法也。所效者，所以为之法也。故中效，则是也；不中效，则非也；此效也。"

《诗·小雅·鹿鸣》："君子是则是效。"故"效"之意为"摹仿、师法"。此外，"效"在《墨经》中还引申为：指立论的标准，也相当于推理的法则。《管子·七法》："尺寸也、绳墨也、衡石也、斗斛也、角量也，谓之法。"故"法"指"标准、规范"。《商君书·君臣》篇："事不中法者，不为也。"故"中"之意为"符合"。

可见，经文之意为："所谓效，就是推理的规则。这个摹仿的东西，就是其成为规则的原因。所以符合这个规则的就是正确的，不符合这个规则的就是不正确的。这就是'效'"。比如：

《墨子·公孟》篇云："子墨子谓程子曰：'儒之道足以丧天下者，四政焉。……'程子曰：'甚矣！先生之毁儒也。'子墨子曰：'儒固无此各四政者，而我言之，则是毁也。今儒固有此四政者，而我言之，则非毁也，告闻也。'"这里的推理过程如下图：

"毁"是无中生有的言论，

今儒固有足以丧天下者，四政。

———————————————————————

所以："儒之道足以丧天下者，四政焉。"之命题非"毁"。

《墨经》之"效"所依据的是曲全公理："凡对一类事物有所肯定，则对该类事物中任一事物也有所肯定；凡对一类事物有所否定，则对该类事物中任一事物也有所否定。……《墨辩》逻辑可以名之为实质推演。实质推演是具有很大的使用价值的。"

（4）辟

《墨子·小取》篇云："辟也者，举也物而以明之也。"

毕沅云："辟，同譬。《说文》云：'譬，谕也。'谕，古文喻字。"《荀子·非相》："譬称以喻之，分别以明之。"故"辟"即"比喻、比方"之意。孙曰："毕云，举也，也字疑衍。王云也非衍字也。也与他同，举他物以明此物，谓之譬。故曰辟也者，举他物而以明之也。墨子书通以也为他，说见《备城门》篇，案王说是也。"吴毓江、张纯一等均同之，今从之。《国策·齐策一》："王曰：'此不叛寡人明矣，曷为击之？'"此处"明"即"表明、显明"之意。故经文之意为："所谓辟，就是列举别的事物来表明它。"

"'譬'式推理是一种已知事物比拟明晓另一种未知事物的推论过程。这种推理一般由两部分组成：对于思考或议论对象的认识，对于与这一对象相关的其他事物的认识。""辟"既具有语言文字上的修辞功能，又具有逻辑学上的推理功能，相当于类比式的论证。"逻辑学上所谓类比式的论证也只是'譬'。类比推理与比喻之间没有固定界限。"

比如：《墨子·耕柱》篇："治徒娱、县子硕问於子墨子曰：'为义孰为大务？'子墨子曰：'譬若筑墙然，能筑者筑，能实壤者实壤，能欣者欣，然后墙成也。为义犹是也。能谈辩者谈辩，能说书者说书，能从事者从事，然后义事成也。'"墨子运用这样的譬式推理作为例子，达到了由此及彼、由表及里的认识目的。

又如：《墨子·耕柱》篇云："子墨子谓鲁阳文君曰：'大国之攻小国，譬犹童子之为马也。童子之为马，足用而劳。今大国之攻小国也，攻者农夫不得耕，妇人不得织，以守为事；攻人者，亦农夫不得耕，妇人不得织，以攻为事。故大国之攻小国也，譬犹童子之为马也。'"其推理过程如图：

童子之为马也，足用而劳。

大国之攻小国，攻与守者均农夫不得耕、妇人不得织，足用而劳。

所以：大国之攻小国，譬犹童子之为马也。

"譬"式推论，就其实质而言，是将归纳与演绎综合起来运用。是借助于它物的现象来揭示事物的道理，而所揭示的道理又能进一步认识事物的本质。

（5）侔

《墨子·小取》云："侔也者，比辞而俱行也。"

"侔"意为"齐等"。《庄子·大宗师》篇云："畸人者，畸于人而侔于天。"是其证。《说文》云："比，密也。"段注曰："其本义谓相亲密也。余义也、及也、次也、校也、例也、类也、频也、择善而从之也、阿党也。皆其所引申。"故"比"之意为"和顺、比较、比拟、比照、并列、亲近、类似"等。《说文》云："俱，皆也。"《素问·三部九候论》："所谓后者，应不俱也。"王冰注曰："俱犹同也，一也。"《论语·先进》："子路问：'闻斯行诸？'"此处"行"之意为"从事、行事、做"。在经文中引申为"推演"。

故经文之意为："所谓侔，就是比照前一判断而同样推演出另一判断。"

"侔"式推理是对原判断的词项相应地予以增减，从而构成一个推理。"比"可以理解为两个判断齐等或相同。这里有几种情形：

其一，"是而然"。这一推理肯定的前提与结论都是正确的。比如：

《小取》云："白马，马也；乘白马，乘马也。"这种"侔"式推理相当于直接推理的一种形式。其推理的过程如图：

白马是马

所以：骑白马是骑马

其二，"是而不然"。即前一命题为正确的肯定命题，在该命题的主、谓项前附加同一成分后，变成为正确的否定命题。如：

《小取》云："车，木也，乘车，非乘木也。船，木也。入船，非入木也。"

李匡武等认为："侔"式推理"前提与结论之间的齐等之处不在于具体内容的无差别，而是它们的主、谓项之间均具有属种关系，即主项包含于谓项。就这一点而言，前提与结论可视为类同的判断。"这一观点是值得商榷的。根据其观点，因为"盗"与"人"存在着属种关系，所以应当推出："盗，人也。多盗，多人也。无盗，无人也。"而这是错误的命题。墨子将所推论的命题否定，《小取》云："盗，人也。多盗，非多人也。无盗，非无人也。"从而使之成为正确的命题。

其三，"不是而然"。即 A 词不等于 B 词，但是在 A、B 两词上附加同一成分，构成新复合概念后，则相等。见下图：

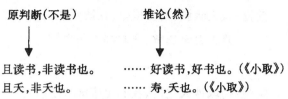

其四，"一周而一不周"。即一个语词有时遍及所有对象，有时不遍及所有对象。见下图：

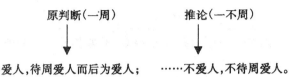

其五，"一是而一非"。肯定的前提是正确的，但是肯定的结论则是错误的；或否定的前提是正确的，否定的结论则是错误的。见下图：

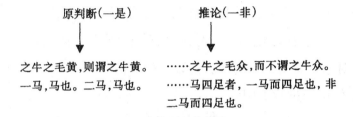

（6）援

《墨子·小取》云："援也者，曰：'子然，我奚独不可以然也？'"

《诗·大雅·皇矣》："以尔钩援。""援"之意为"牵引、攀附"。故经文之意为："所谓援，就是说：你可以这样，我为何不可以这样呢？""援"式推理是引用对方的观点来做类比推理的前提，从而引申出自己同样的观点。这一推理方法的实质是由一个命题之真而推出另一个命题之真。比如：

《墨子·非攻上》："今有一人，入人园圃，窃其桃李，众闻则非之，上为政者得则罚之。此何也？以亏人自利也。至攘人犬豕鸡豚者，其不义又甚入人园圃窃桃李。是何故也？以亏人愈多，其不仁兹甚，罪益厚。……苟亏人愈多，其不仁兹甚矣，罪益厚。当此，天下之君子皆知而非之，谓之不义。今至大为攻国，则弗知非，从而誉之，谓之义。此可谓知义与不义之别乎？杀一人谓之不义，必有一死罪矣，若以此说往，杀十人十重不义，必有十死罪矣；……今至大为不义攻国，则弗知非，从而誉之，谓之义，情不知其不义也。"在此，类比推理的过程如图：

> 前提：入人园圃，窃其桃李，众闻则非之。
>
> 　　　攘人犬豕鸡豚，众闻则亦非之。
>
> ·················
>
> 结论：窃取他人之国，我们也应该非之。
>
> 前提：杀一人谓之不义，必有一死罪矣
>
> 　　　杀十人十重不义，必有十死罪矣
>
> ·················
>
> 结论：攻伐他国，屠杀民众，罪孽甚重。亦应非之。

"援"式推理的必然性在于"此"与"彼"类同，亦即本质相同，如果本质不同，"援"式推理就不能适用。比如：

《墨子·耕柱》篇云："子夏之徒问於子墨子曰：'君子有斗乎？'子墨子曰：'君子无斗。'子夏之徒曰：'狗狶犹有斗，恶有士而无斗矣？'子墨子曰：'伤矣哉！言则称於汤文，行则譬於狗狶，伤矣哉！'"

子夏之徒的推理过程如图：

> 前提：狗狶犹有斗，
>
> 结论：士君子应有斗。

墨子指出，"君子"与"狗狶"不是一类，所以子夏之徒的推理不成立。

（7）推

《小取》云："推也者，以其所不取之，同於其所取者，予之也。是犹谓也者同也，吾岂谓也者异也。"

经文之意为："所谓推，就是用其所不赞同的命题，类同于其所赞同的命题，以其来反驳对方的论点。这就像说这些是同类的，我怎么能说这些是异类的呢？"

"推"是归谬式的类比推理，其由一命题之真或假去推知另一命题之真或假。在墨家的辩论中，为了反驳对方，首先援引对方的一个观点，由此作为类比推理的前提，进而去推出一个与对方的另一个观点相矛盾的结论，以此来驳倒对方。

《墨子·公孟》篇云："公孟子曰：'无鬼神。'又曰：'君子必学祭祀。'子墨子曰：'执无鬼而学祭礼，是犹无客而学客礼也，是犹无鱼而为鱼罟也。'"公孟子既说"没有鬼神"，又说"君子必须学习祭祀"。墨子说"坚持没有鬼神而又学祭祀，就像没有客人而学习待客礼节、没有鱼而织渔网一样"。公孟子的两个命题是矛盾的，由此其所持的观点被驳倒。

胡适认为："这个'推'便是'归纳法'，亦名'内籀法'，上文说过'取'是举例，'予'是推定。归纳那些已观察了的例，便是'其所取者'。那些没有观察了的事物，便是'其所未取'。说那些'所未取'和这些'所取者'同，因此便下一个断语，这便是'推'。"李匡武等同之。胡适之说不当也。从《墨子·小取》中"推"的含义来看，所言当指归谬推理，而不是归纳法。《墨经》中多处讲到了归纳法，比如：《经下17》及其经说。经云："在诸其所然，未者然，说在于是推之。"意思是考察其所已知的，通过归纳推出其所未知的。

（8）止

《经下1》云："止，类以行人，说在同。"

《经说下》云："止：彼以此其然也，说是其然也。我以此其不然也，疑是其然也。此然是必然，则俱。"

《诗·鲁颂·泮水》："鲁侯戾止。""止"作"至，到"讲。《庄子·胠箧》篇："故绝圣弃知，大盗乃止。""止"意为"停止"。"类"即"类推"。《书·洪范》："各以其序。""以"意为"依、按照"。《史记·孟尝君列传》："文以五月五日生。""以"作"在、于"。"《周礼·秋官》有大行人、小行人。其职司皆在齐一同异。义亦可通。《列子·天瑞》篇曰：生人为行人，行而不知归，失家者也。……《庄子·齐物论》曰：行尽如驰、而莫之能止。不亦悲乎？皆墨子言外之意。"故"行人"当也。谭戒甫亦同之，今亦从之。《论语·先进》云："子路问：'闻斯行诸？'"故"行"之意为"从事、做"。《经上10》云："行，为也。""行"之意指"从事"。故"行人"意即"从事者"。孙诒让云："疑人当作之。"伍非百、吴毓江从之，非是也。经文原意甚当，不应擅改。

故经文之意为："中止依同类事物的类推，其原因在于同类事物中的反例。"

《史记·项羽本纪》："今欲举大事，将非其人不可。""其"指"那、那

个"。《诗·唐风·蟋蟀》："我今不乐,日月其除。""其"犹"将、将要"。《论语·学而》："夫子至于是邦也,必闻其政。"故"是"即"此",在经文中引申为"此类"。姚合《赠张籍太祝》诗:"古风无手敌,新语是人知。""是"作"凡是"。

故经说之意为:"止:他们认为这一事物是那样,推论出凡是这类事物都是那样。我认为这类事物是那样并不必然,怀疑凡是这类事物都是那样。如果这类事物都那样是必然的,那么必须这类事物中的每个都是那样。"

"'止'乃墨家进行驳论之推理方式,即举出与对方所举属于同类之例,揭破简单枚举归纳之不完全合理性。"可见,墨子当推中国归纳逻辑的开山祖师,他为中国逻辑科学的发展奠定了极其重要的基础。

墨子在此区分了完全归纳推理与不完全归纳推理,对于完全归纳推理,墨子认为是具有合理性的,也是具有必然性的;但是,对于不完全归纳推理,其合理性墨子是置疑的,因为无法对于不完全归纳推理的必然性给出证明。在西方,英国哲学家 D·休谟(DavidHume,1711—1776)在《人类理解研究》中提出了归纳问题,通俗地讲就是:归纳只不过是从已观察到的 S 都具有属性 P,推知凡 S 都具有属性 P,而证明是无法给出的。因为:其一,归纳结论不能先验地从逻辑上证明为真;其二,归纳结论也不能后验地以经验证明为真。"归纳问题"仍然是当今哲学、科学、数学、逻辑学、心理学等学科的重大问题。客观地说,墨子是先于 D·休谟两千多年提出归纳推理的合理性问题的。

对于归纳推理过程,《墨子·法仪》篇曰:"子墨子曰:天下从事者,不可以无法仪;无法仪而其事能成者,无有也。虽至士之为将相者,皆有法;虽至百工从事者,亦皆有法。百工为方以矩,为圆以规,直以绳,正以县。无巧工、不巧工,皆以此五者为法。……故百工从事,皆有法所度。"墨子在此所运用的归纳推理过程如下图:

墨子还从反面进行了论证:"无法仪而其事能成者,无有也。"亦即不按规则从事而能成功的人,是没有的。

(9)擢

《经下50》云:"擢虑不疑,说在有无。"

为方以矩；

为圆以规；

直以绳；

正以县；

所以：百工从事者，皆有法。

百工从事者，皆有法。

为士，有法，

为将，有法，

为相，有法，

所以：天下从事者，皆有法。

《经说下》："擢：疑无谓也。臧也今死，而春也得之又死也，可。"

《说文》云："擢，引也。"《方言》云："擢，拔也。"故"擢"意指援引、拔取、抽取、提取、归纳等。《说文》云："虑，谋思也。"《尔雅·释诂》云："虑，思也。"《经上4》云："虑，求也。"故"虑"指"谋求、思考、考虑"。《荀子·议兵》篇杨倞注曰："虑，大凡也。""虑不疑"即"不疑之虑"，亦即"无可置疑的思考"。《说文》云："疑，惑也。"段注曰："惑，乱也。"《礼记·坊记》云："夫礼者，所以章疑别微，以为民坊者也。""疑"之意为"不分明、难于确定"。张纯一云："言执著有无而生疑。"亦当也。"詹剑峰云：'虑，大率也。'‘擢虑不疑’者，谓援引彼事以推此事，大率可定。"此可资参考。

可见，经文之意为："概括大凡不容置疑的考虑之结论上升为规律，其推理在于这类事物有没有这一必然规律。"

"之又"二字原为"文文"，"孙云：上‘文’字疑作‘之’。梁云：下‘文。字疑作‘又’。非百按：孙梁校是也。"胡适在《中国哲学史大纲》中亦云："‘之又’两字旧作‘文文’，今以意改。"吴毓江、谭戒甫、姜宝昌、周才珠、齐瑞端等均同之。今从之，此乃因形近而误抄也。《汉书·蒯通传》云："事有适可。""可"意作"合宜"。

故经说之意为："所谓疑，就是没有必然性可言。臧今天死了，而春也得了（这病）又将死，这是合宜的推理。"

　　"擢"就是从个别事物中抽象出一般规律的思考，这是一种科学的理性思维方法，有利于透过现象把握事物的本质。沈有鼎在《墨经的逻辑学》中称"擢"为"典型分析式的归纳"。所言亦当也。

（五）规律论

1. 同一律

　　《经下》云："彼此彼此与彼此同，说在异。"

　　《经说下》云："彼：正名者'彼''此'。'彼''此'可：彼'彼'止於彼，此'此'止於此；'彼''此'不可：'彼'且'此'也。'彼此'亦可：'彼此'止於'彼此'，若是而'彼此'也，则彼亦且此此也。"

　　经文之首诸本原文为"循此循此与彼此同"。伍非百曰："梁云：两循字皆'彼'之伪，又倒误。当作'彼彼此此与彼此同'。非百按：梁校'循'为'彼'是也。不必乙。"张纯一同之，其云："旧作循此循此，今据说及公孙龙子《名实》篇文并伍校改。"所校甚当也，今从之。因为：其一，经说无"循"字；其二，经说文中无"循此"，但"彼此"数出；其三，"循"校为"彼"使经与说均能保持一致；其四，经"彼此彼此与彼此同"文意顺畅，且说"彼此彼此可"亦承之；其五，此乃因形近而误抄也。

　　吴毓江云："本作'循此循此'，曹、梁校作'彼彼此此'，今从之。"谭戒甫亦从曹、梁校。所言非是也，因为说中无"彼彼此此"之说法。

　　《说文》云："异，分也。"段注曰："分之则有彼此之异。"故经文之意为："彼此彼此与彼此是相同的，其根据在于异（异，则分彼此）。"

　　"彼"指"对方、那个"，"此"指"这方、这个"。无名氏《燕子赋》："者汉大痴，好不自知。"此"者"意为"这"。"正名"即使"名"符合"实"，使"名实合"者，首当为"彼此"。《公孙龙子·名实论》篇："位其所位焉，正也。其正者，正其所实也。正其所实者，正其名也。其名正，则唯乎其彼此焉。"其意甚当也。

　　"止"指"至、到、停止、平息、居住"等意思。故经说之意为："彼：首先需给'彼此'正名。用'彼''此'是适宜的：用'彼'之名来指'彼'之实，并且仅仅指'彼'之实；用这个'此'之名指'此'之实，并且仅仅指'此'之实。用'彼''此'不适宜：用'彼'之名既可指'彼'之实，又可指'此'之实；或用'此'之名既可指'彼'之实，又可指'此'之实。用'彼此'也是适宜的：用'彼此'之名来指'彼此'之实（'彼此'指'彼'与'此'两类对象的集合）。如果就这样来讲'彼此'，那么'彼'之名也将是'此'之名所指的'此'之实了（概念的内涵变大了）。"

墨子是在讲同一律，在同一思维的过程中，每一概念、命题与其自身是同一的。如："彼此彼此与彼此同"。同一律要求的同一是指概念、判断自身的确定性与一贯性，同一律亦要求在同一思维过程中保持概念、思想等的确定性。如："彼彼止於彼，此此止於此。"同一律用公式来表示就是：

A 是 A。（A 可表示任何概念、命题等）

名不能乱指谓，概念不能不明确，如："'彼''此'不可：'彼'且'此'也。"

在本条经文的诸多情形中，都贯穿了同一律。"墨家用名（概念）区别同异，而且主张名实相符，这已意含：合理的讨论（辩），用语需要有固定的意义（概念明确）。这正是现代许多逻辑家视同一律为语义原则的理由。"可见，同一律是一切思维得以进行的基础。

2. 矛盾律

《经上75》云："辩，争彼也。辩胜，当也。"

《经说上》云："辩：或谓之牛，或谓之非牛，是争彼也，是不俱当，不俱当，必或不当，不当若犬。"

经之意为，辩，就是争论某一命题。辩论得胜的一方，是因为理由正当。

经说之意为，或者说这是牛，或者说这不是牛，是在争论一个命题的真与假，这两个命题不能都是真的。既然不都是真的，必然或真或假，命题假，就像将（远处的）牛当作狗一样。

墨子之意是，甲说，这动物是牛，乙说这动物不是牛，是在争论这个命题（即，这是牛之命题）的真与假，这两个命题不可能都为真，不可能都是假，

必然是或真或假，不会出现两个命题都真或都假的结果。

矛盾律的基本内容是，在同一思维过程中，两个互相矛盾（或对立）的命题不能同时为真，至少有一为假。如果用 A 表示命题，则矛盾律可用公式表达为：并非"A 且非 A"。墨子十分准确地阐述了矛盾律。

从矛盾律出发，墨家常常从对方的命题推论出荒谬、矛盾的结论，进而驳倒对方的命题，这亦称为"归谬法"。如，《墨子·耕柱》篇云："子墨子曰：世俗之君子，贫而谓之富，则怒，无义而谓之有义，则喜。岂不悖哉！"将"贫"说成是"富"，因为不切实际，贫者并未因此而富，却要冠之以"富"的美名，故很愤怒；将"不义"说成是"义"，理当也应该愤怒，但却是很高兴。墨子在此用归谬法揭露了世俗之君子乐于将自己的"不义"说成是"义"的虚伪本质。

3. 排中律

《经上 74》云："彼，不可两不可也。"

《经说上》云："彼：凡牛枢非牛，两也无以非也。"

经之意为，正反两方所争论的命题，不可以正反两方面都不成立（即，不可以正反两方都是假的）。亦即，这一命题必然有一方是真的。

经说之意为，大凡讲牛，区别于非牛，这两个命题不可以都是假的。换言之，甲说某物是牛，乙说某物不是牛，这两人所持的立论不可能都是错误的。亦即，必有其一是正确的。

排中律的内容是指，在同一思维过程中，两个相互矛盾的命题不能都是假的，必然有一个是真的。如果用 A 来表示命题，则排中律可用公式表示为：

A 或者非 A。

墨家所言的"此物是牛"与"此物不是牛"这两个命题，不可能都为真，亦即必然有一个命题是假的；或者说，这两个命题不可能都是假的，亦即必然有一个命题是真的。这与排中律所言之内容完全一致，故墨子已经阐述了排中律的内容。此外在《经下》（"牛马之非牛与可之同，说在兼。"）及其经说中也清晰明白地阐明了排中律的内涵。

墨子的逻辑思想不仅在中国逻辑史上占据有极其重要的地位，在世界逻辑史上也占有十分显要的地位，它完全可以与古希腊亚里士多德的逻辑思想相媲美。弘扬墨子的逻辑思想对于东西方哲学的对话与融合非常必要。

九、墨子思想的历史影响

墨子作为一代宗师，其开创的学派是与儒学并列的一代显学，然而这么一个显赫的学派，至秦骤衰，一蹶不振，几成绝学。二千余年来《墨子》被排斥在官学之外，注家无几。墨家作为一个学派是湮灭了，但他们的社会政治理想、人格道德力量、科学思想和方法却或多或少地融入了以儒学为主体的传统文化之中，在思想上、精神上对后代产生了一定的影响。同时，墨学的湮灭，也可作为一种比较参照系，从一个侧面揭示中国传统文化、历代农民起义、中国传统科技模式的若干特征及其产生的社会原因。

（一）墨子思想与中国传统文化

要比较明确地描绘出中国传统文化的基本图景是相当困难的，因为中国是一个多民族的国家，其发展历史有数千年之久。但是有三个基本事实是大多数人所公认的。其一，中国的传统文化是以汉民族的文化为主体和主导方向的。其二，中国的传统文化是以儒学为主，佛道为辅，构成其理论核心，从社会思想的主体内容到民族的思维方式莫不如是。儒、佛、道相辅相成，三位一体渗透到社会意识的各个方面，影响到社会各阶层的言行举止和民风习俗。其三，中国的传统文化是建立在以家庭为单位、以宗法血缘为纽带的小农经济的基础上。

墨子发明的推圆盘

这里，拟从这个角度简略地分析一下墨子思想和中国传统文化的关系。

1. 中国传统文化的基本结构

中国传统文化是几千年文明历史的积淀。中国传统文化的形成、发展、衰落、沉淀、复起，影响弥漫，观念渗透，都表现为一个各种观念相互冲突、扬弃、凝结、淘汰的过程。在这样一个发展过程中，它的基本走向与中国的农业经济和农业社会发展趋向一致，儒、佛、道互补，构成了中国传统文化的理论核心。"修身、齐家、治国平天下"是理论的基本内容，"内圣外王"，"达则兼善天下，穷则独善其身"是其追求的理想境界。对绝大部分的知识分子来说，能取得"立德、立功、立言"三不朽成就的毕竟不多，诸如周公、孔子之类的人物也是很少有人能够企及的。就是一般的仕途，也大都是坎坷艰辛，大部分名落孙山，潦倒一生。道家从清静无为、全真养性方面，佛学，特别是中国化的禅宗在修身寡欲、明性见心方面发展了一整套的理论和修养、锻炼方法，使知识分子在内在的心理平衡上抑制或泯灭内心对名利追求的欲念。在内向自我反省这点上，道、佛两家不仅和思孟学派的内圣之路相通，而且在理论内容和形式上表现得更优雅洒脱。因而道佛学说适应了失意知识分子自命清高、自我安慰的心理需求，也使得意的士大夫在充满倾轧、黑暗、阴谋的官场之外找到了一个心灵安憩的乐园。

中国的封建社会的长期稳定和近、现代中国社会发展的曲折性，这两个历史事实表征了传统文化巨大影响的存在。认识它的长处和局限，这对中国传统文化的再结合，对中国现代化的进程都是一个不能回避的理论和实践问题。

文化作为一种社会活动是历史传统、现实生活和发展趋向这三者的统一，是人在一定历史、地理环境中，在人和自然、人和人、人和社会相互作用过程中形成的一种价值体系，作为民族行为方式存在的内在依据，体现为民族自我认同的民族性格和气质。

人际关系的认识和协调是传统文化研究的中心内容，它关心的是社会群体的稳定和协调。个人的思想和利益只有在社会群体中才有其存在的价值。在宋明之后，以天下为己任的历史责任感与其说是一种个体独立的意识，更不如说是一种社会义务。民贵君轻、社稷江山为重的政治观念，正是强调和谐、责任、义务、贡献的社会群体意识的反映。它强调的是把修身、齐家、治国、平天下融为一体。传统文化主体对客体的认识主要是通过内省体验，直觉领悟和付之言行实践规范的方法。天、地、人在一种统一的图式中得到了有机的联系，天人合一、知行合一、情景合一、协调的群体和谐就是真、善、美的最高境界。由于各社会阶层的经济、政治地位及活动方式的差异，对文化客体认识的表现形式也不一样。统治阶层主要是用政策、法律、制度的形式将文化观念以强制的方式固定下来。知识阶层主要是用理论形态（思维的内容和形式）提炼文化观念，使之成为民族文化的核心，并通过教育、入仕的途径，广泛影响到社会意识、行为、生活的一切领域。平民百姓主要是通过行为方式的规范（民风习俗）表现出民族文化的表象特征。这三种外在形式只是基本文化观念社会心理、价值观念、审美情趣在不同层次的文化主体上的展开。

社会心理反映了人对生态环境（社会和自然）的主观评价，是行为方式的内在稳定机制。持中、冷静、和谐、克制是传统的社会心理。价值观念反映了人从现实的利害关系出发，对生态环境的一种评价尺度，表现为价值标准、价值取向和价值理想，是行为方式的直接动力。"德成而上，艺成而下"是传统的价值标准，"君子喻于义，小人喻于利"是传统的价值取向。对完美精神世界的执着追求，理想人格的社会塑造，使这种价值标准和价值取向上升为社会的价值理想，成为社会的基本信条和行为准则。精神力量、道德榜样的感召往往会掀起一股广泛的社会思潮，特别是在民族生死存亡的紧迫时期，那些"留取丹心照汗青"的志士仁人往往会成为社会崇拜的偶像和精神支柱。审美情趣反映了人的情感和美感的角度。对理想的生态环境（包括物质和精神）的一种追求，使人的思想和行为方式具有理想和幻想的色彩。对意境和神韵的追求，忽视具体和结构的分析，是传统审美观的基调。这一基调使理论思维趋于超脱现实生活所提供的经验材料，而追求一种玄秘朦胧、超脱尘世的意境。老庄思想、魏晋玄学对知识阶层之所以有那么大的魅力，除了自我修养完善、心理调节平衡的原因，传统审美情趣也是一个重要原因。

传统文化是以中华民族为载体，中华民族的言行交际将传统文化表象化，具体展开为民族的情、知、志、趣、理。

情是指情感和情调。传统文化体现的民族情感是含而不露，喜怒不形于色，温良恭俭让是民族情感的基本情调。个人的激情被抑制在冷静的群体理智的规范中，轻佻和狂妄是对个人激情和意志表现的判决书。持中、稳重、现实是传统文化情之三昧，它排斥了六合之外的幻想，社会正是在人际关系冷静的协调中否定了有超越人际关系规范之外的人的情感的存在。主体情感的自我意识消失在长幼尊卑贵贱的社会等级情感之中。喜怒哀乐只能在礼的规矩中才会得到社会的认可。

知是民族的知识结构，知识发展的趋向。从传统文化的核心——儒、道、佛思想的主要发展阶段看，先秦子学、两汉经学、魏晋玄学、宋明理学等理论形态，其中的内容无外乎一是修身养性，二是经世方略、治邦权术，三是关于仁、礼的各种理论思想，作为修身和经世的指导原则。从孔子到龚自珍历代最有影响的思想家、学问家都是伦理道德家或政治家，而没有一个是自然科学家。从《吕氏春秋》到《四库全书》，从《史记》到《资治通鉴》中国历代的百科全书和史书的编纂看，其目的和内容都是以人际关系的协调为主旨的。浩如烟海的典籍亦以文史哲著称，关于律历、农艺、技艺方面的书籍所占的比重远为逊色，有关天文、律历等方面的科学技术知识一是强调其实用，二是不能犯"仁""礼"规范之忌，三是关于这些知识的理论说明都归结到论证以"仁""礼"规范为基础的封建等级关系的合理性。传统文化对社会秩序的安排从底层平民到上层统治者都做了各方面的研究，从起居饮食到待人处世都有一系列的规定限制，从而对人际关系在历史经验和现实生活的基础上，提炼总结出一整套的概念范畴。这一套概念范畴构成了传统文化的理论基础。传统文化表现的民族智力结构是民族价值标准的反映，是社会需求在价值追求上做出一种判断的凝聚物。科举取士的仕途制度将民族知识的发展趋向固定强化，是传统价值取向的表现形式。社会知识阶层皓首穷经在四书五经中领悟处世为人的人生哲理和齐家治国的经世方略，从儒家经典中寻找金榜题名的终南捷径。先秦科学知识的结晶《墨经》"后世莫复传习"。与"仕途进取毫不相关"的《天工开物》初刊不久即失传，湮灭了几百年。

志是指民族的道德和情操。对传统文化来说，自汉以来三纲五常是道德的最高标准，忠孝双全是道德追求的最高境界，"天下兴亡，匹夫有责"是社会的道德责任感。"士可杀不可辱"是民族所乐道的情操。这种道德情操的标准和具体内容是由社会整体要求所决定的。传统文化的道德观念体现在民族的气质上，一方面是唯唯诺诺的平庸气息；另一方面是慷慨悲歌的死谏精神。体现在民族的行为上，一方面是循规蹈矩的死板作风，空话连牍的浮夸习气；另一方面又是任劳任怨的苦干精神，坚忍不拔的执着追求。平庸和死谏，死板、浮夸和苦干、执着都是在忠孝道德规范下，人主体价值和尊严沦丧的表征，人只是在长幼尊卑贵贱的等级秩序中才意识到自己的存在。忠孝两者相通，都是提倡一种盲目的信仰。这种盲目的信仰可以是狂热的卫道，亦可以是麻木的愚昧。人的行为被外在强制力量所支配，人们的自我意识消失在迷信和偏见之中，既不能对客体自然做出冷静的观察和分析，又不能将主体人作为自我意识的客体发掘出自身的需求和创造力。

趣是指民族的心理选择，是价值取向在爱好和习惯上的表明，反映了民族在具体文化形式上的所长所短。传统文化在医学、天文、数学、农艺等领域，其理论认识有自己的思想特色，其基调就是天人感应。一方面否定六合之外神祇的存在，强调天道自然；另一方面又浮在表象，将天象、人事、自然万物相互类比，相互解释、说明，自然始终没有成为认识活动的独立客体。一方面是细致入微的观察描述，另一方面又是玄秘虚幻的空泛理论。一方面是强调实用技能技巧的经验性，另一方面又是沉耽于荒诞无稽的推演类比中的玄思性。表现在处世为人的人生哲理和治国安邦原则的选择中，也是一方面表现为充满现实忧患意识的格言警句，另一方面则是超越现实关系的虚无图景和五德终始的迷信框架。客观全面的观察，深入局部结构的实证分析，通过经验材料的归纳整理，用概念、范畴、命题等构筑理论的逻辑结构，对这些方面传统文化完全缺乏兴趣。兴趣的缺乏是因为社会没有这种需求，传统文化没有这方面的动力。这种社会心理的选择使民族的兴趣不能在由技艺实践发生的物理、几何问题上得到彻底的发展，也不能在思维规律的研究中形成科学的逻辑分析和构成理论逻辑结构的能力。

理是指民族对是非、美丑的理性判断，是社会价值尺度表现为人的言行依据的准则。它既表现为政策制度的具体框架，严格地划分出是非美丑的界限，又有占社会统治地位的思想和理论，形成一种普遍的观念规范，无形地支配着的人的言行举止。传统文化是以礼和仁的规范作为行为的准则，"克己复礼，天下归仁"。仁作为一种规范其基本内容就是克己，即要求个人服从于社会群体的秩序。这一基本内容以礼的各种外在形式加以制度化，成为人行为方式的规矩方圆，"规矩方圆之至，礼者人道之极也"。

具有几千年悠久历史的中国传统文化曾经有过非常光辉的灿烂的历史，至今仍具有迷人的魅力和引人研究的价值。不加分析、不顾事实的一味贬斥是无济于事的。它的存在，它的落伍，它的影响，它的更新，它的生命力自有其历史原因和社会土壤。否则，我们在距"五四"运动七十余年后的今天，仍不得不再面对这庞大的体系进行反思和再估价。

传统文化的形成及其发展自有其与历史、地理环境相适应的合理性。它对在广阔的国土上，以分散经营的小农经济为基础的社会结构起了一种粘合剂和凝聚力的作用。它对中华各民族的交流、团结，在心理上的彼此协调，在情感上的彼此沟通起了一种稳定和促进的作用。文成公主的入藏，王昭君的入蒙，满清统治者的崇儒，都是传统文化起作用的几个比较典型的案例。它是抵御外来野蛮的军事侵略，维持庄严的民族自尊的强大精神支柱。它对世界文明的发展所做的巨大贡献是有目共睹的，经过合理的加工提炼，能成为中国新文化建设的一个来源。它的群体协调的社会意识，对理想人格的追求和完善，等等，对现代中国社会都有某种启示和借鉴作用。

但是，另一方面，我们也应看到中国传统文化毕竟是古代农业经济的一种文化形态，它是建立在小农经济的物质生产方式基础之上。几千年来较为稳定的发展，到后来，使它带有凝重、迟滞、沉闷的特征。近、现代科学技术的飞速发展和物质生产方式的巨大变革，使中国传统文化失去了原有的物质生存环境，它的弊端成为社会发展的障碍，特别是阻碍了社会物质生产力的发展。对科技和生产淡薄的功利要求，压抑了社会每一个人为了追求物质利益的创造力，使一度相当辉煌的技术成就长期处于停滞状态。社会既没有物质动力，又不能吸引、动员广大的知识力量去发展科学技术。社会的经济活动囿于同样的生产工具、同样的生产方式、同样的经济结构，日复一日，年复一年，往复循环，绵延几千年。以家庭为单位的男耕女织是社会主要的生产方式，犁、耙等主要生产工具的形式、材料和制作方式延续到近代中国，和汉唐没有重大差别。同时，在宋明之后过于强调社会的群体意识，抑制了个体的独立性，束缚了他们思想的自由和创造力，过于凝重、迟滞、取中的社会心理特征，使其趋于保守，容易形成一种信古、恋古、托古的社会心态。这阻碍了社会对新技术、新科学、新观念的接受和消化，从某种意义上可以说，它在一定程度上延缓了中国近、现代社会世界化和现代化的发展进程。新旧观念的冲突给社会带来的震动也较大，延续的时间也较为久长。

2. 墨子思想是中国传统文化图式的奇点

如果说中国传统文化几千年的发展历史表现为一条连续的平稳起伏变化的光滑曲线，那么墨子思想是这条曲线图式的一个奇点，即墨子思想在内容和思维形式方面与传统文化基本不相容，从某种意义上可以说，它显示了中国古代文化发展的另一个可能的方向。

传统文化是一种以人际关系为中心内容的政治伦理型文化。生活方式、伦理风范、社会制度融为一体。它是和分散经营的小农经济生产方式、宗族宗法的社会结构、中央集权的政治体制相适应的历史产物。因此，文化观念中仁、义、理、礼、和就成为其核心内容。在思维形式上，它更注重表象的直观类比、总体的笼统把握、自我体验的直觉领悟。墨子思想从总体上代表了小生产者的根本利益，其思想体系的主要内容与表现形式和传统文化相左。因此，作为一个思想体系来说，它很难融入于传统文化发展的曲线图中，它既不能长久地凝聚分散的小农生产，又不能维护宗族宗法的社会秩序。相反，它促成了与封建地主阶级政治统治相抗衡的另一政治权力中心。墨学千余年被视为异端，诟为禽兽之学，其根本原因就在于此。两者的对立在内容上，表现为兼与礼、义与利、理与欲、和与同的矛盾；在思维形式上，表现为实证分析的逻辑方法与直观类比的笼统把握的分歧。

儒学谈仁者爱人是以克己复礼为前提和目的的。礼的积极意义在于将个人命运融于国家社会利益之中，加重了人的社会责任感，增强了人与人之间、人与社会之间的相互依赖，有助于中华民族的凝聚和中华文化的绵延。但从另一方面看，礼的存在和加强必须以牺牲个人主体独立性为代价，个人对物欲和思想自由的追求被消融在贵贱有差、尊卑有等的天理之中。墨子讲仁者爱人，是爱无差等，是兼爱，是体爱，是以每个人的平等生存和平等获利为目的的。墨子认为应兼爱天下，平等的爱在无穷世界的每个角落都是一样的。从某种意义上说，墨子的仁者爱人更多的是强调个人存在的平等，忽视了社会各阶层由于政治、经济地位的差异，社会分工的不同而必然形成的物质利益和目标追求的差异，忽视了个人与个人之间、个人与社会之间的矛盾与协调。墨子由于强调爱无差等，在理论上只能以尚同作归结，认为只要一同天下之义，便能使各个独立的个体协调和谐了。因此，可以说墨子缺乏从社会的现实出发，强调社会关系的相互依赖、相互协调的群体意识。儒学的仁有它的社会现实内容和生存发展的土壤，儒家各派对仁的释义和引申见仁见智，但万变不离其宗——"克己复礼，天下归仁"。这点在现代社会仍有其现实意义，个人是社会的分子，个人的存在必须依赖于社会，社会的稳定和协调必然需要牺牲个人的某些利益和追求，社会的群体和个体是相辅相成的两个侧面。从这个角度看，墨子的仁，打个不很确切的比喻，有点像一口袋马铃薯，各个马铃薯彼此独立，互不联系，最后靠一个口袋将它们装在一起。

孔子讲义，大者是讲治国平天下之仁政，小者是讲个人的道德人格的理想境界，杀身以成仁。其总的倾向都是超越个人非分的自然物欲享受和个人现实物质利害的关系。提倡、发扬了孔子的这个思想，逐步形成了一种重义轻利的社会倾向，熏陶了历代一批批高风亮节的志士仁人。君子之儒往往将自己奉行的一种社会、政治、道德准则看成是至高的信仰，将社稷、国家利益看成是成义之所在，认为这才是义的完美体现。对个人来说，"富贵不能淫，贫贱不能移，威武不能屈"是义之大端，能行大义是个人道德修养自我体验、内省、磨炼和躬行践履的结果，是思想境界提高、完美的标志。墨子讲义，以利为核心，直接给义下定义："义，利也。"墨子强调利是义的核心，在当时的历史背景下，符合小生产劳动者对自然物欲和生存权利的正当要求。但是，墨子讲利，一是强调其以温饱为足，缺少一种鼓舞人生的物质推动力；二是忽视了人与人之间的心理、情感的协调、和谐，其道俭、苦、劳、忧。虽然墨子的思想能激励一小部分人，但缺乏使社会群体能长期稳定的吸引力。说墨子学说"俭而难遵"，确不为过。

儒学在理欲之辩中，承认人的自然物欲的存在，"食、色、性也"。但儒学更强调只有在社会群体的理性的协调中，人欲的存在才有其合理性。在这点上，每个人都可以身体力行，加强道德践履，达到"存天理，灭人欲"的境界，也即"人皆可以为舜尧"。儒学区别了人的自然生理属性和社会道德属性，并将人的社会道德属性的存在作为人与动物在本质属性上的根本差别，否则，"然则犬之性犹牛之性，牛之性犹人之性"。人的社会道德属性的存在是人类理性精神的一种体现，是自然的人化。这使得人类的行为受到一定理性规范的约束，也就是说人的自然物欲必然受到一定的限制。如果人的自然本能不受到社会群体的任何约束和限制，那么人类的社会群体和动物种群没有本质上的差别。人的自然生理属性在一定程度上受制于社会道德属性，是维持社会群体稳定存在的一个必要条件。当然，发展到"存天理，灭人欲"的极端，则会使人异化为非物质的人，而变成一个纯理性的道德标本，泯灭了人的自然生理属性。所以，人的自然化是自然人所不可缺少的一面。墨子在理欲之辩中，更强调的是人欲，认为每个人的自然属性是人与社会存在的基础。因而，满足每个人的物欲是天经地义，是义利之所在。注重、强调个人的物欲，对冲破西周宗法等级制的束缚确有其积极的作用，但发展至极端，兼爱就与为我相通。只强调追求个人物质利益的合理性，就必然忽视了对社会的义务与贡献。孟子在批判杨朱、墨翟的学说时说："杨墨之道不息，孔子之道不著，是邪说诬民，充塞仁义也。仁义充塞，则率兽食人，人将相食。吾为此惧，闲先圣之道，距杨墨，放淫辞，邪说者不得作。作于其心，害于其事；作于其事，害于其政。圣人复起，不易吾言矣。"孟子的批判虽有偏颇之嫌，但也中肯地说明了墨子重利崇欲的思想确实不利于以分散经营的小农生产为基础的社会秩序的长期稳定。

对社会结构和社会秩序的看法，儒学主和，墨子尚同。

儒学主和，其一是肯定了事物多样性存在的客观性和合理性。从万物丛生的自然界到名分各异的社会生活，每一个事物的存在不仅都有其合理性的根据，而且每一事物又都是其他事物能够存在的基础。也就是说，儒学主和，就是认为各种事物是相互依赖而存在。其二，儒学虽然承认各种事物存在着差异、对立和矛盾，但强调、突出的是它们之间的统一和协调。儒学提倡的中庸之道，阴阳五行的模式框架，从内容和外在形式上，肯定了各种事物的差异存在的合理性，论证了各种事物的参和、调济不仅是各事物本身存在的必要条件，而且是保持社会秩序稳定的基本前提。

墨子尚同，其一是表现在社会理想上的以兼易别，要求每个人不管其出身地位如何，都应以兼爱的准则来规范自己的思想和行为，试图将社会各阶层由于政治、经济地位的差异而造成的利益不同的客观状况消除在同一的兼爱秩序之中。其二是表现在政治统治上的以齐易畸。不同经济、政治利益的各阶级、各阶层在国家政权的建设中，在政策法令的制定中，必然会强烈地表现出自己的要求和愿望。用一刀切齐的法令的尺度反而会加剧各阶级之间的社会矛盾，社会秩序也往往会因之崩裂。荀子曾中肯地批评"墨子有见于齐，无见于畸，有齐而畸，则政令不使"。

"和生百物，同则不继"这个断语对儒墨兴衰的历史，从社会结构内在互济、调和的机制的角度，作了颇为中肯的分析。

传统文化以人际关系为中心内容的特点，客观上摈弃了将自然作为认识活动独立存在的研究对象。因而，在认识活动中，必须解决大量周而复始、变幻无常的自然现象对人们的心理，对社会物质生产过程的影响等问题。对自然现象的说明又必须基于对人际关系解释的需要。用自然现象来类比、论喻社会变迁和人事更迭就成为一种基本的思维路线，"技进于道""格物致知"是传统文化对自然现象认识的基本目的。思维内容的这一特征要求相应的思维形式来表现，使之能构成比较完整的理论体系，不致停留在格言式的直观水平上，从而具有较大的渗透力和说服力，能渗透到社会的各种意识中去，与道德标准、民风习俗、价值观念等一起构成一种比较稳定的思想传统，使封建等级名分的观念和现实能被社会各阶层在心理上所接受。

道气阴阳五气说就是一种相当合适的思维形式和理论表现形式。它是一种理论解释的强制性框架。作为一种先验的解释系统，没有任何质的规定性，缺乏具体的确定内容，不能使认识对象在理性思维过程中具体化而渐趋清晰。道气阴阳五行说为自然现象、社会现象、精神现象的直观类比提供了一种思维模式，成为天人感应的解释媒介。这种思维形式笼统模糊，貌似全面，既是而非，可作多方领悟，容易满足社会对天人感应，天、地、人合一认识的心理需要。道气阴阳五行的思维形式绵延千余年，被历代各式各样的思想家、迷信家所广泛接受和任意使用，表现出玄秘和迷信的两个特征。两汉的谶纬学和民间的迷信陋习正是假借了道气阴阳五行的形式。道气阴阳五行说适合传统文化主体内容的需要，所以，其解释功能为社会各阶层所接受。墨子在认识、思维活动中更注重实践，注重具体物体和现象的分析，注重理论表述的确定性。这种思维方式显然不能满足传统文化关于天、地、人有机联系的观念内容的需要，不能自圆其说地解释自然现象、社会现象、精神现象相互感应、相互比附、相互类合的社会看法，从而满足社会的心理需求。在传统文化漫长的发展过程中，社会思维形式的发展，更多地是以玄、禅的方式来表现。墨子重视实证分析和逻辑构造的思维方式被社会遗忘也在当然之理中。

3. 墨子思想对中国理想人格的影响

墨子思想作为一个思想体系在长期的封建社会中，自秦之后是不复存在了。墨子本人作为一个杰出的思想家其道德人格力量，他对理想人格的追求，其弟子后学——墨者的精神作风，对中国传统文化理想人格的完善确有影响和贡献。

中国传统文化对理想人格的认识是个人道德修养，家庭伦理关系的和谐，对国家、社会义务三者的统一，所谓"修身、齐家、治国、平天下"融为一体。首先是要求个人对社会应承担的义务。以天下为己任的历史责任感，思想深层忧国忧民的忧患意识，是理想人格应具有的道德责任感。以身赴义，杀身成仁，持节不屈，鞠躬尽瘁，死而后已，刚正不阿被奉为理想人格的典范。历代所传颂的一些志士仁人，正是他们在大节大义上的高风亮节，为人所敬仰。士可杀而不可辱的信条正是表现了理想人格对个人信念的一种崇高感。其次，在社会伦理道德上，要求能设身处地为别人着想，推己及人，"己所不欲，勿施于人"，"己欲立而立人，己欲达而达人"，提倡忠恕爱人。虽然这种忠恕之道有其阶级内容，但能有"老吾老以及人之老，幼吾幼以及人之幼"的恻隐仁慈之心，仍是一种理想的伦理道德风范，是理想人格的一个有机组成部分。作为一个人来说，他的品德、他的修养对理想人格的完善来说，都是十分重要的。中国传统文化十分强调修身。人品的高低对一个人学术水平、政绩好坏的评价具有不可低估的影响。"不能正其身，如正人何"，"反求诸己，其身正，而天下归之"。正其身，具体地说，要求君、臣、父、子、夫、妇、兄、弟、师、友各自的行为、言语都应符合各自的身份地位，达到完美。个人的道德人品的榜样力量是巨大的，所谓"天下之本在国，国之本在家，家之本在身"。正心，诚意，寡欲，知廉耻，明是非，懂辞让，是传统文化对个人人品修养规范的基本内容。取义、成仁、正身这三个环节构成了传统文化对理想人格认识的基本结构。

墨子一生"摩顶放踵利天下，为之"，是以身赴义，以天下为己任的典型。他对自己所信奉的主义和社会理想坚韧不拔的执着追求，所表现出来的"以绳墨自矫而备世之急"，"赴火蹈刃，死不旋踵"的牺牲精神，正是传统文化理想人格所追求的成大义的境界。墨子的精神作风为取大义注入了一股积极精神，取义不只是一种豪言壮语，而是一种言行一致、付之于实践的献身行为。这种献身行为不只表现在生死荣辱存亡关键时刻的以身殉义，而且表现在长期的艰苦卓绝的实践活动中孜孜不倦的追求、奋斗。庄子说："墨子真天下之好也！将求之不得也，虽枯槁不舍也！"这种精神和孔子的"知其不可为而为之"的执着追求是一脉相通的，也是历代君子之儒所称颂和发扬的东西。

其二，墨子力倡"兼相爱，交相利"，有财相分，有利相交，有力助人，使老有所养、幼有所育、人皆温饱的友爱互助的社会道德伦理观，虽然具有绝对平均主义的原始平等思想，但其基调仍有推己及人、忠恕爱人的倾向。这点和传统文化所倡导的敬老、爱幼、助人为乐的社会道德是相合拍的。

其三，墨子对个人品格修养的要求、磨炼和儒学有相通之处，它强调言行一致，而行为本。"君子战虽有阵，而勇为本焉；丧虽有礼，而哀为本焉；士虽有学，而行为本焉。"这里墨子所说的勇、哀、行不仅指的是个人的内在精神、品格和修养，而且更多地是指个人的行为实践。墨子强调的修身要求表里如一，不仅是一种道德的自我内省体验，而更是一种实践的磨炼。"君子之道也，贫则见廉，富则见义，生则见爱，死则见哀，四行者不可虚假，反之身者也。"只有在实践磨炼基础上形成的道德人品，才能算是达到了本固。本固才能志强智达，言信行果，笃道博物，辨察是非。这和儒学所说的，只有先正心、诚意、寡欲，才能知廉耻，明是非；只有完成了修身，才有可能齐家、治国、平天下这一套理论十分相近。如果身不正，本不固，则必定"原浊者流不清，行不信者名必耗"。

墨子修身，强调吃苦耐劳的磨炼，艰苦卓绝的身体力行更多于自我的道德践履，内省体验。墨家把"以裘褐为衣，以跂蹻为服，日夜不休，以自苦为极"誉为禹之道，奉为墨者的基本准则。这种在积极的实践中培养人的优良品格，提高人的精神境界的磨炼方法，为传统文化个人道德修养提供了另一种途径和方法。后来的颜李学派正是看到了儒学诸如"见贤思齐"，"吾日三省吾身"，"言忠信，行笃敬"，"反求诸己"，"反身而诚"的内省体验修养方法的局限，而大力倡导身体力行的修养方法，为传统文化在其后期关于理想人格的追求和完善注入了一股新意。正是平时长期的实践磨炼，达到信念的坚定不移、意志的坚韧不拔、精神境界的高尚。这样，才能在面临生死荣辱的抉择时大节不乱，大义凛然。这点，墨子和儒学的看法是一致的。只不过两者的方法不太一样，墨子更注重吃苦耐劳禁欲的磨炼，所以人称墨学"俭而难遵"，"其道大觳"，"其行难为"，"反天下之心，天下不堪"。和儒学所倡导的内省体验、道德践履相比，确实更难遵守。但是，墨子这种刻苦磨炼的自我修养方法也或多或少地影响了儒学。历代志士仁人从"凡天将降大任于斯人也，必先劳其筋骨，饿其体肤，空乏其身，行拂乱其所为，增益其所不能"的磨炼修养的训条中吸取取义成仁的力量和信念。

理想人格是传统文化对人的精神修养要求的一种理想境界。它确实熏陶了一大批民族的精英，历代的志士仁人也以自己的实际行动，使其具体化，并丰富了它的内容。理想人格将个人的品行和社会、国家利益融为一体，个人的小我只有在国家、社会的大我之中，其品格，其道德，其精神，其修养，其思想才有存在的价值，才有可能升华到理想人格的境界。"不以物喜，不以己悲，居庙堂之高，则忧其民，处江湖之远，则忧其君"，"先天下之忧而忧，后天下之乐而乐"，传统文化的理想人格，正是在忧国忧民的忧患意识之中，在为国为民的献身精神中得到了体现。

墨子关于兴天下之利，友爱互助，刻苦自律是圣人之道、君子之德的思想给传统文化所称颂的理想人格注入了积极内容。儒学虽有积极入世的参与精神，但也存有明哲保身的消极一面。道、佛两家则以自我的醒悟、自身的保全而回避了对社会的责任和义务。所以，后世的君子儒，在仕途顺利、奋发进取的时刻，以天下为己任，而在失意消极的时候，则往往以清净自洁为高，在庄禅的逍遥中寻求自我清白的慰藉。墨子则不然，他一生倡导、一生实践的都是一种积极进取的精神。艰苦卓绝的奋斗，勤俭刻苦的自律，坚持不懈的努力，以身殉义、视死如归、义无反顾的决心确给人一种感人的力量，使人的精神为之一振，激励着人的进取和奋斗。这种积极内容的注入，使传统文化关于理想人格的构成具有更多的前仆后继、宁死不屈的勇敢精神和一往无前的大无畏的人格力量。这种理想人格的积极内容铸造了我们民族精神光辉灿烂的一面。民族、国家、社会的群体意识在这种理想人格中得到体现，它在精神上支持了民族在生死存亡的危难时刻自尊、自信的信念，激励、促使了民族团结奋斗，救亡图存，自强自立。我们誉之为民族魂的，正是理想人格的凝聚力和感人的魅力。

（二）墨子思想与农民起义

自秦末陈胜、吴广的农民起义以来，封建社会历代王朝的农民起义此起彼伏，波澜壮阔。其次数之多，战争之激烈，范围之广都属世界之最。历代王朝的更替大都是靠农民起义作为杠杆的，有的是农民起义的领袖直接开创了一个新的王朝。中国封建时代各个朝代的农民起义虽各有别，但大都具有一些共同特征。从思想渊源上看，农民起义的特征和墨子思想存在着一定的联系。从某种意义上也可以说，农民起义在不同程度、不同意义上的失败是墨子社会政治理想破产的一个例证。

1. 墨子和农民起义的思想渊源

历代农民起义有几条基本口号：一是杀人者偿命；二是耕者有其田；三是反对贪官污吏；四是"帝王将相宁有种乎"。这几条基本口号反映了小生产劳动者对人格平等的追求，经济生活上要求起码的生存条件，政治上反对贪官污吏的倾向。这些口号都带有墨子思想的印记。墨子说的"官无常贵，民无终贱"，"有能则举之，无能则下之"的政治、人格平等的主张；人能各从事其事，不废耕稼之时、纺线之事，使饥者得食，寒者得衣，保证百姓起码的生产和生活条件，使其能生存下去的天下同利的思想；墨子提倡尚同，认为贤者、圣人能一同天下之义，达到社会大同；以及他忽视了自己所代表的小生产者本身的物质力量，而小生产劳动者由于本身力量的分散，使其往往希望一个至高无上的权威力量来保护他们的利益等。墨子的这些理论学说和农民起义所表现出来的政治、思想倾向十分相似。

农民战争的主力是破产的个体农民和小手工业者，虽然有一些失意的文人作为智囊参与其中，用儒学、道学的治世方略和措施来影响农民起义领袖的思想，为其筹划各种策略，但是，农民战争从其根本的阶级利益看，是代表小生产劳动者的利益和思想。农民起义的政治活动不能超越时代和阶级所给予的限制。因此，他们在思想上往往是和代表同一阶级的墨子思想更相合拍，往往是自觉地，或是不自觉地，或是直接，或是间接地从墨子思想中汲取精神力量和寻找理论根据。侯外庐曾在《我对中国社会史的研究》一文中指出："我认为，中国农民战争的口号应溯源于战国末年墨侠一派下层宗教团体所提出的一条公法，即《吕氏春秋》所载，'杀人者死，伤人者刑，墨者之法也'。"李泽厚在《中国古代思想史论》的《墨子初本探》一文中也认为农民起义的一些基本的政治思想与墨子思想存在渊源关系。要求生命的保障、生活的温饱，反对贪官污吏，渴望专制权威的保护，等等，这些既反映了小生产劳动者的政治经济的利益要求，也表现了他们的阶级局限。马克思在分析法国小资产阶级的阶级特点和局限时，曾指出："他们不能代表自己，一定要别人来代表他们。他们的代表一定要同时是他们的主宰，是高高站在他们上面的权威，是不受限制的政府权力，这种权力保护他们不受其他阶级侵犯，并从上面赐给他们雨水和阳光。"马克思的这个论断对农民起义主力——小生产劳动者也同样适用。农民起义队伍到了其发展壮大的时候，农民起义的领袖也往往蜕变成专制的权威。当他们可以成功地建立起一个王朝时，也无一例外地实行王权专制，原来是农民起义的弟兄们也普遍心悦诚服地接受这一现实。就是在农民起义的开始阶段，农民起义的领袖也借助宗教迷信的力量将自己神化为一种至高的力量。

在农民起义中将相当分散的小生产者凝聚在一起，除了求生存这一基本的推动力之外，假借民间粗俗宗教迷信手段，作为一种威慑力量具有笼络人心，使人狂热盲从的巨大作用。民间宗教迷信的组织形式有一套相当严格的清规戒律，对其成员和信徒有相当大的约束力。民间宗教的形式从思想和组织两个方面使分散的小生产者能凝聚成为一股巨大的社会力量。农民起义的领袖在起义的初期往往不仅是作为类似宗教教主而具有一种号召力和慑服力，而且用以身作则，身先士卒，吃苦耐劳，与将士患难与共的人格力量激起了将士对农民起义领袖的一种愿为之死的盲从热情。

在幅员广阔的国土上，要将相当分散的小生产者联合起来确实是一个相当困难的任务。小生产者本身由于生产方式的限制，不能自觉地借本身的物质利害关系而联合起来，形成一股社会力量。只有当他们连起码的生存条件都受到威胁时，才会起来造反，争取生存权利，但这不是一种持久的凝聚力。所以，历代农民起义往往不得不借助于超自然的神格力量。例如，迷信的谶语、人为的传说、对天象异常的预兆性解释都会成为一种号召手段，影响到人的心理深层，会造成盲目的信仰和服从，产生一种持久的凝聚力。民间宗教是一种俗化的宗教形式，它虽然从形式上看起来有祖有典。例如，道教奉老子为教祖，奉《道德经》为教典，但是在实质内容上，往往是将它们存而不论。它不祈求死后的天堂幸福，只承认现实宗教领袖的权威，认为他能安排一个新的社会秩序，保护教徒的利益和幸福。民间宗教由于其内容的浅易、形式的简单规范，因而和下层小生产劳动者的生活方式及精神需求相当合拍，小生产劳动者往往会在其中寻找自己的精神慰藉和寄托。农民起义一旦假借了这种民间的宗教形式，原来分散的小生产劳动者就变成了信仰一致的教徒，并受教规的统一规范和约束。农民起义的政治口号也往往以教义的形式表现出来，成为一面旗帜，激励着起义的农民、宗教的信徒为之赴汤蹈火，义无反顾。所以，农民起义不仅只是一种官逼民反的斗争形式，而且有时假借民间宗教形式形成了一个与原来王朝中心相分离的一个政治权力中心。

墨子用天志、明鬼的形式为自己的政治学说，社会理想增添了一种神格的威慑力量。墨家以巨子为首，以墨者之法为规范，有严格纪律的形式类似于宗教组织。墨子的政治思想、道德人格原则和具有宗教色彩的形式对中国土生土长的道教影响很大。王明在《从墨子到＜太平经＞的思想演变》一文中指出："墨学演变为原始道教经典中一部分社会政治思想，它的内容比较丰富和深刻起来。就它思想的继承性说，它是墨学的流变。"《太平经》作为道教的基本经典，其教义虽多有荒诞无稽之处，然而在社会政治思想上宣传的是一种克己利人、济世救世、人人平等的太平世界。这种太平世界是和墨子兼爱交利、非攻助人的大同理想一脉相承，这对生活在艰难困境中的小生产劳动者来说无疑是一种福音。由于《太平经》的教义有宗教组织形式相配合，能利用传教、授徒的方式，使教义深入到小生产劳动者的思想和心理深层。汉末的黄巾起义，正是利用《太平经》和道教作为一种思想武器和组织手段，团结了起义的农民。墨子关于勤俭艰苦、自食其力的墨者之规也被纳入原始道教的基本教规，是道教信徒所必须遵守的。教规的严厉，教徒的吃苦精神，使起义农民能保持廉洁的作风和奋斗向前的精神，这亦是农民起义能持久下去并保持旺盛战斗力的一个支柱。由于教规是一种在自觉自愿基础之上的强制性手段，所以它能起到团结队伍、稳定军心、激励献身的巨大作用。

原始道教是下层小生产者的一种自发的民间宗教形式，后来被统治者所利用，用老庄的超脱尘世的虚无主义掩饰了墨家济世救人的原旨，用个人奢侈享受的放纵代替了墨子勤俭吃苦的自律，从而一度蜕变成为贵族宗教。道士腐败，宋徽宗曾自称"教主道君皇帝"，大建道观。"时道士有俸，每一斋施，动获数十万，每一宫观，给田亦不下数千顷，皆外蓄妻子，置姬媵，以胶青刷鬓，美衣玉食者，几二万人。"后来金、元时期北方新道教（包括全真、太一、真大道三派）的复兴，其矛头就是针对道士违背墨子思想原旨而腐败堕落的状况。王恽曾在《奉圣州永昌观碑》中指出，道教"徇末以遗本，凌迟至于宣和极矣，葬极则变，于是全真之教兴焉"。他中肯地道出了新道教复兴的原因。复兴的主旨就是复兴墨子的基本思想：自食其力，苦己利人，救世利天下。这里摘录数条记载以说明：

真大道者，以苦节危行为要，不妄求于人，不苟于移于已……辄草衣木食……当是时师友道丧，圣贤之学，湮泯渐尽，惟是为道家者，多能自异于流俗，而又以去恶复善之说劝诸人……皆能力耕作，治庐舍……

真大道教内有自己严厉的教规和私设的刑罚，"听狱讼，设刑威，苦有习然"，"有桎梏鞭笞之具"。这点和墨家内部巨子执墨者之法，惩治墨者，不受国家法律、皇帝旨意限制的情况十分类似。

北祖全真，其学首以耐苦劳，力耕作，故凡居处饮食，非其所自为不敢享，蓬垢疏粝……人所不堪者能安之。

吾全真家……独于周急继困，解衣辍食，恒若不及也……故其憔悴寒饿，痛自黥劓，若枯寂头陀然。

这些都可以看出新道教的兴起，是从腐败的贵族化向艰苦的平民化的回归。下层小生产劳动者重新在新道教中找到了和自己生活方式相合拍的东西，得到了精神的寄托和慰藉，因而新道教能吸引大批小生产劳动者作为自己的信徒。严格的教义、教规又使这些原来分散的小生产劳动者变成信念一致、意志坚定的信徒，从而使道教成为一股重要的社会力量。这在某种意义上为元末的农民大起义做了思想、舆论和组织的准备。

清末的太平天国和义和团运动，两者在思想和组织上都有极其浓厚的宗教色彩。前者引进了西方的基督教，却能在文化传统悠久的中国产生巨大的影响，吸引了广大农民和小生产者投身进去。后者假借民间各种粗俗的宗教迷信组织，使广大农民和小生产者成了狂热的信徒和战士。这其中的缘由正在于农民起义所提出的政治纲领、战斗口号，所强调的原则、精神，所采取的组织形式都适应了小生产劳动者的政治需要和心理情感。这点是和墨子的思想一脉相通。虽然它们并不是直接从墨子的思想中汲取了精神和思想，但这种一脉相通的特点正表明了墨子的兼爱平等的社会理想，强力非命的斗争精神，言必信、行必果、献身赴义的道德准则，渴望救世主来拯救自己和世界的幻想，不仅反映了小生产劳动者普遍的阶级品格，而且表明了墨子这些思想已融入了历代农民起义的血液中。农民起义在本质精神和外表现象上和墨子思想相通，表征了墨子思想的影响和继承的一种途径。

2. 农民起义的失败是墨子社会政治思想破产的例证

中国历代的农民起义最终都是以失败告终，因为它最终都没有达到自己所提出的均等、均富的政治目的。不管是被残酷地镇压下去的结局，还是建立了另一个新的封建王朝的结局，农民起义都没有从根本上改变中古的封建制度。以均等大同为目的，以宗教迷信为凝聚手段的农民战争，毕竟不能摧毁、改变小农经济的生产方式，也不可能建立一种新的生产方式及新的社会秩序。既然小农经济的生产方式还具有其生命力和雄厚的社会基础，那么以家族为本位，以血缘为纽带的家族宗法的社会秩序就必然会相应地存在。儒学强调人道亲亲、尊祖敬宗、融治国治家为一体的政治伦理学说，既具有将分散的小农联结起来的政治作用，又具有适合生活在农业宗法社会里各社会阶层心态的凝聚力量。日常生活中富有人情味的民风习俗，使冷酷的政治关系蒙上了一层温情脉脉的血缘色彩，使忠、孝、友、悌、师不仅在政治生活中，而且在日常生活中彼此渗透，融为一体。这样，社会生活的各方面，从衣食住行到人际交往，从言语举止到思想意识，都被注入了一种严格的等级观念。封建社会的政治统治，才有可能通过一定的行政管理机构，在充满分散小农的广大国土上有效地实现。

农民起义的直接起因是民不聊生，官逼民反。小生产劳动者，特别是小农失去了其生存的基本物质条件，不得不为自己的生存走上造反这一条最后的出路。他们从切身体会和物质利益出发，首先在思想上萌发了一种自发的平等观念。彼人也，吾亦人也，为何贫富不均？贫者无立锥之地，富者奢侈荒淫。朱门酒肉臭，路有冻死骨的社会不平等的现实，刺激和加剧了小生产劳动者固有的要求均财、均富的平等观念。所以，农民战争的矛头首先总是直指贵贱贫富不公平的社会现实。绝对平均主义的社会理想是农民起义所具有的一种共同色彩，也是吸引广大小农和小生产者最具魅力的口号。这种平等观念和大同的社会理想在农民战争中确实起了很大的精神激励作用，鼓舞着起义的农民为这美好的理想进行艰苦卓绝的奋斗。从这点看，墨子的爱无差等、不分亲疏的平等思想很容易引起他们的思想共鸣。墨学原旨通过民间宗教教义的转换，构成了农民起义的指导思想。这种原始的平等观念也冲击了根深蒂固的家族宗法观念。但是，农民起义队伍的生存方式，是不可能长期作为一种社会的生存方式存在的。因为，家庭、家族在小农经济的环境中，仍然是社会存在方式的基本单位。绝对平均主义的理想固然美好，但不能具体构造出现实的生产组织形式和社会生活的基本单位，使其具有长期生存下去的力量。所以，就是胜利的农民起义领袖，在坐上龙庭或成为开国功臣之后，也总是为自己寻找神圣的来历或显赫的祖先，并将自己的家族通过联宗、建祠堂等等方式，重新恢复家族宗法。重宗族、重血缘、重家庭的思想情感和心态连农民起义摧枯拉朽的力量都无法冲毁。虽然农民起义在揭竿而起、高举义旗的时候，以均等、均富的平均主义口号吸引了广大农民，但在建立秩序时却不得不皈依儒学。其根本原因就在于"有见于齐，无见于畸"的反宗法思想，在以家族为本位，以小农经济为基础的农业宗法社会里没有其存在和发展的现实土壤。这点从农民起义的政治目的的失败或蜕变中也可得到印证。在中国的宗法农业社会里，行政区划是以家庭血缘区划为基础的，它重视的是家族血缘关系，并不具有公民意识，血缘关系掩盖了阶级关系。血缘宗族观念弥漫、浸透了中国封建社会的各种社会行为和社会心理。孟子批评"墨子兼爱是无父"的观点，在长期的封建社会里成为一种对墨子思想评价的定论，从宗法农业社会的角度看，这是完全可以理解的。

墨子思想对农民起义的另一个影响表现在农民起义的领袖以其本身的人格力量加上类似宗教领袖的神秘性，使其成为农民起义队伍的凝聚中心。

应该说，历代农民战争开始举义旗的时候，在起义队伍的内部实行了一种"军事共产主义"式的平等制度。各种宗教式的严格纪律对起义的农民——从将军到士兵都有相同的约束力。起义的领袖以他本人的人格力量和神秘的威慑作用比较有效地维持了这种秩序。这种宗教式的狂热使农民起义的队伍在其早期往往能保持其旺盛的政治热情，团结一致，纪律严明和士气高昂的势头。随着农民起义的逐步胜利，起义队伍的扩充，占领区域的扩大，相应的组织机构也复杂和发展起来。起义队伍不再仅仅是单纯的军事组织，而且要处理各种行政问题，并且面临了起义队伍内部的财产再分配问题。原来只求温饱生存的基本目的，在胜利中已被湮灭。财产的再分配和起义队伍内部的等级制度使农民起义领导阶层的腐化成为一种不可避免的倾向。在宗法农业社会的环境中，原来贵贱贫富的等级现象在起义队伍内必然再现。起义领袖的人格力量消失在某种超自然的神秘感之中，很有感染力和吸引力的榜样蜕变成为顶礼膜拜的宗教偶像。原来严格的教规式纪律，也由于起义队伍内部财产分配的不平等和领导阶层的腐化而不可避免地松懈、瓦解了。为了维持、巩固农民起义队伍及政权建设的需要，农民起义领袖不得不借助儒生谋士，以儒学的理论和政治实践重新构造农民起义队伍的组织和进行政权的建设。

农民起义从指导思想到组织形式由墨学向儒学的转变说明了一个问题，在中国宗法农业社会里，宗教力量不能维持其长远的社会政治作用，它不能替代儒学从政治制度到思想观念所起的决定性作用。墨家的巨子制度，墨学的兼爱大同思想，严格的墨者之法，这三个因素都具有宗教的萌芽。中国土生土长的宗教——道教正是吸收了墨学的这些思想，构成了其基本的教义、教规和教制，也正是这些因素，道教思想影响了农民起义。特别是在农民起义的早期，墨家这些思想的印记更为明显，但是到了农民起义的后期，却按照历史发展的铁律仍不得不回归到儒学。宗教式的狂热不得不屈从于重宗法血缘的社会传统。

道教虽然吸引了大批信徒，有时也被统治阶级所利用，但对整个中国的宗法农业社会来说，毕竟不是主流，在政治上也成不了气候。因为在以家庭为单位的小农经济的社会里，人们更注重现实的血缘关系和家族情感。对祖先的祭祀，无论在伦理上和政治上都超过对六合之外神格力量的敬重。两汉的经学虽有谶纬神学的倾向，但其以封建三纲为核心的宗法政治理论，在中国宗法农业社会里具有长久的生命力。只要家族宗法的社会结构、小农经济的生产结构还存在，那么，宗教对这个社会来说只能是一种精神调节剂，人们并不会从政治角度重视它。太平天国假借西方基督教的形式和中国社会根深蒂固的重家族伦理的社会心态相悖，从某种意义可以说，这是太平天国失败的一个原因。

中国封建社会历代农民起义在指导思想、组织形式方面往往带有墨学色彩，这是小生产劳动者固有思想的一种反映。历代农民起义不同形式的失败结局说明了墨子的学说、思想不能适应中国以家庭为本位，以小农经济为基础的宗法农业社会的理论需要，就是历代此起彼伏的农民战争这么巨大的物质力量也未能使墨子的社会政治理想得到实现。

（三）墨子科学思想的兴衰与中国传统科学的模式

墨子科学思想与中国传统的科技体系标志着两个不同的发展趋向，作为一种比较参照系，通过墨子科学思想的兴衰历史及其原因的分析，我们可以理解在中国传统文化环境中科技发展模式的基本特征及其赖以长期稳定发展的社会原因。

1. 墨子科学思想的兴与衰

墨子科学思想在战国时期兴起、发展，至秦骤衰，在以后漫长的封建社会中又得到两次不同程度的复兴。

魏晋时期，两汉经学隐入谶纬神学，不可避免地衰落了。政治上的动乱，使独尊儒学的思想专制局面濒于解体，思想界又一次活跃起来，墨学也得到了一次复苏机会。这次复苏的一个特点，就是《墨经》中的科学思想受到重视，张湛、司马彪都曾引《墨经》为《庄子》《列子》作注。例如，《列子·汤问》篇说："均。发均县，轻重而发绝，发不均也。均也，其绝也莫绝。"张湛注云："发甚微脆，而至不绝者，至均故也。今所以绝者，犹轻重相倾，有不均处也，宁有绝理，言不绝也。"《列子》虽是伪书，但它大致成书于汉末魏晋时期。上引的《列子》片段及张湛的注和《经说下》的有关论断，在思想上是一致的。《经说下》指出："均。发均县，轻重而发绝，不均也。均，其绝也莫绝。"又如，《列子·仲尼》篇说："景不移者，说在改也。"张湛注云："景改而更生，非向之景。"这种说法同《经下》的论断相一致："景不移，说在改为。"

《墨经》的科学思想对魏晋时期的科学家鲁胜、刘徽等科学家的科学思想和科学活动产生了明显的影响。

鲁胜是一位对科学有钻研的学者。《晋书·隐逸传》记载，他曾亲自进行天文观察，"以冬至之后立晷测影，准度日、月、星"，并著有《正天论》；"其著述为世所称，遭乱遗失，惟注墨辩，存其叙曰"。从鲁胜传记可见，鲁胜对科研相当热心，有一定的科学素养，对《墨经》做了较为深入的研究。

鲁胜"兴微继绝"，为"亡绝五百年"的《墨经》作注，第一次引说就经，将经上下、经说上下四篇单独成书，使得墨子的科学成果得以汇集，使墨子的科学思想、科学理论、科学方法、技术实践得以构成一个科学体系。这种体例上的整理，是鲁胜对墨子科学活动研究的结果。鲁胜的《墨辩注叙》主要介绍了"坚白之辩""无序之辩""同异之辩""是非之辩"，说明鲁胜是深得《墨经》科学思想之精要的。

刘徽的《九章算术注》对一些重要的数学概念给出了严格的定义，并由对《九章算术》中的公式和命题作了合乎形式逻辑的证明，从而构成了具有逻辑证明、推理结构的数学理论。这是对《九章算术》以数值计算为中心的、非逻辑结构的数学体系的重大突破。刘徽的《九章算术注》的成就和墨子科学思想的影响是分不开的。具体表现为以下几点：

第一，刘徽研读和引注过《墨子》这部书。他在《九章算术·衰分》篇第一条说："墨子号令篇以爵级赐，然则战国之初有此名也。"可见，刘徽的数学活动是直接受到墨子思想的影响的。

第二，刘徽在《九章算术注·序》中说："事类相推，各有攸归，故枝条虽分而同本干者，知发其一端而已。又所析理以辞，解体用图。"这样，才能做到"告往而知来，举一隅而三隅反者也"。刘徽的科学认识活动，首先是对实践中获取的大量经验材料，进行别异分类的整理。其次是用明确的、合乎逻辑的语言形式进行理论分析，证明公式和命题的合理性，并用几何图形显示空间形体，进行简化分析，再用已证明的公式和命题，进行演绎推理，以探求未知关系。刘徽关于科学认识过程的看法和墨子的科学思想相合拍。

第三，刘徽广泛动用了定义法，使数学概念明确化，严密化，这和《九章算术》中的数学名词大都是约定俗成的状况相比显得更为成熟。刘徽对幂、列衰、率、方程等二十多个数学概念直接给出了严格的定义，又从定义出发进行推理演算。刘徽以定义作为科学理论构成的逻辑起点，这和《墨经》的思想方法相吻合。两者都揭示了被定义的概念的本质属性，因而都是相当具体地被确定了，在理论思维的应用中不会产生歧义，这正是构成科学理论的基本要求。同时，两者的数学定义也都相当简洁明晰，不是用比喻或否定的方法给出的。

第四，墨子"察类明故"的思想，在刘徽的《九章算术注》中得到了明显的反应。在注中，刘徽应用"类"这个范畴共有二十处，刘徽认为别异分类是理论认识的第一步，是对事物本质属性的初步认识。只有通过别异分类，才可能对大量经验材料进行整理，做到条理分明，不致使理论思维混乱。"方以类聚，物以群分。数同类者无远，数异类者无近。譬之异类，亦各有一定之势。""凡物类形象，不圆则方。"刘徽为数学概念、几何图形的归类，和自然物体的归类一样，是以它们的本质属性为基本依据的。分类明确，为数学的推理论证准备了前提。"事类相推，各有攸归"，"触类而长之，则虽幽遐诡伏，靡所不入"。刘徽在分类的基础上进行的推理和墨家的"以类取以类予"的原则、方法相同，刘徽关于别异分类在科学认识过程中作用的看法和墨子科学思想也是吻合的。《九章算术》中的各种公式和解法，都只说明应该这么用，这么解，而不深究其所以合理，所以能解。刘徽则在整理《九章算术》中各个问题的解法时，进行了分类，凡在理论上能说明其所以能解的一类问题都归在一起。刘徽的数学理论是结合解题的数学实践而展开的，在数学推理、论证的过程中，刘徽不只停留在知其然的表象上，而且进一步探究其所以然，揭示内在的因果联系，由原因推言其结果，使一些公式的应用和计算的过程更具合理性。刘徽在注中应用"故"字有一百七十八处，其中只有四处的"故"是训"旧"，一处的"故"是训"原因"，其余都训为"是以"。这说明刘徽在数学论证和运算过程中的强调前因后果的逻辑联系。"故"这个字是在墨子手里净化成为说明因果规律的范畴。刘徽继承和发展了墨子关于普遍因果联系的科学思想，认为数学不只在于用传统的计算方法去解决具体的数值计算问题，数学也能作为一种有效的工具，去认识自然界普遍存在的因果联系。算术"虽曰九数，其能穷纤入微，探测无方。至于以法相传，亦犹规矩度量可得而共"。刘徽不仅坚持了因果规律思想在数学理论中的运用，并且进一步批评了在数学推理中命定论的僵化观念。"衡说之自然，欲协其阴阳奇偶说而不顾疏密矣。虽有文辞，斯乱道破义，病也。"这和墨子从因果观念出发批评五行常胜的命定论思想是一脉相通的。

墨学的第二次复兴是在清末民初。当时，外侵加剧，丧权辱国，民族危机严重。这一现实促使近代中国形成了一股奋发图强、自立救国的社会思想。欧洲列强的"船坚炮利"，使中国"木船土炮"相形见绌的事实，迫使人们承认科学技术的重要性，"德成而上，艺成而下"的价值观念开始动摇。这股社会思潮和传统的"尊王攘夷"、圣圣相传的礼仪之邦的优越感相结合，形成了一种特殊的思想环境，"中体西用"便成为当时社会容易接受的社会思潮。1898年6月光绪帝诏定国是，将"中体西用"的思想作为维新变法的政治准则宣示天下。"中外大小臣工，自王公至于士庶，齐宜发愤为雄，以圣贤之学植其根本，兼博乎西学之切时务者，实力讲求，以成通达济变之才。"在这种思想背景下，一批学者纷纷从《墨经》中寻求抵御近代科学技术的武器。孙诒让特别引俞樾的话："近世西学中，光学重学，或言皆出于墨子，然则其备梯备突备穴诸法，或即泰西机器之权乎。嗟乎！今天下一大战国也，以孟子反本一言为主，而以墨子之书辅之，傥是以安内而攘外乎？"这种看法道出了当时墨学复苏的一个主要原因。近代中国治墨学者、服膺墨子者盛极一时，他们从墨子思想中主要汲取的是艰苦卓绝的奋斗精神，强烈的功利主义观念，与近代科学思想本质上相类似，但较为粗糙的科学思想。当时，封建社会趋于瓦解，以儒道佛为主体的传统思想也成了社会怀疑、批判的对象。《墨经》重视科学技术、重视逻辑的思想，和当时传入的近代科学文化可相互参证，从而能成为反封建的思想武器，这也是墨学复苏的一个重要原因。

墨子科学思想在漫长的封建社会中只在两个短暂的历史时期得到过程度不一的重视。即使在墨学作为显学的战国期间，墨学也是以其社会政治学说和团体组织形式为世注目。墨家以手工业生产实践为基础，结合在名辩思潮中发展起来的形式逻辑的科学思想受到了社会的忽视。先秦诸子，除公孙龙之外，引

《墨经》者绝少，他们对墨学的评说也都只言及其社会政治思想，不及其科学活动。

墨家所处的社会对墨子的科学活动、科学思想都不屑一辞，后世对墨家的科学活动亦是异常冷漠。晋鲁胜在《墨辩注叙》中曾说出"自邓析至秦时，名家者世有篇籍，率颇难知，后学莫复传习，至今五百余岁，遂亡绝"。鲁胜注《墨经》四篇仅存其叙。唐乐台注《墨子》，唐志不载，且只字不存。所以，孙星衍在《墨子注后叙》中指出："汉唐以来通人硕儒，博贯诸子，独此数篇（指经上下，经说上下），莫能引其字句，以至于今，传写讹错，更难钩乙。"

墨子科学思想的湮灭令人扼腕，其湮灭的原因令人深思。

2. 墨子科学思想湮灭的内外原因

墨子科学思想的湮灭有其外部原因和内部原因。从影响科学思想构成的三个主要因素——思想传统的影响，科学实践对理论认识的要求，社会思想环境对认识自然的要求——分析一下墨子科学思想湮灭的外部原因。

先秦时期有两大变革，一是殷周之际意识形态的变革；一是春秋战国时期，由于土地所有制变革而引起的社会各领域的大变革。殷周变革后形成的西周天命神学，从内容到形式成为先秦诸子的思想源泉，并长期地影响了整个封建社会的思想进程。西周官学和诸子私学它们的出发点都是现实的社会、政治问题，它们提出问题，分析问题产生的社会原因和解决手段，按照各自的思想、观念，勾画新的社会秩序，希望社会在思想上、心理上能接受它们的解释，维持社会秩序的安定。现实的社会政治问题是中国古代哲学思想和政治伦理问题相结合，同宗教相分离的主要原因。社会思想以现实的政治伦理问题作为自己的养料和主要内容，以解决社会问题作为自己的主要任务，科学技术活动被游离于社会主体思想之外，这成了封建中国长期以来的思想传统。

相反，古希腊哲学思想与自然科学活动相结合，以自然哲学的形式实现了同宗教的分离。古希腊的自然哲学家以自然作为自己的研究对象，《论自然》是他们的论著普遍采用的书名。他们对自然结构等自然问题的各种解释是在感性经验基础上形成的科学假说。这些假说虽然缺乏足够的科学根据，但很少夹有天人合一、神人同体的观念，也不是为了论证社会政治、道德原则，作为"取辨之物"的工具。在这种思想指导下的科学认识活动能够避免政治、道德观念的渗入和干涉，坚持以自然为对象的不断深入的研究过程。自然问题成为社会思想发展的养料源泉，揭示自然之谜成为社会思想的根本任务之一，研究自然的科学认识活动成为社会认识活动的构成部分。这个思想倾向是古希腊自然哲学成为近代科学思想源泉的主要原因。

西周天人合一的社会政治思想客观上要求将自然现象与社会人事相联系，要求从社会人事出发，用自然现象的变化来附合、论证社会变迁和人事更迭。思维内容这一特征要求相应的思维形式来表现，使之能构成比较完整的理论体系，不致停留在格言式堆砌的水平上，使之能形成一种比较稳定的思想传统。西周时期《易经》中的阴阳思想，《洪范》中的五行思想，就是适应这种需要而形成的两种思维形式。由"—""——"两个直观符号构成的64个卦象，由金、水、木、火、土5个表征物形成的相生相克的联系图。阴阳、五行都是作为一种征兆，沟通了天人之间的联系，沟通了社会现象和自然现象之间的联系，从而成为一种先验的、强制性的思维形式框架。任何客观事物的内容都被纳入这个图式中，才能得到解释，关于自然现象、自然物体的认识就是通过这种形式框架的类比才得到的。这两种思维形式，除名、墨两家之外，大都为先秦诸子所接受，到了邹衍手里，完成了两者的融合。

西周官学是先秦诸子思想的出发点。在主观意识上，以挽救社会危机为己任，争开各种治世良方的诸子，大都接受了"维新"的思想传统，托古改制成了他们进行政治斗争、学术论辩的基本形式，天人合一的思维方式也就成为他们各自阐发政治、伦理思想的最有效手段。特别是后来在中国长期封建社会里占统治地位的儒家思想，更是将周礼当作最高规范。以社会政治伦理问题为中心内容，以阴阳五行为解释框架，以天象证人事为思维的基本途径，这些特点为中国封建社会的主体思想奠定了基调，形成了一种沉重的思想传统。

墨子的科学思想，将自然与社会分离，以自然物体、自然现象作为科学认识活动的独立对象，强调以科学实践为基础的理性分析，反对五行相克的先验图式。这样，墨子科学思想就和上述占统治地位的传统思想大相径庭。在沉重的思想传统的压迫下，墨子科学思想当然很难健康发展。

重农抑商思想后来成为中国封建社会历代王朝长期奉行不移的基本国策，反映了封建中国以自给自足的小农经济为基础的经济结构，是"以思想的形式表现出来的占统治地位的物质关系"。这个基本国策维护了以家庭为生产单位，以小农业与小手工业相结合的自然经济形态，巩固了宗法社会的政治结构。

马克思曾对商人、商业及商业资本给予较高的历史评价："商人对以前一切都停滞不变可以说由于世袭而停滞不变的社会来说，是一个革命的因素。""商业对各种已有的，以不同形式主要生产使用价值的生产组织，都或多或少地起着解放作用。""商业和商业资本的发展，到处都使生产朝着交换价值的方向发展，使生产的规模扩大。"中国封建社会抑商的结果，抑制了手工业技术的发展规模、发展形势和发展方向。自然经济形态的小农经济对手工业生产的发展没有推动力，而家庭手工业和官办手工业作坊的形式阻碍了手工业生产的社会化，使手工业生产在内部分工和技术深化方面都难以发展，工匠阶层也不能形成一个独立的、强大的社会力量。墨家的科学活动是伴随着战国时期手工业技术发展和工匠阶层兴起而兴起的。同样，由于以后缺乏必要的社会条件和手工业技术的被抑制，以手工业技术实践为基础的墨家科学思想也难以深化而停滞湮灭。从生产技术实践和科学活动的关系来说，这也是必然的。

以农本思想为指导，以小农业、小手工业、小饲养业相结合的小农经济为基础，形成了古代中国以农业为中心的生产——科技体系。历代农书从官编到私修，绵绵不绝，与农业有关的天文、物候、医学、数值计算也相应发达。对手工业生产技术的研究，从西周的《考工记》到明末宋应星的《天工开物》，寥寥无几，屈指可数。况且，《天工开物》在崇祯十年（1637年）初刊后，不久即失传，湮灭了几百年，直到辛亥革命后，才由留日学生从日本重新引回中国。该书在"贵五谷而贱金玉"的思想指导下，也主要注意衣食方面的生产实践。

这种以农业为中心的生产—科技体系，首先"是以土地及其生产资料的分散为前提的，它既排斥生产资料的积聚，也排斥同一生产过程内部的分工，排斥社会对自然的统治和支配，排斥社会生产力的自由发展"。"小块土地所有制按其性质来说，就是排斥社会劳动生产力的发展，劳动的社会形式，资本的社会积聚，大规模的畜牧和科学的不断扩大的应用。"因此，社会对自然的研究，对科学技术的需要，都缺乏物质生产方面的动力。科技史证明，社会物质生产的需要是自然科学发展的强大推动力。近代科学技术和近代资本主义的生产方式一起诞生、发展，互为表里。工场手工业是产业资本产生的重要前提。中国封建社会大量官办手工业是由朝廷置工官来主持、管理和监督的，这是两汉以来的传统。官办手工业和商业资本没有联系，生产的目的与进行大规模商品生产工场手工业不同。在以家庭为单位的生产结构中，手工业的生产目的主要是满足家庭的需要。大量官办的手工业作坊其生产目的也只是为了满足统治集团生活享受的需求。两者都没有纳入社会的流通过程。工匠或是家庭个体式的，是类同农奴，社会没有形成雇佣工人的市场。

第二，手工业生产过程在这种模式的约束下，本身也没有内部分工的要求，生产技术只能在家庭式封闭的环境中得到局部的深化。技术传授是父子世世相传，这是中国古代技术发展的主要形式。《考工记》云："巧者，述之，守之，世谓之工。"《荀子·儒效》亦云："工匠之子，莫不继事。"祖传既是技术发展的主要途径，又是专门技术生产最有影响的招牌。祖传的代数越多，招牌的吸引力就越大。一些精湛的技术也在祖传的渠道中任其自生自灭。陆游在《老学庵笔记》中曾记载："亳州出轻纱，举之若无。裁以为衣，真若烟霞。一州唯两家能织，相与世世为婚姻，惧他人家得其法也。"这个例子很典型地说明了，中国封建社会的各种手工业技术没有通过社会的交流而得到普遍的推广和提高，对理论上的概括、总结和提高也缺乏应有的需求和条件。虽然古代中国在技术上有很多辉煌的发明，但大都缺乏科学理论的概括、总结，不能从科学思想、科学方法的高度上加以把握、提高。因此，它们的发展具有很大的偶然性，往往会出现停滞、僵化甚至夭折、湮灭的状况。技术实践本身也不能成为科学发展的动力。在中国长期的封建社会里，科学技术的发展呈现出孤立、零碎的状况，未能通过严密的逻辑推理和抽象的数学方法上升到理论，形成一种完整的科学理论、科学思想和科学方法体系。这是中国封建社会应用技术的成就远大于科学理论成就的原因，也是一些先进的技术发明不能产生广泛的社会作用的原因。古希腊的学者通过逻辑和数学的方法，以理论的高度把握由古埃及人和古苏美尔人创造的技术成就，从而创造了当时最先进的科学技术。亚里士多德在广泛经验考察的基础上建立自然体系的逻辑方法；阿基米德通过实验，进行抽象演绎，把科学和工程技术结合起来的经验主义和实用倾向；毕达哥拉斯、欧几里得力图通过严格的数学推理，用定形、定量的数学规律表述自然界的构造和运动的思想；德谟克利特、伊壁鸠鲁将物质运动的终极原因归于物质本身的原子论。所有这些，不仅促使了古希腊科学技术的繁荣，而且使其成为近代科学技术产生的思想源泉。

第三，在中国封建社会里，人的生存、社会的治乱在很大程度上依赖于小农经济的生产状况，而小农经济的生产常常取决于自然环境的无数偶然事件。农业生产的周期性，对自然条件有先天的依赖性。这一经济原因是人们的思维将天象和人事混在一起进行考察的中介。人事吉凶、社会治乱和自然现象之间存在有机联系的思想容易为社会普遍接受。小农经济的活动方式也容易导致人们把天地自然（仰则观象于天，俯则取法于地）和人类、动物等的两性差别联系起来（近取诸身，远取诸物），产生阴阳的基本观念，作为对世界认识的出发点。这样，小农经济的活动方式有利于天人感应式的思维方式的滋生和发展。从不同的思维方式的比较来看，以直观类比为基础的猜测性思辨比以察类明故进行分析考察，在这样的物质生产活动中更容易滋生、发展，宿命论、循环论比因果观念也更易为社会所接受。小农经济的生产方式更多地要求从宏观联系上解释季节变化和农业生产周期之间的关系，说明天文、物候和农事之间的一般联系，而不要求对各个细节作具体、精确地分析考察。它需要的是一种具有朦胧概括，貌似全面，可作多方面的领悟的理论思维形式，而不需要那种注重实证分析，注重形式上的细致论证，注重概念明确、条理分明、逻辑一致的思维形式。而手工业生产实践，主要是对具体的金、木、帛等材料的加工、制作，手工业生产着重材料的选择、加工的程序、加工的技巧，注意局部结构及过程的分析比较。另外，小农经济的生产实际对数值计算有直接的要求，它注重数量等值变换的计算，而没有能脱离具体数量的束缚，抽象到对一般数、形之间的联系，现实数量和空间形状的联系的认识。因而，对逻辑分析及逻辑构成的方法自然没有兴趣。所以，以工艺技术实践为基础，以分析、察类、明故为特征的墨子科学思想，只适应手工业技术发展的需要，而不适应以小农经济为基础的科技体系的整体要求。

第四，以家庭为单位的小农经济是一种基础薄弱的简单再生产，"对小农经济来说，只要死一头母牛，他就不能按原有的规模来重新开始他的再生产"。既然没有扩大再生产的能力，因而对生产工具的改进和生产技术的提高，也就没有需要和可能了。但是，另一方面，这种小农经济也容易得到恢复和重建，只要劳动力和一小块土地就行了，因而对技术成果的应用和生产工具的改进其依赖程度不大。传统的农业生产工具长时期来没有得到很大的改进的事实就是明证。

以家庭为单位的小农经济又是一种在中国封建社会政治、法律制度限制下的一种僵化的生产方式。它要人们的一切行为日复一日，年复一年都墨守成规。社会思想也被归结为一种先验的僵化模式，使人的言行和思想都能在这种模式中得到解释和心理上的满足，并保证一切社会关系都变成一种一成不变的传统。以实践为基础，以分析为手段，以探求因果联系为目的的墨子科学思想当然不被相容而受排斥。

从墨子思想体系本身来看，墨子科学思想的湮灭亦存在四个内部原因。

其一，墨子的社会政治思想不能满足封建国家政治统治的需要，它的湮灭是必然的命运。对一个思想体系来说，一部分的湮灭当然会影响另一部分的发展，墨子的社会政治思想不为后世研究，这对墨子科学思想的流传和发展来说当然是一个不利的因素。

其二，尚同和别异作为墨子两个根本的思维原则，是一对二律背反，使其在具体的科学思维过程总是存在基本的矛盾，对各种自然物体、自然现象的具

体分析很难进一步深入。例如，同一几何状态、同一物质状态的"端"是万物的始基，它们如何能构成各异的自然万物——"体"，就无从得到说明。别异的分析方法在尚同的原则前被堵住了，具体的科学认识始终处在一种萌芽的停滞状态，很难深入发展下去。

其三，墨子的纯功利主义的科学观限制了科学理论思维的深入。墨子对科学技术有一个基本评价标准，"利于人谓之巧，不利于人谓之拙"。这种对待科学技术实用功利主义的态度具有两重性。其益处在于科学活动能不脱离技术生产实践，其弊处在于科学认识局限于经验，不向理论提高的方向发展，只看到科学技术现实的物质功用，而忽视了科学技术对社会生产长久的作用，忽视了科学作为一种认识体系对社会思想观念发展、变革的巨大推动作用。因而，这种功利主义倾向往往会忽略一些尚在萌芽状态的科技发明，也影响了墨子科学活动的理论化过程。科学技术发展的历史表明，对科技成果的评价不能只满足于眼前的物质利益。有时一些科技发明在当时的历史环境下并无什么现实的物质利益可言，但它们的出现，引起了人们从各方面对其进行理论上的研究，从而开拓了一些新的科学研究领域，或者促使了一些科学学科在广度和深度上的发展。第一台蒸汽火车的经济效益还比不上马车，但它是一种新的动力运输工具的萌芽，具有强大的生命力，并能促使相关学科的发展。欧几里得的几何学并没有什么现实的物质利益，但它却为近代科学的产生在思想、方法上奠定了一个观念基础。

对一些自然现象的系统观测和探究分析，对一些科学假设、科学命题、科学认识的正确性、完备性的反思和验证，它们对科学发展的促进作用也是不可低估的。它们是科学认识向理论化过渡的重要因素，是科学理论本身不断完善的催化剂。墨子在科学活动过程中过度强调实用功利，窒息了其科学理论思维的进一步发展，使墨子的科学认识活动主要是停留在科学定义的水平上，没有进一步通过经验公式、科学命题、定理、原理的形式构成科学理论体系，限制了墨子的科学认识沿数学化、符号化的方向深入下去，而仅仅停留在用自然语言表达经验材料的水平上。

墨子的功利主义只是求温饱而已，没有一种提高物质生活和精神生活水平的迫切要求，相反具有一种禁欲主义的倾向。这样的功利主义不能从物质利益的角度促使社会各阶层对科学技术活动的重视，提高改进技术的积极性。因此，墨子功利主义的科技观对科学技术的促进作用是相当有限的。

其四，墨子没有在宏观上对自然进行广泛的探索，没有能对自然现象之间的宏观联系进行考察和做出说明，而只是局限于对感性经验材料的理论思考。墨子通过对大量个别现象的分析进入到对特殊性认识的类的确定，但是没有进一步向普遍性的形式发展，没有能构成一组说明自然现象和物质存在的相互联系的总体性概念或范畴，用以说明自然的普遍现象和一般规律。因而，墨子的科学思想不能满足社会思想和社会心理对自然现象做出一般解释的要求。因此，作为一种科学思想来说，它缺乏完整性，这种缺陷也影响了社会对墨子科学思想的接受。

3. 中国传统文化环境中的科学模式

中国封建社会的科技体系和古希腊、近代科学技术是两种不同的模式。中国的传统科技以医、农、数、天四门学科为核心。从科学形态的结构分析，它具有几个基本特征：其一，对自然现象和自然基本规律的研究缺乏兴趣，从某种意义上说，自然并没有成为科学认识的独立对象。天象、自然万物或者是作为"取辨之物"，以"观物比德"，或者是被认为神秘可畏而不可察。在理论思维上表现为天人感应或空泛色彩。在一些真知灼见中夹杂着迷信荒诞的东西。因而，在理论内容上表现为貌似全面却空泛，似是而非，缺乏确定的内涵和外延。它的理论解释可作多方领悟，往往是既不能证实，亦不能证伪，信息容量较低的特征。其二，在认识自然的方法上，更多的是从整体的模糊同一来认识自然。停留在表象的直观上，忽视万物在结构上的差异，缺乏追求自然界因果联系的知识兴趣，往往是在先验的解释框架中，用表象类比的方法来表达对自然的认识。忽视对思维逻辑严格性的要求，概念往往是模糊和歧义的，定义往往是模棱两可的，判断缺乏确定性，推理论证缺乏逻辑根据。因而在理论形式上不追求严密性，忽视形式逻辑的基本要求。其三，中国传统科技在技术上有杰出的成就和惊人的创造。但这些技术成就又往往是停留在能工巧匠的经验技术的水平上，没能在理论上得到总结和提高，为以后的进一步发展奠定一个基础。所以，很多科技发明会无声无息地消失，很多技术工艺失传湮灭，往往得从头开始。这浪费了无数代人的智力和经验。这三个基本特征从总体上体现了中国古代科技发展的一个固有模式——天人感应式的哲学思辨与经验技术相混合，技术孤立地超前发展。中国古代科技这一发展模式是中国传统文化环境的产物。

中国传统文化是以家庭为生产单位的小农经济结构，以家族宗法关系为基础的中央集权的政治结构和儒学"忠、孝"观念为主要内容的社会思想的三者统一体。在这种文化环境中，社会思想对认识自然的要求，就是将自然现象作为超自然的预示和社会人事变异的征兆，以此得出有利于统治阶级的政治结论和道德原则，并企图通过技术实践和观察自然现象，领悟修身、齐家、治国、平天下的道理和方略。"技进于道"和"格物致知"，是在当时思想环境下认识自然的基本目的和基本方法。

中国封建社会以儒道佛为主体的传统思想是以政治伦理问题为中心内容和思维材料的。因而它带有两个固有弱点。一是政治意识对自然科学内容的直接干涉，对自然物体和自然现象的解释必须符合、服从现实政治斗争的需要，科学技术作为恭顺的婢女直接为政治目的服务。二是固定的教条主义的思维模式，容易使社会思想日趋僵化。在这种传统思想的束缚下，科学思想、科学理论的发展缺乏应有的独立性，自然界也始终没有成为认识活动的独立对象。因而，在科学认识活动中不能形成一系列反映自然本质的基本概念和总体性范畴，完成理论上的抽象和概括，也就不能进一步构成相对独立的、具有普遍意义的科学形态。这种状况，使一些科学学科始终停留在经验科学的水平上。即使是古代中国比较发达的数学和天文学，它们的发展也一直是沿着经验性和实用性的轨道。天文学发展的起点和终点是历法的制定，数学则局限于实际问题的数值解，以应用题集的方式表现自己的进步。

历法的制定固然是农业生产和社会生活所必需的，但是在中国封建社会，制定历法更重要的是以朔政，宣扬皇权神授为根本的政治目的。中国的德治思想和尊天命的政治观念是相关联的，天意是通过各种天象显示的。对各种天象解释的神格化是社会人事变迁更迭的天意、天命、天志所在。历法本来是在变化的天象中来寻求规律性，说明岁月季节变化有序的客观性，然而统治阶级也用来说明天意的必然性，论证王朝兴亡交替是天命的体现。因而，改历就成为改制的中心内容，历法的制定和修改具有强烈的政治色彩。从西周起，以观象、授时、制历为主要内容的古代天文事业，一直是中央直接控制的官办事业。历代王朝大都禁止私人从事天文研究，有的王朝甚至以法律形式确定下来，如《大明律》规定，私习天文者杖一百。以历法为主要内容的古代天文学只重视计算天体移动的位置，这是和人们重视季节变化，重视王朝变迁的态度相关联的。中国古代天文学不把天体运行的轨道和规律作为研究对象，这与没有把自然界作为独立的认识对象的思想相关联。这种认识倾向使人们在研究天文学时没能从几何学和力学的角度来研究天体运动，用几何学和力学的模型来认识、勾画宇宙的宏观结构。古代中国的宇宙理论和天文观测是不相衔接的。尽管古代中国有年代悠久而未间断的天文观测记录，但在宇宙理论中占统治地位的始终是直觉想象的"天圆地方"的盖天说。因为这种盖天说和封建社会的政治、伦理观念相适应，所谓"天道圆，地道方，圣王法之所以立上下"。在欧洲，托勒密的地心说，哥白尼的日心说，现代宇宙结构学说的各种模型，都是通过几何—力学模型的方法构造起来的。这种构造性的模型方法，使宇宙理论建立在详尽的天文观测和精确的数学计算的基础上。例如，刻卜勒根据第谷对火星的观测资料，发现火星的轨道是椭圆，不是圆。实际上火星轨道的偏心率只有0.093，表现在黄经方面，两者相差只有8弧分，而这8弧分的误差使宇宙结构的理论完全改观，引起了天文学的革命。而古代中国的天文学，为了追求一个日月合璧、五星连珠、天象吉利的历法，使天文的计算、推测往往会忽略天文观测数据的精确性，使天文理论充满了不少牵强附会的迷信色彩。

　　中国古代数学以数值计算为中心，这适应了历法制定和以农业为中心的社会生产所需解决的各种数量计算问题的状况。中国古代数学由于实际数值计算的局限性，忽视了对自然事物在数、形方面的和谐性与统一性的研究，具有很大的直观性。它也没有把数学和逻辑论证方法结合起来，没有能从直观的抽象进步到理想化的抽象，形成一个有严密内在逻辑的理论体系，为计算规则、测量方法等的理论化奠定一个明确的概念基础。同时，中国古代数学也没有成为一种一般化的认识形式系统，没有能成为一种一般的科学思维方法。因而，中国古代数学不可能与其他科学相结合，为它们提供一种明确的形式语言、普遍的思维方法和有力的推理论证的工具，使它们从观察、感觉的常识性阶段上升到理论领域。在欧洲，数学作为一种思想和方法渗透到其他科学之中，使其形成有逻辑结构的理论形态。这是古希腊科学传统的继续，是近代科学产生和发展的一个重要原因。应该指出，中国古代数学的实用性和非逻辑结构，以数值计算为主要内容的特点是与中国传统思想没有把自然作为独立的研究对象的这一倾向相关联的。

这种社会思想也促成了一种重人文、轻理工，尚空谈、鄙实践，崇义理、薄功利，慎修身、斥技艺的价值观念传统。"德成而上，艺成而下"是整个社会的信条。"君子不器"是儒门的教规。鄙视技艺，将技艺贬为"玩物丧志"于"国事无补"，士林不齿的下等行当是封建社会普遍的风气。《礼记·王制》云："凡执技从事上者……不与士齿"，"作淫声、异服、奇技、奇器以疑众，杀。"《新唐书·方技列传》云："凡推步、卜相、医巧皆技也。……小人能之以夸众，神以巫人，故前圣不以为教，盖吝斋之也。"史书中此类记载不胜枚举，表明了在中国封建社会从事科技活动的工匠其低下的社会地位。知识阶层奋斗的目标就在于熟读儒家经典，为了有朝一日金榜题名。失意者则在老庄和佛学中寻求解脱。当儒学与科举制度相结合，整个教育体制（从内容到形式）和社会思想也日趋僵化。这形成了一种价值取向的定势，四书五经成为知识阶层进入仕途、升官发财、光宗耀祖的阶梯。这不仅影响到读书人对个人前途的奋斗方向，而且影响到个人对自我价值的评价标准。读书人做学问的任务就是"穷天理，明人伦，讲圣言，通世故"，为此而皓首穷经，耗费了一生的精力和智力。工匠和知识分子的活动被远远隔离，研究生产技艺就缺乏文化知识方面的动力，自然科学理论和方法的研究缺乏足够的知识力量。同时，儒学又把提高人们的物质生活的技艺改革归咎于不道德的功利主义行为，这样，物质生产本身对生产技艺的促进也大受限制。在这样的状况下，生产技艺要得到理论上的总结和提高，应用上的推广和发展，是极其困难的。历史上无数杰出的技术发明无声无息地湮灭就是必然的结局。

在忠孝观念的基础上，使长幼尊卑贵贱等级规范化的三纲五常压抑了人们的思想自由，束缚了人们的行动，形成了"述而不作，信而好古"的思想传统。知识分子引经据典烦琐考证，靠注解权威经典进行学术研究，缺乏大胆思考、勇敢探索的学风，人们为了论证自己的思想行为的正确，不是以实践和现实生活为依据，而是以先圣贤哲的言论作为判断的标准。小心谨慎，循规蹈矩，不敢越雷池一步，是封建时代知识分子的基本特征，离经叛道是他们最害怕的罪名。社会思想由教条主义走向宗教神秘主义，日趋僵化，完全失去现实性和斗争性。在这种状况下，期望有大批知识分子进行积极的科学实践、勇敢探索是完全不可能的，因为科学需要的是创造性，它在本质上是反传统的，它以探求未知为自己的目的。中国封建社会的知识分子不仅排斥技艺，而且把对天道自然的一般研究也排除在外了。

这种社会思想对认识自然的基本要求，就是把对自然现象的说明作为"取辨之物"的基本手段。它需要的是一种非经验性、非逻辑性、非定量性和非构造性的科学思想。其基本特征就是逍遥性和停滞性的结合，朦胧性和全面性和结合，即用先验图式和混淆不清的概念来解释自然现象的神秘性，与以无条件终始循环来体现发展变化的封闭性的结合。这样，道气、阴阳五行说比以实践为基础、理性分析为手段的墨子科学，就更容易被在中国封建社会占统治地位的、以忠孝为中心内容的社会思想所接受。道气、阴阳五行作为一种宏观僵化、微观循环的框架，是从同一方面来认识整体的过程和联系，从整体功能和表象变化来体现对事物的认识，而忽视了从局部结构的差异来认识事物。这样，道气、阴阳五行说就易与具体的经验科学相脱离，蜕变成为一种僵化的神秘主义的理论，成为宗教迷信的工具。谶纬学的盛行，道教的兴起，是社会思想由僵化走向宗教化的具体表现。

在这样的文化传统和思想状况下，不仅墨子科学思想的湮灭是不可避免的，而且连一般的研究自然的科学活动也受到阻碍。徐光启在谈到元末明初以来的中国古代数学的发展时，曾感叹地说："算术之学特废于近世数百年间尔。废之缘有二：其一为名理之儒，土苴天下之实事；其一为妖妄之术，谬言数有神理，能知来藏往，靡所不效。卒于神者无一效，而实者无一存。"这个断语，从以儒道佛为主体的传统思想对中国古代科学技术发展的影响来看，说明了两个问题：一是传统社会思想在思维内容上排斥对科学技术的研究；二是传统社会思想在思维形式上将理论引向神秘主义。这种消极影响极为深远，在社会变革、动荡的年代往往会以更集中、更典型的方法强烈地表现出来，而且表现得将更直接，更自觉，更理论化。曾目睹近代科技传人近代中国曲折经历的梁启超不无感叹地指出："我国人所谓'德成而上，艺成而下'之观念因袭已久，本不易骤然解放，其对于自然界物象之研究素乏趣味，不能为讳也。""盖固有之旧思想，既深根固蒂，而外来之新思想，又来源浅觳，汲而易竭，其支绌灭裂，固宜然矣。"作为一个旁证，近代中国接受近代科学的曲折性、艰巨性也可说明墨子科学思想和中国传统文化、中国古代科技发展模式的不相容性。